中国旅游院校五星联盟教材编写出版项目
中国骨干旅游高职院校教材编写出版项目

旅游服务礼仪与实训

（第三版）

主编◎魏凯　李爱军

中国旅游出版社

编委会

主　编：魏　凯　李爱军

副主编：王艳霞　徐　锐　左　蕾

辛　冰

参　编：柴　佳　张婷婷　张　文

宋晓燕　谭秀梅

第三版前言

《旅游服务礼仪与实训》自2014年首次出版以来，兼具实用性与实践性，受到广大师生的认可，本次修订对如下内容进行了修改和完善：

一是替换了书中所有不合适的图片。

二是修改了用词不严谨、表述有争议的内容。

三是解决了排版中由于技术问题造成的断行问题。

特别指出的是，为了深入学习宣传贯彻落实党的二十大精神，更好教育引导广大师生听党话、跟党走，践行为党育人、为国育才的初心使命，培养德智体美劳全面发展的社会主义建设者和接班人，我们在教材中增加了绪论部分，内容涵盖了认识党的二十大胜利召开的伟大意义、把握党的二十大主题、深入学习领悟过去五年工作和新时代十年伟大变革的重大意义、深刻领会“两个结合”是推进马克思主义中国化时代化的根本途径、牢牢把握全面建设社会主义现代化国家开局起步的战略部署、深入把握党的二十大关于文化和旅游工作的部署要求、深刻把握团结奋斗的时代要求等，为了便于学生理解和记忆，还在相关链接处增加了“关于党的二十大报告，必须知道的关键词”“9个重要表述，带你理解高质量”及党的二十大报告中关于文化和旅游部分的原文节选。真正让马克思主义中国化时代化的最新理论成果进课堂、进教材、进师生头脑，融入师生学习工作。

当然，由于作者水平有限，不足之处在所难免，敬请广大读者批评指正！

编者

2023年1月

第二版前言

新时代背景下，随着我国职业教育的改革与发展，职业教育已成为社会发展的一个重要力量，职业教育的目标就是培养知识型、技能型、创新型的职业道德专业人才。旅游服务礼仪与实训，作为旅游职业院校开设的一门专业基础课程，是培养学生德、智、体、美、劳全面发展的重要内容，礼仪教育正是德育教育的重要组成部分。礼仪知识与礼仪实践的完美融合，能够培养学生文明礼貌的行为规范和坚定崇高的爱国主义热情，更是帮助学生树立正确的社会主义核心价值观的重要途径，从而使学生具备良好的职业精神和工匠精神，实现职业教育高质量发展。

本书作为中国骨干旅游高等职业院校教材，在第一版的基础上，对每一章内容进行了更新，增加了“旅游服务礼仪与新时代大学生政治思想品德”“景区服务礼仪”“会展服务礼仪”的内容。与其他礼仪教材不同，本书最大的亮点有三个方面：一是遵循“三教改革”原则，以服务文化和旅游行业为宗旨，推动文化和旅游内涵建设与发展；二是注重新时代礼仪与大学生政治思想品德的关系，进一步阐述了礼仪是思政教育的重要内容；三是注重礼仪理论知识与礼仪训练的完美呈现，使礼仪教学更具时效性。

本书总结了山东旅游职业学院礼仪教学经验，是编者多年的理论与实践教学经验成果。本书由山东旅游职业学院副院长魏凯、航空服务系主任李爱军担任主编，王艳霞、徐锐、左蕾、辛冰担任副主编，柴佳、张婷婷、张文、宋晓燕、谭秀梅参编。

编者

2021 年 8 月

前　言

中国旅游业在改革开放30多年以来，保持了健康、持续、快速的发展趋势，已迈入世界旅游大国的行列，有力地推动了我国服务业总体规模和整体质量的提升，成为我国经济发展的重要因素。因此，培养训练能够适应旅游业发展的高素质专业人员，是目前旅游行业及旅游院校共同的责任。

目前中国旅游业从事业型到产业型转变，实现了从资源经济到要素经济，再到产业经济两次质的飞跃。未来10年将是中国旅游业战略转型期发展的新时代，中国旅游业将进入强国旅游时代、全民旅游时代、休闲旅游时代、品质旅游时代，中国旅游业必将迎来发展的新起点。为了把旅游业建成为国民经济的重要产业，国家旅游局制订中国旅游业发展的主要目标是到2020年把旅游业发展成为服务业的主导产业，旅游业增加值要占到服务业增加值的比重超过40%，要使旅游产业结构显著优化、公共服务的功能显著提升、国际竞争力显著增强、就业容量显著增加、总体发展水平与全面建设小康社会的要求相适应。

如今，中国文化正在实现伟大的复兴崛起，如中国年系列文化生活，以及北京奥运会和上海世博会，进一步增强中国旅游的国际影响力和吸引力，丰富旅游文化内涵，提升中国旅游产业的形象。中国的旅游业经过30年的发展越来越注重文化内涵，越来越注重文化与旅游的关系，因为文化因旅游而传承，旅游因文化而繁荣，旅游是文化的载体和传播，文化是旅游的灵魂。因此，中国是文明大国，具有“礼仪之邦”的美称，在做好旅游的文化环境下，规范的礼仪服务是不可缺少的重要因素。因为礼仪能够体现热情的服务态度、规范的服务标准，更能体现个性化服务、人性化服务，同时也能在国际旅游业中体现我国传统礼仪文化的独特魅力，展现我国丰厚的礼仪文化底蕴，塑造中国旅游业服务国际标准化形象。

本书作为中国骨干旅游高等职业院校教材，适应了现代旅游业对从业人员的需求。本书对礼仪的学习更加全面系统，增加了礼仪训练部分，这是与其他教材最大的不同。因为礼仪知识不仅要通过理解掌握，更重要的是要规范地应用，因此礼仪训练是非常重要的一个环节，但目前很多还没有教材把训练内容系统地编写出来，这是本书最大的亮点。本书分为上下两篇，上篇为礼仪理论与认知，包括旅游职业形象礼仪、旅游交往与接待礼仪、礼貌谈吐礼仪、公共场合礼仪、旅游行业专业服务礼仪、涉外国际礼仪等，主要是让学生对礼仪从思想上、理念上有一个充分的认识，从而真正理解学习礼仪的必要性。下篇为礼仪实操与训练，全面介绍了微笑、目光、站姿、走姿、坐姿、蹲姿、手势、鞠躬、握手、介绍、行业服务模拟训练的方式方法等，使所学礼仪知识转化为个人规范的行为举止，在训练中体验优美仪态、规范动作带来的自信与美好，在模拟服务训练中真正掌握标准的服务礼仪。

本书总结了山东旅游职业学院礼仪教学经验，是编者多年的理论与实践教学经验成果。由山东旅游职业学院副院长魏凯、休闲产业管理系主任李爱军担任主编，王艳霞、徐锐、左蕾、辛冰担任副主编，柴佳、张婷婷、张文、谭秀梅参编。这支礼仪教学团队曾承担中华人民共和国第十一届全国运动会开闭幕式礼仪引导员培训和现场指导工作，以及颁奖礼仪志愿者的礼仪培训，有着丰富的礼仪教学经验。

本书在编写过程中参考了国内外相关学术著作以及旅游教育界相关资料，在此向作者表示真诚的感谢。同时向山东旅游职业学院和中国旅游出版社的大力支持与帮助表示衷心的感谢！由于编写水平有限，本书的编写不免有疏漏和不妥之处，恳请各位专家、同人、广大师生和读者给予批评赐教，致谢！

编　者

2014年8月

目录
CONTENTS

下篇 礼仪实操与训练

绪　论

党的二十大是在全党全国各族人民迈上全面建设社会主义现代化国家新征程、向第二个百年奋斗目标进军的关键时刻召开的一次十分重要的大会，是一次高举旗帜、凝聚力量、团结奋进的大会。党的二十大在政治上、理论上、实践上取得了一系列重大成果，就新时代新征程党和国家事业发展制定了大政方针和战略部署，是我们党团结带领人民全面建设社会主义现代化国家、全面推进中华民族伟大复兴的政治宣言和行动纲领，对于全党全国各族人民更加紧密团结在以习近平同志为核心的党中央周围，万众一心、接续奋斗，在新时代新征程夺取中国特色社会主义新的伟大胜利，具有极其重大而深远的意义。学习贯彻党的二十大精神，习近平总书记强调的“五个牢牢把握”是最精准的解读、最权威的辅导。要从战略和全局高度完整、准确、全面理解把握党的二十大精神，增强学习贯彻的政治自觉、思想自觉、行动自觉，为实现党的二十大确定的目标任务不懈奋斗。

一、深刻认识党的二十大胜利召开的伟大意义，提升新时代大学生政治站位

党的二十大担负起全党的重托和人民的期待，从战略全局深刻阐述了新时代坚持和发展中国特色社会主义的一系列重大理论和实践问题，科学谋划了未来一个时期党和国家事业发展的目标任务和大政方针，在党和国家历史上具有重大而深远的意义。

（一）这是中国共产党在百年辉煌成就和十年伟大变革的高起点上创造新时代更大荣光的大会

中国共产党在百年历程中共召开了十九次全国代表大会。党的二十大是我们党在建党百年后召开的首次全国代表大会，也是在新时代十年伟大变革的时间坐标上召开的全

国代表大会，具有特别的里程碑意义。

（二）这是推进实践基础上的理论创新、开辟马克思主义中国化时代化新境界的大会

马克思主义中国化时代化既是马克思主义的自身要求，又是中国共产党坚持和发展马克思主义的必然路径。中国共产党为什么能，中国特色社会主义为什么好，归根到底是马克思主义行，是中国化时代化的马克思主义行。党的二十大深刻阐述了习近平新时代中国特色社会主义思想的科学内涵和精神实质，深入阐释了开辟马克思主义中国化时代化新境界的重大命题并提出了明确要求，具有重大理论意义。

（三）这是谋划全面建设社会主义现代化国家、以中国式现代化全面推进中华民族伟大复兴的大会

现代化是各国人民的共同期待和目标。百年来，我们党团结带领人民进行的一切奋斗、一切牺牲、一切创造，就是为了把我国建设成为现代化强国，实现中华民族伟大复兴。在新中国成立特别是改革开放以来的长期探索和实践基础上，经过党的十八大以来在理论和实践上的创新突破，我们党成功推进和拓展了中国式现代化，创造了人类文明新形态。党的二十大明确提出以中国式现代化全面推进中华民族伟大复兴的使命任务，精辟论述了中国式现代化的中国特色、本质要求和重大原则，深刻阐释了中国式现代化的历史渊源、理论逻辑、实践特征和战略部署，大大深化了我们党关于中国式现代化的理论和实践。

（四）这是致力于推动构建人类命运共同体、携手开创人类更加美好未来的大会

当前，世界之变、时代之变、历史之变正以前所未有的方式展开，人类社会面临前所未有的挑战。世界又一次站在历史的十字路口，何去何从取决于各国人民的抉择。党的二十大深刻把握世界大势和时代潮流，宣示中国在变局、乱局中促进世界和平与发展、推动构建人类命运共同体的政策主张和坚定决心，为共创人类更加美好的未来注入强大信心和力量。

（五）这是推动解决大党独有难题、以党的自我革命引领社会革命的大会

全面建设社会主义现代化国家、全面推进中华民族伟大复兴，关键在党。党的二十大明确提出：我们党作为世界上最大的马克思主义执政党，要始终赢得人民拥护、巩固长期执政地位，必须时刻保持解决大党独有难题的清醒和坚定。

二、深刻把握党的二十大主题，激发新时代大学生爱国热情

党的二十大的主题，正是我们党对这些事关党和国家事业继往开来、事关中国特色社会主义前途命运、事关中华民族伟大复兴战略性问题的明确宣示，是大会的灵魂。习近平总书记在党的二十大报告中，开宗明义指出大会的主题："高举中国特色社会主义伟大旗帜，全面贯彻新时代中国特色社会主义思想，弘扬伟大建党精神，自信自强、守正创新，踔厉奋发、勇毅前行，为全面建设社会主义现代化国家、全面推进中华民族伟大复兴而团结奋斗。"这一主题明确宣示了我们党在新征程上带领人民举什么旗、走什么路、以什么样的精神状态、朝着什么样的目标继续前进等重大问题。《中国共产党第二十次全国代表大会关于十九届中央委员会报告的决议》指出："报告阐明的大会主题是大会的灵魂，是党和国家事业发展的总纲。"学习理解党的二十大精神，必须把握这一"灵魂"，抓住这一"总纲"。大会主题中的六个关键词语值得我们高度重视。

（一）旗帜

新时代新征程党高举的旗帜就是"中国特色社会主义伟大旗帜"。大会主题写入这一根本要求，既体现了中国特色社会主义历史演进的连续性、继承性，又体现了新时代党坚持和发展中国特色社会主义的坚定性、恒久性。

（二）思想

大会主题所指示的"全面贯彻新时代中国特色社会主义思想"，就是要求在新时代新征程必须全面贯彻习近平新时代中国特色社会主义思想。党的二十大报告对此作出全面部署。

（三）精神

继在庆祝中国共产党成立100周年大会上习近平总书记提出并号召继承发扬伟大建党精神后，党的二十大主题写入了"弘扬伟大建党精神"的要求，新修改的党章载入了伟大建党精神"坚持真理、坚守理想，践行初心、担当使命，不怕牺牲、英勇斗争，对党忠诚、不负人民"的内涵，这是党在自己最高权力机关及最高章程上的庄严宣示，明确回答了党以什么样的精神状态走好新的赶考之路的重大问题，不仅是贯穿大会报告的重要红线，也是今后党的全部理论和实践的重要遵循。

（四）现代化

"现代化"即"全面建设社会主义现代化国家"。这一重要主题彰显了当前和今后一

个时期党的中心任务。党的二十大庄严宣告:“从现在起，中国共产党的中心任务就是团结带领全国各族人民全面建成社会主义现代化强国、实现第二个百年奋斗目标，以中国式现代化全面推进中华民族伟大复兴。”“中国式现代化”成为这次大会的重要标识。

（五）复兴

在党的二十大主题中，前后用了三个“全面”，即“全面贯彻新时代中国特色社会主义思想”“全面建设社会主义现代化国家”“全面推进中华民族伟大复兴”。第一个“全面”规定了新时代党的创新科学理论的指导地位，第二个“全面”规定了新时代新征程的中心任务，第三个“全面”规定了党在新时代新征程的奋斗目标。大会主题中的前两个“全面”，以及报告全文使用的其他一百多个“全面”，都是为了实现“全面推进中华民族伟大复兴”这一根本目标。

（六）团结奋斗

“团结奋斗”是党的二十大主题的鲜明特色。除了在主题中要求“为全面建设社会主义现代化国家、全面推进中华民族伟大复兴而团结奋斗”外，“团结奋斗”一词还体现在党的二十大报告的标题、导语、正文、结束语各个部分。报告全文共使用 7 次“团结奋斗”、27 次“团结”，突出表达了这次大会的主基调。

三、深入学习领悟过去五年工作和新时代十年伟大变革的重大意义，增强新时代大学生民族自豪感

过去五年和新时代以来的十年，在党和国家发展进程中极不寻常、极不平凡。习近平总书记在党的二十大报告中全面回顾总结了过去五年的工作和新时代十年的伟大变革，深刻指出新时代十年的伟大变革，在党史、新中国史、改革开放史、社会主义发展史、中华民族发展史上具有里程碑意义。学习宣传、贯彻落实党的二十大精神，必须深入学习领悟过去五年工作和新时代十年伟大变革的重大意义，坚定历史自信、增强历史主动，自觉在思想上政治上行动上同以习近平同志为核心的党中央保持高度一致。

党的二十大报告在总结党的十九大以来五年工作基础上，用“三件大事”、三个“历史性胜利”高度概括新时代十年走过的极不寻常、极不平凡的奋斗历程，从 16 个方面全面回顾党和国家事业发展取得的举世瞩目的重大成就，从 4 个方面总结提炼新时代十年伟大变革的里程碑意义。新时代十年的伟大变革，充分证明中国特色社会主义道路

不仅走得对、走得通，而且走得稳、走得好。

四、深刻领会“两个结合”是推进马克思主义中国化时代化的根本途径，加强新时代大学生弘扬中华优秀传统文化教育

党的二十大报告提出，中国共产党为什么能，中国特色社会主义为什么好，归根到底是马克思主义行，是中国化时代化的马克思主义行。100多年来，我们党洞察时代大势，把握历史主动，进行艰辛探索，坚持解放思想和实事求是相统一、培元固本和守正创新相统一，把马克思主义基本原理同中国具体实际相结合、同中华优秀传统文化相结合，不断推进理论创新、进行理论创造，不断推进马克思主义中国化时代化，带领中国人民不懈奋斗，中华民族迎来了从站起来、富起来到强起来的伟大飞跃，实现中华民族伟大复兴进入了不可逆转的历史进程。

马克思主义理论不是教条，而是行动指南。习近平总书记在党的二十大报告中指出：“我们坚持以马克思主义为指导，是要运用其科学的世界观和方法论解决中国的问题，而不是要背诵和重复其具体结论和词句，更不能把马克思主义当成一成不变的教条。”坚持和发展马克思主义，必须同中国具体实际相结合。100多年来，我们党把坚持马克思主义和发展马克思主义统一起来，既始终坚持马克思主义基本原理不动摇，又根据中国革命、建设、改革实际，创造性地解决自己的问题，不断开辟马克思主义中国化时代化新境界。坚持和发展马克思主义，必须同中华优秀传统文化相结合。只有植根本国、本民族历史文化沃土，马克思主义真理之树才能根深叶茂。中华优秀传统文化源远流长、博大精深，是中华文明的智慧结晶，其中蕴含的天下为公、民为邦本、为政以德、革故鼎新、任人唯贤、天人合一、自强不息、厚德载物、讲信修睦、亲仁善邻等，是中国人民在长期生产生活中积累的宇宙观、天下观、社会观、道德观的重要体现，同科学社会主义核心价值观主张具有高度契合性。中国共产党之所以能够领导人民成功走出中国式现代化道路、创造人类文明新形态，很重要的一个原因就在于植根中华文化沃土，不断推进马克思主义中国化时代化，推动中华优秀传统文化创造性转化、创新性发展。

五、牢牢把握全面建设社会主义现代化国家开局起步的战略部署，

指引新时代大学生守正创新促发展

党的二十大站在党和国家事业发展的制高点，科学谋划了未来五年乃至更长时期党和国家事业发展的目标任务和大政方针，发出了全面建设社会主义现代化国家、全面推进中华民族伟大复兴的动员令。

“全面建成社会主义现代化强国，总的战略安排是分两步走：从二〇二〇年到二〇三五年基本实现社会主义现代化；从二〇三五年到本世纪中叶把我国建成富强民主文明和谐美丽的社会主义现代化强国。”党的二十大对全面建成社会主义现代化强国两步走战略安排进行了宏观展望，又围绕统筹推进“五位一体”总体布局、协调推进“四个全面”战略布局，从 11 个方面对未来五年工作作出全面部署，全面构建了推进社会主义现代化建设的实践体系。特别是把教育科技人才、全面依法治国、维护国家安全和社会稳定单列部分进行具体安排，充分体现了抓关键、补短板、防风险的战略考量，是党中央基于新的战略机遇、新的战略任务、新的战略阶段、新的战略要求、新的战略环境做出的科学判断和战略安排，必将引领全党全国各族人民有效应对世界之变、时代之变、历史之变，推动全面建设社会主义现代化国家开好局、起好步。

六、深入把握党的二十大关于文化和旅游工作的部署要求，推动文旅融合高质量发展

党的二十大作出推进文化自信自强、铸就社会主义文化新辉煌的重大战略部署，要准确把握社会主义文化建设的指导思想和原则目标、战略重点和主要任务以及中国立场和时代要求。

（一）要准确把握社会主义文化建设的指导思想和原则目标

报告指出：“全面建设社会主义现代化国家，必须坚持中国特色社会主义文化发展道路，增强文化自信，围绕举旗帜、聚民心、育新人、兴文化、展形象建设社会主义文化强国，发展面向现代化、面向世界、面向未来的，民族的科学的大众的社会主义文化，激发全民族文化创新创造活力，增强实现中华民族伟大复兴的精神力量。”报告明确提出了社会主义文化建设的根本指导思想、基本原则和奋斗目标，坚持为人民服务、为社会主义服务，以社会主义核心价值观为引领，发展社会主义先进文化，弘扬革命文化，

传承中华优秀传统文化，满足人民日益增长的精神文化需求，巩固全党全国各族人民团结奋斗的共同思想基础，不断提升国家文化软实力和中华文化影响力。

（二）要准确把握社会主义文化建设的战略重点和主要任务

党的二十大报告提出了建设具有强大凝聚力和引领力的社会主义意识形态、广泛践行社会主义核心价值观、提高全社会文明程度、繁荣发展文化事业和文化产业、增强中华文明传播力影响力五个方面的战略任务，准确把握、全面落实好这些战略重点和主要任务，对于推进文化自信自强，铸就社会主义文化新辉煌具有重要基础支撑作用。

（三）要准确把握社会主义文化建设的中国立场和时代要求

党的二十大报告指出："中华优秀传统文化源远流长、博大精深，是中华文明的智慧结晶。"要把马克思主义基本原理与中华优秀传统文化相结合，不断推进马克思主义中国化，增强中华文明的传播力和影响力。

（四）以文塑旅、以旅彰文、推进文化和旅游深度融合发展

党的二十大报告明确提出："加大文物和文化遗产保护力度，加强城乡建设中历史文化保护传承，建好用好国家文化公园。坚持以文塑旅、以旅彰文，推进文化和旅游深度融合发展。"这些重要论述，为文旅行业把握新发展阶段，贯彻新发展理念，构建新发展格局，推动高质量发展点明了方向，指明了路径，是未来5年乃至更长一段时间内文旅行业融合发展实践的根本遵循和行动指南，对文旅行业实现理念重构和实践创新具有非常重要的现实指导意义。

七、深刻把握团结奋斗的新时代要求，为文旅行业培养高素质人才

在党的二十大上，习近平总书记宣示新时代新征程党的使命任务，发出了全面建设社会主义现代化国家、全面推进中华民族伟大复兴的动员令。从现在起，中国共产党的中心任务就是团结带领全国各族人民全面建成社会主义现代化强国、实现第二个百年奋斗目标，以中国式现代化全面推进中华民族伟大复兴。

美好的蓝图需要埋头苦干、团结奋斗才能变为现实。习近平总书记的铿锵宣示充满信心和力量——"党用伟大奋斗创造了百年伟业，也一定能用新的伟大奋斗创造新的伟业"。让我们更加紧密地团结在以习近平同志为核心的党中央周围，全面贯彻习近平新时代中国特色社会主义思想，坚定信心、同心同德，埋头苦干、奋勇前进，深入贯彻落

实党的二十大精神和党中央决策部署，为全面建设社会主义现代化国家、全面推进中华民族伟大复兴而团结奋斗，在新的赶考之路上向历史和人民交出新的优异答卷！

相关链接 1

关于党的二十大报告，必须知道的“关键词”

2022 年 10 月 16 日，中国共产党第二十次全国代表大会开幕，习近平代表第十九届中央委员会向大会作报告。一起学习报告里的这些“关键词”。

【大会的主题】

大会的主题是：高举中国特色社会主义伟大旗帜，全面贯彻新时代中国特色社会主义思想，弘扬伟大建党精神，自信自强、守正创新，踔厉奋发、勇毅前行，为全面建设社会主义现代化国家、全面推进中华民族伟大复兴而团结奋斗。

【三个“务必”】

中国共产党已走过百年奋斗历程。我们党立志于中华民族千秋伟业，致力于人类和平与发展崇高事业，责任无比重大，使命无上光荣。全党同志务必不忘初心、牢记使命，务必谦虚谨慎、艰苦奋斗，务必敢于斗争、善于斗争，坚定历史自信，增强历史主动，谱写新时代中国特色社会主义更加绚丽的华章。

【极不寻常、极不平凡的五年】

党的十九大以来的五年，是极不寻常、极不平凡的五年。党中央统筹中华民族伟大复兴战略全局和世界百年未有之大变局，就党和国家事业发展作出重大战略部署，团结带领全党全军全国各族人民有效应对严峻复杂的国际形势和接踵而至的巨大风险挑战，以奋发有为的精神把新时代中国特色社会主义不断推向前进。

【三件大事】

十年来，我们经历了对党和人民事业具有重大现实意义和深远历史意义的三件大事：一是迎来中国共产党成立一百周年，二是中国特色社会主义进入新时代，三是完成脱贫攻坚、全面建成小康社会的历史任务，实现第一个百年奋斗目标。

【新时代十年的伟大变革】

新时代十年的伟大变革，在党史、新中国史、改革开放史、社会主义发展史、中华民族发展史上具有里程碑意义。

【归根到底是两个“行”】

实践告诉我们，中国共产党为什么能，中国特色社会主义为什么好，归根到底是马克思主义行，是中国化时代化的马克思主义行。拥有马克思主义科学理论指导是我们党坚定信仰信念、把握历史主动的根本所在。

【中国共产党的中心任务】

从现在起，中国共产党的中心任务就是团结带领全国各族人民全面建成社会主义现代化强国、实现第二个百年奋斗目标，以中国式现代化全面推进中华民族伟大复兴。

【中国式现代化】

中国式现代化，是中国共产党领导的社会主义现代化，既有各国现代化的共同特征，更有基于自己国情的中国特色。

——中国式现代化是人口规模巨大的现代化。

——中国式现代化是全体人民共同富裕的现代化。

——中国式现代化是物质文明和精神文明相协调的现代化。

——中国式现代化是人与自然和谐共生的现代化。

——中国式现代化是走和平发展道路的现代化。

中国式现代化的本质要求是：坚持中国共产党领导，坚持中国特色社会主义，实现高质量发展，发展全过程人民民主，丰富人民精神世界，实现全体人民共同富裕，促进人与自然和谐共生，推动构建人类命运共同体，创造人类文明新形态。

【全面建设社会主义现代化国家开局起步的关键时期】

未来五年是全面建设社会主义现代化国家开局起步的关键时期。

【五个“坚持”】

我国发展进入战略机遇和风险挑战并存、不确定难预料因素增多的时期，各种“黑天鹅”“灰犀牛”事件随时可能发生。我们必须增强忧患意识，坚持底线思维，做到居安思危、未雨绸缪，准备经受风高浪急甚至惊涛骇浪的重大考验。前进道路上，必须牢牢把握以下重大原则。

——坚持和加强党的全面领导。

——坚持中国特色社会主义道路。

——坚持以人民为中心的发展思想。

——坚持深化改革开放。

——坚持发扬斗争精神。

【加快构建新发展格局】

必须完整、准确、全面贯彻新发展理念，坚持社会主义市场经济改革方向，坚持高水平对外开放，加快构建以国内大循环为主体、国内国际双循环相互促进的新发展格局。

【发展经济着力点】

坚持把发展经济的着力点放在实体经济上，推进新型工业化，加快建设制造强国、质量强国、航天强国、交通强国、网络强国、数字中国。

【实施科教兴国战略】

必须坚持科技是第一生产力、人才是第一资源、创新是第一动力，深入实施科教兴国战略、人才强国战略、创新驱动发展战略，开辟发展新领域新赛道，不断塑造发展新动能新优势。

坚持创新在我国现代化建设全局中的核心地位。完善党中央对科技工作统一领导的体制，健全新型举国体制，强化国家战略科技力量，优化配置创新资源，提升国家创新体系整体效能。

【全过程人民民主】

全过程人民民主是社会主义民主政治的本质属性，是最广泛、最真实、最管用的民主。必须坚定不移走中国特色社会主义政治发展道路，坚持党的领导、人民当家作主、依法治国有机统一。

【全面依法治国】

全面依法治国是国家治理的一场深刻革命，关系党执政兴国，关系人民幸福安康，关系党和国家长治久安。必须更好发挥法治固根本、稳预期、利长远的保障作用，在法治轨道上全面建设社会主义现代化国家。

【文化自信自强】

全面建设社会主义现代化国家，必须坚持中国特色社会主义文化发展道路，增强文化自信，围绕举旗帜、聚民心、育新人、兴文化、展形象建设社会主义文化强国，发展面向现代化、面向世界、面向未来的，民族的科学的大众的社会主义文化，激发全民族文化创新创造活力，增强实现中华民族伟大复兴的精神力量。

【为民造福】

治国有常，利民为本。为民造福是立党为公、执政为民的本质要求。必须坚持在发展中保障和改善民生，鼓励共同奋斗创造美好生活，不断实现人民对美好生活的向往。

【完善分配制度】

坚持按劳分配为主体、多种分配方式并存，构建初次分配、再分配、第三次分配协调配套的制度体系。努力提高居民收入在国民收入分配中的比重，提高劳动报酬在初次分配中的比重。坚持多劳多得，鼓励勤劳致富，促进机会公平，增加低收入者收入，扩大中等收入群体。规范收入分配秩序，规范财富积累机制，保护合法收入，调节过高收入，取缔非法收入。

【推动绿色发展】

大自然是人类赖以生存发展的基本条件。尊重自然、顺应自然、保护自然，是全面建设社会主义现代化国家的内在要求。必须牢固树立和践行绿水青山就是金山银山的理念，站在人与自然和谐共生的高度谋划发展。

【总体国家安全观】

国家安全是民族复兴的根基，社会稳定是国家强盛的前提。必须坚定不移贯彻总体国家安全观，把维护国家安全贯穿党和国家工作各方面全过程，确保国家安全和社会稳定。

【新安全格局】

我们要坚持以人民安全为宗旨、以政治安全为根本、以经济安全为基础、以军事科技文化社会安全为保障、以促进国际安全为依托，统筹外部安全和内部安全、国土安全和国民安全、传统安全和非传统安全、自身安全和共同安全，统筹维护和塑造国家安全，夯实国家安全和社会稳定基层基础，完善参与全球安全治理机制，建设更高水平的平安中国，以新安全格局保障新发展格局。

【开创国防和军队现代化新局面】

实现建军一百年奋斗目标，开创国防和军队现代化新局面。

如期实现建军一百年奋斗目标，加快把人民军队建成世界一流军队，是全面建设社会主义现代化国家的战略要求。必须贯彻新时代党的强军思想，贯彻新时代军事战略方针，坚持党对人民军队的绝对领导，坚持政治建军、改革强军、科技强军、人才强军、依法治军，坚持边斗争、边备战、边建设，坚持机械化信息化智能化融合发展，加快军事理论现代化、军队组织形态现代化、军事人员现代化、武器装备现代化，提高捍卫国家主权、安全、发展利益战略能力，有效履行新时代人民军队使命任务。

【坚持和完善“一国两制”，推进祖国统一】

“一国两制”是中国特色社会主义的伟大创举，是香港、澳门回归后保持长期繁荣稳定的最佳制度安排，必须长期坚持。

坚持贯彻新时代党解决台湾问题的总体方略，牢牢把握两岸关系主导权和主动权，坚定不移推进祖国统一大业。

解决台湾问题是中国人自己的事，要由中国人来决定。我们坚持以最大诚意、尽最大努力争取和平统一的前景，但决不承诺放弃使用武力，保留采取一切必要措施的选项，这针对的是外部势力干涉和极少数“台独”分裂分子及其分裂活动，绝非针对广大台湾同胞。国家统一、民族复兴的历史车轮滚滚向前，祖国完全统一一定要实现，也一定能够实现！

【人类命运共同体】

中国提出了全球发展倡议、全球安全倡议，愿同国际社会一道努力落实。我们真诚呼吁，世界各国弘扬和平、发展、公平、正义、民主、自由的全人类共同价值，促进各国人民相知相亲，尊重世界文明多样性，以文明交流超越文明隔阂、文明互鉴超越文明冲突、文明共存超越文明优越，共同应对各种全球性挑战。中国人民愿同世界人民携手开创人类更加美好的未来。

【新时代党的建设新的伟大工程】

全面建设社会主义现代化国家、全面推进中华民族伟大复兴，关键在党。我们党作为世界上最大的马克思主义执政党，要始终赢得人民拥护、巩固长期执政地位，必须时刻保持解决大党独有难题的清醒和坚定。全党必须牢记，全面从严治党永远在路上，党的自我革命永远在路上，决不能有松劲歇脚、疲劳厌战的情绪，必须持之以恒推进全面从严治党，深入推进新时代党的建设新的伟大工程，以党的自我革命引领社会革命。

【五个“必由之路”】

全党必须牢记，坚持党的全面领导是坚持和发展中国特色社会主义的必由之路，中国特色社会主义是实现中华民族伟大复兴的必由之路，团结奋斗是中国人民创造历史伟业的必由之路，贯彻新发展理念是新时代我国发展壮大的必由之路，全面从严治党是党永葆生机活力、走好新的赶考之路的必由之路。

【战略性工作】

青年强，则国家强。当代中国青年生逢其时，施展才干的舞台无比广阔，实现梦想的前景无比光明。全党要把青年工作作为战略性工作来抓，用党的科学理论武装青年，用党的初心使命感召青年，做青年朋友的知心人、青年工作的热心人、青年群众的引路人。

资料来源：人民网·中国共产党新闻网．

相关链接 2

9个重要表述，带你理解高质量

习近平在党的二十大报告中提出，必须完整、准确、全面贯彻新发展理念，坚持社会主义市场经济改革方向，坚持高水平对外开放，加快构建以国内大循环为主体、国内国际双循环相互促进的新发展格局。

中国式现代化

报告原文

在新中国成立特别是改革开放以来长期探索和实践基础上，经过十八大以来在理论和实践上的创新突破，我们党成功推进和拓展了中国式现代化。

中国式现代化，是中国共产党领导的社会主义现代化，既有各国现代化的共同特征，更有基于自己国情的中国特色。

高水平社会主义市场经济体制

报告原文

构建高水平社会主义市场经济体制。坚持和完善社会主义基本经济制度，毫不动摇巩固和发展公有制经济，毫不动摇鼓励、支持、引导非公有制经济发展，充分发挥市场在资源配置中的决定性作用，更好发挥政府作用。

乡村振兴

报告原文

全面推进乡村振兴。坚持农业农村优先发展，坚持城乡融合发展，畅通城乡要素流动。扎实推动乡村产业、人才、文化、生态、组织振兴。全方位夯实粮食安全根基，牢牢守住十八亿亩耕地红线。深化农村土地制度改革，赋予农民更加充分的财产权益。保障进城落户农民合法土地权益，鼓励依法自愿有偿转让。

现代化产业体系

报告原文

建设现代化产业体系。坚持把发展经济的着力点放在实体经济上，推进新型工业化，加快建设制造强国、质量强国、航天强国、交通强国、网络强国、数字中国。

高水平对外开放

报告原文

推进高水平对外开放。稳步扩大规则、规制、管理、标准等制度型开放。加快建设贸易强国。营造市场化、法治化、国际化一流营商环境。推动共建“一带一路”高质量发展。有序推进人民币国际化。深度参与全球产业分工和合作，维护多元稳定的国际经济格局和经贸关系。

区域协调发展

报告原文

促进区域协调发展。深入实施区域协调发展战略、区域重大战略、主体功能区战略、新型城镇化战略，优化重大生产力布局，构建优势互补、高质量发展的区域经济布局和国土空间体系。

新领域新赛道

报告原文

必须坚持科技是第一生产力、人才是第一资源、创新是第一动力，深入实施科教兴国战略、人才强国战略、创新驱动发展战略，开辟发展新领域新赛道，不断塑造发展新动能新优势。

共同富裕

报告原文

我们要实现好、维护好、发展好最广大人民根本利益，紧紧抓住人民最关心最直接最现实的利益问题，坚持尽力而为、量力而行，深入群众、深入基层，采取更多惠民生、暖民心举措，着力解决好人民群众急难愁盼问题，健全基本公共服务体系，提高公共服务水平，增强均衡性和可及性，扎实推进共同富裕。

和谐共生

报告原文

大自然是人类赖以生存发展的基本条件。尊重自然、顺应自然、保护自然，是全面建设社会主义现代化国家的内在要求。必须牢固树立和践行绿水青山就是金山银山的理念，站在人与自然和谐共生的高度谋划发展。

资料来源：http://finance.people.com.cn/n1/2022/1018/c1004-32547280.html.

相关链接 3

高举中国特色社会主义伟大旗帜
为全面建设社会主义现代化国家而团结奋斗
——在中国共产党第二十次全国代表大会上的报告（节选）

八、推进文化自信自强，铸就社会主义文化新辉煌

全面建设社会主义现代化国家，必须坚持中国特色社会主义文化发展道路，增强文化自信，围绕举旗帜、聚民心、育新人、兴文化、展形象建设社会主义文化强国，发展

面向现代化、面向世界、面向未来的，民族的科学的大众的社会主义文化，激发全民族文化创新创造活力，增强实现中华民族伟大复兴的精神力量。

我们要坚持马克思主义在意识形态领域指导地位的根本制度，坚持为人民服务、为社会主义服务，坚持百花齐放、百家争鸣，坚持创造性转化、创新性发展，以社会主义核心价值观为引领，发展社会主义先进文化，弘扬革命文化，传承中华优秀传统文化，满足人民日益增长的精神文化需求，巩固全党全国各族人民团结奋斗的共同思想基础，不断提升国家文化软实力和中华文化影响力。

（一）建设具有强大凝聚力和引领力的社会主义意识形态

意识形态工作是为国家立心、为民族立魂的工作。牢牢掌握党对意识形态工作领导权，全面落实意识形态工作责任制，巩固壮大奋进新时代的主流思想舆论。健全用党的创新理论武装全党、教育人民、指导实践工作体系。加强全媒体传播体系建设，塑造主流舆论新格局。健全网络综合治理体系，推动形成良好网络生态。

（二）广泛践行社会主义核心价值观

社会主义核心价值观是凝聚人心、汇聚民力的强大力量。弘扬以伟大建党精神为源头的中国共产党人精神谱系，用好红色资源，深入开展社会主义核心价值观宣传教育，深化爱国主义、集体主义、社会主义教育，着力培养担当民族复兴大任的时代新人。推动理想信念教育常态化制度化，持续抓好党史、新中国史、改革开放史、社会主义发展史宣传教育，引导人民知史爱党、知史爱国，不断坚定中国特色社会主义共同理想。用社会主义核心价值观铸魂育人，完善思想政治工作体系，推进大中小学思想政治教育一体化建设。坚持依法治国和以德治国相结合，把社会主义核心价值观融入法治建设、融入社会发展、融入日常生活。

（三）提高全社会文明程度

实施公民道德建设工程，弘扬中华传统美德，加强家庭家教家风建设，加强和改进未成年人思想道德建设，推动明大德、守公德、严私德，提高人民道德水准和文明素养。统筹推动文明培育、文明实践、文明创建，推进城乡精神文明建设融合发展，在全社会弘扬劳动精神、奋斗精神、奉献精神、创造精神、勤俭节约精神，培育时代新风新貌。加强国家科普能力建设，深化全民阅读活动。完善志愿服务制度和工作体系。弘扬诚信文化，健全诚信建设长效机制。发挥党和国家功勋荣誉表彰的精神引领、典型示范作用，推动全社会见贤思齐、崇尚英雄、争做先锋。

（四）繁荣发展文化事业和文化产业

坚持以人民为中心的创作导向，推出更多增强人民精神力量的优秀作品，培育造就大批德艺双馨的文学艺术家和规模宏大的文化文艺人才队伍。坚持把社会效益放在首位、社会效益和经济效益相统一，深化文化体制改革，完善文化经济政策。实施国家文化数字化战略，健全现代公共文化服务体系，创新实施文化惠民工程。健全现代文化产业体系和市场体系，实施重大文化产业项目带动战略。加大文物和文化遗产保护力度，加强城乡建设中历史文化保护传承，建好用好国家文化公园。坚持以文塑旅、以旅彰文，推进文化和旅游深度融合发展。广泛开展全民健身活动，加强青少年体育工作，促进群众体育和竞技体育全面发展，加快建设体育强国。

（五）增强中华文明传播力影响力

坚守中华文化立场，提炼展示中华文明的精神标识和文化精髓，加快构建中国话语和中国叙事体系，讲好中国故事、传播好中国声音，展现可信、可爱、可敬的中国形象。加强国际传播能力建设，全面提升国际传播效能，形成同我国综合国力和国际地位相匹配的国际话语权。深化文明交流互鉴，推动中华文化更好走向世界。

资料来源：http://www.gov.cn/xinwen/2022-10/25/content_5721685.htm.

上篇　礼仪理论与认知

孔子曰：不学礼，无以立。如今，礼仪已成为我们生活中约定俗成的礼仪规范，体现出一种尊重和积极向上的敬业精神。因此，学习礼仪、应用礼仪，必须首先从理论角度和思想意识上有一个充分的认识，才能更自觉、更准确、更全面地掌握礼仪，遵守礼仪。

英国哲学家约翰·洛克说："没有良好的礼仪，其余的一切成就都会被人看成骄傲、自负、无用和愚蠢。"礼仪是从内心到外在的思想意识的一种表现，无论在怎样的环境中，只有做到彬彬有礼、真诚友善，才能真正体现出良好的人格魅力和较高的职业素养。

相关链接　搜索

礼由心生

一天，苏轼和佛印禅师开玩笑说："我看你像牛粪。"佛印却平静地说："我看你像如来。"苏轼不解，这和尚怎么以德报怨呢？其妹苏小妹说："心存牛粪，看人都是粪；心存如来，看人都是如来。"

这则故事我们：心存善念，才有善行；心中有礼，才会真正施礼于人。

第一章 礼仪与旅游服务礼仪

礼仪是一个人内在修养和素质的外在表现，也是一个国家，一个民族文明程度的标志。礼仪作为人类交际的表现形式之一，现已渗透到社会生活的各个领域。在国际交往中，礼仪体现国格；在人际交往中，礼仪体现人格。礼仪是社会和谐的校正器，是衡量社会公众教养和道德水准的重要尺度，也已成为国内外旅游业兴衰的重要条件。人们可以根据相应的礼仪规范，正确把握与外界的人际交往尺度，合理地处理好人与人的关系。

本章重点介绍了礼、礼貌、礼仪的基本概念，探究了中外礼仪的历史渊源，剖析了礼仪的原则和特点、功能，以及加强与创新礼仪修养的途径。要求学生在增强文明礼貌意识的前提下，不断提高自身文明素质。

学习目标

知识目标

1. 了解新时代礼仪的相关概念。
2. 了解东西方礼仪的发展进程。
3. 了解礼仪的特点和原则。

素质与能力目标

1. 能够使学生认识学习礼仪知识的重要性。
2. 真正理解礼仪是自身道德素养的提升与养成。
3. 能够运用礼仪的有关知识指导自己的交际行为。

案　例

张良拾鞋

《史记·留侯世家》记载：秦朝末年，张良在博浪沙谋杀秦始皇没有成功，便逃到下邳隐居。一天，他在镇东石桥上遇到位白发苍苍、胡须长长、手持拐杖、身穿褐色衣服的老人。老人的鞋子掉到了桥下，便叫张良去帮他捡起来。张良觉得很惊讶，心想：你算老几呀？敢让我帮你捡鞋子？张良甚至想挥拳头揍对方，但见他年老体衰，而自己却年轻力壮，便克制住自己的怒气，到桥下帮他捡回了鞋子。

谁知这位老人不仅不道谢，反而大咧咧地伸出脚来说："替我把鞋穿上！"张良心底大怒：嘿，这糟老头子，我好心帮你把鞋捡回来了，你居然还得寸进尺，要让我帮你把鞋穿上，真是过分！

张良正想脱口大骂，但又转念一想，反正鞋子都捡起来了，干脆好人做到底。于是默不作声地替老人穿上了鞋。张良的恭敬从命，赢得了这位老人孺子可"教"的首肯。又经过几番考验，这位老人终于将自己用毕生心血注释而成的《太公兵法》送与张良。张良得到这本奇书后，日夜诵读研究，最后成为满腹韬略、智谋超群的汉代开国名臣。

——李丽．旅游行业礼仪实训教程．北京大学出版社，2012.

案例分析

1. 张良克制自己的不快，为老人拾鞋、穿鞋，是不是窝囊软弱的表现？

2. 我国传统礼仪的核心是什么？如何在学习礼仪的过程中不断完善自己的品格、增长自己的智慧？

第一节　礼仪的界定

礼仪集中反映一个人的个人气质、道德修养、审美修养和文化品位。从交际的角度来看，礼仪可以说是人际交往中适用的一门艺术，一种交际方式或方法，是约定俗成的示人以尊重友好的习惯做法。从个人的角度来看，礼仪可以说是一个人内在素养、外在形象和道德审美的直观表现。从集体的角度来看，礼仪是提高经济和社会效益，塑造团队文化、集体精神的重要内容，是集体形象的主要附着点。

一、礼仪的基本概念的辨识

礼是人类文明的重要标志，孟子曰："尊敬之心，礼也。"由礼派生出了礼貌、礼节、礼仪，它们相辅相成，密不可分。但从内涵上来看，三者又不可简单地混为一谈。它们之间，既有区别，又有联系。

（一）什么是礼

据许慎《说文解字》，"礼"在我国古代最初指"事神致福"，即祭祀神明以获得庇佑。在古代，礼特指奴隶社会或封建社会等级森严的社会规范和道德规范。如今，礼的含义比较广泛，它既可指为表示敬意而隆重举行的仪式，也可泛指社会交往中的礼貌和礼节，是人们在长期的生活实践与交往中约定俗成的行为规范。今引申为表示敬意的通称，是表示尊敬的言语或动作。礼的本质是"诚"，有敬重、友好、谦恭、关心、体贴之意。

（二）什么是礼貌

礼貌是人与人在接触交往中，通过言谈、表情、举止相互表示敬重和友好的行为规范，是文明行为的最起码要求，它体现了时代的风尚和人们的道德品质，体现了人们的文化层次和文明程度。礼貌可分为礼貌行为和礼貌语言两个部分；礼貌行为是一种无声的语言，如微笑、点头、欠身、鞠躬、握手，正确的站姿、坐姿等；礼貌语言是一种有声的行动，如使用"您好""先生"等敬语，"恭候光临""我能为您做点什么"等谦语，"哪位""贵姓""借过一下"等雅语。在人际交往中讲究礼貌，不仅有助于建立相互尊重和友好合作的新型关系，而且能够缓解或避免某些不必要的冲突。对从事旅游服务的人员来说，礼貌是衡量服务质量高低的重要标志。

（三）什么是礼节

礼节是人们在日常生活和社交场合中，相互问候、致意、祝愿、慰问以及给予表示友好的惯用形式。如中国古代的作揖、跪拜，如今世界通行的握手、点头、微笑，南亚诸国的合十礼，欧美的拥抱礼、亲吻礼等，都是不同国家礼节的表现形式。在旅游服务中按照礼宾顺序依次进行送茶、上菜、斟酒等均为礼貌待客之道。因此，掌握各国不同应用礼节是十分必要的。

（四）什么是礼仪

礼仪是人们在社会交往活动中，应共同遵守的行为规范和处事准则。中国传统文化从某种意义上可以说是"礼仪文化"，中国传统社会是以礼教伦理维系的社会。《论语·为政》中写道，“道之以德，齐之以礼”。孔子说，“不学礼，无以立”；“礼者，敬人也”。顾名思义，从现实生活和社会交往的角度来讲，礼仪是尊重自己、尊重别人的表现形式，是一种待人接物的行为规范，也是交往的艺术。它是人们在社会交往中由于受历史传统、风俗习惯、宗教信仰、时代潮流等因素而形成的，既为人们所认同，又为人们所遵守，是以建立和谐关系为目的的各种交往要求的行为准则和规范的总和。

礼仪的核心应当是诚敬与尊重。《礼记·曲礼》中写道：“夫礼者，自卑而尊人。”意思是律己、敬人的一种行为规范，是表现对他人尊重和友好的态度和方式方法。礼仪的表现形式有：礼貌、礼节、仪表、仪式、器物、服饰、标志、象征等。

课堂思考

你认为礼仪在生活中起着怎样的作用？

二、旅游服务礼仪

当今，随着经济全球化和世界经济一体化的深入发展，世界旅游业更是进入了快速发展的黄金时代。根据世界旅游及旅行理事会数据统计，2018 年中国旅游业对全球 GDP 的综合贡献高达 15090 亿美元，居世界第二位。旅游业贡献的就业岗位数为 7991 万个，数量稳居世界第一。因此，旅游工作者必须具有一定规范的礼仪知识，才能提升旅游业的国际竞争力，实现由旅游大国向旅游强国的迈进。

（一）旅游服务礼仪的含义和目的

旅游服务礼仪是指旅游工作者在为客服务过程中，所遵循的对他人表示尊重与友好的行为规范。通过语言、动作，并以一定的约定俗成的程序方式表现出来的规范自己、恭敬旅客的行为。它与礼仪有着共同的原则：尊重、友善、真诚、谦恭、优雅。旅游服务礼仪的目的，就是通过礼仪来塑造服务规范、训练有素的旅游服务人员，从而塑造旅游行业人员完美的形象，树立旅游企业良好的公众形象，并赢得市场。

（二）旅游服务礼仪的意义

在社会生活中，人们往往把是否讲究礼仪作为衡量一个人道德水准高低和有无教养的尺度，同时，也把讲究礼仪作为一个国家和民族文明程度的重要标志。古人云：“国尚礼则国昌，家尚礼则家大，身尚礼则身正，心尚礼则心泰。”讲究礼仪是一个国家和民族文明的重要标志，也是衡量一个人的职业道德、文化教养的尺度。旅游业是我国重要的“窗口”行业，也是体现文明礼貌的“窗口”，因此，讲究服务礼仪有着特殊意义。

（1）讲究礼仪事关旅游业的兴衰。

处事适宜、待客以礼，是当代旅游从业人员应有的风范，也是我国旅游行业的优良传统。随着我国改革开放的深入和经济社会的发展，一方面旅游业得到了迅猛的发展，另一方面旅游市场竞争更趋激烈。竞争的关键问题是旅游服务质量。因此，讲究旅游服务礼仪、为客人提供优质服务，对旅游企业的生存与发展有着决定性的意义。

（2）讲究礼仪是提升宾客满意度的客观要求。

如今，客人对旅游行业服务的要求越来越高，注重礼仪服务是提升客人满意度的重要条件。第一，旅游业担有重要而艰巨的任务。因为旅游业涉及面广，人员复杂，环境多变，容易产生矛盾和纠纷。这就在客观上要求旅游行业必须讲究服务礼仪，为各类客人提供优质满意的服务，协调人际关系。第二，旅游企业落实服务礼仪要求，就能提高服务质量，处处为宾客营造舒适快乐的活动环境，就能让宾客乘兴而来、满意而归。

（3）讲究服务礼仪是精神文明建设的需要。

社会主义精神文明建设的根本任务是适应社会主义现代化的需要，培养有理想、有道德、有文化、有纪律的社会主义公民，提高整个中华民族的思想道德素质和科学文化水平。旅游行业讲究服务礼仪，一可以体现我国社会主义精神文明建设的成果，二可以展示我国公民的精神风貌，三可以广泛传播文明的种子，四可以实践中培养“四有”旅游职业队伍。

（4）讲究礼仪是提升服务水准的首要条件。

旅游服务质量的高低，主要表现在客人享受服务后的物质的和心理满足程度的高低。其中包括两个方面：一是物质上的满足程度，即有形产品和硬件，如设施、设备的完好度、舒适度等。二是心理上的满足程度，即无形产品和软件，主要是通过服务态度、服务方式、服务技巧等，也是旅游接待服务质量最终的满意程度。两者相互依存，互为条件。因此，不仅要有一流的硬件，还要加强软件形象的建设，注重礼仪已成为旅游接待服务中的首要条件。

（5）讲究礼仪是完善旅游接待人员人格完美的途径。

优秀的人格主要表现为诚实友善、正直谦虚、自尊自爱、乐于助人和具有进取精神。通过规范的礼仪能使旅游接待人员保持饱满的工作热情，养成谦恭友善、沉稳大方的行为举止，彬彬有礼、不卑不亢的工作态度，从而体现人格的完美。

所以说，旅游服务礼仪作为行为规范，对旅游从业人员服务行为具有很强的约束力。旅游业讲究并坚持应用服务礼仪，不仅可以有效地提高旅游服务质量，塑造旅游服务队伍的良好形象，同时也将直接关系到我国旅游业在国际上的声誉。

课堂思考

1. 如今在旅游接待中讲究礼仪能够给行业带来怎样的影响?

2. 你外出旅游时,希望服务人员提供怎样的服务?

知识拓展 搜索

礼与旅游服务的关系

旅游业是把旅游者作为服务对象的行业,参加这一行业的从业人员,是以向宾客在其旅游过程中提供食、住、行、游、购、娱等方面的优质服务为宗旨的。旅游业是我国的“窗口”服务行业,服务质量是旅游业的生命线,要发挥好旅游业的“窗口”作用并提高其服务质量,首先必须牢固树立“宾客至上”的服务意识,以礼待客,即讲究礼貌礼节。同时,旅游从业人员的礼貌礼仪整体水平对于改善国际交往、增进各国人民之间的了解和友谊,展示中华民族的精神风貌和维护我国的声誉、传播社会主义精神文明等有着重要的现实意义。

——资料来源:百度百科.

三、礼仪与个人修养

礼仪是一个人内在素质的外化,礼仪修养不仅是人们必备的基本素质,也是社会交往、商务活动和其他各项事业成功的一个重要条件。从根本上讲,个人修养的提高关键在于自己,要求人们通过自身的努力,把良好的礼仪规范标准化作个人的一种自觉自愿的能力行为。良好的个人礼仪修养具有一定的意义:

(1)加强个人礼仪修养实现自身价值,体现人格魅力。

“金无足赤,人无完人”。现实生活中,人们却在以各种不同的方式追求着自身的完美,寻找通向完美的道路。加强个人礼仪修养,可以丰富人的内涵,增加人的“含金量”,从而提高自身素质的内在实力,使人们面对纷繁社会时更具勇气、更有信心,进而更充分地实现自我价值。

(2)加强个人礼仪修养增进人际交往,体现友好与尊重。

俗话说:礼仪是人际交往的“润滑剂”。加强个人礼仪修养,使你在尊敬他人的同时也赢得他人对你的尊敬,从而使人与人之间的关系更趋融洽,使人们的生存环境更为宽松,使人们的交往气氛更加愉快。

（3）加强个人礼仪修养提升工作能力，体现职业精神。

一个人的工作能力是由他的专业知识和人文素养所体现。具有渊博知识的同时，更要具有谦恭有礼的礼貌意识、积极向上的工作态度、乐于奉献的敬业精神，才能真正全面提升个人工作能力，体现良好的职业精神。

（4）加强个人礼仪修养促进社会文明，提升国人素质。

个人礼仪修养的加强，可以使每位社会成员进一步强化文明意识，端正自身行为，从而促进整个国家和民族总体文明程度的提高，加快社会的发展。“国家兴亡，匹夫有责”，在大批国人走出国门之际，我们每一位社会公民都应自觉加强自身道德品行，以礼仪修养为己任，提升国人形象和素质。

课堂思考

结合所学专业谈谈自己应如何加强礼仪学习？

第二节　礼仪的变迁

礼仪作为人类社会的行为规范，是与人类社会同时产生、同步发展的。礼仪并非一开始就作为行为规范为人们所遵守。它最初只是一种习惯、一种意向，为了更好地了解现代礼仪的丰富内涵，我们有必要了解礼仪的历史发展过程。

一、礼仪的起源

礼仪从无到有、从无序到有序，它随着社会不断地发展而逐渐地演变。追溯何时何故而起，自古以来，研究者们做过种种探讨，有多种生成说，可大致归纳为以下几种：“起于祭祀”“起于饮食”“源于原始舞蹈”“源于人的欲望与环境的矛盾”“起源于人际交往”等。

（1）起源于祭祀说。

据考证，我国礼仪的雏形起源于远古时期的原始宗教祭祀活动。这是因为原始社会生产力极其低下，人们还处于一种愚昧无知的状态，对生存环境中出现的风雨雷电、洪水猛兽、日月星辰、自然界生老病死等自然现象无法做出科学的解释，认定冥冥之中存在着一种超越现实和自然的力量即鬼神，认为一切不可解释的神秘奇迹和令人惶恐的灾祸现象，都源于鬼神的意志所驱使。为了驱祸降福，原始先民把最好的食物虔诚地供奉给鬼神，由此形成了庄严而隆重的祭祀仪式。

东汉许慎的《说文解字》对“礼”字的解释是“履也，所以事神致福也；从示从豊，豊亦聲”。意思是实践约定的事情，用来给神灵看，以求得赐福。“禮”字是会意字，从中可以分析出，“礼”字与古代祭祀神灵的仪式有关。古时祭祀活动不是随意进行的，它是严格地按照一定的程序和方式进行的。郭沫若在《十批判书·孔墨的批判》中也指出：“礼之起，起于祀神，其后扩展而为人，更其后而为吉、凶、军、宾、嘉等多种仪制。”因此，许多学者认为礼仪源于人们敬神祈福时的祭祀活动。

（2）起源于饮食说。

这种观点认为，礼的产生始于饮食。自古以来，中国就是“礼仪之邦”“食礼之国”。懂礼、习礼、守礼、重礼的历史，源远流长。《礼记·礼运》记载“夫礼之初，始诸饮食”。古时候，把黍米、切割成块的猪肉烤熟吃，用双手捧着小坑的积水喝，都是饮食礼仪的原始体现，与远古的祭神仪式直接相关。到了春秋战国时代，“食不语，寝不言”“席不正，不坐”等这些饮食习惯和规矩形成了早期的礼仪。之后，食礼诞生后，周公通过“制礼作乐”对皇家和诸侯的礼宴做出了若干具体的规定。接着，儒家学派的三大宗师——孔子、孟子、荀子，又继续对食礼加以规范，并补充仁、义、礼、法等内涵，将其拓展成人与人的伦理关系，“以礼定分”，消患除灾。

（3）起源于原始舞蹈说。

这一说法通过对“礼”字的字源学考察和对原始舞蹈的社会化功能的分析，说明原始舞蹈是人类最早的社会化途径，在贵族集团的宗法制度下，原始舞蹈演变为教化人伦、分别等级的礼仪制度，而在民间，则演变为会饮狂欢、共同人群的节日庆典。使原始舞蹈将不同个体凝聚为社会共同体的是洋溢于其中的普遍认同情感，这就是孔子所谓的“仁”，孔子正是从民间庆典中领会到“仁”的真谛。

（4）起源于人的欲望与环境的矛盾说。

这种观点认为，礼仪起源于人类为协调主客观矛盾的需要。维持群体生活的自然人伦秩序是礼仪产生的最原始的动力。《荀子·礼论》云：“礼起于何也？曰：人生而有欲，欲而不得，则不能无求，求而无度量分界，则不能不争。争则乱，乱则穷。先王恶其乱也，故制礼义以分之。”《管子·君臣下》云：“古者未有君臣上下之别，未有夫妇妃匹之合，兽处群居，以力相争。于是智者诈愚，强者凌弱，老幼孤独，不得其所。”他们都认为，礼仪是“先王”为了“止欲治乱”而“制礼”，是为维护特殊社会集团和阶级利益。

（5）起源于人际交往。

中国人认为礼仪起源于男女交往。在古人眼里，男女有别，必须用礼来区分。古人相传，华夏第一对夫妻伏羲与女娲在结婚之时，伏羲“制嫁娶以俪皮（即为两张鹿皮，由男方送给女方作为聘礼）为礼，”从此就有了礼。故今称夫妻为“伉俪”。人们在交往中，难免有喜怒哀乐，礼的作用在于使之“发而皆中节”（《中庸》），即恰到好处，而不对别人造成伤害，于是便有相应的种种规定。西方人认为礼起源于原始人类的交往活动。法国文化人类学家莫斯在他的名著《礼物》中认为古代社会曾流行过一种“全面馈赠制”，即原始人的物品交往是通过一种“全面馈赠礼物的形式进行的”。

二、礼仪的发展

（一）中国传统礼仪的发展

中国素有“礼仪之邦”的美誉，礼仪文化源远流长，绵延数千年，独具内涵，发展历程曲折而复杂，大致可归纳为以下几个阶段：

1. 萌芽期

这一时期主要处于原始社会，大致时间为公元前3500年至公元前2100年夏朝建立前。当时国家尚未出现，原始氏族部落内部的一些风俗习惯从社会生活的各个方面详细而又具体地规定了氏族成员之间的关系准则。虽然这些风俗习惯是简单的、不成文的，但是对氏族成员行为具有很大的约束性。此外，根据大量的考古资料，在黄河、长江中下游和辽西、燕山地区，许多公元前3500年至公元前2000年的遗址上发现了“礼制”“礼仪”“礼器”的遗迹。例如，一些特殊的玉器、漆木器和陶器造型精美、纹饰独特、质料上乘，为权贵拥有并具有特殊含义，这应该可以说成是“礼器”。“礼器”的出现意味着有“以礼配器”的等级名分制度也就是“礼制”的存在，而一些先民留下的祭坛以及后来传入夏、殷、周的祭礼的出现，也说明当时已出现了祭祀礼仪。

2. 形成期

这一时期指夏、商、周至两汉时期。中华传统礼仪在该阶段螺旋式的发展中基本成形。

夏礼最早出现，比较简朴。《诗经》《礼记》记载当时忠孝之道已基本形成，已有学校，入学择春仲吉，乡人于十月跻公堂，行饮酒之礼；礼器众多，宗庙器皿颇为讲究，一般雕刻成鸡、龙等形状等。殷商巫祀之礼发达，礼器复杂多样，肃穆神秘，用于礼乐的乐器也十分发达。殷人好占卜，把占卜的行为与言辞都刻在龟甲与兽骨上，称为甲骨文，又称殷墟卜辞。

周代礼仪更为成熟完备。礼除了用于祭祀之外，还作为治国之本，使中国成为礼仪之邦，汉文化的文明根基由此奠定。《周礼》为典章制度之本，详细记载了百官应该遵循的礼，是我国奴隶社会最严谨、最庞大、最文明的礼仪制度。历史上有名的“周公制礼”就发生在这一时期。周礼与孔子编订的《仪礼》和孔门后学编的《礼记》，世称

"三礼"，说明经过西周统治者的不断改造，礼仪被赋予宗法封建制的等级规定，形成了严密、繁复的礼制，成为一种政治制度和伦理体系。

春秋战国时代，诸子百家争鸣，出现了"礼崩乐坏"的局面。这时，以孔子、孟子为代表的儒家学派系统地阐述了社会等级秩序的划分及其意义。孔子提出了"非礼勿视，非礼勿听，非礼勿言，非礼勿动"（《论语·颜渊》）。孟子提出了封建社会人际关系的"五伦"准则，即"父子有亲，君臣有义，夫妇有别，长幼有序，朋友有信"（《孟子·滕文公上》）。这些礼制思想后来成为传统礼仪的核心内容。

至秦汉两朝，秦朝尊尚法家，但历时不长，随秦朝崩溃而告一段落。到汉武帝时深感没有严格的君臣礼仪，国家必乱，思想家董仲舒提出"罢黜百家，独尊儒术"的治国方略，把封建专制制度的理论系统化，把儒家礼仪具体概括为"三纲五常"。由此，礼仪作为社会道德、行为准则、精神支柱，其重要性提升到了前所末有的新高度。由此，中国传统礼仪基本成形。

3. 发展期

这一时期包括魏晋南北朝、隋唐五代和两宋时期。

魏晋南北朝是中国礼仪制度的重要发展阶段，"五礼"（祭祀之事为吉礼，冠婚之事为嘉礼，宾客之事为宾礼，军事之事为军礼，丧葬之事为凶礼）成为国家的礼仪制度就发生在此时，其实践活动对于五礼制度的形成具有重要意义。在魏晋南北朝时期，曾经出现过玄学、佛教、道教对儒学礼仪的挑战，但传统礼仪并未受到重创，倒是引起统治者顺应形势，注意变革。例如，曹操父子对薄葬风气的倡导，就对魏晋两朝的丧葬礼仪产生过积极的影响。而刘备告诫其子刘禅的遗诏中"勿以恶小而为之，勿以善小而不为"，诸葛亮《诫子书》中"非淡泊无以明志，非宁静无以致远"等，无不开家训类文字之先河。北齐颜之推的《颜氏家训》，堪称家礼之典范，古今家训，无不受其影响。

隋唐文化空前繁荣，同时也给礼仪的发展注入了强大活力。隋朝开国之初，即对南北朝礼仪文化兼收并蓄，制定《仪礼》百卷，整理制定《露布礼》，开皇十四年，定封禅礼。之后，随着国家的统一，政治稳定，经济繁荣，又修订"五礼"。大业元年，制定舆服之制，使礼制定于一尊。唐太宗贞观十一年编订了《贞观礼》，唐高宗显庆三年又编订了《显庆礼》，到开元盛世，唐玄宗在隋礼和《贞观礼》《显庆礼》的基础上，主持纂修《大唐开元礼》。《开元礼》以其系统性和完整性，成为封建礼制的最高典范。唐末杜佑撰写《通典》，其中《礼典》100卷，更是仪制研究的里程碑。

随着宋代理学的兴起，理学家对礼治思想的阐述，进一步强化了礼治秩序。此时，出现了司马光的《家范》、朱熹的《朱子家礼》等礼仪著作，这些著作秉承传统家庭礼仪教育的精神，他们谆谆告诫自己的子女“谨守礼法”“宽厚恭谨”，强调父母的言传身教，注重礼仪教育与启蒙知识的结合、礼仪教育同日常生活行为的结合，对后世也产生了很大的影响。总之，唐宋以后，礼仪开始与朝廷典章制度分离，走向民间，其内涵外延开始发生变化。至此，我国古代礼仪进一步发展，变得更加严密、完善。

4. 衰亡期

元、明、清三代，随着封建社会的日薄西山，封建礼仪也逐渐走向衰亡。

从宋至元，游牧文化与农耕文化就一直碰撞与交融，特别是元朝时蒙古民族入主中原，带入了大量游牧民族的风俗习惯，对中原的传统礼仪造成巨大的冲击。

到朱元璋建立明朝，他认为“贵贱无等，僭礼败度”是元朝崩溃的主要原因，所以特别注意礼制的推行，按贵贱等级差别将衣食住行规定得格外严格，不许有丝毫僭越之举。

至清朝，满族入主中原，再度强化封建礼教的地位，特别是将满族礼俗与封建礼俗结合推向极端。如“留发不留头，留头不留发”“三跪九叩首”，大臣上折自称“奴才”等无不为清朝之首创。虽然乾、嘉年间礼学研究又趋于昌盛，礼经学的名家、名著为数不少，但随着西方文化的进入，封建礼教一统天下的日子一去不复返，中西文化的碰撞以及民众的觉醒，使封建礼教的衰亡成为一种必然。

5. 新生期

辛亥革命的爆发，结束了中国两千多年的封建君主专制制度，标志着中国礼仪开始进入一种自由发展、新旧交替的时代。科学、民主、自由、平等、博爱的观念逐渐深入人心，“剪辫子”“易服装”“脱帽、鞠躬、握手、鼓掌、洋式名片”，见面称呼“同志”“先生”“君”，男女公开接触，自由恋爱、女子放足、婚礼新办等，掀起一股礼仪革新的新风。1919 年爆发的“五四运动”更是旗帜鲜明地喊出“打倒孔家店”的口号，对封建礼教直接开刀，对传统礼仪进行了全面的批判，开创了中华文化近代化的新阶段。

中华人民共和国的成立，标志着中国礼仪进入了一个崭新的阶段。许多落后的传统礼仪被淘汰，比如，“神权天命”“愚忠愚孝”以及严重束缚妇女的“三从四德”等封建礼教。一些优秀的传统礼仪被保存下来，并得以发扬光大，如精忠报国、尊老爱幼、讲究信义等。随着我国对外开放的进一步扩大和深化，西方礼仪、礼节陆续传入我国，同我国传统礼仪一道融入社会生活的各个方面，取其精华、去其糟粕，现代礼仪的发展进入了全新的时期。“五讲四美三热爱”作为 20 世纪 80 年代的经典口号,《公民道德实时纲要》的印发更加使得学习礼仪、懂得礼仪、运用礼仪蔚然成风。

知识拓展 搜索

中国古代生活礼仪

中国礼仪在中国文化中起着“准法律”的作用。古代生活礼仪如下：

①诞生礼，包括“三朝”“满月”“百日”“周岁”等。

“三朝”是婴儿降生三日时接受各方面的贺礼。“满月”在婴儿满一个月时剃胎发。“百日”时行认舅礼，命名礼。“周岁”时行抓周礼，以预测小儿一生命运、事业吉凶。

②成年礼，也叫冠礼，是跨入成年人行列的男子加冠礼仪。中国少数民族不少地区至今还保留着古老的成年礼，如拔牙、染牙、穿裙、穿裤、盘发髻等仪式。

③飨燕饮食礼仪，飨在太庙举行，烹太牢以饮宾客，重点在礼仪往来而不在饮食。正月十五吃元宵，清明节吃冷饭寒食。五月端阳的粽子和雄黄酒、中秋月饼、腊八粥、辞岁饺子等都是节日仪礼的饮食。宴席上的座次，上菜的顺序，劝酒、敬酒的礼节，也有社会往来习俗中男女、尊卑、长幼关系和祈福避讳上的要求。

④宾礼，主要是对客人的接待之礼。与客人往来的馈赠礼仪有等级差别。

⑤五祀，指祭门、户、井、灶、中（中室）。周代是春祀户，夏祀灶，六月祀中霤，秋祀门，冬祭井。

⑥傩仪，滥觞于史前，盛行于商周。周代的傩仪是四季驱邪逐疫。

——资料来源：百度百科.

（二）西方礼仪的发展

1. 礼仪的产生

西方礼仪的产生与西方“公民”的出现密不可分。“公民”最早起源于古希腊城邦的政治生活，当时公民不仅表示人的地位和身份，也表示“高尚的人”“道德的人”。13~14世纪，欧洲一些城市的独立和自治运动推动了城市的发展，形成了通常意义上的“公民”，公民道德得到长足发展。随着近代西方社会的兴起和社会契约论的确立，出现了公民权利的要求，围绕追求个人权利和公共利益，形成了各种具有道德意义的行为方式，尊重他人、善待自己成为社会普遍的善，西方礼仪就是在这种背景下得以产生的。

2. 礼仪的发展

“礼”一词，在拉丁文里是 etiquette，意指上流社会中的行为规范或宫廷礼仪以及官方生活中的公认准则。西方礼仪源于 12 世纪法国地区的骑士精神，它遵循一种新型的社会规范，逐渐发展起来影响了整个西欧。

自骑士时代以来，法国人便成了礼仪方面的专家，他们把自己对礼仪的建议和阐述传播到其他国家。这些传统从法国传到欧洲其他国家，又从欧洲传播到美洲，现在许多已经成为国际礼仪通则。如今，大量关于服饰、言行和举止的礼仪书籍，实际上源自中世纪和文艺复兴时期的西欧宫廷礼仪。当时的社会要求既谙世事又有修养的绅士既要刚直不阿，又要勇敢、忠诚、富有正义感；妇女则要谦虚、温顺、贞洁、富有同情心。西方人普遍认为，稍微烦琐的礼仪能避免品行上的疏忽，这些礼仪常识在很大程度上决定着人们是否能够愉快交往，所以特别注意基本礼仪常识的培养，将礼仪看成是维护公共秩序的重要手段，认为培养公民遵守行为的规则、礼节性的规则，如“不要说粗话，不要打断别人的说话，不要拥挤，不要偷东西，不要撒谎”等，是一切道德之源。礼仪在符合公民规范的个人行为中习俗化、惯性化，成为公民的日常行为准则和普遍性的道德要求。

综上所述，无论在东方，还是在西方，礼仪的发展有很长的历史。在长期国际交往的过程中，也形成了许多国家间通行的通用礼仪。现代的礼仪正是历史上各国及各民族礼仪的继承和发展。

课堂思考

请说说你对西方礼仪的认识和看法。

知识拓展 搜索

我国古代礼仪与现代礼仪的差异

从总体上讲，现代礼仪与我国古代礼仪存在三点差异：

其一，两者的基础不同，古代礼仪是以封建等级制度为基础的，现代礼仪虽然承认身份差异，但更强调以人为本、人格平等、社会公平，并且以尊重人作为自己的立足点与出发点。

其二，两者的目标不同，古代礼仪以维护封建统治秩序为目的，而现代礼仪则重在追求人际交往的和谐。

其三，两者的范围不同。古代礼仪所讲究的是“礼不下庶人”，因而与平民百姓无关，而现代礼仪则适用于任何交际活动的参与者。

——资料来源：百度百科.

第三节　讲究礼仪的原则与特点

一、礼仪的原则

在日常生活中，学习、应用礼仪，有必要在宏观上掌握一些具有普遍性、共同性和指导性的礼仪规律。这些礼仪规律，就是礼仪应遵循的原则。

（1）尊重原则。

尊重是礼仪的感情基础，也是核心内容。所谓礼者，敬人也。礼仪的核心表现为在人际交往中，以相互尊重为前提。尊重首先体现在要真诚平等地看待社会交往中的对象，尊重对方，不损害对方利益，注意他人特有的礼仪习惯；同时又保持自尊，在交往过程中既要彬彬有礼，又能够不卑不亢；另外，尊重还体现在尊重礼仪规范本身，按照礼仪规范的要求合理安排自己在人际交往中的言行举止。

（2）遵守原则。

礼仪作为行为规范、处事准则，反映了人们的共同利益。每个人都有责任去维护和遵守它。在人际交往中，要自觉遵守社会公德，真诚友善，谦虚随和。

（3）善良原则。

善良是人类道德的坚固基石。在现实生活中，善良原则要求人们努力做到：扬善抑恶，不做坏事，制止坏事。人们对某种社会现象以及一个人的行为品质做出道德评价，评价的标准就是善与恶。

（4）审美原则。

礼仪活动的每个参与者既是审美的主体，又是审美的客体；既是对方欣赏的对象，又是以审美目光欣赏对方的。遵循礼规，以礼待人不但令人愉悦，而且也满足他人与社会的审美需求。因此，礼仪的制定与践行必须遵循审美的原则，使礼仪随着时代的发展和民族的、地域的审美要求，变成一种追求人生美、社会美的手段与工具。

（5）平等原则。

在具体运用礼仪时，允许因人而异，根据不同的交往对象，采取不同的具体方法。但是，与此同时必须强调指出：在礼仪的核心点，即尊重交往对象、以礼相待这一点上，对任何交往对象都必须一视同仁，给予同等程度的待遇。不允许因为在年龄、性别、种族、性格、文化、职业、身份、地位、财富以及与自己的关系亲疏远近等方面有所不同，就厚此薄彼，区别对待，给予不同待遇。这便是礼仪中平等原则的基本要求。

（6）适度原则。

现代礼仪强调人际交往中的交流与沟通一定要把握适度性，为了保证取得成效，必须注意技巧，合乎规范，特别要注意做到把握分寸。根据具体情境而行使相应的礼仪，始终不卑不亢，落落大方，使施礼者和受礼者都感到自然舒服。如在与人交往时，既要彬彬有礼，又不能低三下四，既要热情大方，又不能轻浮谄谀，要自尊不要自负，要坦诚但不能粗鲁，要信人但不要轻信，要活泼但不能轻浮，真正做到恰到好处、恰如其分。

（7）自律原则。

孔子曰："己所不欲，勿施于人"。自律就是自我约束，自我对照，自我反省，自我检点，即在要求对方尊重自己，遵守礼仪之前，首先应当检查自己的行为是否符合礼仪的规范要求。做到严于律己，宽以待人，这样才能赢得别人的尊重与好感。

（8）信用原则。

信用即讲信誉，孔子说：民无信不立，与朋友交，言而有信。在社交场合，尤其要讲究一是要守时，与人约定时间的约会、会见、会谈、会议等，决不应拖延迟到。二是要守约，即与人签订的协议、约定和口头答应的事，要说到做到，即所谓：言必信，行必果。故在社交场合，如没有十分的把握就不要轻易许诺他人，许诺做不到，反落了个不守信的恶名，从此会永远失信于人。

（9）宽容原则。

宽容是一种高尚的情操，在社交场合，对待他人要宽以待人，对不同于自己观点的和行为要有一颗包容的心，善于换位思考；不斤斤计较，不伤害他人的尊严。在人际交往中，要允许他人有个人行动和独立进行自我判断的自由；对不同于己、不同于众的行为耐心容忍，不必要求其他人处处效法自身，凡事要尊重其个人的选择。

（10）从俗原则。

由于国情、民族、文化背景的不同，在人际交往中，实际上存在着"十里不同风，百里不同俗"的局面。对这一客观现实要有正确的认识，不要自高自大，简单否定其他人不同于己的做法。必要时，必须坚持入乡随俗、入门问讳，与绝大多数人的习惯做法保持一致，切勿目中无人，自以为是，指手画脚，随意批评，否定其他人的习惯性做法。遵守从俗原则的规定，会使礼仪的应用更加得心应手，更加有助于人际交往。

案　例

孟子休妻

战国时期的思想家、政治家和教育家孟子，是继孔子之后儒家学派的主要代表人物，被后世尊奉为仅次于孔子的"亚圣"。孟子一生的成就，与其母亲从小对他的教育是分不开的。孟母是一位集慈爱、严格、智慧于一身的伟大的母亲，早在孟子幼年时候，便为后人留下了“孟母三迁”“孟母断织”等富有深刻教育意义的故事。孟子成年娶妻后，孟母仍不断利用处理家庭生活的琐事等去启发、教育他，帮助他从各方面进一步完善人格。

有一次，孟子的妻子在房间里休息，因为是一个人，便无所顾忌地将两腿叉开坐着。这时，孟子推门进来，看见妻子这样坐着，非常生气。原来，古人称这种双腿向前叉开坐为箕踞。箕踞向人是非常不礼貌的。孟子一声不吭就走出去，看到孟母，便说：“我要把妻子休回娘家去。”孟母问他：“这是为什么？”孟子说：“她既不懂礼貌，又没有仪态。”孟母又问：“因为什么而认为她没礼貌呢？”她双腿叉开坐着，箕踞向人，孟子回答道：“所以要休她。”“那你又是如何知道的呢？”孟母问。孟子便把刚才的一幕说给孟母听，孟母听完后说：“那么没礼貌的人，应该是你而不是你妻子。难道你忘了《礼记》上是怎么教人的？进屋前，要先问一下里面是谁；上厅堂时，要高声说话；为避免看见别人的隐私，进房后，眼睛应向下看。你想想，卧室是休息的地方，你不出声、不低头就闯了进去，已经先失了礼，怎么能责备别人没礼貌呢？没礼貌的人是你自己呀！”

一席话说得孟子心服口服，再也没提什么休妻子回娘家的话了。

——资料来源：中国教育教学资源网，www.jyzyedu.com.

案例分析

1. 孟子错在哪里？
2. 案例中古人在进门时应如何体现对别人的尊重？

二、礼仪的特点

礼仪虽与多门学科有着密不可分的联系，但它作为人的行为规范，有其自身的特征，主要表现在以下几个方面：

（1）多样性。

现代社会人际交往的丰富多彩，构成了礼仪规范的多样性。社会交往的环境、时间、对象的不同，需分别适应不同的礼仪规范，这也决定了礼仪的多样性。再者，不同的人在其学习、生活、工作等的特定领域，由于其社会角色的不同又有不同的礼仪要求。比如，一个成年女子可能扮演多重角色，在家庭中她可能是母亲、妻子、媳妇，在单位是职员、领导，出行坐车她可能又是乘客、游客，来到餐馆她又成为顾客——每一种角色，每一个场合有相应的礼仪。我们要熟悉各种公共礼仪和职业礼仪，如医护礼仪、酒店服务礼仪等。总之，民族的多样性、国家的多样性、宗教的多样性，无不是形成礼仪多样性的原因；无论在形式上，还是在内容上，礼仪都是丰富多彩的。

（2）传统性。

传统性是礼仪的重要特点。这首先表现为礼仪的继承性，今天的众多礼仪规范并非一天形成的，而是将人类长期交往中的习惯以准则的形式固定下来，或经过长期的发展和变革形成适应今天社会的形式。例如，尊老爱幼的礼节自人类之初就存在，如今也是人类共同接受的准则。礼仪的传统性还表现为它的约定俗成性。不同国家、不同民族的历史背景下形成的独特风俗习惯，这正是礼仪传统性所体现出来的。某一国家或地区的礼仪特点则是以特定文化为根据的，往往突出集中地体现了本国、本地区、本民族的心理、文化和习惯，生活中应尊重别人的风俗习惯，即“入乡随俗”。所以礼仪的传统性说明了礼仪是长期人类积累的财富，是社会进步和文明的标志之一。

（3）互动性。

社会交往是人们相互作用的方式和过程，不是单方面的行动，因此礼仪具有明显的互动性。比如，生活中最常用的握手礼；男女之间，无论见面、分手经常互相握手，而男士一般不主动与女士握手，当女士先伸出手，男士才做出反应，颇感荣幸地去握；如果女士作为主人，在迎接客人的情景下，应主动伸手。礼仪的互动性，是互相尊重、友好和礼貌的体现，所以一方施礼，另一方必然要有相应的反应还礼。例如，人们在见面时都要打招呼，如果对方主动向你问候，而你却不还礼，那将是十分失礼的行为。

（4）差异性。

古人云“十里不同风，百里不同俗”，具体体现在同一礼仪形式常常会因为时间、地点的不同使其意义出现差异。比如，点头在大多数国家都表示赞许、肯定的意义，但在尼泊尔这个国家则表示否定，而摇头的意义则刚好相反，正是“点头不算，摇头算”。这种民族差异性使得不同的民族和地区，可能有不同的表现形式，如东方民族的含蓄、深沉，西方社会的坦率、开放。东方人见面习惯拱手、鞠躬、握手，西方人见面习惯亲吻和拥抱。

（5）规范性。

规范性是指人们在待人接物时必须遵守一定的行为规范。这种规范性不仅约束着人们在一切商务场合的言谈话语、行为举止，也是人们在一切商务场合必须采用的一种通用语言，是衡量他人、判断自己是否自律、敬人的一种尺度。

（6）适应性。

人们对于新的异族的礼仪具有适应的能力。随着社会的发展，来源于不同的文化制度的礼仪之间能够互相兼容和互相适应，有些不同的礼仪经过长期交流、联系、调整而互相融合，形成被某一国家某一民族所乐于接受和采用的礼仪。西装起源于欧洲，是西方人常穿的一种社交服。它于清朝晚期传入中国，很快被一些城市激进的青年学生们所接受，一时“西装”成为新思想、新潮流的象征，而象征着保守与传统的长袍、马褂则日趋没落。现在，西装在我国已普及，现已成为标准的社交服饰，这从一个侧面反映了中国对西方礼仪的适应。当然，每一种礼仪的适应性都是特定的，并非无限的，一种礼仪只有适应一定的社会文化需要时，它才能与原来的礼仪相结合、相融化，否则，它就遭到原有礼仪的排斥、对抗而发生冲突。之所以如此，是因为礼仪适应不仅是礼仪本身的问题，还有政治、经济、社会等因素在起作用。

（7）国际性。

科学技术的迅猛发展，把世界变成了一个“地球村”。礼作为一种文化现象，跨越了国家和地区的界线。在讲文明、懂礼貌、相互尊重的原则基础上形成的完善的礼节形式，已为世界各国人民所接受并共同遵守。如点头礼、握手礼、微笑礼、鞠躬礼、拥抱礼、作揖礼、注目礼、挥手礼、脱帽礼虽是来自不同民族独特的礼仪，但在世界各国和民族中都通行无阻。

随着国际交往的不断增进，各个国家、地区和社会集团所惯用的一些礼仪形式，为世界范围内的人们所共同接受和经常使用，逐渐形成了一些更加规范化、专门化的国际礼仪。现代礼仪兼容并蓄，融会世界各个国家的礼仪之长，使现代礼仪更加国际化、更加趋同化。

第四节　旅游服务礼仪的功能

在现代社会中，礼仪作为一种行为规范，在人们的交际生活中发挥着重要的作用，具有能动的社会功能，主要体现在教育功能、素养功能、道德功能和管理功能上，它在社会生活中的作用是积极的、巨大的。

一、注重教育功能

礼仪是人类社会进步的产物，是传统文化的重要组成部分。礼仪蕴含着丰富的文化内涵，体现着社会的进步和时代精神。可以通过评价、劝阻、示范等教育形式纠正人们不正确的行为规范，指导人们按照礼仪规范的要求去协调人际关系。2017 年全国两会上，教育部部长陈宝生也曾表示要将优秀传统文化进校园覆盖教育的各个学段。在当今世界多元文化融汇交流的过程中，从优秀传统文化中汲取营养、找到动力，发现中华文化之美，将文化自信自植于心，让优秀传统文化教育更全面、系统、可持续，是礼仪学习的首要功能。

二、提升素养功能

在人际交往中，礼仪往往是衡量一个人文明程度的标尺。它不仅反映着一个人的交际技巧与应变能力，还反映着一个人的气质风度、阅历见识、道德情操、精神风貌。文明素养的形成，是遵照社会所提出的文明行为规范与行为模式不断实践、不断修正、逐渐提高的过程。当人们将礼貌的言行当作习惯，在待人接物上彬彬有礼，文明的素养就会在潜移默化中逐渐形成。由此可见，学习礼仪，运用礼仪，有助于提高个人的修养，有助于“用高尚的精神塑造人”，真正提高个人的文明程度。

三、提升道德功能

所谓道德功能，就是指道德系统同人和社会的相互作用中的能力。礼仪作为一种道德的意识、规范和行为，一是起到行为调控的功能。它可以帮助人们调节行为的发生、发展，从而将人们的行为控制在符合礼仪道德要求的范围内。二是通过认识功能完善人格，即人格完善。人格是一个人以特定的行为模式表达出的关于自身的精神价值，即人特有的品格。人格是内在美的核心，也是外在美的基础。在社会生活和交往中，人们总是通过礼仪来显现道德修养，表现一个人内在的道德素质。人的道德精神属于内心世界，它本身不能直接的被感知，而要通过礼仪等行为表现出来，正因为礼仪可以显现人们的道德素质，所以它才能够帮助人们塑造良好的外部形象，并相应地培养良好的道德精神，进而形成完善的人格。

四、提升管理能力功能

进入 21 世纪以来，世界管理理论的发展早已从“物的管理”向“人的管理”质的转变。礼仪的功能作用其实不仅仅体现在人类社会交往中，而且体现在社会组织自身发展的需要上，就提升管理能力的功能主要表现在以下三个方面：

（1）提高人才素质。

在日益激烈的组织竞争中，每一个组织都为拥有和培养一支高素质的员工队伍而各显神通。谁拥有了高素质的人，谁就掌握了未来。而所谓的“高素质”的定义也在随着时代的发展而不断地变化。在日本，有管理者提出：“礼仪的体现，才是人才的体现。”而在中国，对于人才的评价也早已从品行好、能吃苦、业务强等向内涵形象、气质等外延拓展。许多大型组织开始对员工的礼仪与素养提出明确的要求，如“上岗化淡妆”“着正装上班”等已写进了岗位守则之中，被要求必须执行，礼仪培训也被列入员工培训的必修科目。

（2）凝聚组织人心。

俗话说："人心齐，泰山移。"在一个组织的管理中，人心向背是至关重要的。凝聚人心，需要组织成员强烈的认同感，需要构筑良好的沟通渠道，还需要调节好各种利益关系，而良好的礼仪在其中可以起到重要的作用。首先，礼仪可以维系良好的、健康的人际关系。其次，礼仪可以调节各种利益关系。人们在组织中的作用关系、上下尊卑以及各自的权利与义务，都受到各种礼规的约束。比如，在乘坐轿车时、行走时、进餐时、会谈时，按尊卑排序可以使人们各就各位，省去不少麻烦。

（3）塑造组织形象。

组织形象是一个组织在社会交往中形成的综合化、系统化的印象。对于一个组织而言，每一个运作环节都与组织形象息息相关，礼仪则体现在组织活动的各个环节中，通过组织员工的仪表规范、仪典体现出来。如果个人所代表的组织形象不佳，由此会给组织带来损害。因此，应自觉掌握现代社交礼仪的常识，为塑造良好的组织形象服务。

知识拓展　搜索

你的形象就是你的介绍信

一位老板要雇一个没带任何介绍信的小伙子到他的办公室做事，他的朋友很奇怪。这位老板说："其实，他带来了不止一封介绍信。你看，他在进门前先蹭掉脚上的泥土，进门后又先脱帽，随手关上了门，这说明他很懂礼貌，做事很周到仔细；当看到一位残疾老人时，立即起身让座，这表明他心地善良，知道体贴别人；那本书是我故意放在地上的，所有的应试者都不屑一顾，只有他俯身捡起，放在桌上；当我和他交谈时，我发现他衣着整洁，头发梳得整整齐齐，指甲修得干干净净，谈吐文雅，思维敏捷。怎么，难道你不认为这些细节是极好的介绍信吗？"

——资料来源：王玉苓．商务礼仪案例与实践［M］．北京：人民邮电出版社，2018.

第五节　旅游服务礼仪与新时代大学生政治思想品德

良好的礼仪修养是大学生政治思想的具体体现，是需要经过长期有意识的学习、实践、积累而逐步形成的。而学习礼仪的途径是多种多样的，学校教育和社会实践是两条主要途径。学校是学生受教育的场所，应该成为礼仪道德教育的重要阵地。学校礼仪教育可以使学生在思想上和行为上受到熏陶和训练，将礼仪知识内化为自身的素质，从而真正收到实效。因此，礼仪养成的途径尤为重要。

一、大学生创新礼仪修养的培养途径

在学习内容上，要做到将礼仪修养与道德品质相结合、礼仪知识与专业特点相结合；在学习方法上，要做到理论学习与专业训练相结合、专业学习与社会实践相结合。通过这四个“相结合”，将礼仪知识与技能变为实际行动，形成文明的行为方式，达到高尚的人生境界。

（一）礼仪修养与道德品质相结合

礼仪修养是道德品质的具体体现，道德品质决定了礼仪修养的高低，两者相辅相成，相互影响。因此，礼仪的学习必须融于道德品质之中。一些礼仪规范虽然稍显烦琐，却能避免品行上的疏忽。在礼仪学习中应该把道德要求按照礼仪的方式进行组织，将礼仪与一定的制度规范相结合，充分运用礼仪的道德功能，从行为举止、仪态容貌、服饰语言上规范自己的行为方式，并且将这些规范延伸至生活之中，按照“礼”的精神做符合道德的事情，在生活中渗透基本礼仪常识，使礼仪成为自己乐意接受的约束、自觉遵循的规范、努力追求的修养。

（二）礼仪知识与专业特点相结合

要把握专业的特点，必须掌握好礼仪知识。一般而言，大学生需要掌握的基本礼仪知识包括以下几个方面：礼仪的概念，主要了解礼仪是一门什么学问；个人礼仪，主要包括言谈、举止、服饰等方面的礼仪要求；社交礼仪，通常包括交际礼仪、聚会礼仪、宴请礼仪、馈赠礼仪等；公务礼仪，通常包括办公室礼仪、会议礼仪、公文礼仪、公务迎送礼仪等；商务礼仪，主要包括商务交往礼仪、商务仪式礼仪、公司内部礼仪等；服务礼仪，通常包括服务礼仪准则、服务礼仪形象、服务礼仪技巧等；涉外礼仪，通常包括涉外礼仪通则、外交迎送礼仪、外事活动礼仪等；习俗礼仪，主要包括日常生活礼仪、岁时节令礼俗、人生礼俗（如婚嫁礼俗和丧葬礼俗）等。针对不同的专业，礼仪知识学习的侧重点是不同的。旅游管理专业应强调服务礼仪、习俗礼仪和涉外礼仪方面的学习，将系统常识与精简实用相结合，选择好学习内容，更好地做好旅游行业工作。

（三）理论知识学习与专业礼仪训练相结合

理论知识是学习礼仪的基石。只有掌握好理论知识，才能真正地理解学习礼仪的重要性，才能为专业的礼仪训练奠定一定的基础。专业礼仪训练是礼仪课程中必不可少的授课模式。通过规范的专业礼仪训练使学生无论是内在还是外在都能体现稳重得体、彬彬有礼、优雅端庄的美好形象。

礼仪具有很强的实用性和可操作性。因此，在掌握了礼仪知识的同时，就必须进行规范的专业礼仪训练。例如，个人礼仪的技能训练，包括良好的身姿体态的训练，形成良好的站姿、坐姿、走姿、表情与手势；服饰搭配方面的训练，形成良好的着装风格；语言谈吐方面的训练，形成良好的语速、语调，掌握敬语的使用；仪容修饰方面的训练，掌握一般的美容、美发常识等；交往礼仪的技能训练，包括介绍的方式、拜访与接待的方式、宴请的方式、礼品的选择、座次的安排、舞姿舞步、环境的布置等；礼仪文书的技能训练，掌握用书信和其他文字方式表达情感的礼仪形式等。这种学习方式的参与性，能够取得很好的学习效果。

（四）礼仪学习与社会实践相结合

礼仪的学习必须通过社会实践来实现礼仪的规范性和目的性。正是由于礼仪学习具有实践性的特征，因此，在礼仪学习方面，应该特别强调实践的作用，鼓励学生积极参加实践活动，在对别人、对组织的各种关系中，认识自己的哪些行为是符合礼仪规范要求的，哪些行为是不符合礼仪规范要求的，去克服自己的不符合礼仪规范的行为，培养自己的礼仪品质。实践活动主要包括两方面：一是校外实践。可参加大型活动进行礼仪服务锻炼，从中提升自己的服务意识，掌握规范礼仪标准，磨炼坚强的意志。二是校内实践。在学校组织礼仪大赛专业技能大赛，使规范礼仪标准与实际应用相结合，提升学生的专业技能和良好的自身素养。

二、旅游服务礼仪与新时代大学生精神

在习近平新时代中国特色社会主义思想指导下，新时代大学生政治素养是做好旅游服务的重要条件。良好的政治思想品德，是政治修养、思想修养、品德修养、心理品质修养，美学修养，敬业修养的具体体现。因此，作为新时代大学生，必须具备良好的政治思想品德，才能在旅游服务行业服务中实现自己的价值。

（一）良好的礼仪能体现新时代大学生的责任与担当

（1）体现敬业精神。敬业是旅游行业从业人员必备的专业素养，通过礼仪修养课程，培养大学生吃苦耐劳、认真进取的职业精神，用积极向上、真诚热情的态度为客人提供规范的服务，是一种责任，更是一种敬业精神。

（2）体现诚信意识。诚信是做人和做事的原则，新时代大学生应当做到明礼诚信、团结友善、遵守纪律。从身边的每一件小事做起，培养良好的道德品质的文明行为。诚信意识是一种担当意识，更是做好旅游服务工作的基石。

（二）良好的礼仪能体现新时代大学生的人生价值观

（1）树立健全的人格。良好的礼仪修养能够影响大学生的思想认知，从而形成规范有礼、尊重他人的良好行为，树立自信、自强、自立的信心，用阳光、健康的心态面对生活和工作。

（2）树立为人民服务意识。“为人民服务”是培养新时代大学生礼仪修养的基本要求。为人民服务是一种平凡的服务理念，也是一种服务意识的体现，更是一种崇高的文化修养。同时，也是树立人生价值观的核心。

（三）良好的礼仪修养能体现尊重

（1）自尊。自尊就是要尊重自己，对自己的言谈举止负责，不能随心所欲、我行我素。要时刻维护自己的形象，自我形象又包括外在形象和内在的心理健康。如果自己不讲诚信，不注重礼貌用语，对待工作不认真，将会严重影响自己的形象，也就会失去自尊。

（2）尊他。新时代大学生要做到尊重每一个人，无论身份的高低、地位的不同，还是男女之别，都应做到以礼待人、友好相处。只有学会尊重他人，才会让别人尊重自己，才能给他人留下美好的印象，从而建立良好的人脉，有利于开展各项工作。

? 复习与思考

一、名词解释

礼貌　旅游交际礼仪

二、选择题

1. 礼仪的特点是（　）。

A. 民族性　　B. 国际性　　C. 多样性　　D. 互动性

E. 适应性

2. 现代礼仪应遵循的原则是（　）。

A. 适度　　B. 自律　　C. 遵守　　D. 尊重

E. 稳重

3. 中国最早的三部礼仪论著是（　）。

A.《三字经》　　B.《仪礼》　　C.《礼记》　　D.《周礼》

三、简答题

1. 什么是礼仪？礼仪有哪些特点？

2. 请简述旅游交际礼仪的功能有哪些？

3. 人际交往中礼貌修养的原则有哪些？

4. 旅游服务礼仪与新时代大学生精神有哪些？

四、案例分析题

“女士优先”应如何体现

在一个秋高气爽的日子里，迎宾员小贺，着一身剪裁得体的新制衣，第一次独立地走上了迎宾员的岗位。一辆白色高级轿车向饭店驶来，司机熟练而准确地将车停靠在饭店豪华大转门的雨棚下。小贺看到后排坐着两位男士、前排副驾驶座上坐着一位身材较高、眉目清秀的外国女宾。小贺一步上前，以优雅的姿态和职业性动作，先为后排客人打开车门，做好护顶姿势，并目视客人，礼貌亲切地问候，动作麻利而规范，一气呵成。关好车门后，小贺迅速走向前门，准备以同样的礼仪迎接那位女宾下车，但那位女宾满脸不悦，使小贺茫然不知所措。

——资料来源：陈刚平，周晓梅. 旅游社交礼仪［M］. 北京：旅游教育出版社，2000.

根据上述案例回答以下问题：

这位外国女宾为什么不悦？小贺错在哪里？

五、推荐阅读

1. 中国“礼仪之邦”称谓的由来. http：//www.5151sc.com/new-6615.html.

2. 中国古代礼仪文明. http：//v.163.com/special/cuvocw/liyiwenming.html.

3. 中西方礼仪文化差异. http：//blog.sina.com.cn/s/blog_4b9b0c20010118nr.html.

4. 高职大学生礼仪修养的养成途径探究. http：//wenku.baidu.com/view/e0dfa02de87101f69e3195c1.html？ re=view.

第二章 旅游职业形象礼仪

良好的职业形象既是旅游从业人员的外在美，更是一种文化涵养、审美意识的内在体现。在旅游接待中，从业者要具有彬彬有礼、稳重大方、态度诚恳的职业风貌。

本章阐释了职业形象中仪容、仪表、仪态的概念，讲解了化妆礼仪、不同着装礼仪及佩饰、仪态礼仪的规范要求。通过学习本章内容，学生应该能够在生活与工作中熟练掌握这些礼仪，树立优雅大方、稳重得体的职业形象。

学习目标

知识目标

1. 了解仪容的概念。
2. 了解仪表的概念。
3. 了解体态的概念。

素质与能力目标

1. 理解化妆礼仪是一种尊重。
2. 理解不同着装的国际礼仪要求。
3. 全面认识优雅的仪态礼仪是体现一种文化内涵。

案例一

职业形象很重要

某报社记者吴先生为作一次重要采访，下榻于北京某饭店。经过连续几日的辛苦采访，终于圆满完成任务。吴先生与二位同事打算庆祝一下，当他们来到餐厅，接待他们的是一位五官清秀的服务员，接待服务工作做得很好，可是她面无血色显得无精打采。吴先生一看到她就觉得没了刚才的好心情，仔细留意才发现，原来这位服务员没有化工作淡妆，在餐厅昏黄的灯光下显得病态十足，这又怎能让客人看了有好心情就餐呢？当开始上菜时，吴先生又突然看到传菜员的工装袖口处有一明显油渍，且手上涂着大红色指甲油，涂的指甲油还缺了一块，当下吴先生第一个反应就是“不知是不是掉入我的菜里了？”但为了不惊扰其他客人用餐，吴先生没有将他的感受说出来，但这顿饭吃得吴先生心里总不舒服。最后，他们唤柜台内服务员结账，而服务员却一直对着反光玻璃墙面修饰自己的妆容，丝毫没注意到客人的需要。本次用餐结束，吴先生对该饭店的服务十分不满。

——资料来源：王颖，王慧．商务礼仪［M］．大连：大连理工出版社，2007.

案例分析

1. 吴先生对该酒店的服务为什么不满意？
2. 你认为注重职业形象对自己有什么作用？

案例二

酒店形象塑造与个人礼仪

某大学旅游系与某酒店有着关于饭店管理专业学习的合作项目。该酒店是一家三星级外资酒店，以前在社会和旅游业界有较好的声誉。但最近，酒店的经营状况不尽如人意。在酒店实习的学生写信向系里反映情况，流露了中止在该酒店实习的想法。

为了让实习生专心完成实习任务，某老师受旅游系委派，到该酒店了解实习生实习情况，协助酒店进行实习生管理工作。经到人事部了解情况并找来实习在岗上班的学生谈话，基本达到目的。已近中午12点，为了不给酒店增添麻烦，该老师向主管人员告辞，主管人员提出其与酒店主管人事的总监某女士见个面，于是又逗留了些许时间。之后，老师在人事部处的走廊等候下班的实习生一道去宿舍，借此看看酒店内部橱窗内容。这时，一个眼熟的身影走过，老师朝其背影看了看，“哦，总监女士下班了”。几分钟前还在一起谈话的人，她竟视而不见，擦身而过。

于是，该老师突然悟出了，实习生为什么不安心在这家酒店实习的原因：作为酒店重要部门的人事部，在接待协助酒店工作的外地学校教师时，2个多小时没有倒上一杯水；作为酒店高级管理人员的人事总监连正常人的礼节礼貌也不懂。由此，可以看出这个酒店的旅游服务接待工作做得不好，所以直接影响酒店良好形象的塑造，导致酒店经营管理失败。

——资料来源：薛建红．旅游服务礼仪［M］．郑州：郑州大学出版社，2002.

案例分析

1. 这位总监女士的表现会给酒店带来怎样的影响？

2. 你认为员工的职业形象应包含哪些方面？应怎样去维护一个企业的集体形象？

第一节　优美端庄的仪容礼仪

仪容是一个人精神面貌的外在体现，反映出一个人的个性、习惯和爱好，向人们传递着一种“非语言信息”。它与一个人的道德修养、文化水平、审美情趣等有着密切的关系，是人际交往中一个不可忽视的重要因素。同样它也代表着时代的进步、观念的更新，是民族礼仪文化的重要标志。

一、仪容的内涵

仪容是指一个人的容貌。它包括五官的修饰和适当的发型衬托等。容貌的修饰是一个人综合素养的体现。在人际交往过程中，良好的容貌给人以精神焕发、朝气蓬勃、充满活力的直接感受，更能烘托出自己的优雅与大方，同时，也是对他人尊重的一种表现。而容颜不整，则使人看上去萎靡、疲倦、没精打采，直接影响自己在对方心目中的形象，甚至影响彼此之间的可持续发展与合作关系。因此，自然、清新、美丽的容貌是树立良好自我形象不可忽略的礼仪，更是塑造旅游从业人员的职业形象的基础。

仪容美具体有三层含义：一是仪容自然美，即容貌的自然先天条件，五官清秀，天生丽质，貌美如花。即使不化妆依然楚楚动人，美丽大方，使人赏心悦目气质非凡。二是仪容修饰美，即通过对仪容的修饰，扬长避短，设计塑造出个人的美好形象。三是仪容内在美，即一个人内心思想通过学习，不断提高的文化修养和品德意识，从而使自己的外在气质更加高雅。

二、职业发型礼仪

美丽从“头”开始，头发是人体的制高点，更是别人“关注”你第一眼的要点。因此，职业形象的塑造一定要“从头做起”，打造规范大方的职业形象。

头发的造型称为发型。在生活中，每个人必须认识到，发型不仅反映出自己的个人修养、人格魅力和审美品位，而且是个人良好形象的核心组成部分之一。日常生活中为自己设计发型时，除了要考虑个人品位和流行时尚以外，还要注重自己的年龄、风格、脸型、身材等因素。但从旅游行业职业形象角度考虑，必须按照规范的发型要求，才能体现出专业规范的职业形象。

（一）女士标准发型

女性旅游从业人员的发型要求：长发必须盘发，刘海全部收起；如是齐刘海，长度应到眉毛以上不遮眉；不要有碎发，碎发需用小型黑色发卡或用啫喱水进行修饰，不能使用艳色和金属色发卡；盘发的发型简单为好，花苞头、松垮庞大的发型都不符合职业形象礼仪要求（见图2-1）；短发应露出眉毛、耳朵，不能使头发遮挡住脸部，应把整个面部露出，显现出美丽清秀的面容。

图2-1　女士标准发型

（二）男士标准发型

男性旅游从业人员的发型要求：前不遮额头，后不触及衣领，两侧不触耳朵；头发的长度不超过 5 厘米为宜，需用啫喱水修饰成型，以展示男士简单、健康、阳光的绅士形象（见图 2-2）。

图2-2　男士标准发型

（三）发型礼仪的要求

（1）整齐、清洁，没有头垢、头屑。

（2）头发光润，丝丝可见光泽，具有较好的弹性。

（3）不粗不硬，不分岔，不打结，有柔软感。

（4）疏密适中，不留怪异发型。

（5）色泽统一，保持自然。

课堂思考

请结合自己所学专业，谈一下你对发型礼仪要求的看法。

三、面部修饰

面部修饰是指眼部、口部、鼻部和耳部的修饰。面部修饰是一个人的仪容美之首，在人际交往中是他人所关注的重点，也是自己展示仪容美的重点所在。美国有这样一句谚语："当你同别人打交道时，他注意你的面部很正常，可他要是过多地去打量你身体的其他部位，那就有一些不正常了。"因此，注重面部的修饰也是一种国际礼仪规范。

（一）眼部修饰

（1）眼部卫生。我们应该注意眼睛的清洁卫生，及时清除眼角处的分泌物，养成经常清理的习惯。在清洁时不要当众擦拭或用手去抠，应避开他人用手绢或餐巾纸轻轻擦拭，同时还应注意讲究卫生，不要传染眼部疾病。

（2）眼部的保养。眼部皮肤是全身皮肤中最娇嫩的皮肤。因此，眼睛周围皮肤最容易衰老、松弛，最容易老化的是外眼角，其次是内眼角。一般女性从 25 岁起就应使用眼霜，可以延缓眼部皮肤的老化，减少皱纹的出现。女性 30 岁以前用滋润型的眼霜，30 岁以后就需要使用抗皱的眼霜了。在使用眼霜时，注意用量不要太大，否则，皮肤吸收不好容易起脂肪粒。正确使用眼霜的方法是：用无名指，从下眼睑由外向里到上眼睑由内向外轻轻涂抹。

（3）眼镜的佩戴。由于眼睛近视，或追求时尚，人们常常会佩戴眼镜。从礼仪的角度讲：一是佩戴眼镜要注意眼镜的质量和眼镜的款式要适合自己；二是注意眼镜的清洁，经常擦拭保持清洁；三是注意佩戴墨镜或太阳镜的礼仪，可以在室外佩戴，但不能在室内和晚上佩戴，否则都是失礼的行为。

（二）鼻部修饰

（1）鼻部的保养。鼻子位于脸部的中央，是别人自然投射目光的聚焦点，鼻子的修饰在于注重保养。鼻子及其周围若是长疮、暴皮、黑头、青春痘，甚至出现"酒糟鼻"都会严重影响美观。因此，要注意使用适合自己的护肤品和化妆品，不要经常乱挤、乱抠鼻子部位的皮肤。

（2）鼻部卫生。不要当众擤鼻涕，也不要当众抠鼻孔，更不应乱抹乱弹鼻垢。如感冒有鼻涕，要用干净的手帕或餐巾纸避人悄然进行清理，防止出现不雅的声音。同时，男士更要注意经常修剪鼻毛，如鼻毛外露是极其不雅的形象。

（三）口部修饰

口部的修饰包括口腔和口的周围。口部修饰重要的是注重口腔卫生，保持口腔的清洁，是自尊和尊重他人的一种品行修养。因此，应注意以下礼仪。

（1）刷牙、漱口、洗牙、整牙。做好口腔卫生，防止口中产生异味、有残留食物。养成每天早晚刷牙，还有饭后漱口或刷牙的习惯，并进行专业洗牙和和整牙。在西方国家，人们都会定期去看牙医，对自己的牙齿进行清洗和保养。在人际交往中，洁白的牙齿能够提升自己的人格魅力，否则将是缺乏修养的体现。旅游从业人员更应保持一口洁白整齐的牙齿，即是对客人的尊重，又能展示个人良好的职业面貌。

（2）注意禁食。与人交往中要注意口气不要有异味，以免给别人带来不舒适的感觉，同样严重影响了自己良好的形象。因此，应避免食用一些带刺鼻味道的食物，如葱、蒜、韭菜、豆腐乳、韭花酱、虾酱、烈性酒等。

（3）唇部护理。嘴唇的护理也是口部修饰的重要内容，应适当呵护自己的嘴唇，防止嘴唇干裂、暴皮和生口疮。女士要使用润唇膏、唇彩、口红等，既能保养唇部又能美化面部；男士也可使用男士润唇膏护理唇部。另外，还要注意避免唇边、嘴角残留分泌物和其他异物。与别人交谈时应放慢语速，不能口沫四溅，时刻保持自己文雅的形象。

（4）注意剃须。男士若无宗教信仰或民族习惯，要养成每天剃须的习惯，保持面部清洁，给人以精神抖擞的美感。切记不能胡子拉碴地抛头露面，旅游从业人员更不能以这种模样为他人提供服务，会严重影响旅游工作者的职业形象。

（四）耳部修饰

耳部修饰主要是保持耳部的清洁，及时清除耳垢和修剪耳毛。在冬季时耳部应注意防冻，否则产生冻疮就会很难看。不要当众清除耳垢，那样即不雅观，也不安全，一旦伤及耳膜后果就会很严重。因此，要在没人且安全的地方进行清除。

（五）颈部修饰

有的人洗脸只清洗面部，不洗颈部。这样的洗脸法是不正确的，时间久了颈部就会产生“阴阳脖”，看起来很不舒服。因此，保持颈部的清洁时非常重要的。平时还要注意保养颈部，加强颈部运动与营养按摩，使颈部的皮肤紧绷、光洁、有弹性，提升个人整体形象。

四、化妆礼仪

化妆礼仪

化妆，是现代职业女性和旅游从业人员必须掌握的一门技巧课程。化妆是完善一个人形象非常重要的环节，也是改善女性的心理健康和调节情绪的十分重要的途径。着淡妆上岗是旅游工作的一项基本职业素养要求，也是对客人表示礼貌与尊重的表现形式。

（一）旅游职业妆的礼仪要求

（1）淡妆为宜。旅游服务行业职业女性不宜化过于浓艳的妆，要与自己的职业形象相吻合。应当以职业淡妆为宜，力求体现出自然、透明的效果，色彩自然淡雅，不要浓妆艳抹。

（2）补妆应注意时间、地点、场合。不可随意在众人面前补妆。在公共场合补妆是失礼的行为。化妆或补妆时，应到化妆间或盥洗室进行。也不要在男士面前进行补妆。

（3）注意色彩搭配。要根据自己的年龄、职业特点、服装风格和肤色特征，来选择适合自己的化妆品的色彩进行搭配。不能盲目选择化妆品的色彩搭配。

课堂思考

化妆究竟给职业形象带来怎样的影响？

（二）不同场合的化妆要求

（1）职业妆。职业妆的风格要求清纯、雅致、大方、自然，要充分体现出富有朝气和良好的精神面貌。因此，职业妆要淡而高雅。

（2）社交妆。社交妆要充分展现自己的个性与魅力。可以适当地调整化妆的手法，让化妆体现出层次分明、格调高雅，把自己最靓丽、最独特的美展现出来。

（3）晚妆。在参加晚宴、晚会等大型社交活动时，可选择色彩比较浓艳的晚装风格，因为夜晚进行活动时，其环境往往是灯光柔和、朦胧，不易暴露出化妆的痕迹，可采取夸张的化妆手法，提亮色彩的亮度，给人以清新明艳之感。

（三）皮肤的类型

（1）干性皮肤。干性皮肤的特点是皮肤干燥无光泽。但不易过敏，不易长粉刺，皮肤的适应性较强。应及时给皮肤补充油脂和水分。

（2）油性皮肤。油性皮肤的特点是分泌的油脂较多，皮肤的光泽度较好有弹性。但易长粉刺，易过敏，皮肤的适应性较差。应及时清除（洗脸）面部的油脂，减少油性食物的摄入。

（3）中性皮肤。中性皮肤是一种较理想的皮肤。可根据季节的变化正确地保养皮肤。

（4）混合性皮肤。混合性皮肤的特点是面颊和 T 型区是两种不同的皮肤，一般 T 型区是油性皮肤，面颊区是干性皮肤。这种皮肤就要使用不同的护肤品，有针对性地进行护肤。

（5）过敏性皮肤。过敏性皮肤，就是在不同环境接触不同的食物或不同的物品而引起的皮肤过敏。这种皮肤的人不要经常更换化妆品，对过敏的物品和食物一定要慎重。

（四）皮肤的保养

为了使自己的容貌永葆青春的活力，就要特别注意皮肤的保养，因为良好肌肤才是化妆的基础。

（1）心情舒畅，情绪乐观。轻松愉悦的心情是保持肌肤红润、容光焕发的内在因素。只有这样才能给人以年轻健康、充满朝气的感觉。

（2）睡眠充足，皮肤亮丽。充足的睡眠对美容具有一定的决定性作用。充足的睡眠可以使人精力充沛、精神饱满，无论从生理还是心理上都能使人得到充分的休息。除了足够的睡眠时间，还有注意睡眠的方式。从美容的角度，建议采取仰睡的方式，只有这样才能使面部的血液保持良好的循环。如果面部肌肉得到挤压，就会使肌肤干燥无光。

（3）多喝开水，皮肤润泽。体内缺水是造成肌肤干燥的主要原因。不要感觉到口渴才去喝水，每天要保证 8 杯水，才能满足人体的需求，如有体育活动，要饮用更多。尤其是每天晚上睡觉前和早晨起床后饮一杯温开水，就能使肌肤变得白嫩有光泽。

（4）合理饮食，皮肤健康。合理的饮食不仅对人体有益，而且有助于肌肤的健康；多吃蔬菜水果、鸡蛋、芝麻等食物，补充人体的营养。不要吃带有刺激性的食物，如葱、蒜、辣椒等。

（5）少晒太阳，皮肤白皙。紫外线是伤害皮肤的头号大敌，强烈的紫外线会使皮肤变得黑暗、粗糙、失去光泽。如需外出和室外活动，要注意防晒，减少紫外线的侵入，保护皮肤健康。

（五）化妆的程序

面部化妆程序是一个复杂的工艺过程。化妆时必须按基本程序依次进行。

（1）清肤。在化妆前，用适合自己皮肤的洁肤类化妆品彻底清洁皮肤。如洁面膏、洁面乳等。

（2）涂护肤品。在面部均匀地涂一层润肤品，起滋润、营养皮肤的作用。如化妆水、润肤霜、润肤乳等。

（3）涂粉底霜。粉底霜具有一定的遮盖效果，使人在涂后既保护了肤色，又使脸上的雀斑、瑕疵得到掩盖，同时又起到了美白的效果。可根据自己的皮肤类型和肤色选择适合自己的粉底霜。

（4）扑干粉。干粉起定妆作用。扑粉要求以薄、匀为原则，看起来似有似无为佳。

（5）眉的修饰。按照事先设计好的眉型描画，注意眉毛的立体层次感。

（6）眼睛的修饰。利用各种眼影色的晕染，塑造眼部的立体感。

（7）鼻子的修饰。在鼻梁和鼻翼两侧用化妆品勾抹，使鼻梁显得更加挺拔。

（8）脸颊的修饰。通过涂胭红，使面部呈现出自然、健康的红润。

（9）唇的修饰。主要用口红、唇彩的颜色和光泽来增强嘴唇的艳丽色彩。

（10）检查效果。化妆完成后，要做全面、仔细，从局部到整体的检查，看是否达到了化妆的目的，是否体现了美容的效果，主要包括以下几个方面：①妆面是否干净，浓淡要适中，整体要协调。②眉、眼、面颊的化妆，左右要一致。③有无缺漏或变形之处。④牙齿上不要沾上口红。

知识拓展 搜索

三庭五眼和四高三低

一、三庭五眼

“三庭五眼”是人的脸长与脸宽的一般标准比例，不符合此比例，就会与理想的脸型产生距离。

三庭（脸的长度）：从额头发际线到下颌为脸的长度，将其分为三等分：由发际线到眉毛，眉毛到鼻尖，鼻尖到下颌为三庭，上中下恰好各占三分之一，谓之“三庭”。

五眼（脸的宽度）：理想脸型的宽度为五个眼睛的长度，就是以一个眼睛的长度为标准，从发际线到眼尾（外眼角）为一眼，从外眼角到内眼角为二眼，两个内眼角的距离为三眼，从内眼角到外眼角，又一个眼睛的长度为四眼，从外眼角再到发际线称为五眼。

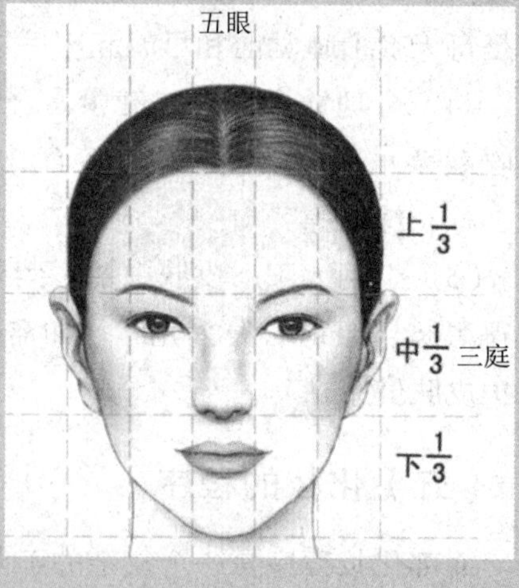

“三庭五眼”图

二、四高三低

四高：第一高是额部；第二个高是鼻尖，也是最高点；第三高是唇珠；第四高是下巴尖。

三低：两个眼睛之间，鼻额交界处必须是凹陷的；在唇珠的上方，人中沟是凹陷的，美女的人中沟都很深，人中脊明显；下唇的下方，有一个小小的凹陷，共三个凹陷。

——资料来源：百度百科.

（六）化妆的技巧

1. 眉的修饰

（1）眉毛由眉头、眉峰、眉尾三部分组成。鼻翼的垂直延长线上方就是眉头；眉尾在鼻翼外侧与外眦连线的延长线上；从眉头到眉梢的 2/3 处就是眉峰。

（2）修眉的步骤。第一步，对着镜子将眉毛刷顺，用棉球蘸酒精或收敛性皮肤水，擦眉毛及周围，使之清洁。第二步，确定眉形。可先用眉笔画出适合自己的眉形，凡留在轮廓线以外的眉毛都是多余的。第三步，修整形状。用眉钳将多余的眉毛一根根拔掉，直至获得理想的眉形。

（3）描眉的技术。眉毛是一根一根的毛，所以用眉笔描画时要表示出这种质感，不能简单地画成一条线，要顺着眉毛的生长方向一根一根地描画，使之像长出来的一样。描完后用眉刷将颜色刷匀，与真眉糅合在一起。

2. 眼睛的修饰

眼部化妆包括涂眼影、画眼线、染睫毛。眼部的正确化妆不仅可以突出眼睛的优点，还可以弥补和修饰某些不足和缺陷。

（1）涂眼影。眼睛的化妆一定要涂眼影。使用眼影的目的是能使眼睛的神态突出，表现眼部结构，从而塑造眼部的立体感。一般眼影的色调有四种：阴影色、晕染色、提亮色、强调色。第一种阴影色一般涂在希望显得窄小、深凹的部位。这种颜色一般包括灰色、棕色。第二种晕染色主要用晕染阴影色的上缘，目的是使阴影色自然真实。这种颜色一般包括棕红色、肉红色。第三种提亮色一般是发白的，主要指白色、肉色、浅粉、浅黄，涂在您希望显得高、显得宽阔的部位，使之与阴影色产生对比，加强眼部的立体感。最后一种是强调色，主要指蓝色、绿色、紫色、金银色，用于修饰和美化眼睛，吸引人们的注意力。强调色一般用于眼尾部分，面积不宜过大，色调要与整体化妆服饰协调。

（2）画眼线。眼线的功能，是使眼睛增大而明亮，但千万不要画得太浓了，免得破坏原有的自然美感。画上眼线时，从外眼角向内眼角描画，线条由粗变细，眼尾略上翘，使之与睫毛有个自然的过渡。上眼线画七分长。下眼线也是沿着下眼睑边缘由外向内描画，线条逐渐变细，画三分长。无论是哪一种眼型，画眼线时千万不要把眼睛框起来，上下眼睑的眼线之间应有微小的距离，否则会显得很不自然。

（3）染睫毛膏。要使眼睛更富有神韵，适当地修饰眼睫毛是很有必要的。这不仅可以增强眼影和眼线的化妆效果，而且还使双眼格外明亮，炯炯有神。在涂睫毛膏之前，先用睫毛夹伸到睫毛的根部，夹紧约 10 秒后松开，使睫毛卷曲上翘，增加眼部魅力，然后涂上睫毛膏。

3. 鼻子的修饰

鼻子位于面部的正当中，由于它的位置突出、醒目，因此鼻子的化妆是很重要的。标准的鼻子应是鼻梁挺拔，比例协调。鼻子长度为标准脸型纵向 1/3 长，鼻子宽度为标准脸型横向的 1/5 宽。鼻子美化主要是通过画鼻侧影和鼻梁的提亮来实现的。目的是改变鼻子不理想的部位和使鼻梁显高，以衬托眉眼和脸型。在涂鼻侧影时，切勿弄脏。具体方法是：用阴影刷蘸上所需的适量阴影色，从鼻根沿着鼻梁两侧向下涂，由深变浅，在靠近鼻根的眼角处稍加深一点阴影。鼻影与脸部粉底的相连处色彩要相互融合，而不要明显地显出两条色道。在鼻梁处涂亮色，明暗的对比使鼻子有立体感、挺拔感。

4. 面颊的修饰

红润光滑的面颊，自古以来就是人们衡量貌美的重要标志之一。颊部化妆，主要是通过涂抹胭脂以弥补肤色的不足，反映出女性特有的鲜润妖艳气质。腮红的颜色很多，有琥珀色、粉红色、淡紫色、棕红、大红色等。在选择腮红颜色时，除了考虑到它与服装、肤色、年龄、身份配合之外，还要考虑它与面部化妆色调相统一。原则是晚间宜深，白日宜淡。

在涂腮红时，更要注意与脸型的配合，腮红要求涂得非常均匀、柔和、自然。位置必须准确，通常涂在颧骨附近。用腮红扫或腮红扑沿着颧骨向发边抹去，再向下晕染，也可从发边沿颧骨下方向口角斜抹，然后向上方晕染。手法要轻匀自然，不留施染痕迹。

5. 唇的修饰

唇妆是脸妆的最后一道工序，起着“画龙点睛”的重要作用。润泽柔美的朱唇与明亮传神的眼睛相辉映，便会使女性更加具有迷人的魅力。唇膏大多为暖色系调配出的种种混合色，依个人气质和喜好，以及与面部肤色相呼应和需要来选择。一般认为大红色系能表达欢快、热烈、艳丽的情感；橙黄色系则有着清纯、活泼、明丽的印象。若上班或去较严肃的场合，宜选用色彩浅些、暗些的唇膏；出席大型晚会、舞会时，则应选用色彩较艳、较红的唇膏为宜。而目前比较流行时尚的是涂唇彩。

（1）确定唇形。唇部化妆，首先要选定唇形，唇形直接影响面容，对化妆的效果起着很大的作用。例如，一张宽阔、长下巴的脸，就不能画上又短又薄的唇型；相反，一张狭窄、瘦下巴的脸，也不能画上色彩浓重的厚型大唇。因此，唇形的确定，要根据每个人的自身实际情况而定，不能盲目地去选择，以免破坏整体美。

（2）描画唇型。根据自己选定的唇型并结合自己嘴唇的特点，确定唇部化妆的轮廓。用唇线笔首先由上唇唇山，依中心向外侧画，接着再决定下唇唇部的曲线。然后由唇角向唇山描出自然线条，注意一定要谨慎描绘。最后下唇也由口角延伸，线条要画得圆滑、柔和、准确清晰。

（3）涂唇膏或唇彩。唇的轮廓画好后，就可以用唇膏填画内侧。涂口红必须涂到嘴角。另外，还要注意不要涂出唇线外，如出现此种情况，可用质地柔软的纸或棉棒将出格的口红轻轻擦掉，并将擦过的地方用底色补好。

（七）不同脸型人的化妆技巧

由于每个人的脸型不同，五官的比例不同、搭配不同，或由于五官本身某一部位原有的缺陷，所以我们虽然了解不同风格妆型的基本要点，但绝不可按照一成不变的模式生搬硬套。化妆最基本的目的在于掩饰不足，弥补缺陷并最大限度地突出容貌、肤色的优点和长处。所以，化妆前首先应对个人的脸型及肤色类型有一个基本的把握，然后根据职业特点选定适合自己的妆型，按一定的美学有针对性地进行化妆，这样才能产生应有的效果。

（1）脸面上半部分不足的化妆掩饰法。有的女性脸部下半部分端正好看，但眼睛等上半部分却不太理想，如小眼睛、单眼皮、眉型差、额头窄、颧骨突出等。要弥补上述不足，必须“对症下药”。如眼睛小的女性，欲使眼睛看起来大一些，最好的方法是通过化妆使脸型显得瘦一些，可通过修容将面部轮廓化小一点，然后再把眼睛“画大”。但千万不可在眼睛周围涂满眼影色，或者将眼线画得过粗。这样反而会破坏面部轮廓的比例，使面部看上去更不协调。眉形不好比较容易矫正，而额头窄则应通过腮红内缩的方法，从视觉差上加以调整。

（2）脸面下半部分不足的化妆掩饰法。实际上掩饰法的特点，就是通过强化脸部某部位的优点，从而弱化所需掩饰部位的弱点，或用高速视觉差的方式，从视觉感上转移别人的注意力，使本来明显的缺陷变得不太醒目。所以，脸面下半部分不足就宜采取在脸的下半部施以深暗色的眼影色，使视觉变窄、变小；口红宜选用接近肤色的颜色，以突出脸面上半部分的长处，使观察者的视线转移。这种方法在化妆上又叫“障眼法”，即采用扬与抑相结合的方法来削弱视线对脸的下半部分的注意。

（3）大脸庞的化妆掩饰法。大脸庞脸型的化妆方法，侧重点是采用内缩法，借助明暗度的对比与反差，从视觉上将脸型变窄。化妆的具体方法是：首先，可在脸庞外围使用较深颜色的粉膏，而面孔中心使用浅色粉膏，使中心部位看起来明亮一些，产生亮点突出的效果；其次，可通过发型改变人的视觉效果，只要脖子不是太长或太短，选择披肩发可以获得将脸型拉长的视觉效果。

（4）方脸型的化妆技巧。方脸型女性要想在化妆上达到理想的效果，最重要的是在视觉上消除面部的棱角感。使之显得相对柔和、协调。化妆时，面部阴影应设在脸颊的两侧后方偏下部位，然后稍稍向两腮扩展，呈朦胧状态，这样处理可使下颌骨的棱角显得柔和一点。涂腮红应由颧骨向耳朵方向延伸，唇线线条宜柔顺，避免勾出棱角，描眉时向下画线，眼角可稍往上挑。

（5）长脸型的化妆技巧。长脸型化妆的重点应集中在如何将脸型从视觉上变短，所以化妆时应以横向延伸作为突破口。较为普遍的方法，主要通过腮红的变幻，以求视觉上效果的变化。具体的做法是：涂腮红时以颧骨为中心，横向一直涂到发根；描唇线时可将实际嘴唇描得稍宽一点；下颌要加阴影，以使面孔看起来短一些；而眼睛部位则要在中央部位加阴影，或擦染睫毛油。

（6）三角脸型的化妆技巧。三角形脸庞，由于脸型上宽下窄或下宽上窄，所以这种脸型的化妆最重要的是尽量求得上下部的平衡。上宽下窄者要尽量设法使脸型的上半部显得窄一点，两腮显得宽一点（上窄下宽者反之）。为了不使下巴较窄的部位显得突出，可将阴影加宽并横向向两侧延伸（上窄下宽者反之）；涂口红则为了力求曲线自然，尤其是下唇要有分量感。画眉要尽量画直，并接近眼尾，末端稍微向上。

（7）圆脸型的化妆技巧。圆脸型由于脸颊和下巴比较饱满，化妆时为了使面孔看上去显得狭长一些，画阴影需从脸颊后方往前，渐渐变得淡一些，然后由腮中央往下，也要涂得淡一点，直到下巴处逐渐消失。值得指出的是，脸颊上的腮红不能使人看起来有突出的感觉，而应在视觉上有一种逐渐减缓的效果。涂唇膏时，上唇的中央可多涂一些，两旁逐渐减少，下唇应从嘴角处向中央涂去。总之，涂完唇膏后不能给人造成一种嘴唇是圆形的感觉。

五、讲究卫生礼仪

（一）手的清洁卫生要求

在社交场合，无论是热情地握手或传递物品，或翻阅报纸资料，手都会受到公众的注目。所以，手的卫生尤其重要。具体要求如下：

（1）要养成勤洗手的习惯，始终保持手上没有污垢，尤其是嵌在指甲内的黑垢。

（2）经常使用护手霜，以使指甲及周围的皮肤保持光润。

（3）勤剪指甲使其圆滑且规整有形，指甲的长度不超过 2 毫米。

（4）不涂有色指甲油和留过长的指甲。

（二）公共场合注重的细节要求

参加社交活动，在公共区域尤其要注意自己的个人习惯，否则不仅会影响到个人的整体形象，还会妨碍和干扰其他人的利益。具体要求如下：

（1）按规范要求注意自己的口、鼻、手的卫生。

（2）头发要常洗常梳，尤其要避免满头的头皮屑出席公众场合，应考虑使用去头皮屑的洗发水和护发素。

（3）发型要朴实大方，符合职业要求，不留怪异发型或染成彩色头发。

（4）常洗澡，勤换衣，尽量避免身体有汗味、体味出席社交场合。

（5）女士正式场合要化淡妆，不可浓妆艳抹。

（6）上岗不得佩戴除手表以外的饰物。

第二节　得体庄重的仪表礼仪

良好的仪表能给他人留下美好的第一印象，奠定良好的交往基础。在旅游服务中，服务人员规范的仪表也是一个企业服务水平的体现，更是服务人员职业素养的体现。

一、仪表的概念

仪表是指一个人的外表。它是一个人总体形象的统称，包括言语、发型、服饰、身材和姿态等，是构成交际“第一印象”的基本因素。仪表美是一个综合概念，它包括三个层次的含义：一是指人的容貌、形体、体态等协调优美，如体格健美匀称、五官端正秀丽、身体各部位比例协调、线条优美和谐。二是指经过修饰技术打扮及后天环境的影响而形成的美。三是指一个人纯朴高尚的内心修养和蓬勃向上的生命活力的外在体现。简言之，仪表美就是自然美、修饰美和心灵美三者的和谐统一。因此，美的仪表不仅是指人的物质身体的外壳，而且是指人的性格气质、思想感情、道德情操、文化修养乃至社会文明的发展程度。

在旅游交际活动中，注重仪表是一个不容忽视的问题，人们所以注重仪表，是因为仪表美是自重自爱的需要、更是尊重他人的表现，仪表美能给人留下良好的第一印象，从而产生“魅力效应”，有助于各种交际活动的成功。

案　例

维护好个人形象

郑伟是一家大型国有企业的总经理。有一次，他获悉有一家著名的德国企业的董事长正在本市进行访问，并有寻求合作伙伴的意向。于是他想尽办法，请有关部门为双方牵线搭桥。

让郑总经理欣喜若狂的是，对方也有兴趣同他的企业进行合作，而且希望尽快与他见面。

到了双方会面的那一天，郑总经理对自己的形象刻意地进行一番修饰，他根据自己对时尚的理解，上穿夹克衫，下穿牛仔裤，头戴棒球帽，足蹬旅游鞋。无疑，他希望自己能给对方留下精明强干、时尚新潮的印象。

然而事与愿违，郑总经理自我感觉良好的这一身时髦的“行头”，却偏偏坏了他的大事。

——资料来源：金正昆．涉外礼仪教程［M］．北京：中国人民大学出版社，1999．

案例分析

1. 郑总经理的错误在哪里？

2. 他的德国同行对此会有何评价？

二、仪表美的作用

（1）良好的仪表，是服务人员内在文化素养的外在体现。在服务过程中，服务人员美丽俊俏的容貌、高雅大方的谈吐举止、协调和谐的服饰，往往是一个人文化内涵的外在表现；也是美的仪表风度的主要标志。如果说人的相貌是无法选择的，而仪容仪表则是可以潜心培养和训练的。

（2）良好的仪表，是增强服务人员自信的有效手段。服务人员良好的仪容仪表，不但为宾客营造一个满意的消费环境和愉快的休闲氛围，使宾客感受到服务人员的彬彬有礼和稳重大方，同时会使服务人员表现出自身良好的精神面貌，从而带来轻松、愉快的心情和对工作的自信。

（3）良好的仪表，是满足宾客审美意识的需要。欣赏美、喜欢美都是宾客高层次的心理需求。“爱美之心人皆有之”，无论是对人、对事、对物，我们都会用审美的眼光去审视，只要是符合人们审美意识的现象，都是容易被人们所接受，并且会深深地记住和赞美。那么，旅游服务人员良好的仪容仪表，能够满足宾客审美意识的需求，从而使宾客赏心悦目，留下深刻的印象。

（4）良好的仪表，是树立良好的企业形象的基础。在旅游服务接待中，员工的一言一行、一举一动都能直接影响他们的公众形象。公众可以从服务人员的仪容仪表，来评价员工的文明程度、审美情趣和道德修养，同时在一定程度上也反映了该企业的管理水平和服务水准。因此，服务人员注重良好的仪容仪表，懂得如何塑造良好的自我形象，对企业起到积极的宣传效果，在公众心中树立良好的公众形象。

课堂思考

讲究仪表美对你的生活有何作用？

三、着装的基本原则

着装是人形体的外延，是一种文化，又是一种无声的语言。而穿着则是一门艺术，显示一个人的个性、身份、涵养及其心理状态。莎士比亚曾说过："服饰往往可以表现人格。"一个人的穿着打扮直接关系到别人对其个人形象的评价。在社交场合中，得体的服饰与装扮可以将人体的曲线美、协调美、韵律美衬托得更加光彩照人，将女性的天生丽质与男士的俊秀潇洒展示得更加淋漓尽致。在日常生活和工作中，要使自己的着装得体、稳重大方又不失风度，就必须遵守以下几点着装的原则：

（一）着装的色彩搭配原则

色彩搭配的基本原则就是：从头到脚不能超过三种颜色。色彩搭配是很有学问的，并不是任何颜色凑在一起都好看，色彩搭配得当就会体现出美观、和谐的感觉，否则就会给人以不悦之感。色彩搭配的方法有三种：

（1）同类色搭配。即深浅、明暗不同的两种同一类颜色相配。例如，青配天蓝、墨绿配浅绿、咖啡配米色、深红配浅红等。同类色搭配的服装显得柔和文静。

（2）近似色搭配。即两个比较接近的颜色相配。例如，红色与橙色或紫红色、黄色与草绿色或橙黄色相配等。近似色搭配的效果也比较柔和。

（3）强烈色搭配。是指两个相隔比较远的颜色相配。例如，红色与绿色、黄色与紫色等。强烈色搭配也会呈现出时尚的效果。

知识拓展 搜索

色彩搭配

根据色彩给人不同的感受，可把色彩分为冷色，暖色和中性色。冷色是指色彩给人清凉或冰冷感觉的色彩。暖色是指色彩给人温暖或火热感觉的色彩。中性色，也称无彩色，由黑、白、灰几种色彩组成，中性色常常在色彩中起间隔和调和的作用。常用颜色搭配为：

（1）红色配白色、黑色、蓝灰色、米色、灰色。

（2）粉红色配紫红、黑色、灰色、墨绿色、白色、米色、褐色、海军蓝。

（3）橘红色配白色、黑色、蓝色。

（4）黄色配紫色、蓝色、白色、咖啡色、黑色。

（5）咖啡色配米色、鹅黄、砖红、蓝绿色、黑色。

（6）绿色配白色、米色、黑色、暗紫色、灰褐色、灰棕色。

（7）墨绿色配粉红色、浅紫色、杏黄色、暗紫红色、蓝绿色。

（8）蓝色配白色、粉蓝色、酱红色、金色、银色、橄榄绿、橙色、黄色。

（9）浅蓝色配白色、酱红色、浅灰、浅紫、灰蓝色、粉红色。

（10）紫色配浅粉色、灰蓝色、黄绿色、白色、紫红色、银灰色、黑色。

（11）紫红色配蓝色、粉红色、白色、黑色、紫色、墨绿色。

——资料来源：百度百科.

（二）整体协调性和整洁性原则

着装的整体协调性是着装美的重要因素。服饰整体美的构成因素是多方面的，要通过服装的色彩、款式、质料的选择搭配和装束的匹配，塑造个体形象。一方面，服装本身在色彩、图案、款式、质料和风格上要统一和谐；另一方面，服装的饰品，如帽子、围巾、手套、鞋袜、皮包等，要力求在色彩上、风格上、款式图案和质料质感等方面和服装本身相匹配，形成一种整体美。

服装的整洁性也是很重要的。因为整洁是最美的修饰，代表振奋、积极、向上的精神状态。服装保持清洁，并熨烫平整。如果蓬头垢面、衣冠不整，就不可能给人留下好印象。

（三）着装的 TOP 原则

T（time）、O（occasion）、P（place）原则上要求着装要因时间、场合、地点的变化而相应变化。

（1）与时间相适应。时间的含义有三层：一是指每天的早上、日间、晚上三段时间的变化。例如，在西方，男子夜晚就不能穿晨礼服。二是指每年的春、夏、秋、冬四季的不同。如果在飞雪的冬季穿一件质地非常薄的连衣裙，显然也是很不合适的。三是指时代的差异。人们应根据并顺应不同时代的潮流和节奏，选择与之相适宜并协调的服装。

（2）与场合相适应。着装要考虑到是工作场合，还是休闲场合；是祝贺场合，还是慰问、致哀场合；是为了引人注目，还是不被人注意等，也就是说服装要与场合相适应。上班穿的服装要整洁、大方、高雅，不需要过分引人注目，尤其不宜穿暴露过多的服装；如观看演出、参加宴会、舞会等场合，服装就要穿的正规又时尚；而如果是在家休息、上街购物、观光游览等，服装就要既舒适又得体。

（3）与地点相适应。与地点相适应是指考虑该国家、该地区所处的地理位置、自然条件乃至国家的开放程度，也就是与所处的环境相适应，使服装具有一种“现场感”，用一个成语来概括可谓“因地制宜”。当你进入一个环境——繁华都市或是边远乡镇，豪华宾馆或是海滨公园，晚宴舞厅或是林荫花间，你就构成了环境的一部分，须与之保持一致，否则环境会对你形成一种排斥力，使你在这个环境中显得十分突兀。所以，应尽量使仪表修饰与环境氛围相协调，从而整个环境不会因你而产生视觉破坏，你在其中也会自在而舒服。

（四）着装的和谐原则

所谓和谐原则，是指一个人的穿着要和他的年龄、形体、职业相吻合，表现出一种和谐，这种和谐能给人以美感。

（1）穿着要和年龄相和谐。在穿着上要注意你的年龄。不管年轻人还是老年人，都有权利打扮自己。不同年龄的人有不同的穿着要求。年轻人的着装几乎没有什么禁忌，但要尽量避免穿戴过于华丽，而应穿得鲜艳、活泼、随意一些，这样可以充分体现出年轻人的朝气和蓬勃向上的青春之美。而中老年人的着装则要注意庄重、雅致、整洁，体现出成年人的成熟风韵，服饰质地要考究一些。

（2）穿着要和形体相和谐。①体型矮胖者，宜穿竖条纹或深颜色的服装，这样可使人产生延伸感和收拢的效果，看上去体型有所改变，增加高度和健美。另外，穿单一颜色的衣裤可使身体显得高些。②体型瘦高者，宜穿横条纹或浅颜色的服装，上衣应适当加长，配以低圆领或宽大蓬松的袖子、宽松的裙子等，以产生体型丰满、膨胀的艺术效果。同时穿杂色的衣裤也可使瘦高者看上去略显低些。③身材矮瘦或矮胖者，穿衣时要注意不可将衬衣下部束在裤子里，以至于给人以身段分为两截的感觉，不宜穿大花图案或宽格条纹的服装，最好选用浅色的套装，上衣应略短些，使腿比上身突出，以给人高大的印象。④脖子短粗者，应穿无领、敞领、翻领、低领或V形领上装，再戴一条细长项链，以突出肌肤之美，借以分散人们对短脖子的注意力。⑤臀部肥大者，宜穿稍长的长衣遮盖住臀部，或选用深色的西装裤或连衣裙，避免穿浅色并带光泽的裤或裙，以免突出臀部，暴露弱点。⑥胸部狭小者，宜穿水平条纹的上衣，开细长缝的领口，并在胸部多装饰些波浪边或荷叶边，以掩盖胸部扁平的缺陷，造成丰满的效果。

（3）穿着要和职业相和谐。不同的职业有不同的穿着要求，这一点是非常重要的。一般情况下，教师、职业女性的着装要庄重、雅致，不可打扮得过于妖艳，款式也不宜过于新潮；文艺工作者的着装则可时尚、浪漫一些；公关工作者的着装则要优雅、考究、大方；商界人士和企业主管的着装要追求干练、稳重、略带保守。

四、男士正式场合的着装规范——西装

在正式场合，男士服饰以表现稳重、专业、令人信赖为首要，而不可过于休闲、鲜艳、轻浮。从国际礼仪的角度来看，男士在正式场合多以穿西装为主。西装起源于欧洲，于清朝晚期传入中国。现在西装作为一种国际性服装，是男士较为普遍选用于公务场合和社交场合的正装之一。因为西装可以充分展示男士潇洒、稳健的翩翩风采和凝重、深沉的职业特点。因此，西装的穿着从礼仪的角度是非常讲究的。

知识拓展 搜索

西装的历史

西装的结构源于北欧南下的日耳曼民族服装。据说当时是西欧渔民穿的，他们终年与海洋为伴，在海里谋生，所以着装散领、少扣，捕起鱼来才会方便。西装以人体结构和体型等特点的结构分离组合为原则，形成了以打褶、分片、分体的服装缝制方法，并以此确立了日后流行的服装结构模式。也有资料认为，西装源自英国王室的传统服装。它是以男士穿同一面料成套搭配的三件套装，由上衣、马甲和裤子组成。在造型上延续了男士礼服的基本形式，属于日常服装中的正统装束，使用场合甚为广泛，并从欧洲影响到国际社会，成为世界指导性服装，即国际服。

现代的西装形成于19世纪中叶，但从其构成特点和穿着习惯上看，至少可以追溯到17世纪后半叶的路易十四时代。17世纪后半叶的路易十四时代，长衣及膝的外衣“究斯特科尔”和比其略短的“贝斯特”，以及紧身合体的半截裤“克尤罗特”一起登上历史舞台，组成现在三件套西服的组成形式和许多穿着习惯。究斯特科尔的前门襟扣子一般不扣，要扣一般只扣腰围线上下的几粒，这就是现代单排扣西服一般不扣扣子不为失礼，两粒扣一般只扣上面一粒的穿着习惯的由来。

西装之所以长盛不衰，很重要的原因是因为它拥有深厚的文化内涵，主流的西装文化常常被人打上“有文化、有教养、有绅士风度、有权威感”等标签。西装一直是男性服装王国的宠物，“西装革履”常用来形容文质彬彬的绅士俊男。西装的主要特点是“外观挺阔、线条流畅、穿着舒适”。若配上领带或领结后，就更显得高雅典朴。另外，在日益开放的现代社会，西装作为一种衣着款式也进入到女性服装的行列，体现女性和男士一样的独立、自信，也有人称西装是“女人的千变外套”。

——资料来源：http：//www.cnppmh.com/news/10859042.html.

（一）选择高端、大气、上档次的西装

男士必须要注重西装的选择，应选择一套高雅不俗的西装能为自己增光添彩，否则即使是西装也未必能显示出你的魅力，因此，必须进行精心的选择。

1. 西装的面料

一般西装是在正式场合穿着，因此，其面料的选择应力求高档。一般毛料为西装的首选面料，如纯毛、高比例含毛的毛涤混纺面料，都可以作为西装的面料。不透气、不散热、发光的各类化纤面料，则尽量不要制作西装。

2. 西装的色彩、图案

男士正是场合下着西装，西装的色彩必须显得庄重、大气，而不应过于轻浮和随便。按照国际礼仪原则，西装的色彩应是深色系，如藏蓝色就是国际惯例色彩。男士在正式场合不宜穿色彩过于鲜艳或发亮的西装。越是正式的场合，越讲究穿单色的西装，不宜穿两种以上颜色的西装。上乘的西装特征之一，就是没有任何图案。

3. 西装的款式

当前，西装主要有以下两种款式：

（1）按西装的件数划分。男士在正式交往中，必须穿套装，套装就是指上衣和裤子成套，其面料、色彩、款式一致，风格上相互呼应的多件西装。通常西装套装又有两件套与三件套之分。两件套西装套装包括一件上衣和一条裤子；三件套西装套装则是一件上衣、一条裤子和一件马甲。

（2）按西装上衣的纽扣数量划分。西装上衣多为单排扣。单排扣的西装，有一粒扣、两粒扣、三粒扣三种。一粒扣、三粒扣的西装比较时尚，而两粒扣的西装则显得更为正统一些。

4. 西装的造型

西装的造型又称板型，指的是西装的外观形状。目前，世界上的西装主要有欧式、英式、美式、日式四种。

（1）欧式西装的主要特征。上衣呈倒梯形，衣领较宽，强调肩部和后摆。代表品牌有“杰尼亚”“阿玛尼”“费雷”“皮尔卡丹”“杉杉”等。

（2）英式西装的主要特征。不强调肩部，而讲究自然、贴身。多为单排扣款式，腰部略收，垫肩较薄，后摆两侧开衩。例如，“登喜路”品牌的西装，就是典型的英式西装。

（3）美式西装的主要特征。外观上方方正正，宽松舒适，比欧式西装较短些。肩部

不加垫肩，腰部宽大，后摆中间开衩。知名品牌有“麦克斯”“拉尔夫·劳伦”“卡尔文·克莱恩”等。

（4）日式西装的主要特征：上衣外形呈“H”形，不过分强调腰部与肩部，不过分收腰，后摆不开衩。品牌有“高”“斯丽爱姆”“仁奇”“雷蒙”等。

5. 西装的尺寸

穿西装必须大小合身。在正式场合，一套西装无论是什么名牌，如果大小不合体，都将会影响你的人格魅力。因此，必须选择尺寸合适自己的西装。

知识拓展 搜索

中国第一套国产西装

中国第一套国产西装诞生于清朝末年，是“红帮裁缝”为知名民主革命家徐锡麟制作的，徐锡麟于1903年在日本大阪与在日本学习西装工艺的宁波裁缝王睿谟相识，次年，徐锡麟回国，在上海王睿谟开设的王荣泰西服店定制西服，王睿谟花了三天三夜的时间，全部用手工一针一线地缝制出中国第一套国产西装，在当时的情况下，其工艺未必能超过西方国家的制作水平，但已充分显示出“红帮裁缝”的高超工艺，成为中国西装跻身于世界民族之林的先行者。

——资料来源：http：//www.cnppmh.com/news/10859042.html.

（二）西装的穿着规范礼仪

（1）颜色的规范搭配。西装的颜色为深色；衬衣的颜色为白色；鞋子的颜色为黑色；袜子的颜色为深色；领带的颜色可根据场合来选择，如庄重的场合以深色系为宜，喜庆场合以亮色系为好。

（2）衬衣的搭配。穿西装必须配长袖衬衣，应选择干净、熨烫平整、衣领硬且挺括的衬衣为佳。衬衣的下摆应塞进裤腰里，衬衣的衣袖应略长于西装衣袖的1–2厘米。衬衣的领口应略高于西装领口的1.2厘米。打领带时，衬衣上面的第一个纽扣要扣好。

（3）领带的规范使用与系法。正式场合穿西装应系领带和打领结。领带的颜色一般选用衬衣和西装中间的过渡色，也可按场合来选择领带的颜色。领带的长度以到皮带扣处为宜。领带夹应夹在衬衣的第三、四个纽扣中间（纽扣从上往下数）（见图2–3）。

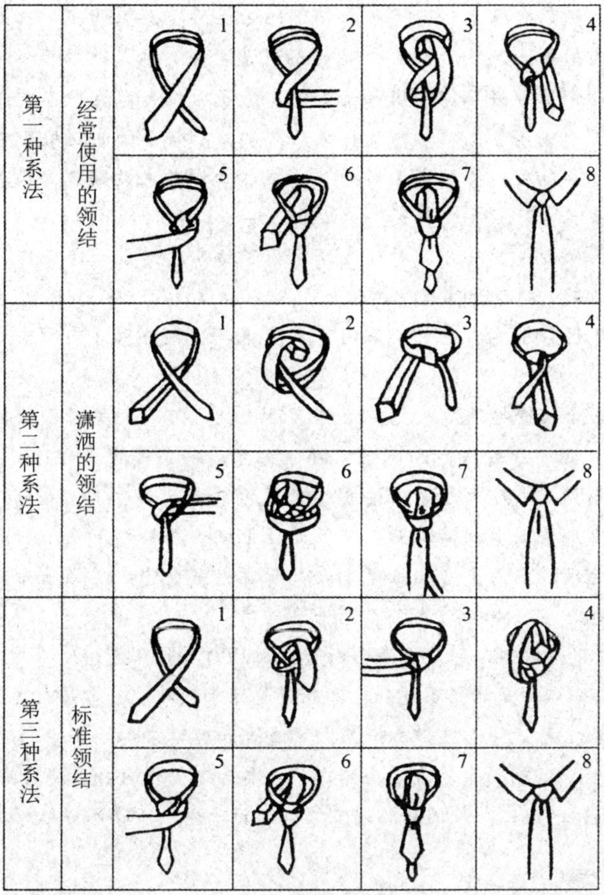

图2-3　领带的系法

金裕霖 吃…… 霖哥哥、哟…哟…哟.

知识拓展　搜索

领带的起源

关于领带起源的传说有很多，各种说法不尽相同。归纳一下，有以下几种说法：

领带保护说：认为领带最早起源于日耳曼，日耳曼人居住在深山老林里，茹毛饮血，披着兽皮取暖御寒，为了不让兽皮掉下来，他们用草绳扎在脖子上，绑住兽皮。这样一来，风也不能从颈间吹进去，既保暖以防风，后来他们脖子上的草绳被西方人发现，逐步发展成了领带。另有人认为领带起源于海边的渔民，渔民到海里打鱼，因为海上风大而冷，就在脖子上系上一条带子，防风保暖，渐渐地带子成了一种装饰。保护人体以适应当时的地理环境和气候条件，是领带产生的一个客观因素，这种草绳、带子便是最原始的领带了。

领带功用说，有两种传说：

一种传说认为，领带起源于英国男子衣领下的专供男子擦嘴的布。工业革命前，英国是个落后国家，人们吃肉用手抓，然后大块大块地捧到嘴边去啃，成年男子又流行络腮胡子，大块肉一啃就把胡子弄油腻了，男人们就用袖子去擦。为了对付男人这种不爱干净的行为，妇女们在男人的衣领下挂了一块布专供他们擦嘴，久而久之，衣领下面的这块布就成了英国男式上衣传统的附属物。工业革命后，英国发展成为一个发达的资本主义国家，人们对衣、食、住、行都很讲究，挂在衣领下的布化成了领带。

另一传说认为，领带是罗马帝国时代，军队为了防寒、防尘等实用目的而使用的。军队去前线打仗，妻子为丈夫、朋友为朋友把类似丝巾的方巾挂在他们的脖子上，在战争中用来包扎、止血。到后来，为了区分士兵、连队，采用了不同花色的领巾，进而演变发展到今日，成为职业服装的必需品。

领带装饰说：认为领带起源是人类美的情感的表现。17世纪中叶，法国军队中一支罗地亚骑兵凯旋回到巴黎。他们身着威武的制服，脖领上系着一条围巾，颜色各式各样，非常好看，骑在马上显得十分精神、威风。巴黎一些爱赶时髦的纨绔子弟看了，倍感兴趣，竞相仿效，也在自己的衣领上系上一条围巾。第二天，有位大臣上朝，在脖领上系了一条白色围巾，还在前面打了一个漂亮的领结，路易十四国王见了大加赞赏，当众宣布以领结为高贵的标志，并下令上流人士都要如此打扮。

综上所述，领带的起源说法很多，每一种说法都从自身的角度出发，都有一定的道理，彼此很难相互说服；但有一点却是显而易见的，即领带起源于欧洲。领带是人类社会的物质和文化发展到一定程度的产物，是一种（机会）产品，穿着者和观察者影响了它的发展。马克思说："社会的进步就是人类对美的追求。"在现实生活中，人类为了美化自身，使自身更完美，更富魅力，便产生了用自然界提供的或用人造的物品来装饰自己的欲望，领带的演变充分说明了这一点。

——资料来源：百度百科．

（4）口袋的正确使用。西装上衣左胸部的口袋可以装一小束鲜花和折叠成花式的手帕，其他东西不可装入。西装上衣下面两外侧的衣袋也是起装饰作用的，不可以装东西，否则就会使西装变形，西裤前后口袋也不要装东西。更不要将手随意放在口袋里，因为这样会有失风度。

（5）纽扣的规范使用。西装的扣子也很有讲究。无论正式场合还是非正式场合，都要把双排扣西装的扣子扣好。单排两粒扣的西装，应扣上面一粒，下面可不扣；单排三粒扣的西装，可扣上面两粒，下面一粒可不扣。在一般场合，坐着时可将西装敞开，若将扣子全部扣上则是极不规范的，会显得生硬不潇洒。

（6）鞋子的搭配。正式场合，穿深色西装必须和黑色皮鞋和深色的袜子搭配。只要穿西装就要穿皮鞋，其他任何鞋子，如布鞋、运动鞋、旅游鞋等，都不适合和西装搭配。穿西装不能配白色的袜子，否则会令人发笑的。

（7）内衣的搭配。穿西装时，要注意内衣的选择。不应选择有花纹、图案或是深色的内衣，也不应选择高领口的内衣，应选择低领口的内衣。总之，穿西装时内衣不能外露。

（8）西裤的搭配。西裤的长度不要过长或过短，应以裤脚接触脚背为宜。

（9）胸饰手帕。西服正式着装时一般都应配胸手帕。一条真丝胸手帕能给西服增添个性和创造性。选择真丝胸帕的关键在于颜色与领带的颜色搭配协调，最稳妥的做法是两种饰品的颜色保持一致。

（10）注意搭配细节。①腰间不许佩戴钥匙、手机等物品。②西装的商标不能外露。③注意衬衣袖口处的扣子也要扣好。④绝不能挽袖卷裤。

五、女士正式场合的着装——套裙

在正式场合，女士穿套裙是符合国际礼仪要求的，既是女性的标志，又能体现出女士的体态美。正式场合穿长裤是不符合礼仪规范的，会被人认为过于随便。在正式场合更不能穿超短裙和牛仔裤。西装套裙是女性的标准职业装，能体现出女士精明干练的职业形象。

（一）套裙的选择

套裙，往往是指上衣和下衣是与之配套的西装式套裙，准确地说就是上身为一件女士西装，下身是一件到膝盖处长短的直筒式裙子，这种款式是适合在正式场合穿着的职业套裙。这种套裙既能体现出女性刚柔相济的一面，又能展示女性柔美雅致的美感。

（1）套裙的面料。在外观上看，套裙所选择的面料应讲究平整、光滑、丰厚、柔软、悬垂、挺括。不仅要手感好，而且要弹性好，同时还要不起球、不起毛、不易起皱。

（2）套裙的色彩。第一，要根据场合而定。如是正式较庄重的场合，就要选择冷色调或深色系的颜色，以显得典雅、端庄与稳重；如是正式较喜庆的场合，可以选择暖色调或亮色系的颜色，以显得温馨、欢快与喜悦。第二，要与肤色、形体、年龄与性格相协调。不能盲目为自己选定颜色，要根据个人的情况来选择适合自己的颜色。例如，肤色较暗的人要选择明快的亮色系列；体型较胖的人应选择深色系列的颜色，还要避免选择大图案和花纹的衣服。第三，用饰物点缀色彩。女士在穿着同一颜色的套裙时，可以用与其颜色相协调的衬衣、领花、丝巾、胸针、围巾等衣饰，来点亮整体服装的颜色，使之生动而活跃，凸显女性特有的魅力。不过一定要注意：一套套裙的全部颜色最多不要超过两种，否则就会显得杂乱无章，不上档次了。

（3）套裙的图案。女士套裙的选择，一定要朴素简单为原则，正式场合穿套裙可以选择不带任何图案。如果本人喜欢，可以选择各种或宽或窄的格子、或大或小的圆点、或明或暗的条纹为主要图案的套裙，也可以显得动感有活力。在正式场合，女士套裙不应以花卉、宠物、人物、文字、符号为图案，否则会显得过于夸张。

（二）套裙的规范穿着礼仪

套裙要想穿出优雅漂亮，就必须掌握规范穿着礼仪，才能真正展示出服装美与形象美。需注意以下几个方面：

（1）套裙大小要合适。必须大小相宜。过大或过小，过肥或过瘦，都会形象影响美好的形象。套裙中的上衣一般最短可以齐腰，裙子最长可以达到小腿的中部，最短不宜短于膝盖处，裙子过长会显得散漫不精神，过短会显得不文雅。

（2）套裙穿着要到位。穿套裙时，应将其认真穿好，注意以下几点：上衣领子要整理好，上衣的扣子要全部系好；不能当众将上衣随便脱下来；裙子要穿得端端正正；仔细检查穿着细节，如扣子是否全部系好、拉链是否拉好、袜子有没有破洞。

（3）着套裙要与妆容相协调。正式场合的女性着套裙，要注意着装与化妆相协调。套裙要突出什么风格，就应搭配相应的妆容。职业女性在穿套裙时，既不可以不化妆，也不可以化浓妆。不化妆会显得没精神，也是对他人的不尊重。化浓妆则会显得太夸张，不符合职业场所女性稳重大方的职业形象要求。因此，着套裙时应以淡雅妆容为宜，既能维护个人的形象，又能突出工作能力和敬业精神。

（4）着套裙要与举止相协调。在正式场合，女性着套裙一定要注意举止要稳重得体，不失文雅之感。职业套裙给人以优雅大方之美感，如果不注重个人的一举一动，就会影响风度与魅力。

（三）着套裙的和谐搭配

要想穿出套裙的庄重与美丽，就应注重与之相协调搭配的衬衣、内衣、衬裙、鞋子和袜子的选择与搭配。

1. 衬衣、内衣的搭配

（1）面料要轻薄而柔软。这样穿着舒服，又能显得高雅。

（2）色彩要雅致而庄重。除了“基本色”的白色之外，其他颜色，包括流行色在内的，只要不过于鲜艳，而且与所穿的套裙颜色相协调的颜色，都可以选择为衬衣的颜色。但最好还是以单色为佳。

（3）要系好衬衣扣子。除最上端的一粒纽扣不系外，其他纽扣不得随意解开，以免有不雅之态。

（4）不得在正式场合直接外穿衬衣。按照国际礼仪的要求，女性不可以在正式场合脱掉外衣，衬衣直接外穿，会给人一种不正式之感，也会显得不庄重。

（5）不许外露内衣。穿好套裙后一定要仔细检查，看一下内衣与套裙的大小是否相配套，不要有外露或外透，以免给自己的形象造成不雅之感。

2. 鞋子的搭配

有人说："要了解一位职业女性的服饰品位，看一下她所穿的鞋子即可。"由此可见鞋子对职业女性的重要性。在正式场合，鞋子颜色的选择，要和套裙的颜色相协调，深色系列的套裙最好配黑色皮鞋；浅色系列的套裙最好配与之相协调颜色的皮鞋，如果搭配不当或反差太大，会给人造成一种头重脚轻或头轻脚重的感觉；最好搭配 4 厘米以上的高跟鞋，会使女性精神焕发并充分展现出身材的曲线美。

正式场合切忌穿露趾、平跟、镂空、拼皮、亮闪闪的凉鞋或高筒靴。这类款式的鞋子都不适合在正式场合穿，会显得不够庄重。

3. 袜子的搭配

（1）选择质量好的连裤袜。正式场合女士选择袜子首先要考虑所选袜子的质地要好，再就是要穿连裤袜。

（2）单色为标准色。肤色、黑色、灰色都可以在正式场合搭配套裙，可根据季节来选择袜子的颜色。正式场合不可以穿网格、花纹的袜子。

（3）袜子要完好无损。要仔细检查袜子，不要有抽丝、破洞，也不要用指甲油涂抹抽丝之处，破洞或抽丝的袜子不应再穿。

（4）不可当众脱袜。有些女性平时有习惯把鞋子脱下，或半拖鞋的状态，甚至把袜子也脱下来，这些习惯都是有失身份的不雅行为，应注意避免。

（5）袜口不宜外露。女士在正式场合穿套裙，不能将袜口外露，这样会让人感觉腿部的视线很乱，很不好看，会严重地影响女性文雅的形象。

课堂思考

如何区分正式场合和非正式场合的着装？

六、工装的穿着要求

工装是标志一个人从事何种职业的服装。旅游工作人员穿上醒目的工装，不仅是对宾客的尊重，而且便于宾客辨认，同时自己也会产生一种职业的自豪感、责任感，是敬业、乐业在服饰上的具体表现。旅游行业的工装，是经过精心的设计与搭配而成，在穿着时无论是男士还是女士的总体礼仪要求是一致的。

（1）按标准着装。各岗位需按照规范的着装要求着装，不允许自己随便搭配工装以外的服装。

（2）整洁完好，无褶皱。应始终遵循整洁、雅致、和谐、恰当的原则。服装熨烫平整，扣子齐全，拉链完好。工装上不可有菜汁、油渍和其他污迹，不可有漏缝、破边、破洞等。

（3）饰品佩戴要慎重。着工装时一定要考虑工作岗位的因素。管理人员可佩戴简单的饰品，如耳钉、项链；为客人直接服务的人员是不允许佩戴任何饰品的，如客房服务人员、餐饮服务人员。

（4）淡妆上岗为礼貌。着工装上岗必须化淡妆。这样即能体现个人靓丽的形象，也是对客人的一种尊重。素面朝天不化妆，是不符合旅游行业服务礼仪要求的。因此，女性人员必须学会化妆。这是旅游行业职业素养的要求。

七、首饰的佩戴礼仪

与服装相搭配的饰品，永远只能是服装的一种补充或点缀，如果过多地在饰品的质地、种类上做文章，让自己披金戴银、满身“珠光宝气”，只会给别人留下“浅”和“俗”的不良印象。旅游接待人员，一般情况下是不能随便佩戴饰品的，只是在参加或出席一些重要的社交活动或礼仪活动时，才可选择一些适合活动场所气氛的装饰品。选择饰品的基本原则是：大方、简单、单纯、雅致。

（一）男士饰品佩戴礼仪

（1）领带的佩戴。出席正式场合，所选西服的款式最好与领带风格协调。穿西服与打领带应注意以下几点：①领带的宽窄应与西服领的宽窄、身材的高矮、场合的不同相协调。②领带的颜色搭配应与同类色、类似色、对比色相呼应。③领带的系法应以场合、西服类型等方面的因素不同而不同。

（2）手表的佩戴。手表是男士非常重要的饰品之一，往往可体现男士的地位和身份，也是象征男士文化涵养与人格魅力的外在表现。因此，男士在选择手表时，应遵循国际礼仪中男士绅士风度的要求去佩戴手表。①选择机械型手表。不能选择电子表、运动型手表，这些都不适合在正式场合佩戴。②选择价格适当的手表。手表的价格相差很大，可根据个人的具体情况佩戴。一般在正式场合，男士所佩戴的手表不要低档，否则会有损自己的高雅形象；可否佩戴奢侈品手表要根据场合而定。③选择外形庄重大气的手表。在正式场合，男士应选择正圆形、椭圆形、正方形、长方形的手表，造型庄重、保守，适用范围广，比较适合男士在正式场合佩戴。④选择单色的手表。正式场合男士手表的颜色一般是金色、银色和黑色，也就是说表盘、表壳、表带均有金色、银色、黑色的手表，是最理想的选择。不可佩戴有图案、三种颜色以上的手表。

（3）手机的佩戴。手机这种本该属于通信工具的物品，逐步成为一种饰品而被社交圈的男士所青睐。①将手机放在公文包里或西装的内侧口袋里。有些男士将手机放在西装外衣口袋里，使衣袋看上去鼓鼓囊囊，这是非常不符合礼仪要求的。②接听电话要注意场合。有些男士有时不分场合拨打或接听手机，以显示自己的富有和派头，这都是缺乏修养的表现。正式场合要关闭手机，或调到振动模式。③不可随便玩手机。现在很多人手机不离手已成为一种习惯，但一定要注意场合，如在开会、学习、与人交谈时，不能随便玩手机，这样会显得心不在焉，给人以不尊重他人的感觉，是一种严重的失礼行为。

（4）腰带与手包的佩戴。①黑色皮带为宜。皮带是男士应重视的饰品之一，正式场合男士的着装应配黑色皮带，这样会显得简单和稳重。但有些男士佩戴黄色、棕色、红色的皮带，都会让视觉上感觉不协调，更不符合礼仪要求。②黑色皮包为宜。在正式场合，男士应随身携带黑色皮包，皮包以正式款为好，不宜佩戴布包、休闲包等，会显得太随意不上档次。男士皮包样式的选择应简单大方，不宜太烦琐。

课堂思考

请对男士佩戴项链、戒指和耳钉等饰品发表自己的看法。

（二）女性饰品佩戴礼仪

与男士饰品的简单、单调相比，女性的饰品佩戴则要丰富得多，当然就有更多的讲究。女士佩戴饰品时，要坚持两点原则：第一，一般正式场合，佩戴的饰物首先应该是简单、精致、高雅。饰物以点缀为主，如果杂乱便会“喧宾夺主”，不仅衬托不了服装，而且会影响一个人的整体风格。第二，若需佩戴一种以上的饰品时，要注意饰物的风格、外形、颜色要协调一致，最好是成套或成系列的。例如，首饰三件套中的戒指、耳环、项链，若选择佩戴金项链时，耳坠、戒指最好也选金的。

（1）戒指的佩戴。一般只戴一枚，而且戴在左手上。戒指的佩戴有一定的讲究，戴在不同的手指上有不同的含义：戴在食指上，表示无偶求爱；戴在中指上，表示正在恋爱中；戴在无名指上，表示以订婚或结婚；戴在小指上，表示自己是一个独身主义者。在社交中，应注意准确地传递戒指的特定信息，以免造成误会。

（2）手镯与手链的佩戴。手镯与手链都是手腕部的装饰品。一般情况下，如果在左臂或左右两臂同时佩戴，表明佩戴者已经结婚。如果仅在右臂佩戴，则表明佩戴者是自由而不受约束的人。另外，戴手表不应同时戴手镯或手链。

（3）项链的佩戴。佩戴项链时，要注意与个人条件相配。脖子细长的人适宜戴颗粒较大或直径较粗的项链，但项链下垂得不要太长；比较粗壮结实的项链，年龄较大的人戴着更合适些；双套链、三套链立体感强，美观雅致，少女佩戴倍添姿色。

（4）耳环的佩戴。佩戴耳环要与脸型相适应。圆脸型的人适宜选用链式耳环，不要戴又大又圆的耳环；方脸型的人适宜选用小耳环，不要戴过于宽的耳环；长脸型的人适宜选用宽宽大大或圆圆的耳环，不要戴过长而且下垂的耳环。

（5）手包的佩戴。女性在正式场合应佩戴手包为规范礼仪要求。应用不同颜色和不同款式的包来搭配不同的服装，既能衬托服装与包的独特之美，又能展现气质高雅、风度翩翩的个人形象。

第三节　温文尔雅的仪态礼仪

仪态是人在社会交际行为中的姿势、表情等。潇洒的风度、优雅的举止，常常会被人们羡慕和称赞，能给人留下深刻的印象。我们往往可以凭借一个人的仪态来判断其品格、学识、能力和其他方面的修养程度。

知识拓展　搜索

美的体态

戴安娜·维瑞兰德是目前世界上最重要的时装权威之一，她说：脖颈、脊背、手臂和腿的伸展以及轻捷的步履是与美紧密相连的。优雅的体态是人体有修养、充满自信的完美表达，它会使你看起来年轻得多，也会使你身上的衣服显得更漂亮。

——资料来源：百度百科．

一、甜美的微笑

微笑是没有国籍的语言，是社交场合最富有吸引力，最有价值的面部表情。它是表现人际关系友善、诚信、谦恭、和蔼、融洽等最为美好的感情因素，所以它已成为各国宾客都理解的心理性“语言”。

案　例

希尔顿的微笑服务

美国"旅馆大王"希尔顿于1919年把父亲留给他的12000美元连同自己挣来的几千美元投资出去。开始了他雄心勃勃的经营旅馆生涯。当他的资产从1500美元奇迹般地增值到5100万美元的时候，他欣喜而自豪地把这一成就告诉母亲。想不到，母亲却淡然地说："依我看，你跟以前根本没有什么两样。事实上你必须把握比5100万美元更值钱的东西：除了对顾客诚实之外，还要想办法使来希尔顿旅馆的人住过了还想再来住。你要想出这样一种简单、容易、不花本钱而行之久远的办法去吸引顾客。这样你的旅馆才有前途。"

母亲的忠告使希尔顿陷入迷惘：究竟什么办法才具备母亲指出的"简单、容易、不花本钱而行之久远"这四大条件呢？他冥思苦想，不得其解。于是他逛商店、串旅店，以自己作为一个顾客的亲身感受，得出了准确的答案："微笑服务"。只有它才实实在在同时具备母亲提出的四大条件。从此，希尔顿实行了微笑服务这一独创的经营策略。每天他对服务员的第一句话是"你对顾客微笑了没有？"他要求每个员工不论如何辛苦，都要对顾客投以微笑。即使在旅店业务受到经济萧条的严重影响的时候，他也经常提醒职工记住："万万不可把我们的心里的愁云摆在脸上，无论旅馆本身遭受的困难如何，希尔顿旅馆服务员脸上的微笑永远是属于旅客的阳光。"

为了满足顾客的要求，希尔顿"帝国"除了到处都充满着"微笑"外，在组织结构上，希尔顿尽力创造一个尽可能完整的系统，以便成为一个综合性的服务机构。因此，希尔顿饭店除了提供完善的食宿之外，还设有咖啡厅、会议室、宴会厅、游泳池、购物中心、银行、邮电局、花店、服装店、航空公司代理处、旅行社、出租汽车站等一套完整的服务机构和设施，使到希尔顿饭店投宿的旅客真正有一种"宾至如归"的感觉。当他再一次询问他的员工们："你认为还需要添置什么？"员工们回答不出来，他笑了："还是一流的微笑！如果是我，单有一流设备，没有一流服务，我宁愿弃之而去，住进虽然地毯陈旧，却处处可见到微笑的旅馆。"

——资料来源：百度文库 .

案例分析

微笑服务体现了一种什么观念？希尔顿之所以能留住顾客仅仅是靠微笑服务吗？

（一）微笑的内涵

（1）微笑是一种内心情感的表达方式。

（2）微笑可以给对方良好的第一印象。

（3）微笑是自信的象征。

（4）微笑表达着一种友好与尊重。

（5）微笑是礼仪的基石。

（二）微笑服务的礼仪要求

（1）微笑要自然、大方、得体，面部表情要柔和、亲切。

（2）微笑要发自内心，虚伪的假笑、牵强的冷笑只会让客人感到别扭和反感。

（3）微笑要把握分寸。哈哈大笑或面部表情过于夸张，不仅不会让客人感到真诚，而且会令客人感到莫明其妙。

（4）微笑服务时，应配以相应的礼貌用语和手势动作，这样才显自然贴切。

微笑服务的礼仪要求如图 2-4 所示。

（三）微笑时的要求

（1）口、眼结合，露出 6~8 颗牙齿。

（2）微笑与神、情、气质相结合。

（3）微笑与语言相结合。

（4）微笑与举止相结合。

（5）微笑要发自内心。

（6）微笑要始终如一。

所示微笑时的要求如图 2-5 所示。

图2-4　微笑服务

图2-5　微笑的标准

知识拓展　搜索

今天你微笑了吗

“你今天对顾客微笑了没有？”美国著名的希尔顿旅馆的董事长康纳·希尔顿经常这样问下属。“无论旅馆本身遭遇的困难如何，希尔顿旅馆服务员脸上的微笑，永远是属于旅客的阳光。”

——资料来源：百度文库.

二、热情的目光

图2-6　热情的目光

“眼睛是心灵的窗户”，通过一个人的眼睛就能够感受到他的内心世界。即使不说话，也能明白他的态度和他的想法。因此，旅游行业人员目光必须传递出一种热情和真诚，使他人感受到你发自内心的友好和尊重（见图2-6）。同时也要掌握在不同场合下目光的合理控制与运用，使目光柔和亲切。

（一）注视的部位

（1）对方的双眼。注视对方双眼时，一般表示全神贯注、洗耳恭听的状态。如问候、交谈、祝贺、道歉等，时间不宜过久时，可注视对方的双眼，以表示专注。

（2）对方的面部。注视对方的面部时，一般为时间较长的交谈时使用。不要聚焦于面部的某一处，而应以散点柔视为宜。

（3）对方的全身。注视对方的全身时，一般同服务对象距离较远时使用。这样可通过对对方整体的观察，知道为其提供怎样的服务。例如，看到对方一进到酒店大厅左右望去，你可主动向前询问：“您好，请问您需要什么帮助？”

（4）对方的局部。注视对方的局部，一般是在特殊情况下使用。例如，递接物品时、试穿服装时。但在一般场合下，不要打量他人的“禁区”，如头顶、胸部、腹部、臀部、腿部，注视他人这些部位都是失礼的。也不要从头到脚上下打量一个人，这也是失礼的行为。

（二）注视的角度

（1）正视对方。正视对方，一般表示尊重、重视。正视就是身体和面部正对着对方，与人交往中不应斜视、扭过头看、偷偷注视。这些都是不大方和不尊重对方的行为。

（2）平视对方。平视对方，一般表示平等、公正、自信、坦率、不卑不亢。平视就是目光与对方目光在同一高度平行接触。

（3）仰视对方。仰视对方，一般表示尊敬、期待、信任。仰视就是目光向上看。从礼仪的角度可以使用仰视，不应俯视他人，服务人员站立或就座之处不得高于他人。

知识拓展 搜索

学会用目光交流

泰戈尔说："一旦学会了眼睛的语言，表情的变化将是无穷无尽的。"眼睛是心灵的窗户，这是因为心灵深处的奥秘都会自然而然地从眼神中流露出来。在人与人之间进行交流时，目光的交流总是处于最重要的地位。一双炯炯有神的眼睛，给人以感情充沛、生机勃勃的感觉；目光呆滞，则使人产生厌倦的印象。因此，在人际交往中，双方要不断地用目光表达自己的意愿、情感，还要适当观察对方的目光，探测"虚实"。交流结束时，也要用目光作一个圆满的结尾。在各种礼仪形式中，目光运用得当与否，将直接影响礼仪的质量。

——资料来源：百度百科 .

三、挺拔的站姿

站姿是人们生活交往中最基本的姿态。优美而典雅的站姿，是发展不同质感动态美的起点和基础。优美的站姿能体现出自信和高雅的气质风度。

（一）规范站姿要求

（1）头部保持正直，双眼平视前方，表情自然放松。

（2）两肩要平且放松，手臂自然下垂放于体侧或相握放于体前。

（3）挺胸、收腹、立腰、夹臀。

（4）两腿夹紧，脚跟并拢，脚尖外展 45°~60°（见图 2-7）。

图2-7　规范站姿

在站立时要注意身体挺拔，肌肉应形成三种对抗力量：髋部向上提，脚趾抓地；腹肌、臀肌保持一定的肌紧张，前后形成夹力；头顶上悬，肩向下沉。这三种肌肉力量相互制约，才能保持标准的站姿。如果没有悬顶感，人就沉下来了，缺乏力度；如果没有前后的夹力，腰就会松下来，出现挺腹或撅臀的现象；如果没有髋部和脚的对抗力，膝部就容易弯曲。因此，站立时要注意保持身体的这三种对抗力，缺一不可。

13+

（二）女士标准站姿

13+18+12+28+28+20+24.

（1）脚位。女性站立时，双脚有两种站位：①“V”形步站位，就是两脚后跟并拢，两腿夹紧，两脚尖外展45°~60°；②“丁”字步站位，就是右脚的脚后跟紧贴于左脚的脚心处，两腿夹紧，两脚尖外展45°~60°。

（2）手位。女性站立时，双手有两种手位：①前握手式，就是将右手握住左手的手指部位，左右拇指叠放在双手手心处；②后背手式，就是将双手背手在身后，右手握住左手的手指部位，左右拇指叠放在双手手心处。

（3）常用站姿。在生活中和在旅游服务工作中，女性的站姿都是要时刻注意的，既要简单大方，又要给人以自信的美，因此，站姿的控制不宜太夸张。女士常用的站姿：①“V”形步站立。在标准站姿的基础上，两脚呈“V”形站立，右手握左手上贴于腹部或背手身后（见图2-8、图2-9）。②“丁”字步站立。在标准站姿基础上，两脚呈“丁”字步站立，右手搭在左手上贴于腹部或背手身后（见图2-10、图2-11）。

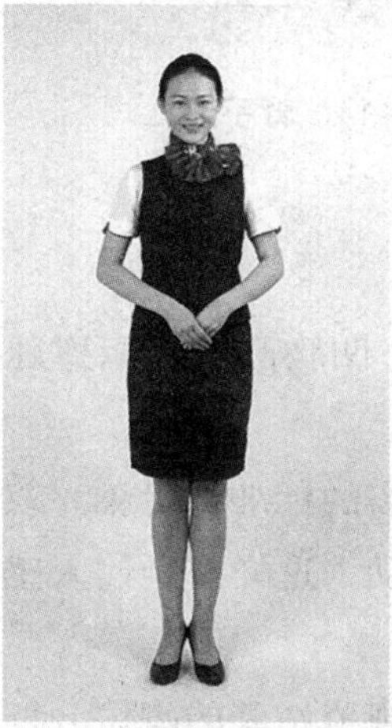
图2-8 V形步前握手式

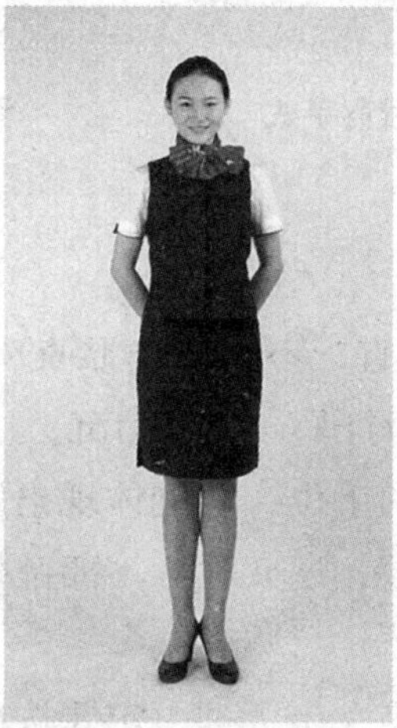
图2-9 V形步后背手式

图2-10 丁字步前握手式

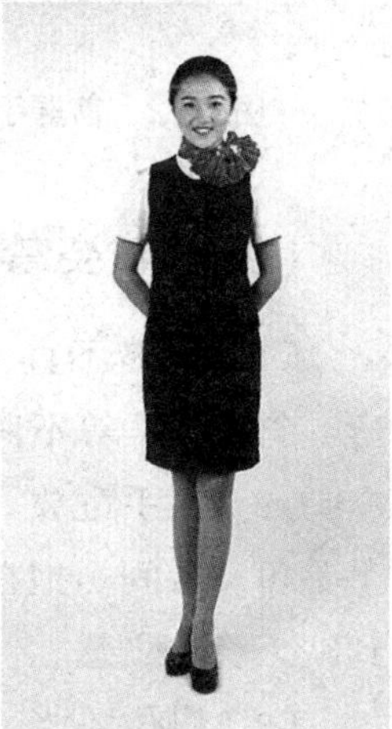
图2-11 丁字步后背

（三）男士标准站姿

（1）脚位。男士站立时，双脚有两种站位：①两腿两脚自然靠拢式站位。②两腿开立式站位，两脚打开的宽度不超过双肩的宽度。

（2）手位。男士站立时，双手有两种手位：①前握手式，就是将右手握住左手的手背部位。②后背手式，就是将双手背手在身后，右手握住左手的手背部位。

（3）常用站姿。在生活和在旅游服务工作中，男士的站姿要体现简单阳刚之美，不宜刻意摆放动作，那样会使整个人显得生硬夸张。以下几种站姿是男士常用的站姿：

①握手并腿式规范站姿。在标准站姿的基础上，右手搭在左手上贴于腹部或背手身后，两腿自然并拢站立（见图 2–12、图 2–13）。②背手开立式站姿。在标准站姿的基础上，右手搭在左手上背手身后，两腿分开且不超过自己的肩宽站立（见图 2–14）。

图2–12　前握手式

图2–13　后背手式

图2–14　背手开立式

（四）站姿禁忌

（1）身体不直。站立时，一定要挺拔正直，不可有弯腰驼背、凹胸凸腹、撅臀腿弯、斜肩头歪等不良状态等。这样会显得没精打采，颓废消沉。

（2）双手乱放。站立时，必须配合规范的手位，才能体现出站姿的标准与优雅。双手不可叉腰间、抱在胸前、插在衣服口袋里等，还要注意不要乱摆动。这样都会使人感到缺乏稳重之感。

（3）脚位不当。站立时，无论是男士还是女士，都一定要按照规范站姿的脚位。切忌出现“内八字”站姿，这种姿态是非常难看的。还要注意站立时不要乱抖动腿部。

知识拓展　搜索

测试站姿标准的方法

四点成一线：背靠一处平面的墙站立，使头的后部、肩的后部、小腿后部、脚后跟都接触到墙面，这样就会使站姿更加标准。当离开墙面时同样保持住靠墙站的挺拔感觉，不要将身体松懈，养成良好的习惯。

——资料来源：作者编写整理 .

课堂思考

不雅站姿会给你的生活和工作带来怎样的影响？

四、优雅的坐姿

坐是身姿体态的重要内容。端庄优美的坐姿，会给人以文雅、稳重、自然大方的美感。

（一）优雅坐姿的礼仪原则

在入座时，必须注意入座的过程，也就是要懂得礼让对方，不能盲目抢座位，入座后要注重自己坐姿的控制，不能随意摆放坐姿，要体现“坐如钟”的文雅与端庄。

（1）讲究礼让。入座时如有其他人一起入座，一定要讲究入座的顺序。首先要礼让身份高的、长者、女士等先就座；其次就是礼让同等级别同等身份的人就座。不管什么情况下，礼让对方是基本的礼仪素养。

（2）左进左出。入座时要讲究入座的位置，无论是从左边、右边、后面入座，都必须走到座椅的左侧入座，并且离开时也从座椅的左侧离开座椅，这是在正式场合中一定要讲究的礼仪。

（3）轻稳落座。落座时，要保持身体的稳定性，轻轻稳稳地坐下。不可将身体重重地落座在座椅上，更不能发出座椅的挪动声音。调整坐姿时，应不慌不忙，悄无声息。

（4）坐姿端庄。坐下后，要注重坐姿的优雅与端庄，按照规范坐姿控制姿态，时刻保持淑女风范，展示个人高雅的举止形态。

（5）从容离座。告别离座时要给对方以提示，从容地站起来离座。不要突然站起忽然离座，这样会显得不尊重对方，也会影响自己的形象。

（二）规范坐姿要求

规范坐姿如图 2-15 所示。

（1）入座时，从左侧走到座位前，右脚向后撤半步，上身保持正直轻稳地坐下。着裙装的女士，入座时将裙子下摆稍微收拢一下。

（2）坐下后，两腿并拢，两脚靠紧，小腿垂直于地面，大小腿折叠约 90°，两手相握放于大腿上。

（3）坐下后，上体应自然挺直，背部成一平面，身体重

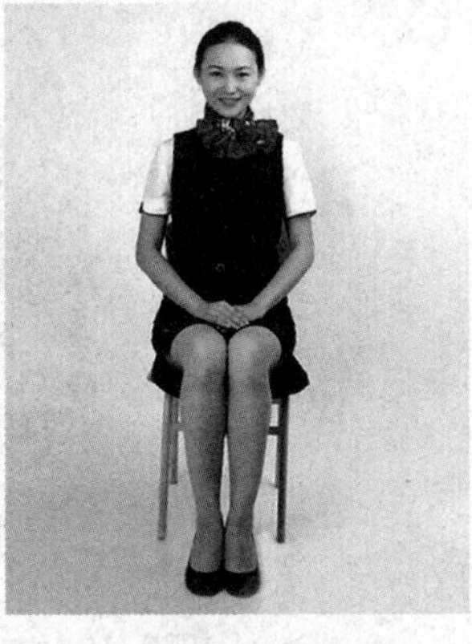

图2-15　规范坐姿

心垂直向下。

（4）座椅不要全部坐完，可根据座椅的大小而定，一般最多不超过座椅的 2/3，最少不少于座椅的 1/3，不要将身体靠在椅背上。

（5）起立时，右脚向后收半步，自然站起，然后两腿并拢站好。

（三）常用坐姿

1. 女士坐姿

（1）双腿斜放式。在规范坐姿的基础上，两腿并拢，将两脚同时放于左侧或右侧，两手相握放于大腿上（见图 2–16、图 2–17）。

（2）脚踝盘住交叉式。在规范坐姿基础上，将两脚踝盘住交叉垂直于地面。注意膝盖并拢，两脚尖外展，两手相握放于大腿上（见图 2–18）。

图2–16　双腿左斜放式

图2–17　双腿右斜放式

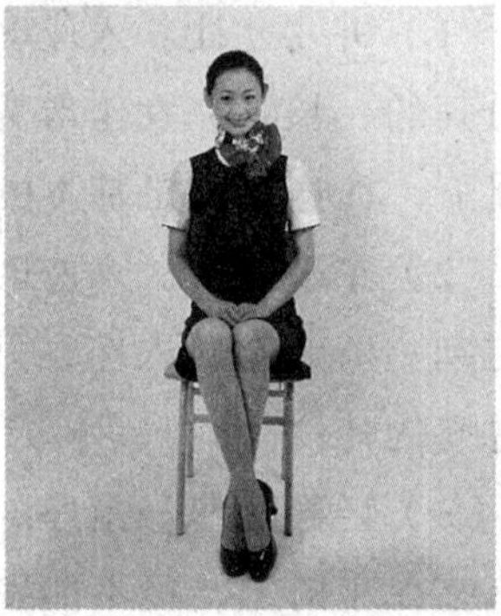

图2–18　脚踝盘住交叉式

（3）斜叠式。在规范坐姿的基础上，左（右）腿斜放，右（左）腿叠放于另一腿上，注意脚腕绷直，脚尖外展，两手相握放于大腿上（见图 2–19、图 2–20）。

图2–19　左斜叠式

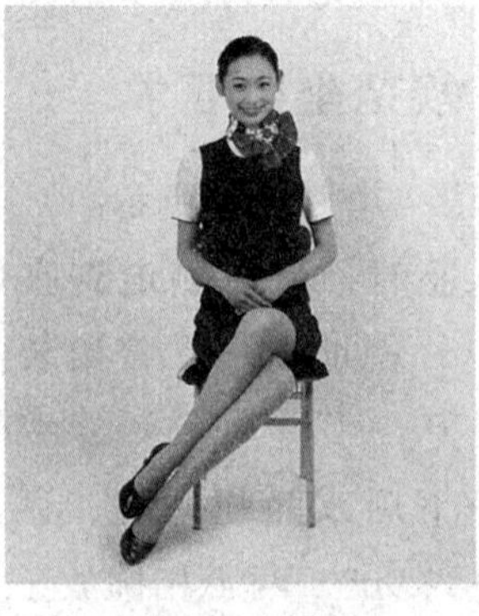

图2–20　右斜叠式

2. 男士坐姿

（1）开膝式。在规范坐姿基础上，两腿分开不超过肩宽，上身挺直，两手自然放于大腿上（见图 2-21）。

（2）叠放式。在规范坐姿的基础上，左（右）腿垂直于地面，右（左）叠放于上面，两手相握放于大腿上（见图 2-22）。注意不要形成 4 字形坐姿。

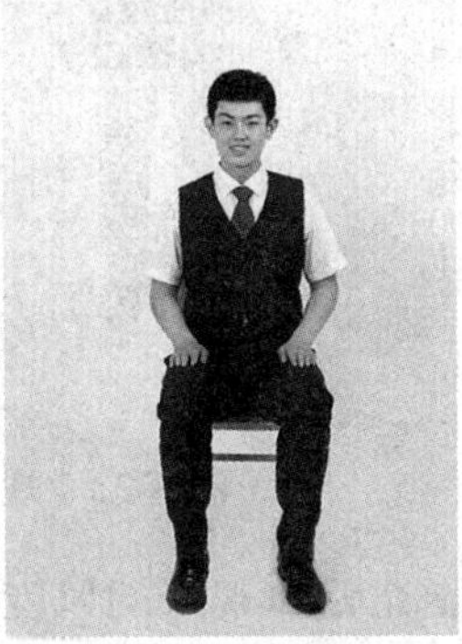

图2-21　开膝式

图2-22　叠放式

（四）坐姿禁忌

（1）上身松懈。在座椅上，上身要保持挺直，不要前俯后仰，东倒西歪，不可过于放松，瘫坐椅内。

（2）腿脚乱放。女士坐下后不可将双腿分开，男士双腿分开不可穿过肩宽；不可摇晃腿部，不可将腿伸直伸远。不要坐下后脱掉鞋子，不要跷脚将鞋底正对对方；不要把脚搭在椅子或沙发扶手上，架在茶几上；也不要将脚踩在其他物品上。不宜跷脚或将双腿分开，不跷二郎腿。

（3）双手乱放。坐下后，一定要注意不要随便摆弄手指，不可将手里的东西不停地晃动，把手中的茶杯转来转去，一会儿拉拉衣服，一会儿整整头发，抠抠鼻子和耳朵；也不可将双手抱于胸前、胸后或脑后；不要将肘部放于桌上托着下巴，也不要将双手夹在两腿中间。

五、潇洒的走姿

走姿属于动态美。有的人步伐矫健，动作敏捷，给人以健壮、活泼、精神抖擞之感；有的人步履轻盈，体态端庄，使人感到斯文、优美而庄重。优美的步态，能够折射出一个人良好的个性和精神状态，反映出一种积极向上的情感。

（一）规范走姿要求

规范走姿如图 2–23 所示。

（1）在保持规范站姿的基础上，重心略微前倾。

（2）两臂自然前后摆动。摆动时以肩关节为轴，上臂带动前臂，手臂向前、向后自然摆动，摆幅以 30°~35° 为宜，肘关节略弯曲，前摆不要向上甩动。

（3）两只脚的内侧落地时，正确的行走线迹是一条直线。

（4）步频、步幅要适中。一般来说，男士的步频为每分钟 108~110 步，女士的步频为每分钟 118~120 步，男士步幅为 40 厘米，女士步幅则为 30 厘米左右，不宜太大。

图2–23　规范走姿

（二）不同着装的走姿礼仪

服装的样式，与人的言谈、举止、步态协调配合，能充分体现人的风度，给人以和谐之美感，令人赏心悦目。不同的服装样式，在步态上应有所区别。一般来讲，以直线条为主的服装特点是舒展、矫健、庄重、大方。而以曲线条为主的服装特点是妩媚、柔和、优雅、飘逸。

（1）穿着西装的走姿。穿着西装时，要挺拔，保持后背平正，两腿立直，走路的步幅可略大些，手臂放松伸直摆动，手势要简捷、大方、明了。站立时，要注意两腿并拢，或两腿间距不超过肩宽。行走时男士不要晃肩。女士髋部不要左右摆动。总之，西装是以直线为主，在仪态举止方面也要有挺拔、优雅的风度。

（2）穿着旗袍的走姿。中国的旗袍，能反映出东方女性柔美的风韵，富有曲线的韵律美。穿旗袍时，要求身体挺拔，不要塌腰撅臀，应配高跟皮鞋，走路的幅度都不宜太大，以免旗袍开衩过大，显得不雅。两脚跟前后要走在一条线上，两臂在体侧摆动，幅度不宜大。髋部可随着脚步和身体重心的转移稍左右摆动。总之，穿着旗袍时的仪态举止要与服装样式的特点相适应，体现出柔和、含蓄、妩媚、典雅的风格。

（3）穿着长裙的走姿。穿着长裙使人显得修长，由于长裙的下摆较大，更显得飘逸洒脱。因此，步幅可稍大些，注意行走要平稳。

（4）穿着短裙的走姿。穿着短裙（指裙长在膝盖以上），要表现出轻盈、敏捷、活泼的特点。步幅不宜太大，走路的速度可稍快些，保持活泼灵巧的风格。

（三）走姿禁忌

（1）行态不稳。行走时，不要大甩手，扭腰摆臀，左顾右盼，或歪肩晃膀，或弯腰驼背。走姿必须用双胯向上提的力量带动双腿，这样方显得轻快敏捷。

（2）速度不匀。行走时要保持匀速，才显得从容自然。不可步伐忽快忽慢，忽走忽停。在服务中如有急事可快步走，不能在众人面前跑步向前，除非有紧急情况。

（3）行姿不雅。行走时切忌走成内八字或外八字，双腿不要过于弯曲，不要上下颤动或脚蹭地面。行走时也不要用力过猛，会造成动作、动静过大。停步、拐弯、上下楼梯时应从容不迫，控制自如。

六、适度的蹲姿

蹲姿是我们在日常生活和工作中常用的一种姿态。例如，从地面上捡起东西，在较低的桌上摆放物品时，都需要我们蹲下来完成，但很多人对这个动作不太重视，都会直接弯腰完成，其实这个动作是非常不雅的姿态，应保持标准的蹲姿才是最完美的体态。

（一）规范蹲姿

（1）下蹲时，双腿合力并支撑上身，上身保持自然挺直，臀部向下，使身体稳稳下沉，动作自然大方。

（2）男士下蹲时，可将双腿自然分开，宽度不要超过肩宽，自然蹲下。

（3）女士下蹲时，无论是哪一种蹲姿，双腿始终是并拢靠紧，不可分开双腿。

（二）常用蹲姿

1. 高低式蹲姿

高低式蹲姿适用于男士和女士。男士下蹲时，可将双腿自然分开，将右（左）腿往后撤一步，上身保持垂直于地面，臀部向下自然蹲下，双手自然放于两大腿处（见图2-24）。女士蹲下时，可将右（左）腿后撤一步，两腿紧靠一起，双手收拢一下衣服，上身保持垂直于地面自然蹲下，双手相握放于大腿处（见图2-25）。

2. 交叉式蹲姿

交叉式蹲姿只适用于女士。分为前交叉式和后交叉式蹲姿（见图2-26）。

（1）前交叉式蹲姿。蹲下时，将右腿或左腿，交叉至左前方或右前方，两膝关节交叉并靠紧蹲下，双手收拢一下衣服，上身保持垂直于地面自然蹲下，双手相握放于大腿处。

（2）后交叉式蹲姿：蹲下时，将右腿或左腿，交叉至左后方或右后方，两膝关节交叉并靠紧蹲下，双手收拢一下衣服，上身保持垂直于地面自然蹲下，双手相握放于大腿处。

图2-24　男士高低式蹲姿

图2-25　女士高低式蹲姿

图2-26　交叉式蹲姿

（三）蹲姿禁忌

（1）切忌两腿平行打开蹲下，不管男士还是女士，这种姿态极为不雅观。

（2）男士下蹲时，切忌两腿分开不要太大。

（3）女士蹲下时，切记将双腿并紧。

（4）下蹲时，不要撅臀，要真正地蹲下去。

（5）下蹲时，注意内衣不要外露。时刻要注意整理衣服。

七、自信的手势

手是人体最富有灵性的器官，如果说眼睛是一个人心灵的窗口，那么手就是人心灵触角的指向。它是除了语言以外人们用得最多传递信息和沟通情感的媒介。手势除了在人际沟通时作为辅助语言表达了一定的思想内容外，还能表现出言者的高雅气质与风度。手势美是一种动态美，在工作和人际交往中，恰当地运用手势来辅助语言传情达意，有时会产生意想不到的效果。

（一）手势礼仪的规范要求

（1）四指并拢，掌心向上，以示尊重。在生活和旅游接待中，规范的手势能表达一种尊重。如不讲究运用规范的手势，会让人感到不懂礼仪，不讲究礼仪，直接影响个人的文化修养，同时也会给服务接待造成不良影响。

（2）注意场合，灵活运用。用手势介绍来人或指示方向时，应当掌心向上，四指并拢，大拇指张开，以肘关节为轴、前臂自然上抬伸直。指示方向时上体稍向前倾，面带微笑，视线始终随手指的方向移动，并兼顾到对方是否会意到目标。与人打招呼、致意、欢呼、告别时，要注意尽量将手伸开，要根据场合，控制手势的力度大小，速度快慢及时间的长短。

（二）旅游接待中几种常用的手势

（1）迎宾引领手势。可采用“横摆式”手势（见图 2-27）。脚站成丁字步，左手自然放在一侧，目视来宾，面带微笑，礼貌问候，如“您好，欢迎光临”。引领时应配上“请随我来”或“您这边请”等礼貌用语以示尊重。

（2）指示方向手势。可采用“直臂式”手势（见图 2-28），应注意身体要侧向宾客，眼睛要兼顾所指方向，直至宾客表示清楚了，再把手臂放下。

（3）示意地点手势。可采用“斜式”手势（见图 2-29），引位员给客人拉椅这一动作即属此式，即双手扶椅背将椅子拉出，然后用一只手臂由前抬起，再以肘关节为轴，使手臂向下成一斜线，表示请来宾入座。

图2-27　迎宾引领手势

图2-28　指示方向手势

图2-29　示意地点手势

（4）引领多人手势。业务繁忙时，一名接待服务人员往往要面对众多宾客，可采用“双臂横摆式”（见图 2-30），即双手从下抬起，手心朝上，同时向身体两侧摆动至身体的侧前方，上身稍前倾，微笑施礼，向来宾示意，然后退一旁。

（5）讲解手势。讲解员为有客人解时，可根据所讲解实物的位置，采用灵活多变的手势。但必须运用好规范的手势，准确示意所讲解的实物。如果滥用手势，即使讲解词再好，也会严重影响讲解员的专业能力和水平（见图 2-31）。

图2-30　引领多人手势

图2-31　讲解手势

（三）不规范的手势及禁忌

（1）手势太多，动作太大。与他人交流时，适当的手势的辅助作用主要是增加感染力，但千万不要盲目地夸大动作和手势，否则会使你失去稳重之感，留下不好的印象，使人不宜接受。

（2）指指点点。必须规范地运用手势。不可用拇指指自己的鼻尖，或用手指指点他人。用手指指人，或指指点点，含有教训、轻视别人的意思，是极不礼貌的行为。

（3）不雅动作。在日常交往和旅游接待中，一定要避免与手势有关的不雅行为，如掏鼻孔、剔牙、摆头、搔痒、拔胡须鼻毛、摆弄随身携带的小物件等。谈到自己时，不要用拇指示意自己或用手掌轻拍自己的胸部。

（4）盲目使用手势。运用手势时，一定要考虑到地域的差别，同一种手势在不同的国家和地区有不同的含义，切忌乱用，以防造成不良后果。

知识拓展　搜索

几种常用手势的不同含义

1. 跷起大拇指

（1）中国用这种手势表示称赞、夸奖、拜服、了不起、鼓励等含义。

（2）澳大利亚、新西兰使用这种手势表示侮辱别人。

（3）希腊用这种手势表示“够了”。

（4）意大利用这种手势代表“一”。

（5）英国用这种手势表示拦车。

（6）日本则用这种手势表示“老爷子”。

2. 伸出食指

（1）中国伸出食指通常表示“一”或“一次”，这一含义与日本、韩国、菲律宾、印度尼西亚、墨西哥等国相同。

（2）在法国，伸出食指是请示、提出问题的意思。

（3）在缅甸，伸出食指是拜托的意思，新加坡则是最重要的意思，澳大利亚的这一手势通常示意再来一杯啤酒。

3. “V”形手势

（1）手心向外，在欧美国家这一手势表示胜利。

（2）在中国这一手势表示“二”的意思。

（3）手心向内，在一些西欧国家则有侮辱人的意思。

4. “OK”手势

用大拇指和食指构成一个圆圈，再伸出其他三指，这就是人们通常所说的“OK”手势。

（1）在美国表示“同意”“了不起”“顺利”的意思。

（2）在中国、法国这一手势表示“零”。

（3）在日本、韩国、缅甸，这一手势表示金钱。

（4）在巴西、希腊等国，这一手势表示对人的咒骂和侮辱。

（5）在印度这一手势表示“正确”，在泰国表示“没问题”，印度尼西亚表示不成功、失败等含义。

——资料来源：作者收集整理.

? 复习与思考

一、名词解释

仪容　仪表　仪态

二、简答题

1. 仪表美的三层含义是什么？
2. 职业妆的礼仪要求有哪些？
3. 仪表美的作用是什么？
4. 着装中的 TPO 原则指的是什么？
5. 着工装的礼仪要求有哪些？

6. 微笑的内涵有哪些？

三、训练内容

1. 微笑时的要求是什么？请展示热情的微笑。
2. 站姿的标准是什么？请展示礼仪站姿。
3. 走姿的标准是什么？请展示礼仪走姿。
4. 坐姿的标准是什么？请展示礼仪坐姿。
5. 蹲姿的标准是什么？请展示礼仪蹲姿。
6. 手势的标准是什么？请展示礼仪手势。

四、案例分析题

11 次微笑

上星期和老总一起坐飞机到上海出差，飞机起飞前，老总肚子有点不舒服，于是请求空姐倒杯水给他吃药。空姐听后，面带微笑且十分有礼貌地说："先生，为了您的安全，请稍等片刻，等飞机进入平稳飞行状态后，我马上给您送水过来，好吗？"

十分钟过去了，飞机早已经进入了平稳飞行的状态，可是老总要的那杯水却迟迟没有送来，老总第二次看手表后按响了乘客服务铃。顿时，机舱里响起了急促的铃声。很快空姐就端着水进入客舱，来到老总跟前，十分小心地把水送到老总面前，面带微笑地说："先生，实在对不起，由于我工作的疏忽，延误了您吃药的时间，对此我感到非常抱歉。"老总没有等空姐说完就指着左手的手表毫不客气地说："你怎么回事？你看看，现在都过了多久了？有你这样服务的吗？""先生，实在对不起，由于工作太忙，忘记了给您倒水，听到铃声我就第一时间给您送水过来……"不管空姐怎么解释，老总也不肯原谅空姐工作的疏忽。

接下来的飞行途中，或许空姐为了补偿自己工作的疏忽和过失，每次给乘客服务，只要一到客舱，空姐就会来到老总的面前，面带微笑十分有礼貌地询问老总是否需要水或其他的帮助。然而，老总余怒未消，每次都不理她，只是两眼盯着空姐。这样的情形先后有八次我都看在眼里，真替空姐捏一把汗。

老总对我说他要投诉空姐。快到上海了，空姐又一次来到老总面前面带微笑很有礼貌地询问是否需要什么帮助时，老总没有理她，而是叫空姐把乘客留言册送过来。很明显空姐知道老总要投诉自己，却不失职业道德，依然面带微笑有礼貌地对老总说："先生，对不起，请您允许我再一次向您表示真诚的歉意，无论您提出什么意见，我都会欣然地接受您的批评！"老总欲言又止，打开留言册开始写起来。我没有吱声，在一旁静观其况。

飞机顺利地降落在上海机场，乘客陆续离开了机舱。坐在车上我在想，当空姐忐忑不安地打开留言册时，她一定会十分惊喜。她怎么也不会想到摆在她面前的并不是投诉信，而是一封写得热情洋溢的表扬信。

老总在信中有这么一句话："是什么让我最终放弃投诉呢？是你最殷勤的服务方式，是你表现出来的最真诚的歉意，特别是你前后多达十一次的温馨的微笑，深深地感动了我。你们的服务质量非常高，我十分满意，以后有机会我还要乘坐你们这趟班机！"

——资料来源：http：//www.360doc.com/content/11/0305/22/3025233_98484141.shtml

根据上述案例回答以下问题：

通过案例请分析微笑会给我们的生活带来什么？在工作中又发挥了怎样的作用？

五、推荐阅读

1. 个人仪容仪表礼仪 . http：//www.liuxue86.com/topic/1765129.

2. 运用商务仪容礼仪 . http：//www.docin.com/p-636705487.html.

3. 仪容仪表礼仪 . http：//www.chinadmd.com/file/wcuix3c3oaoso3cwteto3ciz_1.html.

4. 酒店仪容仪表 . http：//www.canyin168.com/peixun/yirongyibiao/Index.html.

5. 仪容仪表礼仪 . http：//www.bjfao.gov.cn/video/lbly/appearance./

6. 酒店仪容仪表仪态 . http：//www.canyin168.com/glyy/yg/ygpx/fwly/201101/26801.html.

第三章 旅游交往与接待礼仪

随着交往的日趋增多，人们的社交活动也日益频繁。旅游接待工作者应该认真学习人际交往礼仪，具有一定的礼仪修养，并且能够得心应手地运用相关礼仪知识和技巧，更好地做好旅游接待工作。

本章主要介绍了在接待过程中常用的最基本的礼仪知识，尤其是对握手礼、介绍礼、鞠躬礼、电梯礼仪、名片礼仪以及致意礼进行了详细的介绍。这些内容也是训练部分中非常重要的内容。同时也对现代化办公礼仪和网络礼仪进行了详细的介绍，这些内容也是目前我们生活中新兴的交往礼仪。

学习目标

知识目标

1. 了解各种礼节的动作要求及适用的场合。
2. 了解拜访与接待的礼仪。
3. 了解会议接待服务的礼仪。

素质与能力目标

1. 掌握日常交往中最常见的握手礼、介绍礼、名片礼等基本礼仪规范。
2. 熟悉办公与网络礼仪的基本要求。
3. 掌握请柬和聘书的书写格式和内容。

第一节　交往礼仪

案　例

令人遗憾的见面

王先生是集团公司的老总，主要代理国内知名品牌的服饰。一天，他接待了来访的某服装厂主管营销的李先生。只见李先生被秘书领进了王先生的办公室，未等秘书介绍，李先生就热情地伸出右手，与王先生握了握，很快便缩了回去。

李先生也不开口说客套和寒暄话，搓搓手，然后从西装裤兜里拿出名片，用左手递上名片作自我介绍："你好，我姓李。我代表公司想跟你谈谈服饰代理事宜。"

双方会谈了不到5分钟，王先生就托词结束了初次见面。

——资料来源：李霞．商务礼仪实务［M］．北京：清华大学出版社，北京交通大学出版社，2009.

案例分析

王先生为何这么快结束了这次会面？

交往礼仪是人们在社会交往中应该遵循的律己敬人的行为规范，也是处理人际关系和社会交往事务时约定俗成的习惯做法。在日常交往时，要充分运用行之有效的沟通技巧，善于从人际交往中获得有益信息，用礼仪规范指导自己的交际活动，更好地向交往对象表达自己的尊重、友善之意，以增进彼此之间的了解与信任。

一、握手礼仪

握手礼是在一切交际场合最常使用、适应范围最广泛的见面致意礼节。它表示致意、亲近、友好、寒暄、道别、祝贺、感谢、慰问等多种含义，从握手中，往往可以了解一个人的情绪和意向，还可以推断一个人的性格和感情。有时握手比语言更充满情感。

握手作为国际通用的一种见面礼节，应当注意以下几个方面的问题：

（一）握手礼的正确姿势

握手时，一般距受礼者约一米，上身略微前倾，自然伸出右手，四指并拢拇指张开，两人的手掌与地面垂直相握，上下稍许晃动后即松开。握手时要注视对方，微笑致意或简单地用言语致意、寒暄（见图 3-1）。

图3-1　握手礼

（二）握手礼的伸手顺序

在公务场合，先后顺序主要取决于职位、身份；社交场合和休闲场合主要取决于年龄、性别和婚否。握手礼应遵循“尊者居前”的原则。一般来说，握手的基本顺序是：主人与客人之间，客人抵达时主人应先伸手，客人告辞时由客人先伸手；年长者与年轻者之间，年长者应先伸手；身份、地位不同者之间，应由身份和地位高者先伸手；女士和男士之间，应由女士先伸手。

（三）握手礼的力度

男士和女士握手一般不能握得太紧或太松，力度应适中。老朋友可以例外，但也不能握痛对方的手。

（四）握手礼的时间

握手的时间长短应根据双方的身份和关系来定，一般时间以 3 秒左右为宜。

（五）握手礼的禁忌

（1）握手时不要将左手插在裤袋里，不要边握手边拍人家的肩头，不要在握手时眼看着别处或与他人打招呼，握手时应用右手，不戴手套（特殊情况除外）。

（2）当别人与你握手时，切忌贸然伸手，更不能拒绝，不得应付。

（3）握手时手要干净，忌戴墨镜握手；人多时不要交叉握手和抓指尖式握手。

（4）与上级、长辈握手时，应双手捧握；军人与对方握手时，应先敬礼再握手。

（5）忌握手时目光左顾右盼，心不在焉。

知识拓展　搜索

握手礼的起源

有关握手礼的起源，有如下两种说法。

起源说法一：握手礼最早可以追溯到人类“刀耕火种”的原始社会。人们用以防身和狩猎的主要武器就是棍棒和石头。传说当人们在路上遭遇陌生人时，如果双方都无恶意，就放下手中的东西，伸开双手让对方抚摸掌心，以示亲善。这种表示友好的习惯沿袭下来就成为今天的握手礼。

起源说法二：握手礼源于中世纪，当时打仗的骑兵都披挂盔甲，全身除了两只眼睛外都包裹在盔甲中，如果想表示友好，互相接近时就脱去右手的铁盔铁甲，把平时持剑的右手伸向对方以证明没有武器，消除对方的戒心，互相握一下右手，即为和平的象征。沿袭下来到今天，便演变成了握手礼。

——资料来源：王艳霞．旅游交际礼仪［M］．济南：山东大学出版社，2010.

二、鞠躬礼仪

鞠躬礼是用来表示对他人的尊敬而普遍使用的一种致意礼节，也是中国、日本、朝鲜等国家的传统礼仪。鞠躬礼除了向客人表示欢迎、问候之外，还用于下级向上级、学生向老师、晚辈向长辈表示由衷的敬意，有时也用于向他人表示深深的感激之情。鞠躬礼常见的适用场合有演员谢幕、讲演、领奖、举行婚礼、悼念等。另外，各大商业大厦和饭店宾馆也应用鞠躬礼向宾客表示欢迎和敬意。

（一）鞠躬礼的正确姿势

行礼者在距受礼者两米左右进行；行礼时，以腰部为轴，头、肩、上身顺势前倾；双手应在上身前倾时自然下垂放两侧，也可两手交叉相握放在体前，面带微笑，互视对方，嘴里还可附带问候语，如“你好”“早上好”等。施完礼后恢复原状（见图 3-2）。

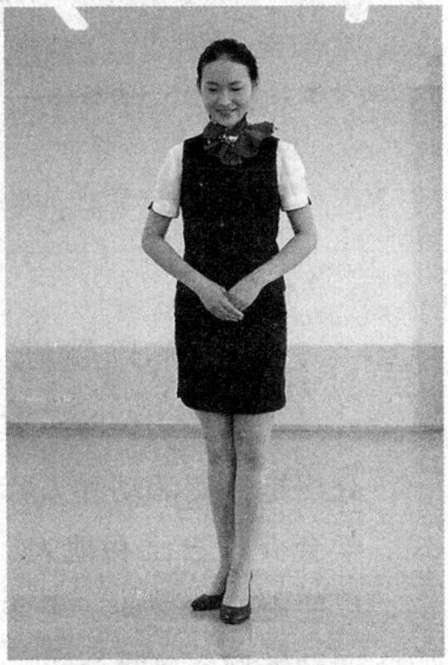

图3-2　鞠躬礼

（二）鞠躬礼的方式

（1）一鞠躬礼。适用于社交场合、演讲、谢幕等。行礼时身体上部向前倾斜 15°~30°，随即恢复原态，只做一次。

（2）三鞠躬礼。主要适用于传统婚礼、悼念活动等。行礼时身体上部向前下弯约 90°，然后恢复原样，如此连续三次。

（三）鞠躬的场合与度数

鞠躬的深度视受礼对象和场合而定。一般问候、打招呼时施 15° 左右的鞠躬礼，迎客与送客分别行 30° 与 45° 的鞠躬礼，90° 的大鞠躬常用于悔过、谢罪等特殊情况。

（四）鞠躬礼的应用要领

（1）行鞠躬礼必须脱帽。用右手握住帽前檐中央将帽取下，左手下垂行礼，用立正姿势。男士在鞠躬时，双手放在裤线稍前的地方，女士则将双手在身前下端轻轻搭在一起。注意头和颈部要挺直，以腰为轴上体前倾，视线随着鞠躬自然下垂，礼后起身迅速还原。敬礼时要面带微笑，施礼后如欲与对方谈话，脱下的帽子不用戴上。

（2）受礼者应以鞠躬礼还礼，若是长辈、女士和上级，还礼可以不鞠躬，而用欠身、点头、微笑示意以示还礼。

（3）上台领奖时，要先向授奖者鞠躬，以示谢意；再接奖品；然后转身面向全体与会者鞠躬行礼，以示敬意。

知识拓展 搜索

国际鞠躬礼的应用

日本：日本是最擅长鞠躬的国家。据统计，一个普通职员一天平均要每11分钟鞠躬一次。如果是服务行业职员，每天大约鞠躬2000多次。日本鞠躬一般行60°~90°礼，双手摊平扶膝，同时表示问候。

朝鲜：一般在见面和离别时行鞠躬礼，此时，女子一手提裙，一手下垂鞠躬。

西欧：有时用，一般为下级对上级或同级之间。行礼时，通常脱帽，立正，双目注视对方，面带微笑，行15°鞠躬礼。

——资料来源：王艳霞．旅游交际礼仪［M］．济南：山东大学出版社，2010.

三、介绍礼仪

介绍是社交活动和人际交往中与他人进行沟通、增进了解、建立联系的一种基本方式。学会介绍自己和他人，是社交的一项基本功。通过介绍，可以缩短人们之间的距离，以便更好地交谈、更多地沟通和更深入地了解。在日常生活与工作中常用的介绍有以下四种类型：自我介绍、他人做介绍、为他人做介绍和集体介绍。

（一）自我介绍

自我介绍是交际场合常用的介绍方式，主要用于为自己搭建平台认识对方、结交朋友。一般来讲，自我介绍有三点注意事项：首先，先递名片，再做介绍，以加深他人对自己的印象。其次，自我介绍的时间要简短，尽量控制在 1 分钟之内。当然，如果对方也有与自己相识的愿望，并非常热情，可进一步做自我介绍。最后，自我介绍的内容要规范，一般应介绍单位、部门、职务、姓名四个要素，如“我是北海贸易有限公司人事部的经理王强”。

（二）他人介绍

他人介绍，又称第三者介绍，即由第三者为彼此不相识的双方引见、介绍的一种方式，自己则处在被介绍人位置。如果你是身份高者、年长者，应立即与对方热情握手；如果你是身份低者、年轻者，应根据对方的反应而做出反应（如对方伸手，应立即回握）。

（三）为他人做介绍

为他人介绍，通常是介绍不相识的人相互认识，或者把一个人引见给其他人的一种介绍方式。介绍时要注意以下礼节：

1. 介绍的姿势

介绍别人时，手势动作要文雅，无论介绍哪一方，都要五指并拢，掌心向上，指向被介绍一方（见图 3-3）。切记不要手指尖朝下，因为朝下是矮化对方的肢体语言。同时，不要以单指指人。

2. 介绍的顺序

一般是先将年轻的介绍给年长的、将职位低的介绍给职位高的、将主人介绍给客人、将男士介绍给女士、将晚到者介绍给早到者、将未婚的介绍给已婚的。简单地讲即为“尊者居后”的顺序。但在实际介绍中，还需要灵活掌握。尤其在政界、商界和军界的职场中，介绍不分男女老少，均以职位高低或受尊重程度为衡量标准并给予介绍。

图3-3　介绍礼

（四）集体介绍

如果被介绍的双方，其中一方是个人，一方是集体时，应根据具体情况采取不同的办法（见图 3-4）。

（1）将一个人介绍给大家。这种方法主要适用于在重大的活动中对于身份高者、年长者和特邀嘉宾的介绍。介绍后，可让所有的来宾自己去结识这位被介绍者。

（2）将大家介绍给一个人。这种方法适用于在非正式的社交活动中，使那些想结识更多的、自己所尊敬的人物的年轻者或身份低者满足自己交往的需要，由他人将那些身份高者、年长者介绍给自己；也适用于正式的社交场合，如领导者对劳动模范和有突出贡献的人进行接见；还适用于两个处于平等地位的交往集体的相互介绍；适用于开大会时主席台就座人员的介绍。将大家介绍给一个人的基本顺序有两种：一是按照座次或队次介绍；二是按照身份的高低顺序进行介绍。千万不要随意介绍，以免使来者产生厚此薄彼的感觉，影响情绪。

图3-4　集体介绍

四、合十礼仪

又称合掌礼，即把两个手掌在胸前对合，掌尖和鼻尖齐高，手掌向外倾斜，头略低，兼含敬意和谢意双重意义。合十礼原为印度的一种礼节，后来为东南亚佛教国家及各国佛教徒普遍采用的一种见面和告别礼节（见图3-5）。

图3-5　合十礼

合十礼一般分为三种形式：

（一）跪合十礼

行礼时，右腿跪地，双手合掌于两眉中间，头部微俯，以示恭敬虔诚。此礼节一般为佛教徒拜佛祖或高僧时所行之礼节。

（二）蹲合十礼

此礼是佛教盛行国家的人拜见父母或师长时用。身体要蹲下，将合十的掌尖举至两眉间，以示尊敬。

（三）站合十礼

此礼节行礼时，要站立端正，将合十的掌尖置于胸部或口部，以示诚意。此礼为佛教国家平民之间、平级官员之间相拜，或公务人员拜见长官时用。

合十礼讲究行礼的顺序和施礼手掌的高度。见面时，地位低、年轻者应向地位高、年长者先行合十礼，而地位高、年长者还礼时，手的位置可低些。一般来说，施合十礼的双掌举得越高，表示尊敬的程度越深，但一般不宜高过额头。另外，在行合十礼时，不可同时点头。

五、拥抱礼仪

拥抱礼是西方人在见面时、告别、感谢、祝贺时普遍采用的一种见面礼节。通常在欧美各国、中东及南美洲国家的见面礼节。

拥抱礼的标准做法是：两人正面对立，各自举起右臂，将右手搭在对方的左臂后面；左臂下垂，左手扶住对方的右后腰。首先向左侧拥抱，然后向右侧拥抱，最后再次向左侧拥抱，礼毕。拥抱时，还可以用右手掌拍打对方左臂的后侧，以示亲热（见图 3–6）。

图3–6　拥抱礼

六、亲吻礼仪

亲吻礼是长辈对晚辈以及夫妻、恋人之间表示亲昵的礼节，多见于西方、东欧等国家。通常长辈吻晚辈时，只吻额头或脸部；晚辈吻长辈时，只吻下颌；辈分相同或兄弟姐妹之间只能脸颊相贴；只有情人和夫妻之间才能吻嘴。

七、拱手礼仪

拱手礼，又称作揖，也是中国的传统礼仪。中国人创造的拱手礼的动作与西方人握手动作的原始含义基本上是一致的。拱手礼至今在武术界、长者之间和一些民族风格浓郁的场合，常常使用。有时也在一些非正式场合或气氛比较融洽的场合，如春节团拜、宴会、晚会之时使用。主要适合于个人面对集体之时施行此礼节，意为自己握住自己的手，代替了握住别人的一只手在摇，代表了一种尊重和礼貌的态度。

拱手礼是指两手抱拳致意。其基本动作要领是一般男士左手包握在右拳上，女士右手包握在左拳上，双臂屈肘拱手至胸前，目视对方，面带微笑，自上而下或自内而外有节奏地轻摇几下。

八、吻手礼仪

吻手礼是流行于欧美上层社会的一种礼节，起源于法国宫廷礼仪。此礼仪适用于已婚妇人，忌吻少女，忌在室外行礼。在社交场合中，同上层社会的贵族妇女见面时，如果女士先伸出手作下垂式，男方则可将其指尖轻轻提起吻之；若女方不伸手，表示不可行吻手礼。

九、叩指礼仪

以叩指来表示感谢，在香港、澳门以及广东一带比较流行。交往场合中，一般在接受别人的斟茶或倒酒时，立即把手指弯曲，用指尖在桌面上轻轻叩击，即叩指礼。关于它的起源，相传清朝乾隆皇帝微服出巡江南时，为随从人员倒茶。随从人员受宠若惊，但怕暴露身份，不能行跪拜礼，因此，就用双指弯曲轻叩桌面，代替双膝下跪，感谢皇上。

十、致意礼仪

致意是一种常用的礼节，主要是以动作代表问候宾客，是一种无声的礼仪语言。致意的基本规范是：男士应当先向女士致意；年轻者应当先向年长者致意；下级应当先向上级致意。致意包括起立致意、举手致意、点头致意、微笑致意、欠身致意、脱帽致意等。

起立致意常用于较正式的场合，当长者、尊者到来或离开时，在场者应起立表示致意。如正在坐着的下级、晚辈看到刚进屋的上级、长辈也应起立表示自己的敬意。举手致意适用于向距离较远的熟人打招呼，一般不必出声，只将右臂伸直掌心朝向对方，轻轻摆一下手即可，不要反复摇动。

案　例

林肯总统向黑人脱帽行礼

《林肯传》中讲述了这样一个故事：有一天，林肯总统与一位南方的绅士乘坐马车外出，途遇一位老年黑人向他深深鞠躬。林肯点头微笑并摘帽还礼。同行的绅士问道：“为什么你要向黑人摘帽还礼？”林肯回答说：“因为我不愿意在礼貌上不如任何人。”可见林肯深受美国人民的热爱是有其原因的。1982 年美国举行民意测验，要求人们在美国历届的 40 位总统中挑选出一位

"最佳总统"时，名列前茅的就是林肯。

——资料来源：韦宏．公关·礼仪·谈判［M］．北京：北京大学出版社，2011.

案例分析

林肯向老年黑人脱帽致意说明了什么？

十一、电梯礼仪

电梯礼仪

（一）自动扶梯

乘坐自动扶梯时，应靠右站立，空出左侧通道，以便有急事的人通行；应主动照顾同行的老人与小孩踏上扶梯，以防跌倒；如需从左侧急行通过时，应向自己让路的人致谢。

（二）箱式电梯

出入电梯的标准做法应该是让客人与陪同者有不同的出入顺序，具体方式如下：

（1）电梯有专人控制时，应让尊者先进入，进入电梯要往里面站。

（2）电梯无人控制时，如果陪同一人可用手拦住电梯一侧门，礼貌地示意，说声"您请进"，让对方先进入，陪同随后进入并站在电梯控制按钮处操控电梯；如果陪同多人时可先行进入电梯，一手按"开门"按钮，另一手拦住电梯侧门，礼貌地说"请进"，请客人或长辈进入电梯轿厢。

（3）进入电梯后，按下宾客或长辈要去的楼层按钮。若电梯行进间有其他人员进入，可主动询问要去几楼，并帮忙按下按钮。电梯内可视情况是否寒暄，如没有其他人员时可略做寒暄，有外人或其他同事在时，可斟酌是否有必要寒暄。电梯内尽量侧身面对客人。

（4）因梯内空间相对较小，乘客之间一定要注意彼此谦让和宽容，并主动照顾老人和小孩。

（5）与同乘电梯人不相识时，目光应自然平视电梯门，也可与进入电梯的人微笑致意，并保持安静。

（6）到达目的楼层，一手按住"开门"按钮，另一只手做出请的动作，可说"到了，您先请！"客人走出电梯后，自己立刻走出电梯，并热诚地为其引导行进的方向。

十二、名片礼仪

名片是我国古代文明的产物。据清代学者赵翼在著作《陔余丛书》中记载，“古人通书，本用削本书字，汉时谓谒，汉末谓之刺，汉以后则虽用纸，仍相沿曰刺”。可见，名片的前身即我国古代所用的“谒”“刺”。现代社会交往中，名片不仅是政务人员、商务人员、白领人士随身必备的物品之一，更是在各种交往中起着“自我介绍”“结交朋友”“礼尚往来”的重要作用。恰到好处地使用名片，可以显示自己的涵养和风度，有助于人际交往和沟通。

（一）名片的作用

名片在现实生活中是一种不可缺少的交往工具，其作用有以下几点：

（1）介绍自己。初次见面时，除了做必要的口头自我介绍，还可以用名片作为辅助介绍，这样不仅能明确自己的身份，还可以节省时间。

（2）结交朋友。在交往中奉送名片，往往意味着有诚心结交之意，以便保持交往。

（3）礼尚往来。使用名片也是一种交往礼仪，是对他人的尊重。交换名片更能体现出保持友好往来之意。

（二）递送名片礼节

1. 把握意愿

首先要在双方均有愿意结识对方、想建立联系的意愿基础上奉送名片。如果双方或一方没有这种愿望，则无须奉送名片，否则也是故作炫耀，同时对方也不会回赠名片。

2. 讲究时机

只有在有必要送名片时，才能使名片发挥作用。一般来讲，应在“初识之际”“交谈开始前”“交谈融洽时”“握手告别时”通常被认为是交换名片的良机。切忌在他人忙碌时、用餐时等不便之时奉送名片，也不要在大庭广众下向多位陌生人发送名片。

3. 注意顺序

交换名片的顺序一般是“先客后主，先低后高”。与多人交换名片时，应依照职位高低的顺序，或是由近及远，依次进行，切勿跳跃式地进行，以免对方误认为有厚此薄彼之感。

4. 礼貌用语

递送名片时，应向对方礼貌地问候或自我介绍，使对方有所准备。并用“您好，认识您很高兴！”“这是我的名片，请多多关照！”等礼貌用语，以表示敬意。

5. 态度谦恭

谦恭的态度可以通过外在行为动作表现出来。应面带微笑，目视对方，上体前倾 15° 左右，用双手食指和拇指执名片的左右两角，以文字正对对方。切勿用左手递送名片。

（三）接受名片礼仪

1. 态度谦和

接受他人的名片时，应尽快起身或欠身，面带微笑，眼睛要友好地注视对方，双手接过名片，并说声“谢谢”，使对方感受到尊重。如果特殊情况下，只能用一个手接受名片，可以用右手，不可用左手。

2. 仔细阅读

接过名片后，应仔细阅读一遍，最好将对方的姓名、职务轻声地念出来，以示敬重，看不明白的地方可以向对方请教。

3. 精心收藏

要将对方的名片郑重收藏于自己的名片夹、公文包或上衣口袋里，或者办公室显著的位置，妥善收好名片。以示对他人的重视。接受了对方的名片，不要看也不看一眼就放入口袋，或者随手放在一边，也不要将其他东西压在名片上，或拿在手里随便摆弄，这都是对对方的一种不恭。

4. 礼貌回赠

“来而无往非礼也”，接受他人名片后，应随之回赠自己的名片。如果自己没有名片或者没带名片，应当首先向对方表示歉意，再如实说明原因，如“很抱歉，我没有名片”“对不起，今天我带的名片用完了”等。如果接受了对方的名片，不回赠自己的名片，也不解释一下原因，是非常失礼的。

（四）使用名片时注意事项

（1）正式场合应准备好自己的名片。在参加正式活动前，要准备自己的名片，是对他人的尊重和对事件的重视，以便与他人交往。

（2）递接名片时姿态应谦恭。上身略前倾，双手的十指和拇指捏住名片的左右两个角，目视对方，面带微笑（见图 3-7）。

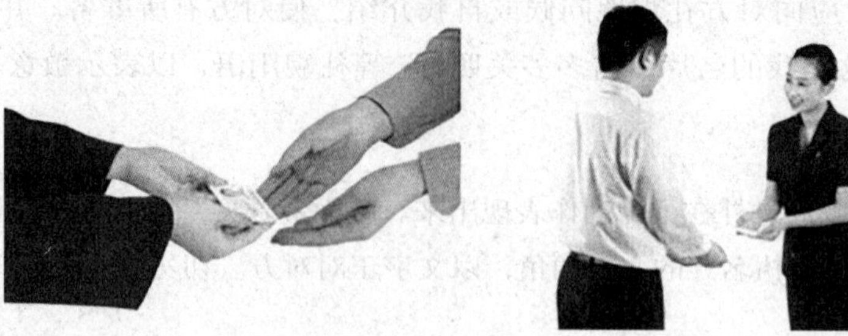

图3-7　递送名片礼仪

（3）不可随意递送自己的名片。在送名片前要用心观察，必要时再递送对方。如对方是一男一女，要清楚他们之间的关系，若是夫妻或是男女朋友关系时，只送给和自己同性别的人士。

（4）在递送自己的名片时，如果自己的姓名中有生僻的字，应将自己的名字说一遍。

（5）不要将名片背面对着对方或是文字颠倒着递送给对方。

（6）不可在别人的名片上面随意涂改或记录其他人的联系方式。

（7）索取名片时不应直言相告。如果想索取别人的名片，不应直接说“您可以给我一张名片吗？”应含蓄地说“请问今后怎样与您联系啊？”若对方有名片会给予奉送。

课堂思考

世界上还有哪些奇特的见面礼？

第二节　办公与网络礼仪

一、电话礼仪

在日常工作中，正确地使用电话的语言很关键，它直接影响着一个公司的声誉；在日常生活中，我们通过电话也能粗略判断对方的人品、性格。因而，掌握正确的、礼貌待人的打电话方法是非常必要的。

（一）接听电话礼仪

（1）迅速接听。听到电话铃声，应迅速地拿起听筒，在三声之内接听。

（2）电话接通后，礼貌地问候并自报家门。常用“您好”，然后自报家门或自我介绍。如果是在单位接电话，要报出单位或部门的名称，如“您好，××酒店前台。”如果需要，还可表达愿意为对方效劳。如“您好！ ××酒店，很高兴为您服务，请问有什么可以帮您？”

（3）通话过程中多用礼貌用语。应当根据具体情况适时选择运用“谢谢”“谢谢贵公司的信任”“请问您还有其他需要吗”“请”“对不起”之类礼貌用语。

（4）认真聆听，弄清来电话的目的、内容。每个公务电话都重要，不可敷衍。如果对方要找的人不在，切忌只说“不在”就把电话挂了。要尽可能问清事由，委婉地探求对方来电目的；如自己无法处理，也应认真记录下来，避免误事。这样还可以赢得对方的好感。

（5）认真清楚地记录通话内容。接电话时最好是左手拿话筒，这样做是为了便于右手记录或查阅资料。电话记录既要简洁又要完备。在记录时应牢记5WlH技巧，详细记下“When——何时、Who——何人、Where——何地、What——何事、Why——为什么、How—如何进行”等内容，并保留相关资料。认真记录对接电话和打具有相同的重要性。

知识拓展　搜索

管理好电话记录

做好电话记录之后，还须认真妥善管理。只做记录而不管理，往往会前功尽弃。

要管好电话记录，主要要求办理此事的服务人员认真注意如下三点：

1. 精心保管

做好电话记录之后，一定要精心保管。切勿将其乱扔乱放，从而在需要它时难于找寻。鉴于此，尽量不要在碎纸或便条上进行重要的电话记录。对于重要的电话记录，尤其是当涉及行业秘密时，务必要严格地进行保密。一般情况下，单位专用的电话记录簿须有专人负责保管。不准将其广为传阅，或者随意向外界披露。未经允许，其他服务人员不得随意翻阅本单位专管专用的电话记录簿。

2. 及时处理

做好电话记录后，有关人员应及时对其进行必要处理。该汇报的要汇报，该转告的要转告，该办理的要办理。要注意时不待我，不准随意拖延处理时间。

3. 迅速反馈

有关人士在接阅电话记录后，应尽快对需要着手办理的事宜进行处理。必要时，要向有关人士通报处理情况。对于以上尚不清楚的情况，可再进行必要的了解。

——资料来源：金正昆．服务礼仪［M］．北京：北京大学出版社，2005.

（6）想要主动结束通话时，应征求对方同意。例如，“就谈到这里，好吗？”“您看，这样行吗？”“请问您还有其他事情需要我帮助吗？”若对方同意后，还要轻缓地挂上电话。

（二）拨打电话的礼仪

（1）选择恰当的时间打电话。如无特殊工作需要，有四个时段不宜打电话给别人：工作日早上 7 点以前、节假日早上 9 点以前，三餐时间，晚上 10 点以后。办公电话宜在上班时间 10 分钟以后和下班时间 10 分钟以前拨打。

（2）做好打电话前的准备。例如，考虑好通话内容、准备相关资料、记录本等。

（3）电话接通时，必须先问候、确定对方的身份或名称，再自报家门，然后再告知自己找的通话对象以及相关事宜。

（4）通话内容表达要尽量简洁明了。通话时注意控制时间，一次电话的通话时间一般控制在 3 分钟为宜。

（5）结束通话应由打电话者提出。结束通话，一般由打电话的一方提出，应客气地道别，说一声“谢谢，再见”。

（6）拨号后如无人接听，应待电话声响六七声后再挂断。如果要找的通话对象不在要道谢，拨错电话要道歉。

（三）接打电话的共同礼仪要求

（1）面带微笑。面带微笑虽然不是对语言的直接要求，但能够直接影响有声语言的声音色彩及情感表达。

（2）使用文雅、礼貌的语言。使用文雅、礼貌的语言是对通话对象尊重的直接体现，也是个人修养的基本功。

（3）使用准确、规范的语言。用语规范首先是要求使用国家宪法明确规定推广的普通话，力求语音标准、吐词清晰，用词规范、表达准确。

（4）语调自然，语气温婉。为了达到良好的通话效果，通话中要注意语音、语调、语气等方面的问题，力求语调自然，语气温婉。另外，通话中注意让话筒与嘴部保持 2~3 厘米的距离，能帮助保持音量的适度。

案　例

电话里的女高音

杂技团计划下个月赴欧演出，团长胡兵拨通了文化局李局长办公室电话，就此事请示。

电话响了足足半分钟都没人接，他正要挂电话的时候，突然传来一个不耐烦的女高音：“谁啊？”胡兵一愣，以为自己拨错了：“请问是文化局吗？”“废话，不知道往哪儿打的电话？”“我是杂技团的胡兵，请问李局长在吗？”“胡兵？跟我们局长什么关系？”对方没好气地盘问。“关系？我想请示……”“局长不在。”没等胡兵说完，女高音就“啪”地挂了电话。

一连几天都是她接电话，都是同样的态度。因为没有明确批示，赴欧演出只好推迟，甚至外方因此提出异议，给杂技团甚至该市造成了不好的影响。

——资料来源：北京未来方舟文化发展有限公司．服务礼仪［M］．北京：中国经济出版社，2006.

案例分析

1. 女高音的电话形象是否恰当？
2. 电话礼仪在当今社会具有什么重要作用？

二、手机礼仪

（一）遵守公德

在公共场所，要尽可能地不使用手机，在重要场所，应自觉地关闭手机，或者将铃声调为“振动”或者“静音”，特别是参加会议、宴会时；观看电影、演出时；在图书馆读书时；参观各类展览时，尽可能地不接听电话或要接听也要到无人之处，压低音量，切勿当众高声喧哗，以免影响他人。

（二）注意安全

在自己开车时或对方开车时不要接打电话；不要在病房、飞机、油库等地方使用移动电话，以免信号干扰影响医疗器械的使用、干扰飞机的飞行、引发爆炸等。

（三）放置到位

手机应放到既便于使用又合乎礼仪的位置。在正式场合，应将手机放到随身携带的公文包或上衣口袋里。参加会议时，为了既不误事又不妨碍他人，可暂交由秘书或会务人员保管；与人坐在一起交谈时，可将其暂放于不起眼之处，如手边、身旁、背后等。

（四）重要场合禁止携带手机

在重要的会议、重要的活动、保密性活动等场合，不能将手机带入现场，以免引起意外发生，也是自觉遵守规则的体现，更是讲究礼仪原则的体现。

（五）在他人面前不可随意玩手机

在与他人交流时，不可以随意翻看手机，会让他人感到你的不专心，也是不重视他人的表现。如果与人交流时，真有重要电话需接听，可礼貌地说声："抱歉，我需要接听一下电话。"

案　例

失礼的电话铃声

邱女士在北京音乐厅听一场由著名大师指挥的交响乐。音乐演奏到高潮处，全场鸦雀无声，凝神谛听，突然手机铃声响起，在宁静的大厅中显得格外刺耳。演奏者、观众的情绪都被打断。大家纷纷回头用眼神责备邱女士。

——资料来源：http：//info.biz.hc360.com/2006/02/13150742075.shtml.

案例分析

为什么邱女士会受到大家的指责？

三、电子邮件礼仪

现在，电子邮件是商务往来中一种不可或缺的通信工具，因为它使用便捷，速度快，为办公、日常生活带来了莫大的便利。在写电子邮件时候，要采用日常办公运用的商业信函格式，使用正规的文字，不用或避免使用网络语言，诸如"3Q""IFU"等。

（一）主题栏

主题明确，一目了然，不会让人一头雾水，不知所云，当作垃圾邮件删除掉。

（1）一定不要空白标题，这是最失礼的。

（2）标题要简短，不宜冗长。

（3）标题要能反映文章的内容和重要性，切忌使用含义不清的标题，如"王先生收""有个问题"等。

（4）一封信尽可能只针对一个主题，不在一封信内谈及多件事情，以便于日后整理。

（5）可适当使用大写字母或特殊字符来突出标题，引起收件人注意，但应适度，特别是不要随便用“紧急”之类的字眼。

（6）回复对方邮件时，可以根据回复内容更改标题。

（二）称谓

称谓要准确，切不可含混不清。

（1）邮件的开头要称呼收件人。这既显得礼貌，也明确提醒某收件人，此邮件是发给他的，要求其给出必要的回应；在多个收件人的情况下可以称呼“大家”“ALL”。

（2）如果对方有职务，应按职务尊称对方，如“× 经理”；如果不清楚职务，则应按通常的先生或女士称呼，但要把性别先搞清楚。

（三）正文

正文要简明扼要。如果内容较多，最好分成几小段，让人看得清楚明了。

（1）电子邮件正文应简明扼要地说清楚事情；如果具体内容确实很多，正文应只作摘要介绍，然后单独写个文件作为附件进行详细描述。正文行文应通顺，多用简单词汇和短句，准确清晰地表达，不要出现让人晦涩难懂的语句。

（2）在一封邮件中交代完整信息，最好把相关信息全部说清楚。不要过两分钟之后再发一封“补充”或者“更正”之类的邮件，这会让人很反感。

（3）电子邮件正文多用 1、2、3、4 之类的序列，以使之清晰明确。如果事情复杂，最好列几个段落进行清晰明确的说明。每个段落尽量简短，不可过分冗长。

（4）尽可能避免拼写错误和错别字，注意使用拼写检查，这是对别人的尊重，也是自己态度的体现。如果是英文电子邮件，最好把拼写检查功能打开。在邮件发送之前，务必自己仔细阅读一遍，检查行文是否通顺，拼写是否有误。

（5）合理提示重要信息，但不宜过多，否则会让人抓不住重点，影响阅读。

（6）合理地利用图片、表格等形式来辅助阐述。包含较多技术介绍或讨论内容的邮件，单纯以文字形式很难描述清楚。如果配合图表加以阐述，会表达得更加清楚。

（四）附件

（1）如果邮件带有附件，应在正文里面提示收件人查看附件。

（2）附件文件应按有意义的名字命名，让人能够看明白。

（3）正文中应对附件内容做简要说明，特别是带有多个附件时应打包压缩成一个文件。

（五）祝语

可以写：“祝您工作愉快，工作顺利”，或者“顺祝商祺”等，表示真诚。

（六）落款

（1）落款至少应包括单位名称、个人姓名、日期等信息。

（2）在信件中一定要写明你的联系方式，最好是手机号，随时保持畅通。

（七）回复

及时回复电子邮件，收到他人的重要电子邮件后，立刻回复对方，往往是必不可少的礼仪。这是对他人的尊重。

四、QQ 礼仪

现在基本上每个人都用 QQ，但是在方便联络的同时，你是否注意 QQ 礼仪？ QQ 礼仪与人与人之间的礼仪同等重要，如果你不懂，就会引来对方的反感，从而使自己在对方心中的印象大打折扣。所以，遵循必要的礼仪是非常重要的。

（一）以真诚交友为原则

上线后下线前要向对方打招呼，回复对方时应快速，不要慢慢吞吞。

（二）注意聊天用语

聊天时不能只用“呵呵”“哈哈”“哦”“恩”之类的感叹词或者表情符号来回复。如果用了，必须在后面跟上一句完整的语句。

（三）传输资料时应提前告知

传输资料时，应提前与对方联系，讲明要传输资料，请对方接收资料。切不可冒昧给对方传送，会让对方感到突然，这是非常不礼貌的做法。

（四）在线应礼貌

在线时如果不是隐身，别人与你打招呼时，你应礼貌回应。

（五）注意维护QQ自我形象

不论是发表说说还是空间内容，都应积极健康。有人认为在QQ里可以随意发表内容，这是非常不正确的想法。因为QQ交往也是一种交往的方式，你的QQ展示了你的风格，包括性格、爱好、文化、品位等，别人通过你在QQ里的内容就能感知你是怎样一个人。因此，要在QQ里注意自己的公众形象，不可以随意发表缺乏“正能量”的内容。

五、微博礼仪

微博是个人或组织发布信息、相互交流、表达看法的一种工具。大家在微博上彼此互动却不见其人，但微博绝非是一个纯虚拟空间。微博上的一言一行，都能体现出每个人的不同学识、气质形象与品行素养。而官方微博则更是一个直接的窗口，可以与公众进行互动交流，建立良好的公众形象。个人微博也是展示自我，记录成长与经历，体现自我形象的一种公众形式。所以，要特别注重微博礼仪。

（一）语言要有礼貌、生动、风趣、真实

文明的微博用语，不仅仅有助于培养积极健康的心态，而且是一种热情、亲和、开放合作的精神体现。在互动中穿插趣味、生动性的回复，偶尔与大家开开小玩笑，也会起到很好的效果。微博文字中的“小表情”也可很好地辅助传递情绪，体现人性化的感性内涵。同时发布所有内容要确保真实。

（二）巧妙利用私信，进行私密对话

如果一些带有敏感性问题不适合公开交流的话，那么不妨私信对方。同时要注意，如果没有必要进行私密沟通的事宜，应尽可能不以发私信的方式来处理，以免让对方产生反感。

（三）积极参与公益活动的转发

如果能够响应一些好的公益活动，不仅有利于树立良好的形象，而且有利于增加粉丝数量。

（四）对于公众的需求，积极给予协助

帮助别人等于帮助自己，付出越多，收获越多。对于他人的求助，应热情回应并给予帮助。你主动帮助了他人，他人会十分感谢你，增加对你的好感，对企业品牌更加信任。

六、微信礼仪

微信是一种非常方便的交流方式。人们看到好的帖子、文字、图片都会转到朋友圈分享给大家。如今，微信给我们的生活带来极大的便利，但是极少有人懂得微信使用礼仪。

（一）不要招惹是非

带有明显政治激进色彩的内容和图片不发为好，这样可使你远离是非。

（二）不能过于低俗

过分低级庸俗的内容和图片不宜转发，因为你的作品是你自身品位的客观反映。

（三）不能诅咒他人

不可强制别人转发你的作品，如“转了将走大运、发大财，不转将会如何如何……”这是微信交流中的大忌。

（四）不能泄露他人隐私

不能随意发表未经他人同意、带有个人隐私性质的内容和图片。

（五）转发需点赞

看到别人精彩文章和图片意欲转发时，应先“赞”后转，这是礼貌，也是涵养。

（六）注意礼尚往来

别人向你“打招呼”时，应尽可能及时予以回应。

（七）发自己情况注意尺度

在朋友圈里不发有关个人生活琐碎和烦恼的事。这既影响朋友们的情绪，又耽误朋友们的时间，也会暴露了个人隐私。

（八）注意保密性

涉及国家和工作单位机密不要乱发帖子，哪怕一对一发送也不妥，在信息网络时代，这些都有被记录和泄露的可能。

（九）学会从中领悟

对经典的微信可加收藏，要经常看，经常读，领悟其内涵，自己就会不断有新发现、新感受、新提高、新收获。

（十）注意防盗

尽量使用公共 Wi-Fi 信号，千万不要轻易使用私人 Wi-Fi 信号。

课堂思考

说说在当今社会注重网络礼仪的重要性。

第三节　接待礼仪

案　例

是谁没礼貌

在以前的公司，我在独立的办公室办公，所以经常会见到不懂拜访礼仪的人。有一次，由于天气有些闷热，我便打开了办公室的门。几分钟后，就在我专心致志地工作时，突然有个人没敲门就闯了进来，径直走到我的眼前，大声地说："女士，你好！"

我当时一点心理准备也没有，顿时被他吓住了。幸好没等我开口讲话，他马上抢先说道："我是某某公司的销售人员，主要销售办公用品，您看您是否需要……"

他不停地介绍他的产品如何好，根本不给我说话的机会。我当时二话没说就请他出去。那人莫名其妙地看着我，居然说："真没礼貌！"

——资料来源：蓝天．有礼走遍天下［M］．北京：北京大学出版社，2010.

案例分析

1. 这位销售人员为何被赶出去？
2. 在拜访他人时应注意哪些礼节？

一、拜访与接待

拜访又叫拜会、拜见，是指前往他人的工作单位或住所，去会晤、探望对方，进行接触。大致可分为专访和顺访两种。接待又叫迎访即迎接客人来访，包括迎客、待客、送客三个环节。

（一）拜访礼仪

（1）事先有约。去他人的工作单位和住所拜访，可以提前写信、打电话等方式预约并把拜访的目的告诉对方。

（2）时间恰当。到工作单位拜访，最好不要选择星期一，因为星期一是一周的开始，往往是大家最忙的时间。如果是到家里访友，时间最好安排在节假日的下午或晚饭以后。尽量避开对方用餐时间，除非是对方请你赴宴。晚上访友不宜太晚，以免影响主人家的休息。

（3）认真准备。在拜访之前，应根据访问的对象、目的、场所等，将自己的衣饰、容颜适当地修饰一番。注意仪表仪容端庄，容光焕发。

（4）遵时守约。要按事先预定的时间如期赴约，不能迟到，也不要早到。按双方约定的时间准时到达最得体。一般比约定时间早到或迟到两三分钟，原则上也是允许的。

（5）进门有礼。拜访时，进门之前应先敲门或按门铃。按门铃的时间不要太长，敲门声也不要太大，只要主人能够听到就可以了。待主人请你进房时，方可入内。进房前，应礼貌地询问是否要换鞋；随身的外衣、雨具以及携带的礼品或物品，应放在主人指定的地方。主人开门之后，如未邀请入室，不要擅自闯入。如果入室之后，主人没请你脱下外衣或就座，则表示主人不打算留客，你应简短地说明来意后立即离去。

（6）做客有方。进门后，应主动向所有相识的人（包括主人的家人或先到的客人）打招呼、问好。如主人没有向你介绍其他客人，不可随便打听其他客人与主人是什么关系，也不要主动与其他客人亲昵地攀谈或乱插话，不要喧宾夺主。主人请你入座时，应道声“谢谢”，不要自己找座位，要根据主人的邀请，坐在主人指定的座位上。拜访时态度要诚恳大方，言谈要得体。没有主人邀请，不应该提出参观主人的房间，更不应该到处乱闯，特别不应该随便进入卧室。即使是比较熟悉的朋友，也不要去触动主人的物品和室内陈设、书籍。对主人家的个人生活和家庭情况不要过度关心，否则也是不礼貌的。

（7）适时告辞。拜访的时间不宜过长。告辞时应对主人的款待表示谢意。并说一些“打扰了”“添麻烦了”“谢谢”之类的客套语。如有必要，还应根据对象和实情说“请你以后多指教”“希望以后多多合作”等。若主人的长辈在家，应先向长辈告辞；若主人处还有其他客人，也要礼貌地道别。出门后应主动请主人留步，礼谢远送。

课堂思考

1. 为什么在当今社会要遵时守信？

2. 初次拜访对方，您认为在对方办公室交谈多久为宜？

（二）接待礼仪

（1）精心准备。第一，应保持接待环境整洁。第二，根据客人年龄、性别、爱好，备好茶水、果品和其他待客的必备物品。公事拜访还要准备客人所需要的资料。第三，要做好个人仪表的准备。衣着要整洁、大方。第四，根据需要，还可以做膳食、住宿和交通工具的准备。

（2）热情迎客。对于来访的客人，主人可根据情况亲自或派人到大门口、楼下、办公室或住所门外迎接。对来自远方的客人，应主动到车站、码头、机场迎接。当接待人员带领客人到达目的地时，应该有正确的引导方法和引导姿势。在走廊引导客人时，接待人员在客人两三步之前，配合步调，让客人走在内侧。在楼梯引导客人时，上楼梯时服务人员应走在客人前面，接待人员或陪同人员走在客人后面；下楼梯时服务人员在客人前面，接待人员或陪同人员走在客人后面。客人到来时，要立即请客人入室，室内的人都应起身相迎。端坐不动随便请客人自己进来，会使客人感到不受重视。对家人、亲朋好友或同事，也要一一介绍，以表现出友好的态度。然后安排客人就座，应把最佳的“上座”位置让给客人坐。客人进屋后，主人要协助客人把携带的物品放好。

知识拓展　搜索

座位礼仪

1. 面门为上。采用“相对式”就座时，通常以面对房门的座位为上座，应让之于来宾；以背对房门的座位为下座，宜由主人自己在此就座。

2. 以右为上。“并列式”排位的标准做法是宾主双方面对正门并排就座。此时，以右为上，应请来宾就座；以左为下，应由主人就座。

3. 居中为上。如果来宾较少，而东道主一方参与会见者较多之时，往往可以由东道主一方的人员以一定的方式围坐在来宾的两侧或者四周，而请来宾居于中央，呈现出“众星捧月”之态。

4. 以远为上。道理十分简单：离房门近者易受打扰，离房门远者则受到的打扰较少。

5. 佳座为上。长沙发优于单人沙发，沙发优于椅子，椅子优于凳子，较高的座椅优于较低的座椅，宽大舒适的座椅优于狭小而不舒服的座椅。

6. 自由为上。有时，主人未及让座，来宾便自行选择了座位，并且已经就座，此刻主人亦顺其自然。

——资料来源：王平辉 . 社交礼仪规范与技巧［M］. 南宁：广西人民出版社，2008.

（3）周到待客。待客之礼，应是主动、热情、周到、善解人意。为客人上茶，茶水浓度要适中，一般斟 7~8 分满较为适宜。茶与果品应双手送上。

（4）礼貌送客。如客人提出告辞时，主人应婉言相留。如客人执意要走，也要等客人起身告辞时，主人再站起来相送。如果是非常熟悉的朋友，一般送到大门口、楼下，与客人说“再见”或“欢迎下次再来”的礼貌用语，目送客人远去，再返身回屋。如果是远道的朋友送行，要送到车站、机场或码头，要等火车、飞机、汽车或轮船开动后再离开。

二、会议接待服务礼仪

会议接待是服务业的一个组成部分，是一项“朝阳产业”。会议接待可以说是一项繁杂的工作，它提供的是一种高品位、高档次的服务，因此接待工作人员要体现热情、礼貌、周到、细致的服务，应特别注意礼仪规范和礼仪细节。

案　例

座次的风波

某分公司要举办一次重要会议，请来了总公司的总经理和董事会部分董事，并邀请当地政府要员和同行业重要的知名人士出席。由于出席的重要人物多，领导决定用 U 形的桌子来布置会议桌，分公司领导坐在长 U 形会议桌横头处的下首，其他参加会议者坐在 U 形桌子的两侧。开会时，贵宾们都进入会场，按安排好的座签找到自己的座位就座。当会议正式开始时，坐在横头桌上的分公司领导宣布会议开始，却发现会议气氛有些不对劲，有些贵宾互相低语后借口有事站起来要走。分公司领导人不知道发生什么差错，场面非常尴尬。

在商务会议中，席位的安排体现了出席者的身份和地位。因此在会议前，主办方一定要按照礼宾秩序做好组织准备工作。

——资料来源：徐艟 . 商务礼仪［M］. 合肥：安徽师范大学出版社，2012.

案例分析

1. 某些贵宾为何借故离会？

2. 主办方为何特别重视座次的安排？

(一)大型会议服务

大型会议的特点为：规格高、场面隆重；政治性、保密性强；与会人数多，代表性广泛；会场使用范围广，持续时间长。为此，需要做好以下服务工作：

1. 会前准备

(1)了解会议基本情况。接待人员应准确了解和熟悉所接待会议的目的、内容、会期、与会人员的构成情况(如层次、数量、性别、年龄、民族、来源等)；涉外会议还包括宗教信仰、风俗、习惯、忌讳、饮食起居等方面的情况。这是搞好接待工作的基础。

(2)建立接待机构，确定接待规格，拟订接待计划(如食、住、行、娱乐、安全方面的安排)。接待机构内部要有明确的分工，职责到人。接待计划要有弹性，留有余地，在比较容易出现纰漏的环节，做好补救措施，这是搞好接待工作的保证。

(3)布置好会场。应根据会议主办单位的要求，明确会议服务要求，并提前落实会议场所及会场主席台、发言席、话筒、签到席、横幅(会标)、背景音乐、鲜花摆放、领导休息室等，并提前检测、检查音响、话筒等设备及会议各项要求的落实情况。

2. 服务规程

(1)贵宾室服务。贵宾室是接待重要领导会前、会中、会后休息交谈的地方，因此，服务应规范，特别要注意以下几点：第一，环境优美整洁，茶具卫生标准，摆放果盘、餐巾纸、湿巾和相关文字材料。第二，服务人员着装统一，仪表整洁，举止端庄优美，面带微笑。客人到时，服务人员应热情主动表示欢迎、问候。第三，沏茶时，斟水至 7~8 分满为宜，仔细观察饮水情况，并及时续水。续水时随手带小毛巾，以便沾净壶外的水迹。第四，客人离开贵宾室时，要主动礼貌相送，并迅速检查桌面、桌下有无遗忘的物品。

(2)会议室服务。在会议室内为与会者提供礼仪服务的标准为：第一，整理环境和卫生，保证温度适宜、空气新鲜。第二，按要求摆放好指路牌和带有各种标志的牌号。第三，熟悉场内区域座号，主动为与会者引座，做到准确无误。主动搀扶、照顾年老体弱者入座、站立、投票等。第四，大会开始时站到工作岗位上，站姿端庄、大方，精力集中，认真观察场内动静。第五，会间休息或休会时，要及时开门，照顾与会者出入或退场。第六，与会者退场后，按分工划分的责任区域认真细致地进行检查，如发现遗忘物品，要记清座排号码，及时上交或汇报。第七，认真做好当日收尾工作，妥善收存各种牌号，准备次日大会的工作。

(3)主席台服务。第一，搞好主席台上的卫生，擦抽屉、桌面、椅子、地板，保持清洁。第二，穿好工作服，着装统一，仪表整洁，精神饱满。提前1小时上岗，对会场进行检查。第三，明确主席台总人数和各排人数、主要领导的座位和生活习惯、招待标准、工作要求。第四，摆放好茶具、湿巾、席签、纸、笔和相关会议材料等。第五，茶杯把手向里，略有斜度（一般不大于90°和不小于45°）。倒水时步态平稳，动作协调，左手小拇指与无名指夹住杯盖，中指与食指卡住杯把，大拇指从上捏紧杯把，将茶杯端至腹前，右手提暖瓶将水徐徐斟入杯中，7~8分满为宜。然后将杯子放到垫盘上，盖上杯盖。第六，对行动不便的与会者要帮助其戴好耳机。奏国歌时，听指挥统一上台，照顾自己所负责的搀扶对象起立、落座。第七，第一次隔30分钟续一次水，以后每40分钟续水一次。要根据情况及时为领导和报告人续水。续水时按顺序排队统一上台。第八，会议进行中，舞台两侧各设一人观察台上情况，处理应急事务。对中途退场或上厕所的与会者，要跟随照顾。第九，会议结束时，礼貌地恭送嘉宾，并做好收尾工作。

3. 主席台座位安排

较为大型的会议通常应安排席卡，其颜色、规格、字体应统一。主席台上的座位安排一般是尊者坐正中间，其左手为次尊者，右手再其次；依次类推（国际活动时以右为尊）。如果发言人席设在主席台上，一般位于台上最右侧，主持人席在发言人席的左侧（见图3-8）；如在主席台外另设发言人席，则主持人席设在主席台的最右侧（见图3-9）；有时主持人席也设在主席台的中央。

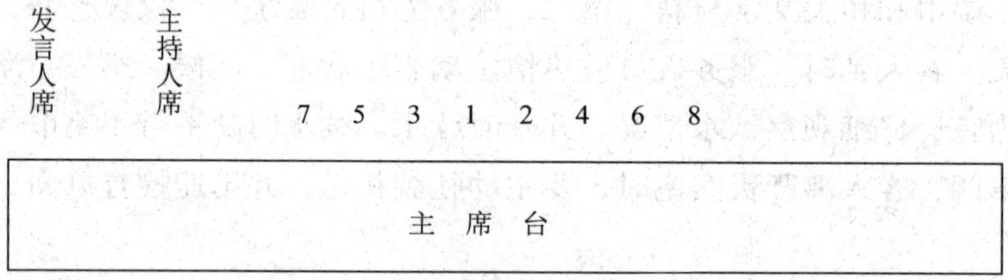

图3-8 主席台座位安排（1）

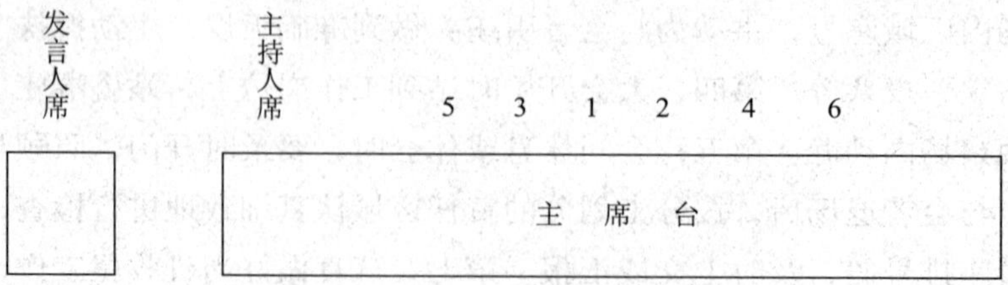

图3-9 主席台座位安排（2）

（二）中、小型会议服务

会议按规模分，有十多人的小型会议；有几百人的中型会议；有几千人的大型会议；有万人以上参加的特大型会议。中、小型会议不仅在机关、企事业单位召开最为普遍和频繁，而且因参加会议的人数、会议的内容、时间的长短不同，对会议的组织方法、礼仪要求也各不相同。

1. 会议的筹备工作

（1）根据会议规模，确定接待规格。会议规模一般由主办单位决定。如果请上级领导到场，出于对上级的尊重，对外宣传的需要，可将形式搞得隆重些。上级单位主持的会议，因邀请各单位的代表参加，所以会议的接待工作要求比较规范。为了完成上级布置的任务，通常由本单位的一位主要领导直接抓会议准备工作，成立会务组，专题研究布置会议接待的有关工作，明确各部门的职责。

（2）及时发出会议通知。会议通知必须写明开会时间、开会地点、会议主题及会议参加者等内容。为了使会议参加者能对自己的工作做好安排，还应写明闭会的时间。会议通知要提前发出，以便会议参加者有所准备。根据会议的内容和参加者的范围，会议通知可采用张贴、邮寄、电话通知等方式。对外地的会议参加者，应在通知上写明住宿的宾馆，到达的路线，应带的材料，会务费等。

（3）会场的布置。会场的布置包括四周的装饰和座席的配置。较重要的会议，根据需要可在场内悬挂横幅，门口张贴欢迎和庆祝标语。会场可摆放适量的青松盆景、盆花。桌面上的茶杯、饮料等，应擦洗干净，摆放整齐。

知识拓展　搜索

座席的配置方法

座席的配置要适合会议的风格和气氛，讲究礼宾次序。主要有以下几种配置方法：

（1）椭圆桌形。来宾应坐在面朝门的里边，主人应坐在背对门的外边。以右为尊，身份高的居中坐（见图 3–10）。

（2）口字形。即用长型方桌围成一个很大的口字形。这种形式比圆桌形更适合用于较多人数的会议。这时来宾与本单位领导坐在一起。如座谈会、联欢会（见图 3–11）。比较严肃正规的会议，为突出与会者的等级，表现最高领导者的权威性，也可采用口字型安排，但中心在一头（见图 3–12）。有些重要的会议，为体现东道主与来宾平等相处和对来宾的尊重，虽然也采用口字型配置，但中心在两面（见图 3–13）。

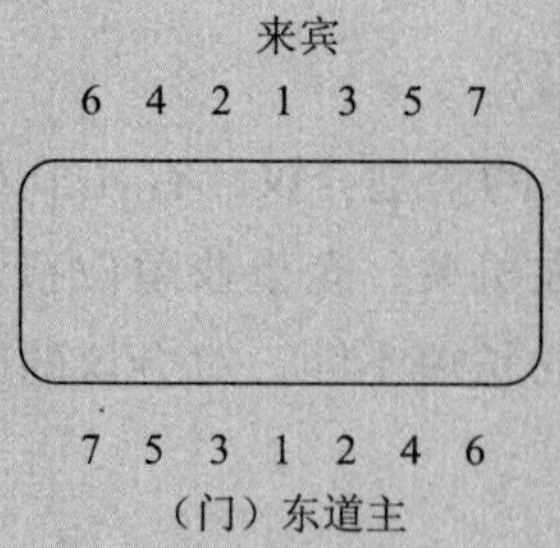

图3-10　椭圆桌形

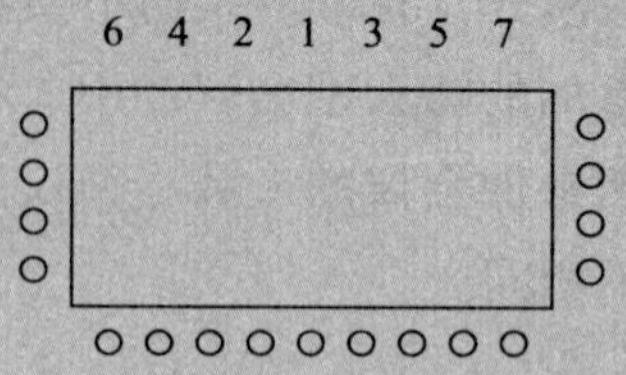

图3-11　口字形

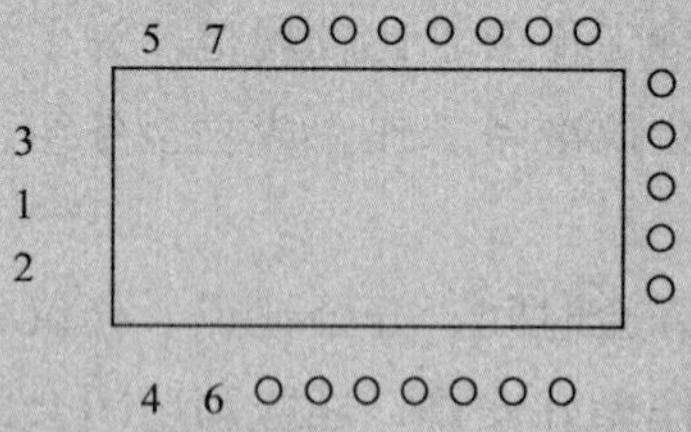

图3-12　口字形—中心在一头

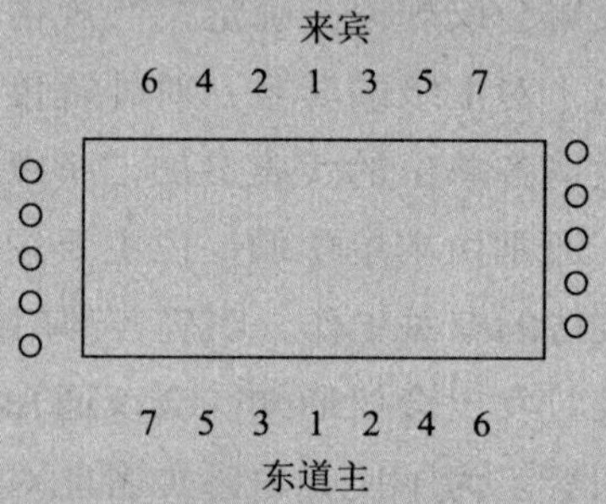

图3-13　口字形—中心在两面

（3）教室形。它适用于与会者人数比较多，而且与会者之间不需讨论、交流意见，是以传达指示等为目的的会议。主席台与听众席相对而坐。主席台的座次按人员的职务、社会地位排列。主席台的座位以第一排正中间的席位为上，其余按右上左下（国际惯例）的原则依次排列（见图3-14）。

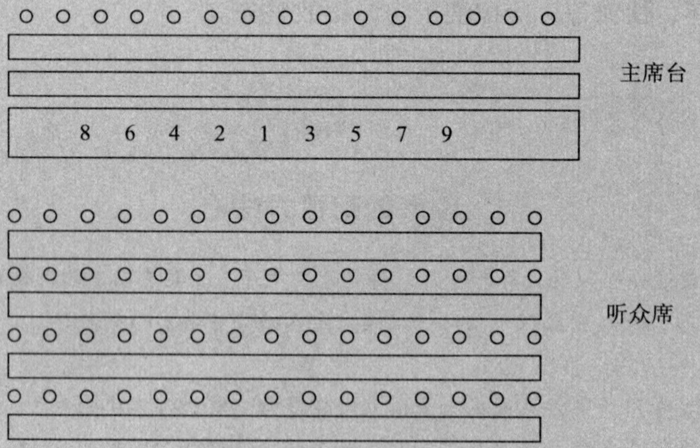

图3-14　教室形

（4）准备会议材料。有关会议议题的必要资料应由会务组准备。文件资料应装订整齐。如果需要与会者在会上讨论，应提前一周将资料发给与会者，方便与会者阅读和做好发言准备。如果文件较多，则用文件袋装好。

2. 会务接待礼仪

（1）会前检查。会议开始前要对准备工作进行一次全面、详细的检查，如有考虑不周或不落实的要及时补救，以保证准备工作万无一失。

（2）提前进入接待岗位。会务接待人员必须在与会者到来前30分钟进入各自的岗位并进入工作状态。

（3）一般会议接待岗位礼仪。①签到。设一签字台，配有多名工作人员，如果是要求接待档次比较高的可派礼仪服务人员承担。签字台备有毛笔和钢笔及签到本。向客人递钢笔时，应脱下笔套，笔尖对自己，将笔双手递上。如果是毛笔则应蘸好墨汁后再递上。如需要发放资料，应礼貌地双手递上。②引座。签到后，会议接待人员应有礼貌地将与会者引入会场就座。对重要领导应先引入休息室，由本单位领导亲自作陪，会议开始前几分钟再到主席台就座。③接待。与会者坐下后，接待人员应递茶、递上毛巾，热情向与会者解答各种问题，提供全面周到的服务。④倒茶。会务接待服务人员要注意观察每位与会者，以便及时为其添茶水。倒水时动作轻盈、快捷、规范。杯盖的内口不能接触桌面，手指不要触及杯口，防止发生杯盖碰撞的声音，注意不要让茶水溅到桌面上或与会者身上。如操作不慎，出了差错，不要慌张，应不动声色妥善处置。⑤会后服务。会议结束后，会务接待人员应分工明确，做好善后处理工作，如清理会议文件，送别与会代表，安排好交通工具，使其愉快地、及时地踏上归程。

3. 茶歇服务礼仪

茶歇是中小型会议服务中的较高层次的服务程序，主要是在会议中间休息时，为与会者提供饮料、咖啡、糕点、小吃、水果等。在服务时，应主动热情地为每一位与会者服务，并及时添加食物和饮料，不能使茶歇台出现“空空荡荡”的情景。

（三）新闻发布会服务

新闻发布会又称记者招待会。党政机关、企业、社会团体都可以公开举行新闻发布会，邀请各新闻媒介的记者参加。

1. 厅室布置

新闻发布会应选择一个良好的环境。室内气温、灯光要适宜，要有比较舒适的座椅，要安静而无噪声，最好不设电话分机。在厅室正中上方设主席台，主席台由会议桌、扶手椅布置而成。面对主席台摆设椅子、茶几，供与会者使用。布置椅子时：第一，要根据出席的记者人数而定；第二，要4~5个椅子一组摆成若干排，留出走道。厅室两侧各摆一张长条桌，铺上台布。把冷饮容器擦净上桌，并用一玻璃杯放置吸管，供客人自取。

2. 服务规程

记者入场后，会议接待服务人员应热情照顾记者饮水，注意续添桌上的冷饮，及时收回空瓶。会前10分钟，把高杯、冷饮、毛巾端上摆好。引领主席台人员入座，所有服务人员退到厅内两侧。新闻发布会一般时间较短，服务程序也较简单，需要注意的是，当主持人入场时，会议接待服务人员要协助主办单位人员疏通走道，同时要防止记者因抢拍镜头而碰倒厅内陈设和用具。有些单位为了开好新闻发布会，事先准备好一些图表、画片、放大照片、录音带、录像带等，会议接待服务人员应给予协助，以方便记者在现场参观。新闻发布会结束后，要立即清理现场，做好收尾工作。

? 复习与思考

一、名词解释

1. 握手礼
2. 介绍礼
3. 拜访
4. 电话形象

二、简答题

1. 鞠躬礼分为哪几类？适用场合有何不同？
2. 简述拜访的礼仪规范和要求。
3. 如何使用移动电话才是合乎礼仪规范的？
4. 交换名片时应注意哪些礼貌礼节？
5. 大型代表会议的服务规程应注意些什么？

三、单项选择题

1. 商务、公务交往中的名片一般不提供的信息是（　）。

A. 姓名　　B. 单位地址　　C. 职务　　D. 家庭电话

2. 引领客人时，引导员通常应站在客人的（　）。

A. 左前方　　B. 右前方　　C. 左后方　　D. 右后方

四、多项选择题

1. 握手礼的伸手顺序是（　　）。

A. 上级先伸手　　B. 晚辈先伸手　　C. 女士先伸手　　D. 客人先伸手

2. 聘书的内容一般包括（　　）。

A. 正文　　B. 标题　　C. 称呼　　D. 时间

五、案例分析题

这位大堂副理错在哪里?

在一次老同学聚会上，几十年未见面的老同学畅谈各自的人生经历。他们中已有很多人事业有成，有的子女很有出息。这时，他们纷纷拿出名片互相递送。聚会即将结束时，大堂副理小吴走上前去，向这些老同学们要名片。拿到名片后，小吴马上把名片放进裤袋。

——资料来源：作者收集整理 .

根据以上案例回答以下问题：

（1）这些老同学和小吴是否认识?

（2）小吴拿到名片后的做法对不对?

六、推荐阅读

金正昆 . 服务礼仪教程［M］. 北京：中国人民大学出版社，2009.

王艳霞 . 旅游交际礼仪［M］. 济南：山东大学出版社，2010.

第四章 礼貌谈吐礼仪

语言是思想的外化，是必不可少的交际工具，是人们进行沟通交流的媒介。旅游服务语言是旅游工作者与旅游者之间为了表达愿望、交流感情、进行交往和解决各种问题而使用的一种媒介和工具。与游客的有效沟通和交流是对旅游服务从业人员的明确要求，是建立良好服务的基础。同时，旅游服务语言表达也是一门艺术，它是旅游工作者的综合能力的体现。

本章主要介绍了语言的运用及语言艺术，阐述了礼貌用语在服务中的重要性及运用，讲述了问候与称呼的注意事项，使学生能够掌握一定的语言知识和应用技巧，会使用正确的旅游交际用语，提高语言修养。为做好今后的服务工作打下良好的基础。

学习目标

知识目标

1 了解旅游交际用语的使用原则和特点。

2 理解语言礼仪在日常生活中的重要作用。

3 掌握旅游从业者语言礼仪的基本要求。

4 掌握旅游从业者常用的语言礼仪。

素质与能力目标

1 培养学生的创造性思维能力，语言表达能力和观察能力。

2 能够用语言表达尊重和友好。

3 能够运用得体的服务宾客的语言来提高沟通能力。

案　例

语言的魅力

一个旅游团，一到济南就遇到绵绵阴雨天，大家情绪十分低落，有的客人就待在饭店，不愿意外出旅游。导游人员便对游客说：“这真是天公作美，一听说远道而来的客人今天要去大明湖游玩，就连忙下起雨来。大家还记得苏东坡的那首诗吧：水光潋滟晴方好，山色空蒙雨亦奇。说实话，各位今天运气真好，碰上晴天还真难感受到雨中大明湖那别具一格的诗情画意呢。”几句话很快就使游客低落的情绪高涨起来。因此导游人员从一定措辞、声调及表情等方面表达出对游客的友好感情，能够给游客一种温暖，使语言成为一种传递友谊信息的载体，从而缩小导游与游客之间的陌生感和距离感。

——资料来源：作者编辑整理 .

案例分析

阐述服务人员语言艺术的重要作用。

第一节　语言艺术

“世事洞明皆学问，人情练达即文章。”语言表达是人们交际的重要工具。一个人如果拥有良好的口才，不仅可以与人和谐相处，还可以帮助其在事业上获得成功。同时，语言表达能力是现代人综合能力的体现，能够反映一个人的思维能力、反应能力、性格修养等。得体的语言表达常有事半功倍之效，同样，失礼的语言也有可能前功尽弃。

一、语言的含义

语言是思想的外化，是必不可少的交际工具，是人们进行沟通交流的媒介。语言反映一个文化群落的特征，它不仅包含着该文化群落的历史和文化背景，而且蕴藏着该文化对人生的看法、生活方式和思维方式。交际语言通常有 3 种形式：口头语言、书面语和副语言。

（1）口头语言。口头语言，或称“口语”，是指以音和义结合而成，以说和听为传播方式的有声语言，是使用最多、最重要的交际形式。口头语言在发音的同时需要有语气、音量、语速等因素的密切配合和协调。它具有平易、简洁、明了、生活化，可以营造一种亲切的、生活化氛围的语言特点。

（2）书面语言。书面语言（书面语），是指以文字为主要组成部分，以写和读为传播方式的语言，是口头语言的文字符号形式。书面语的特点是用词精炼、结构严谨、逻辑性强。口语和书面语既互相依存，互相对立，又互相影响，互相转化，共同发展。第一，书面语以口语为基础，是口语的加工形式，它是不可以离开口语而独立存在的。第二，书面语不是被动地记录语言，它对口语的发展变化也有着积极的影响。

（3）副语言。副语言是广义角度的特殊语言，可根据其性质分为动态语言和静态语言两类。动态语言可以称为态势语，包括行为语言和表情语言，行为语言又可分为身势语和手势语，表情语则包括目光语和微笑语。人们在交际过程中，通过面部表情、手势动作、身姿体态等进行传情达意的活动，起着“无声胜有声”绝妙作用。并且能够刺激对方的视觉系统，吸引注意力，引起对方的兴趣。静态语包括姿态语、服饰语等。

二、旅游服务语言的原则

旅游服务语言是一个行业语言分支，是旅游服务行业从业人员在服务工作过程中应当使用的语言。旅游服务语言的工作对象是特定的客人。他们在交际中不仅希望得到“功能服务”（解决具体问题和实际问题），也希望得到心理服务，经历愉快的人际交往，而旅游服务语言作为一种工作用语，作为完成心理服务最重要的服务工具，在客我交往活动中必须表现出明确的服务目的性，因而有别于人们日常的交际语言。

（1）规范性原则。与一般的语言比较旅游服务语言具有鲜明的规范性特征：第一，在服务工作中使用的语言要符合国家法定的语言文字规范。这是因为我国地域广阔、方言众多而且复杂，服务工作中以普通话和全民通用语言作为交际工具，有利于旅游服务活动中的语言沟通。第二，旅游服务语言要符合行业所使用的具体规定。例如，在对客服务中不得使用土语、俚语和粗语，对客服务中要用请示建议和劝说式的敬语、谦语，不得使用否定语、命令语、训诫语、斗气语和烦躁语，不得打听客人的履历、收入、财产和婚姻状况等个人隐私问题，不得评论客人的相貌和衣饰等。

（2）礼貌性原则。旅游工作中的交际活动是组织为了争取服务对象的理解、支持与合作而做出的种种努力。这种性质规定了在任何情况下都保持文明礼貌性。而旅游工作除了做事就是说话，充满文明礼貌特征的旅游服务语言就成了为旅游者提供心理服务的不可替代的重要手段。

（3）主动性原则。旅游工作者不管面对什么样的服务对象，都要主动、热情，一视同仁地在宾客开口之前为其做好各项服务，这就是旅游服务语言的主动性原则，也是衡量旅游服务人员的服务水平和服务质量的重要标准之一。第一，客人到的时候，要热情主动地打招呼。不论什么场合，见到宾客都要主动热情地打招呼，如“您请进”“欢迎光临”。服务人员如果能面带笑容，主动热情地与宾客打招呼，宾客就会感到自己受到尊重，从而产生愿意接受服务的欲望。第二，宾客犹豫不决时，要主动询问。有时候，因为不了解或不熟悉，宾客在选择消费之前常常出现犹豫不决的神态。这时，服务人员就要主动询问，以示关怀。比如，当某位宾客在饭店或旅行社门前驻足观望时，你可以向前询问“先生 / 小姐，请问，是否想住店”或“是否想参加旅游”。当宾客的愿望和需要证实后，服务人员就要满腔热情，千方百计地去满足宾客的要求，使宾客感到你的服务体贴入微、周到细致。第三，当了解到宾客有明显的需求动机时，要主动介绍。正确把握时机，恰如其分地向旅游消费者介绍旅游产品，不仅是一种有效的推销技巧，而且是旅游企业优质服务的具体体现。

（4）情感性原则。所谓“情感性”，从语言的角度就是旅游服务人员对宾客说话要亲切、热情，要善于运用语言的“亲和”性功能。在旅游接待过程中，把宾客当作自己的亲朋好友，营造出一种生动活泼，亲切随和的服务气氛，通过语言实现服务与被服务两者之间情感上的沟通和交流，实现心与心的交融。旅游服务人员与宾客交谈中的情感表现，不仅取决于服务者个人的情绪，更取决于其服务意识和工作责任心。作为一名旅游服务人员，与宾客的交谈仅仅达到清楚、准确传递信息是远远不够的，还必须通过自己的语言表达，增进与宾客的情感交流，激发宾客对服务的赞赏，从而实现优质服务的最终目的。

三、旅游服务语言运用的基本要求

旅游服务语言的应用是一门综合艺术。在具体运用时应充分把握有声语言和无声语言之间的关系及其作用，灵活运用，才能获得客我双方满意的效果。

（一）提高旅游服务语言的针对性

这里所讲的针对性是指旅游工作者在对客服务过程中，针对不同的对象、不同的性别和年龄、不同的场合，文化背景、语言习惯以及文化修养等方面的差异，灵活地掌握不同的用语，有利于沟通和理解，从而避免矛盾的产生或使矛盾得到缓解。所谓“到什么山上唱什么歌”，只有这样才能满足服务对象的心理企求，提高宾客的满意程度。

（二）充分发挥无声语言的作用

在语言交流过程中体态语言对人的影响很大。它与有声语言完美结合就会使宾客的听觉和视觉同时受到良好的“双向刺激”，从而使旅游服务语言达到最佳效果。首先，仪容仪表要体现专业化形象。因此，旅游从业人员一般应穿制服并佩戴标志，服饰应整洁合体、美观大方，与环境和谐一致，与旅游者的心理需求相适应，与职业特征协调一致，要给宾客以清新、明快、朴素、稳重的视觉印象。

在旅游行业中，首先，从业者要特别注意自己仪容的端庄、自然、大方。男性切忌不修边幅；女性切忌浓妆艳抹。其次，要善用微笑。面对宾客，旅游工作者友好、自然、得体的微笑可以有效消除宾客的陌生感、紧张感与不安感，使之倍感亲切、温馨。最后，要巧用目光语。“眼睛是心灵的窗户”，能充分表现人的内心世界与情感情绪状态，目光语是一种非常重要的无声的交流工具，在情感交流中往往起着有声语言不可替代的作用。

（三）用词规范准确、通俗易懂

旅游工作者与客人交流时应尽量口语化，用词要简洁规范得体，以免引起宾客的误解，无意之中伤害客人。比如，餐厅服务员问客人“要不要饭？”“还要不要菜？”“要不要来点白酒？”的语言就很糟糕。笔者曾亲耳听到过客人回答说：“我们不是逃难来的，我们不是来要饭的！”服务员本是一片好心，也非常殷勤，但是由于语词不规范得体，无意之中惹恼了客人，难道能怪客人敏感多疑吗？

案　例

不当的语言表达

某银行分行新上任的刘行长邀了几位同行朋友来到某酒店庆祝。服务员热情地把刘行长一行让进了雅间。由于室内温度较高，刘行长把厚重的大衣脱了下来，小于连忙接过大衣，微笑着对刘行长说：“先生，我给您挂起来吧。”刘行长一听皱了下眉头，然后笑着问：“你要把我挂哪儿啊？”小于一听，连忙解释道：“先生您误会了，我的意思是帮您把衣服挂起来。”

菜陆续上桌了，席间谈笑风生，大家都很高兴，客人们纷纷向刘行长祝贺。这时，小于见刘行长杯中的茶凉了，于是上前去取刘行长的茶杯，并微笑着说：“先生，我给您撤了吧！”“撤了？”今天这个日子听到这样的话语，刘行长心中很是别扭，“我刚上任，你就要把我撤了啊！”大家看着服务员，眼神中透露着不满。

——资料来源：作者编辑整理.

案例分析

以上案例中，服务员接连两次简化服务用语，造成顾客的尴尬、误解和不满，极大地降低了酒店的对客服务质量。

（四）根据语境调节语速、语调

旅游工作者的语音、语调等都要与自己积极向上地“合拍”，使用的语调最好是不高不低和具有谅解性的，并适当以情发声，以声带情，使之声情并茂而无矫揉造作之感。抑扬顿挫的语调通常表现说话者起伏变化的情感情绪，在交谈或讲解过程中，既有高潮也有低潮，高潮时，音色要明亮、圆润；低潮时，音色要深沉、浑厚。语调的起伏变化能使有声语言具有音乐般的韵律感和节奏感，悦耳动听。一般来讲，与客人交谈时最好保持柔和且末尾略上扬的语调。

（五）灵活掌握和运用幽默、委婉、模糊等语言

（1）幽默语言。幽默语言是一种机智、风趣、诙谐并借助于比喻、夸张、象征、寓意、谐音、反语多种修辞手法的语言表达形式。它可以缓和紧张气氛，增添情趣，愉悦心情。恩格斯说：“幽默是具有智慧、教养和道德上优越感的表现。”确实，幽默是一种文化素养，它是知识与阅历的结合。在与人交谈时，幽默是润滑剂，幽默风趣的语言，既能让人快乐，又能给人意味深长的思考。例如，一家外企的外籍老总不慎将咖啡碰倒在办公室的地毯上，他异常恼火，让宾馆服务员立即清理干净，并不停地唠叨说蟑螂部队一定会因此大规模袭击他的办公室。服务员想了想，微笑着说：“绝对不会发生这种事，因为中国蟑螂只爱吃中餐。”这位外籍老板的脸色顿时放晴，露出灿烂的微笑。

（2）委婉语言。委婉语言常常是在不便直说的情况下，用迂回曲折的方式去影响、暗示对方的一种语言表达形式。在人际交往中，委婉语不仅可以避免因针锋相对而造成矛盾的激化，还可以使矛盾缓和、问题迅速得到解决。委婉语言要求说话者态度和顺、谦虚，内容曲折、回环，表达含蓄、有余味。曾经有一个旅游团内有几个喜欢喝酒的客人，晚上聚在房内边喝酒边唱歌，影响了邻房客人的休息。第二天早餐时，领队听到几位客人反映，于是他站起来微笑着说到：大概是为了庆祝中国旅行即将圆满结束，几位客人连夜赶排节目，他们的热情使别人感动得睡不好觉。话音刚落，全厅客人哄堂大笑。领队委婉得体的语言使问题在轻松愉快的气氛中“烟消云散”了。

（3）模糊语言。模糊语言是指人们在特定的语言环境中借助语言要素中的若干模糊特点，用以表达思想和交流的一种方式。它可以增强有声语言在交流中的适应性、灵活性和生动性。曾有一个旅行团正按预定日程观光游览，有几位客人途中提出要增加几个观光点，并希望马上得到答复。随团导游说：各位的意见很重要，我们将给予考虑。这就是一种符合此时此刻特定语境的模糊应答。“重要”一词在这里是中性的，既不肯定，也不否定，因此表现出很大的伸缩性，比较模糊。同时，给人以重视他们的意见的温暖感。“将给予考虑”是时间上的不确定，较为主动，充分体现了导游的机智与灵活有度。

案 例

灵活使用“一会儿”和“马上”

有一辆旅游大巴车在行驶中突然停了下来。游客们经过几分钟的等待之后，终于忍不住内心的不满和焦躁，纷纷把矛头指向了导游，质问事先为什么没有做好车辆的检查，追问什么时候才能出发。面对情绪激动、失去理智的人们，导游经过调查后，镇定自若，脸上一直带着微笑，心平气和地向大家解释：“请大家不要着急，大巴车并没有什么大问题，只是汽车轮胎被钉子扎了。司机师傅正在做检查，咱们车上有备用轮胎，一会儿就修好了。为了大家的安全，请大家耐心等一会儿，不要走远，更不要站在危险的地方，咱们马上就要出发了。”导游不断地重复着这些话，游客们的心情也就慢慢平静了下来。

——资料来源：作者编辑整理.

案例分析

导游在回答旅客的质问时，用了一连串的“一会儿”“马上”等模糊的词语，既避免了游客的情绪再度波动，又因为没有给出确切的答案从而给自己留下了余地。她在安慰游客时，并没有给予确切的时间承诺，却用一连串的模糊语言让游客们安静地等待了一个多小时。我们不妨试想一下，如果导游为了安抚游客，盲目地讲“15 分钟之后就可以出发了”，而 15 分钟之后汽车依然停留在原地，那么很可能会激起游客的怒火。在游客的盛怒之下，将自己逼往绝境的导游再做出任何解释都是没有用的，反而会加重游客们的怨气。那么，我们在社交中，在什么样的情况下使用模糊语言呢？

四、问候礼仪

问候是我们向他人表示尊重的一种方式。见面问候虽然只是打招呼、寒暄或是简单的三言两语，却代表着我们对他人的尊重。在向他人问候时，需要注意以下几个方面：

（一）问候的内容

问候内容分为两种，分别适用不同场合：

（1）直接式。所谓直接式问候，就是直接以问好作为问候的主要内容。它适用于正式的交往场合，特别是在初次接触的社交场合，还可分为标准式问候语和时效式问候语。例如，标准式问候语：您好、各位好、诸位女士好等；时效式问候语：早上好、晚安等。问候语要注意时空感。问候语不能总是“先生，您好！”应该让客人有一个时空感，不然客人听起来就会感到单调、乏味。例如，过年时如果向客人说一声“先生，过年好！”就强化了节日的气氛。

（2）间接式。所谓间接式问候，就是使用某些约定俗语成的问候语，或者在当时条件下可以引起的话题，主要适用于非正式、熟人之间，如“最近过得怎样”“忙什么呢”“您去哪里”“在哪儿发财”等，来替代直接式问好。如果短时间内多次遇到同一位客人，也需用间接式问候语，但内容最好局限在职业范围内，如“先生对我们宾馆的环境还满意吗？”

（二）问候的态度

问候是敬意的一种表现，往往和鞠躬礼、目光语、微笑语结合在一起，问候是敬意的一种表现，需要注意下述几点：

（1）主动。问候时，要积极、主动。一般在客人离你 1.5 米的时候进行问候最为合适。对于距离远的客人，只宜微笑点头示意，不宜打招呼。那同样当别人首先问候自己之后，要立即予以回应，千万不要摆出一副高不可攀的样子。

（2）热情。问候时，要表现得热情、友好、真诚。毫无表情，或者拉长苦瓜脸表情冷漠的问候不如不问候。

（3）大方。问候时，必须大方得体。矫揉造作、神态夸张，或者扭扭捏捏，反而会给人留下虚情假意的坏印象。

（4）专注。问候的时候，要面含笑意，以双目注视对方的两眼，以示口到、眼到、意到，专心致志。不要在问候对方的时候，眼睛看着别处，让对方不知所措。

（三）问候的次序

在正式场合，问候一定要讲究次序：

（1）一对一的问候次序。一对一，两人之间的问候，通常是“位低者先问候”。即身份较低者或年轻者首先问候身份较高者或年长者。

（2）一对多的问候次序。如果同时遇到多人，特别在正式会面的时候。这时既可以笼统地加以问候，比如说“大家好”；也可以逐个加以问候。当一个人逐一问候多人时，既可以由“尊”而“卑”、由“长”而“幼”地依次而行，也可以由“近”而“远”依次而行。

五、称呼礼仪

旅游工作者在日常生活和工作中，经常要与各种年龄、性别、身份的客人交往，首先遇到的是如何称呼别人的问题，如果称呼错了，不但会使对方不高兴，甚至还会闹出笑话来。在比较正式的社交场合，对别人称呼不得当，就显得有失礼貌，有时甚至对自己与他人的交际相处带来不利影响。

（一）称呼的类型

正确、适当的称呼对方，不仅反映着自身的教养、对对方尊重的程度，甚至还体现着双方关系达到的程度和社会风尚。务必注意：一是要合乎常规，二是要入乡随俗。

常用的称呼一般包括下述几种类型：

（1）性别称呼。对于从事商界、服务性行业的人，一般约定俗成地按性别的不同分别称呼“女士”或“先生”。

（2）姓名称呼。在工作岗位上称呼姓名，一般限于同事、熟人之间。姓名称通常有三种情况：一是直呼其名；二是只呼其姓，并在姓前加上“老、大、小”等前缀；三是只称其名，不呼其姓，通常限于同性之间，此外上司称呼下级、长辈称呼晚辈，在亲友、同学、邻里之间，也可使用这种称呼。

（3）行业称呼。在工作中，有时可按行业进行称呼。对于从事某些特定行业的人，可直接称呼对方的职业，如老师、医生、会计、律师等，也可以在职业前加上姓氏、姓名。

（4）职务称呼。以交往对象的职务相称，以示身份有别、敬意有加，这是一种最常见的称呼。职务称通常有三种情况：称职务、在职务前加上姓氏、在职务前加上姓名（适用于极其正式的场合）。

（5）职称称呼。对于具有职称者，尤其是具有高级、中级职称者，在工作中直接以其职称相称。称职称时可以只称职称，还可以在职称前加上姓氏，或在职称前加上姓名（适用于十分正式的场合）。

（6）亲属称呼。通常用于家庭成员间，如“爸爸”“姐姐”等。有时为了体现亲密或尊敬，也可用于没有亲戚关系的人之间，如称呼年长的人为“大姐”等。

（7）代词称呼。就是用“您”“你”字称呼对方的方法。为表示尊重对方应使用“您”字称呼。“您”属尊称，“你”属泛称，服务语言要求用“您”。例如，“您太太”“您先生”“请问您贵姓”。

课堂思考

如何选择正确的称呼？

（二）涉外称呼

在对外交往中使用称呼时，一是要掌握一般性规律，即国际上通行的做法，二是要留心国别差异，加以区分对待。在对外交往中，称呼方面的普遍性规律有：

（1）一般性规律。对成年人，一般将男性称为先生，将女性称为小姐、夫人或女士。对于女子，已婚者应称“夫人”，戴结婚戒指者也可称为夫人。对未婚者及不了解其婚否者，可称之为“小姐”。对不了解其婚否者，也可称为“女士”。

（2）商务交往。在商务交往中，一般应以“先生”“小姐”“女士”称呼交往对象。

（3）政务交往。在政务交往中，应称其职务，如“总统”“首相”等；另外也可以称呼“先生”“小姐”“女士”。

（4）军界人士的称呼。对军界人士，可以其军衔相称，如“将军”“上校”等。

（5）君主制国家的王公贵族的称呼。对君主制国家的王公贵族，应称呼“国王”“皇后”“王子”“公主”“亲王”等。例如，“查尔斯王子”“伊丽莎白女王”等。

（6）教授、法官、律师、医生、博士的称呼。一是直接称“教授”“法官”“律师”“医生”“博士”；二是在其前加上姓名，如“福特教授”；三是在其后加上“先生”，如“法官先生”。

（7）社会主义国家或兄弟党的人士的称呼。对社会主义国家或兄弟党的人士，可称之为“同志”。不过，对“同志”这种称呼，在对外交往中切勿乱用。

（三）称呼的五个禁忌

我们在使用称呼时，一定要避免下面几种失敬的做法。

（1）错误的称呼。常见的错误称呼无非就是误读或是误会。误读也就是念错姓名。为了避免这种情况的发生，对于不认识的字，事先要有所准备；如果是临时遇到，就要谦虚请教。误会，主要是对被称呼的年纪、辈分、婚否以及与其他人的关系做出了错误判断。

（2）使用不通行的称呼。有些称呼，具有一定的地域性，比如山东济南人喜欢称呼他人为“老师（儿）”，是一种对他人的尊称，表示尊重。但在其他地方使用“老师（儿）”的称呼，则行不通。

（3）使用不当的称呼。工人可以称呼为“师傅”，道士、和尚、尼姑可以称为“出家人”。但如果用这些来称呼其他人，可能会让对方产生自己被贬低的感觉。

（4）使用庸俗的称呼。有些称呼在正式场合不适合使用。例如，“兄弟”“哥们儿”“美女”“帅哥”等一类的称呼，虽然听起来亲切，但显得不够尊重。

（5）称呼外号。对于关系一般的，不要自作主张给对方起外号，更不能用道听途说来的外号去称呼对方。也不能随便拿别人的姓名乱开玩笑。

六、应答礼仪

应答礼是服务人员在工作中回答客人询问时所表现出的礼仪行为。使用应答礼时应该注意以下礼仪：

（一）神态专注

（1）姿态端庄。应答客人询问要站立答话，站立姿势要好，背不能倚靠他物。

（2）精力集中。思想集中，全神贯注地聆听；不能侧身，或目视别处，或心不在焉，或说话有气无力，提倡边听边记录的职业习惯。

（二）语言规范

（1）简洁、准确。应答客人提问或征询有关事项时，语言应简洁、准确，语气婉转、声音大小适中，不能随心所欲地谈天说地，或声音过大，或词不达意。

（2）不可随意回答。如果客人讲话含混不清或语速过快时，可以委婉地请客人复述，不能听之任之，凭主观臆想随意回答。

（3）顾全大局。回答多位客人询问时，应从容不迫，按先后次序、轻重缓急，一一作答，不能只照顾一位客人，而冷落了其他客人。

（4）语言委婉含蓄。对于客人提出的无理要求，须沉得住气，或婉言拒绝，或委婉地回答：“可能不会吧”“很抱歉，我确实无法满足您的这种要求”，表现得有教养，体现出有风度而不失礼。

（5）真诚致歉。对于客人直率的批评指责，如果确实属于员工操作不当或失职所致，应首先向客人道歉，对客人的关注表示感谢，并立即报告或妥善处理。

（6）禁用否定性语言。如果客人提出的要求及某些问题超越了自己的权限，就应及时请示上级及有关部门，禁止说一些否定性的语言。

课堂思考

请谈谈应答有礼会带给他人留下怎样的印象？

第二节　礼貌用语

礼貌用语是服务性行业的从业人员向客人表示意愿、交流思想情感和沟通信息的重要交际工具，是一种对客人表示友好和尊敬的语言。在宾客服务过程中，它具有体现礼貌和提供服务的双重特性，是旅游从业人员圆满完成服务工作的重要手段。社交场合的日常礼貌用语常被称为“万能用语”。我国政府有关部门向市民普及文明礼貌用语，基本内容为10个字:“请”“谢谢”“你好”“对不起”“再见”。当然，日常礼貌用语远不止这些。在人际交往中，善于利用诸如此类的礼貌用语，一定会增加个人人际交往的魅力。

一、常用礼貌用语的种类

礼貌用语

日常生活中人们常用的礼貌用语有敬语、谦语和雅语。

（1）敬语。敬语是说话者直接表示自己对听话者尊敬、恭敬的语言。例如，与对方交流时，以“请”字开头，“谢谢”收尾，“对不起”常挂在嘴边。常用“您”称呼身份、地位较高的人等。再如“对不起，让您久等了”“请问……”“劳驾……”我们日常使用的“请”字，第二人称中的“您”字，代词“阁下”“尊夫人”“贵方”等都是敬语，另外还有一些常用的词语用法，如初次见面称“久仰”，很久不见称“久违”，请人批评称“请教”，请人原谅称“包涵”，麻烦别人称“打扰”，托人办事称“拜托”，赞人见解称“高见”等。

（2）谦语。谦语是说话者通过自谦从而表示对听话者敬意的语言。例如，称自己“愚”或“敝人”，称自己的见解为“愚见”等。日常生活中惯常用法有“寒舍”“太客气了”“过奖了”“为您效劳”“多指教”“没关系”“请原谅”“惭愧”“不好意思”等。“自谦”体现着一种精神。它以敬人为先导，以退让为前提，是一种典型的礼仪待人的人际沟通方式。

（3）雅语。雅语是指一些比较文雅的词语。雅语常常在一些正规的场合以及一些有长辈和女性在场的情况下，被用来替代那些比较随便，甚至粗俗的话语。雅语是指一些不便直言的事用一种比较委婉、含蓄的方式表达双方都知道、理解但不愿点破的事。多使用雅语，能体现出一个人的文化素养以及尊重他人的个人素质。在接待宾客时，用“几位”代替“几个人”，用“哪一位”代替“谁”，用“贵姓”代替“你姓什么”，用“不新鲜”“有异味”代替“发霉”“臭了”，用“我去方便一下”或“去一趟洗手间”代替“去上厕所”，用“需不需要加一些主食”代替“要不要饭”，用“这件衣服不太适合您”代替“您穿这件衣服很难看”，用“发福”代替“发胖”等。在日常生活中常用的还有“留步”“奉还”“光临”“失陪”“光顾”“告辞”等。雅语的使用不是机械的、固定的，需要根据不同场合、不同人物、不同时间灵活运用。

案　例

敬语缘何招致不悦

一天中午，一位住在某饭店的外国客人到饭店餐厅去吃饭，走出电梯时，站在电梯口的一位女服务员很有礼貌地向客人点点头，并且用英语说“先生，您好！”客人微笑地回道：“你好，小姐。”当客人走进餐厅后，引位员说了同样的一句话：“您好，先生。”那位客人微笑着点了一下头，没有开口。客人吃好午饭后，顺便到饭店的庭院去散步，当走出内大门时，一位男服务员又是同样的一句话：“您好，先生。”

这时客人下意识地只是点了一下头了事。等到客人重新走进内大门时，劈头见面的仍然是那个服务员，“您好，先生”的声音又传入客人的耳中，此时这位客人已感到不耐烦了，默默无语地径直去乘电梯准备回房间休息。恰好在电梯口又碰见那位女服务员，自然又是一成不变的套话：“您好，先生。”客人实在不高兴了，装作没有听见的样子，皱起了眉头。

这位客人在离店时，写给饭店总经理的一封投诉信，信中写道：“我真不明白你们饭店是怎样培训员工的？在短短的中午时间内，我遇到的几位服务员竟千篇一律地简单重复一句话‘你好，先生’。难道不会使用其他的语句吗？”

——资料来源：百度百科.

案例分析

请讨论这位客人为什么不高兴。

二、常用礼貌用语

（1）请托语。请托语是指当你向他人提出某种要求或请求时应使用的必要的语言。当你向他人提出某种要求或请求时，一定要“请”字当先，而且态度语气要诚恳，不要低声下气，更不要趾高气扬。例如“有劳您了”“拜托您，请帮个忙”“麻烦您关照一下”“劳驾”“让您费心了”，英语国家一般使用“对不起”。

（2）感谢语。这类语言的使用，有下列要求：第一，客人表扬、帮忙或者提意见的时候，都要使用答谢语。第二，要清楚爽快。例如，“谢谢您的好意”“谢谢您的合作”“谢谢您的鼓励”“谢谢您的夸奖”“谢谢您的帮助”“谢谢您的提醒”等。

（3）征询语。在对客服务中，应该把征询当作服务的一个程序，先征询意见，得到客人同意后再做下一步的工作。用协商的口吻，经常将“这样可不可以？”“您还满意吗？”之类的征询语加在句末，显得更加谦恭，服务工作也更容易得到客人的支持。另外，还要注意客人的形体语言。例如，当客人东张西望的时候，或从座位上站起来的时候，或招手的时候，都是在用自己的形体语言表示他有想法或者要求了。这时服务员应该立即走过去说："先生／女士，请问我能帮助您做点什么吗"或"先生／女士，您有什么吩咐吗？"

（4）提醒致歉语。提醒道歉语是服务语言的重要组成部分，使用得好，会使客人随时都感觉受到了尊重。同时提醒道歉语又是一个必要的服务程序，缺少了这一个程序，往往会使服务出现问题。对这类语言的处理，要求做到以下两点：第一，把提醒道歉语当作口头禅和必要的一个程序。第二，诚恳主动。例如，可以说"对不起""打搅一下""对不起，让您久等了""请原谅，这是我的错。"

（5）赞美语。赞美语是指向他人表示称赞时使用的用语。在交往中，要善于发现、欣赏他人的优点长处，并能适时地给予对方以真挚的赞美。这不仅能够缩短双方的心理距离，更重要的是它能够体现出你的宽容与善良的品质。常用的赞美语有"很好""不错""太棒了""真了不起""真漂亮""您真有眼光""您真是高品位"等。面对他人的赞美，也应做出积极、恰当的反应。例如，"谢谢您的鼓励""多亏了你的帮助""您过奖了"等。

（6）告别语。告别语虽然给人几分客套之感，但也不失真诚与温馨。与人告别时神情应友善温和，语言要有分寸，具有委婉谦恭的特点。例如，"再次感谢您的光临，欢迎您再来！""非常高兴认识你，希望以后多联系。""十分感谢，咱们后会有期。""一路平安"（客人要远去时），"一路顺风"（如对方是乘飞机出行，应忌讳用此告别语）"希望再次为您服务，先生您慢走"等。要求做到以下两点：第一，声音响亮有余韵。第二，配合点头或鞠躬。总之，不能将与客人道别的语言和仪式，搞成缺乏情感的公式。要使道别语言余音袅袅，不绝于耳，给客人留下美好的回忆。

（7）恭贺语。恭贺语氛围应酬式和节庆式两种。应酬式的恭贺语有"祝您健康快乐""祝您万事如意""祝您一帆风顺""祝您马到成功""祝您心想事成""祝您吉星高照""恭喜您""祝贺您""真替您高兴"等。节庆式的恭贺语有"节日快乐""生日快乐""新婚快乐""新年好""恭喜发财""祝您开张大吉""祝您福如东海，寿比南山"等。

（8）推托语。推脱语分为道歉式、转移式和解释式三种。道歉式的推脱语有："实在对不起，我们能力有限"等。转移式的推脱语有："对不起，您需要点别的吗""我们这里最著名（最好）的是……您要不要试试""这个与您要的看上去差不多，您看看行吗"等。解释式的推脱语有："谢谢您的好意，不过……""承蒙您的好意，但恐怕这样会违反公司的规定，希望您理解"等。这类语言使用时有下列要求：第一，一般应该先肯定后否定。第二，客气委婉，不简单拒绝。

知识拓展 搜索

常用礼貌用语

初次见面说久仰，看望别人说拜访。
请人勿送用留步，对方来信叫惠书。
请人帮忙说劳驾，求给方便说借光。
请人指导说请教，请人指点说赐教。
赞人见解说高见，归还原物叫奉还。
欢迎购买叫光顾，老人年龄叫高寿。
客人来到说光临，中途要走说失陪。
等待客人说恭候，求人原谅说包涵。
麻烦别人说打扰，托人办事用拜托。
与人分别用告辞，请人解答用请问。
接受礼品说笑纳，好久不见说久违。

——资料来源：百度百科．

三、礼貌肢体语言

礼貌肢体语言

（一）目光语

旅游工作者在对客服务过程中如能巧用目光语往往会获得事半功倍的效果。一般来说，旅游工作者的眼神要自然大方、诚挚谦恭、祥和亲切。在实际运用过程中，应特别注意：

（1）目光的联结。旅游工作者与客人沟通交流时，目光交流的时间占全部时间的1/2至2/3为佳。据心理学家研究，人与人交流时目光关注对方面部的时间应占全部谈话时间的30%~60%。如果在谈话过程中超过60%或几乎连续注视对方，说明此人对说话者本身的兴趣远远超过谈话内容。反之，如果低于30%或几乎不看对方，说明其对对方的话题没有什么兴趣。与此同时，视线的朝向和角度不同，其含义也明显不一样。在交谈之际，视线向上看人，表达出说话者对对方的敬重之意；视线向下看人，表现出说话者的盛气凌人之势；平视对方，表明说话者通情达理、平等待人。

（2）目光的移动。在对客服务过程中，当发现客人直视你时，要自然将目光移向他处或直视者的身后，既大方又不失礼，切不可低头垂眼皮，以免造成拘谨局促的气氛。

在为宾客指点方向、景物时，旅游工作者一定要将目光移向指示对象，用自己的目光把宾客的目光吸引过去，然后再收回目光，转向宾客。在任何时候，当你的目光转向时，你的头部就应随之转动，那种眼珠子滴溜溜转动，而头部却不随着目光移动的行为是令人讨厌的。

（3）目光的分配。如果为某一位宾客服务时，目光一定要专注于对方的面部，切不可游离不定。如果面对众多宾客时，目光一定要分散关注到所有人，给宾客以公平的待遇，否则宾客就会产生厚此薄彼之感而心存不满。

（二）手势语

手势是人们交往时不可缺少的动作，是最有表现力的一种“体态语言”，手势表现的含义非常丰富，表达的感情也非常微妙复杂，所体现的信息也是多种多样的。交谈中一方如果用手指不停地敲打桌面时，说明其不赞同对方的意见；两手指尖并拢，置于颌下者，是向对方传达自己充满自信的信息；将手插入裤子或上衣口袋中，是一种不让对方看破自己内心的戒备心理的表现；在初次见面的人面前，无意识地玩弄手帕等物，表明其紧张、害羞的心理。在对客交往中，运用手势礼仪应注意的问题：

（1）手势和动作不宜过多、过大。在与客人交往中，手势不宜过多，动作不宜过大，切忌“指手画脚”和“手舞足蹈”。

（2）注意手势速度。打招呼、致意、告别、欢呼、鼓掌属于手势范围，应该注意其力度大小、速度的快慢、时间的长短，不可过度。鼓掌是表示欢迎、祝贺、赞许、致谢等的礼貌举止。鼓掌的标准动作应该是用右手掌轻拍左手掌的掌心，鼓掌时不应戴手套，切忌使劲鼓掌，应自然终止。

（3）不可用手指指点。在任何情况下都不要用大拇指指自己的鼻尖和用手指指点他人。谈到自己时应用手掌轻按自己的左胸，那样会显得端庄、大方、可信。用手指指点他人的手势是不礼貌的。

（4）掌心向上表示尊重。一般认为，掌心向上的手势有诚恳、尊重他人的含义；掌心向下的手势意味着不够坦率、缺乏诚意等。攥紧拳头暗示进攻和自卫，也表示愤怒。伸出手指来指点，是要引起他人的注意，含有教训人的意味。因此，在介绍某人、为某人引路指示方向、请人做某事时，应该掌心向上，以肘关节为轴，上身稍向前倾，以示尊敬。这种手势被认为是诚恳、恭敬、有礼貌的。

（5）不同地域手势。有些手势在使用时应注意区域和各国不同习惯，不可以乱用。因为各地习俗迥异，相同的手势表达的意思，不仅有所不同，而且有的大相径庭。

（6）避免不雅手势。日常生活中某些不雅的行为举止会令人极为反感，严重影响交际风度和自我形象，应该十分注意避免。例如，当众搔头皮、掏耳朵、抠鼻孔、剔牙、咬指甲、剜眼屎、搓泥垢等，餐桌上更应注意。

知识拓展 搜索

都是手势惹的祸——另一种语言

最近，德国柏林的蒂尔加滕区法院审理了一起奇特的官司。有位司机路遇警察，把手伸出车窗，朝警察做了一个简单的手势：拇指和食指合成一个圆圈。于是，警察状告该司机侮辱了他。

这个手势在不同国家不同的文化里有不同的含义，在俄罗斯，广告中一位胖厨师拇指和食指合成一个圆圈，表示这里食品品种丰富。邀请柏林工程大学的符号学专家出庭的话，那么他们会告诉你，在2500年前的古希腊的花瓶上就有“圆圈”手势。在希腊人眼里，这个手势同样有两种含意，不过都是正面的：象征爱情（嘴唇接吻的图形）或赞扬讲演者表达准确、用词精辟。至于侮辱性的解释，其出现则要晚得多。拇指和食指合成圆圈，美国人表示“OK”，法国人表示“空”“零”，日本人表示为数不少的“钱”，突尼斯人表示“我要杀死你”。差别竟如此之大。

英国航空公司告诫出国的乘客：“要小心，手势不当会让你尴尬。”当你不懂语言，而又必须向对方立刻说明什么，不由自主地带出手势和动作，认为这样对方会明白的。但实际上远不是如此。例如，表示不同意——左右摇头，但保加利亚人、希腊人和土耳其人类似动作却表示“同意”。如果生气了，把手前伸，手掌摊开，表示让某人离开，而这在某些非洲国家表示“走近些”。在日本，如果好客的日本人邀请你吃饭，你想表示吃饱了，不要把手放在喉咙处，这个手势在日本表示“免职”。在中东信奉伊斯兰教的国家里，左手名声不好，被认为是“不干净”。如果用左手递送酒食或礼品，谁也不敢担保你的安全。

其实，这个手势很早以前就被认为是不礼貌的或有侮辱性的。根据公元前1750年的哈穆拉比法典，这个手势是要受罚的。在古代巴比伦，指指点点被看作暗示要用矛和箭杀死对方，显然，我们普遍对这个手势感到不快。

——资料来源：都是手势惹的祸——另一种语言［J］. 世界文化，2007（10）.

（三）界域语

界域语，也叫个人空间、人际距离、势力范围等，它是交际双方通过身体朝向、位置、距离等的差异来沟通或传递信息的非语言沟通方式。人体周围都有一个属于自己的个人空间，犹如其身体的延伸，人际交往只有在这个空间允许的限度内才会显得自然。否则，一旦冲破这个限度，就会使交往双方或某一方感到不自在或不安全，而做出本能的反应。因此，在交往中要注意与交往对象保持一定的距离，双方之间的交往距离直接反映了交往双方关系的密切程度。因此，我们在交谈中，应注意界域语的运用，因人、因事、因地、因时而异。

美国人类学家和心理学家爱德华·T. 霍尔通过大量实例分析，将身体范围和人际关系亲密程度分为以下 4 种区域：

（1）亲密距离（0~50 厘米）。在这个空间中，彼此能感受到对方的体温、气味呼吸，一伸手能够触及对方，属于私下情境，一般只有感情非常亲密的对方才会允许彼此进入这个距离。人们对于这个空间有着格外强烈的防护心理，就像对待自己的私有财产一样。只有在感情上与我们特别亲近的人或者动物才会被允许进入这个空间，如恋人、父母、配偶、孩子、亲戚和宠物等，在这个空间里，还有更私密的一个区域，那就是与我们的身体间距小于 15 厘米的区域。一般来说，只有在进行私密的身体接触时，人们才会允许别人进入这个特别私密空间。

（2）私人距离（50~120 厘米）。这是一般个人间的距离，适合于亲朋好友之间的交谈，让彼此感到亲密的气息。在航空服务工作中，服务人员与乘客交谈、为乘客服务，常用这个距离，这样既可以显示出服务人员对乘客的关心，又不失服务的礼貌。

（3）社交距离（120~350 厘米）。这是社交性或礼节上的人际距离，这种距离给人一种安全感，处在这种距离的两个人，既不会怕受到伤害，也不会觉得太生疏，可以友好交谈。在同不太熟悉的人沟通时，人们会保持这样的距离。

（4）公众距离（350 厘米以上）。公众距离是指人们在较大的公共场合所保持的距离，一般来说，演说者与听众之间的标准距离就是公众距离，还有明星与粉丝之间也是如此。这种距离能够让仰慕者更加喜欢偶像，既不会遥不可及，又能够保持神秘感。

课堂思考

在旅游服务过程中，服务人员和客人应保持多远的距离？

第三节 语言交谈技巧

语言交谈技巧

一、交谈的技巧

（1）思路清晰，准确表达。与人交谈时，一定要思路清晰，准确地利用言辞表达自己的思想。尤其在引经据典时，自己拿捏不准的不要随意堆砌，以免弄巧成拙，尴尬不已。

（2）通俗易懂，主题明确。交谈中，为了尊重对方，应该说大家听得懂的中文、普通话，不要用方言、土话。没有外宾在场，也最好不要用外语，否则会使他人听不懂。交谈时，在语言明确的前提下，要尽量言简意赅、简洁明了。如果不是和专业人士交流，就不要使用深奥晦涩的专业术语，以免给人做作卖弄之嫌。

（3）注意话题的选择。在交谈中，以下几类话题是适宜选择的：第一，既定的话题。也就是交谈双方约定的，或者一方已经准备好的，如征求意见、洽谈工作等。第二，轻松的话题。这类话题谈论起来令人轻松愉快、身心放松、富有情趣，适用于各抒己见、畅所欲言的非正式交谈。例如，体育比赛、休闲娱乐、电影电视、旅游观光、天气情况等。第三，高雅的话题。格调高雅，即内容文明、高尚、脱俗。第四，热点话题。即此时此刻此地正在流行的话题，如国家、城市举办的盛事、召开的大会、举行的重大庆典活动等。第五，擅长的话题。擅长，指交谈双方都擅长，尤其是交谈对象有研究、有兴趣的话题。不过，需要引起注意的是，在选择这类话题时，忌讳以己之长对人之短，“话不投机半句多”，那样，只会给人自我炫耀的不良印象。

二、聆听的艺术

古人云：“愚者善说，智者善听。”外国也有谚语：“用10秒钟时间讲，用10分钟时间听。”这些都是告诫我们听的重要性。与人交往时，要使别人对你感兴趣，首先你要对别人感兴趣，耐心倾听别人的谈话是保证交流顺利进行的一个前提。因此，我们应该掌握以下倾听技巧：

（1）集中精力，专心倾听。在和人交谈时，一定要注意调整自己的情绪，使自己能专心仔细地听别人讲话，切忌左顾右盼、目光游离、心不在焉、魂不守舍。

（2）保持耐心，认真听完。有些人在听别人说话时，总是忍不住想打断别人，总是喜欢插话。殊不知，这样很容易使他人思路中断、意犹未尽，是一种失礼的表现。

（3）适时反馈，谨慎反驳。一个聪明的聆听者，在聆听过程中，一定不是完全被动、完全沉默的。聆听者可以根据情况，适时微笑、点头或做出应答。在倾听过程中，即使对方的话说得不够准确或有错误，也应保持风度，不必当面妄加评论甚至发生争执。

三、提问的技巧

（1）选择性问题。择性问题也算是封闭式问题的一种，就是客人只能回答“是”或者“不是”。这种提问用来澄清事实和发现问题，主要的目的是澄清事实。比如说：“朋友打电话时，您开机了吗？”客人只能回答开了或者没有开。

（2）了解性问题。了解性问题是指用来了解客人信息的一些提问，在了解信息时，要注意有的客人会比较反感这类问题。比如说咨询：“当时发票开的抬头是什么呀”“当时是谁接待的呀”等，客人觉得像在查户口，不愿意回答，或懒得回答。“我早忘了”，客人会这么跟你说。因此在提了解性问题的时候，一定要说明原因——“麻烦出示一下您的身份证，因为要做登记”“麻烦您输入一下密码，因为……”

（3）征询性问题。征询性问题是告知客人问题的初步解决方案。“您看……”类似于这种问题叫作征询性的问题。当你告知客人一个初步解决方案后，要让客人做决定，以体现客人是“上帝”。

（4）服务性问题。服务性问题也是非常专业的一种提问。这种提问应在什么时候来用呢？一般来说，是在客人服务过程结束时用的。例如，“您看还有什么需要我为您做的吗？”当去一个档次比较高的五星级酒店时，这句话会经常听到。没有经过培训的人员通常不会说这句话。服务性问题的提出是体现一个企业的客人服务是否是优质的一个标准。

（5）开放式问题。开放式问题是用来引导客人讲述事实的。例如，“您能说说当时的具体情况吗”或“您能回忆一下当时的具体情况吗”。一句话问出来，客人可能就滔滔不绝了，这就是开放式问题。

（6）选择疑问句。采用选择疑问句，效果可能大不一样。例如，一个客人要点一份八宝粥，不过恰好餐厅里已经没有了，服务员仍然说：“好的！不过今天八宝粥已经卖完了，现在还有黑米粥、玉米粥、西米粥、皮蛋瘦肉粥，都很有风味，换个口味好吗？”于是客人欣然点了玉米粥。

四、插话的技巧

在谈话中插话，主要是为了能让对方继续说下去。由于面对的情况和场合不同，在插话时也要使用不同的方法。常用的插话方法有以下几种：

（1）疏导法。在谈话时，如果对方性情不好或者情绪波动较大，就有可能在叙述事情的时候不能控制自己的感情，让交谈不能很好地进行。这时，你就要适时地插进一些话来疏导对方，如“你一定很生气吧”“你今天好像性情很烦躁”“你心里很难过吗？”等。听到这样的话，对方可能会就此话题来发泄一番。对方发泄完了，就会感到很轻松，接下来就能够很从容地完成对事情的叙述。

（2）兴趣法。当对方由于担心你对某个问题不感兴趣，表现出犹豫不决、吞吞吐吐的样子时，你可以说出一些打消对方顾虑的话语，如“你可以和我详细说一下那个事情发生的经过吗？我知道的不是很全面”“继续说，我居然不知道”“我对这个事情很感兴趣”等，让对方知道你愿意继续听，坚定对方继续倾诉的想法。

（3）提问法。如果对方在向你诉说某件事情或某个问题时，表现出迫切地想要你理解他所说的事情或问题时，你可以用简单的几句话来把对方的意思综合表述出来，如

“你的意思是”“你觉得事情是”“你想告诉我 ”等，使其知道你明白了他的意思，这样他才会继续说下去。综合复述对方的意思，能够及时地让对方了解你对他谈话内容的理解程度，不但可以让对方感受到你的真诚，还便于对方纠正你在理解中出现的偏差。

上面说到的谈话中插话的技巧都有一个相同之处，那就是这些话的感情色彩都是中性的，既没有对对方的谈话内容及言论发表任何的评判，也没有对对方的情感做出是与非的表达。切记不要把你的个人立场强加于他人，这是非常重要的。如果你超越了这个界限，就会陷入倾听的误区，使谈话失去意义。

五、拒绝的技巧

拒绝既可能是不接受他人的建议或批评，也可能是不接受他人的恩惠或赠品。从本质上讲，拒绝亦即对他人意愿或行为的否定。在与客人的交流过程中，一般情况下要求旅游接待人员不能直接对客人说“不”等否定性语言，对无法接受或无法应承下来的事情要婉言相拒，就是用温和的语言，来表达拒绝之本意。与直接拒绝相比，它更容易被接受。因为它更大程度上顾全了被拒绝者的尊严，把面子留给对方。所以，委婉地拒绝他人也是一门艺术。

（1）稍做停顿，切忌随便。当别人对我们有所求时，不要立即拒绝，否则会让人感觉到你是一个冷漠无情的人，甚至觉得你对他有成见。应对对方的要求表示充分的理解，做出适当的努力，再加以拒绝。例如，“经过一番考虑，还是无法办到，实在对不起。”这样对方会有一种满足感，感到你已经尽力了，被拒绝后的不愉快就会很快消失。

（2）理由充分，解释诚恳。不能毫无缘由的拒绝他人，要向对方真诚地解释理由，如果不方便说出真实的原因，也应该寻找适当的托词，并向对方诚恳地说明，以求得对方的理解和谅解，切忌言辞闪烁、吞吞吐吐，不仅招人反感，还会引起误会。

（3）暗示果断，切忌含糊。在拒绝场合中使用模棱两可的语言是很危险的。拒绝别人在日常生活中是很正常的事情，别人提出要求的时候，也多多少少会做好受到拒绝的思想准备。因此，在自身确无力量达到对方要求的情况下，明确地表明拒绝的态度是最好的选择。有人认为拒绝他人会让别人感到没有面子，也担心对方会由此产生对自己的不良看法，为了顾忌对方的情面和自我的虚荣心，在拒绝时闪躲不清、含糊其词，反而会让对方搞不清自己的真实意图，带来更多的麻烦。

（4）寻求替代，留有出路。在拒绝的同时提供其他的方法，帮对方想出另外一条出路，实际上还是帮了对方的忙。还有一种情况就是虽然你拒绝了，却在其他方面给他一些帮助，这也是一种慈悲而有智慧的拒绝。拒绝别人的时候，留下余地，以后有机会说“是”。

（5）先发制人，避免被动。即在提前了解对方要求的情况下，不等对方开口，就已主动向对方传递了拒绝的信息，使对方无从下手，从而打消提出要求的念头。

（6）巧作肯定，善于补偿。先认同对方的意见或肯定对方的人格，或表示自己与对方有一致的主观愿望，再以无可奈何的理由予以拒绝。这些肯定的话像镇静剂一样能减轻对方受到拒绝后的懊恼，同时又使对方感觉到自己的诚意。即要学会消除对方的不良情绪，给对方适当的心理补偿。而赞扬是补偿的有效手段。此外，越是不熟悉的人，越要注意补偿，控制拒绝别人的次数。

案　例

离店之际

在某酒店总台，一位服务员小姐正在给1020房间的客人办理离店手续。闲聊中，那位客人旁顾左右，将下手指上的一枚戒指，偷偷塞到服务员手里低声道："我下星期还要来长住一个时期，请多多关照。"服务员略一愣，旋即，镇定自若地捏着戒指翻来覆去地玩赏一会儿，然后笑着对客人说道："先生，这枚戒指式样很新颖，好漂亮啊。谢谢您让我见识了这么个好东西，不过您可要藏好，丢了很难找到。"

随着轻轻的说话声，戒指自然而然地回到了客人手中。客人显得略有尴尬，服务员顺势转了话题："欢迎您光顾我们饭店，先生如有什么需要我帮忙的，请尽管吩咐，您下次来我店，就是我店的长客，理应享受优惠，不必客气。"客人正好下了台阶，忙不迭说："谢谢啦，谢谢啦。"

——资料来源：职业餐饮网，http：//www.canyin168.com/glyy/qtgl/qtal/200708/7596.html.

案例分析

1. 客人为什么感到尴尬？
2. 假如你是酒店服务人员，遇到类似的事情，你会怎样处理？

六、批评他人的技巧

不同的人由于经历、知识、性格等各种自身素质的不同，接受批评的能力和方式也会有很大的区别。在沟通中，我们应该根据不同人的特点，采取不同的批评技巧。但这些技巧有一个核心，那就是不损对方的面子，不伤对方的自尊心。真正的批评，绝不能伤害对方的自尊心，而是要在维护对方自尊心的基础上，帮助他认识所犯过失的性质、危害、根源等，让对方更加正确地行事，也使自己的人际关系更加和谐。

（1）要尊重事实。批评人要尊重事实，有一是一，有二是二，实事求是，以理服人，就事论事，对事不对人，既不能无中生有，也不能无限上纲。这就要求我们在批评他人前，一定要弄清事实的真相，不能捕风捉影。如果你的批评超出了事实范围，甚至进行人身攻击，就会严重伤害对方的自尊心，使其感到在人格上受到了侮辱，这就会把对方推到你的对立面去，使问题变得不容易解决。

（2）批评要诚恳。批评他人时态度一定要诚恳，要站在对方的立场上，以关怀、爱护、诚心诚意的态度来对待他；而不要摆出一副很严肃或阴沉的面孔，郑重其事地用指责和强硬的口气说话，因为这样会造成紧张的气氛，使对方产生逆反心理。所以，最好是和颜悦色而又诚挚恳切，这样才有利于达到心灵沟通、心理包容的目的。诚恳的批评还表现在对对方客观的评价。一个人偶犯过失是不可避免的，但是你因此把别人说得一无是处，这就不客观了。比如夸大对方所犯过失的事实，形容过分，甚至否定一个人的前途，这些都不利于问题的解决。在批评他人时，“不可救药”“我算把你看透了”等语言是要避免；另外，“你向来都……”“老是”“从来就没有”等字眼也会使对方认为你抱有成见、态度不诚恳，因而会产生对立情绪。

（3）以真诚的赞美作开头。俗话说：尺有所短，寸有所长。一个人犯了过失，并不等于他一无是处。所以在批评对方时，如果只提对方的短处不提其长处，他就会感到心理上的不平衡，感到委屈。据心理学研究表明，被批评的人最主要的心理障碍是担心批评会伤害自己的面子，损害自己的利益，所以在批评之前要帮他打消这个顾虑，甚至让他觉得你认为他功大于过，那么他就会主动放弃心理上的抵抗，对你的批评也就更易于接受。事实证明，这种批评方法是非常有效的。

（4）先讲自己的缺点和错处。如果批评的人开始先谦逊地承认他也犯过错误，然后再指责别人的过失，他将更容易接受你的批评。美国学者戴尔·卡内基在他的《人性的弱点》一书中，讲述了他批评他的秘书的技巧：数年前，我的侄女约瑟芬，离开她在堪萨城的家到纽约来充任我的秘书。她当时 19 岁，中学毕业 3 年了，她的办事经验比年龄稍多一点，现在她已经成了一位完全合格的秘书。……当我要使约瑟芬注意一个错误的时候，我常说，你做错了一件事，但天知道这事并不比我所做的许多错误还坏。你不是生来具有判断能力的，那是由经验而为；你比我在你的岁数时好多了。我自己曾经犯过许多愚鲁不智的错误，我有绝少的意图来批评你和任何人。但是，如果你如此如此做，你不是更聪明吗？……

（5）含蓄地批评他人。人都是有自尊心和荣誉感的，有的人之所以不愿接受批评，主要原因便是怕触伤他的自尊心和荣誉感。为此，我们在批评他人时，便可寻找一种不同于直接批评的方法，却能达到批评他人使其改正错误的方式。这种方式便是含蓄地批评他人。

（6）不要让批评成为负面力量。心理学研究表明，一种批评如果反复进行，就会失去激励的作用。有的人在批评他人时，总以为自己占了理，批评个没完没了。其实这是低下的批评方法。有经验的人在批评他人时，总是见好就收，适可而止。批评他人时，切忌用讽刺、挖苦对方的言辞，如“就你了不起”“你不就是……”等，因为这是一种轻视他人的态度，也是缺乏修养、没有沟通风度的表现。有经验的沟通者，在批评他人时，会采用上述各种技巧提出事实，讲道理，循循善诱，但不会用讽刺、挖苦的言辞和粗话等其他有辱对方人格的方式。

（7）友好地结束批评。正面地批评他人，对方或多或少会有一定的压力。如果一次批评弄得不欢而散，对方一定会增加精神负担，产生消极情绪，甚至对抗情绪，为以后的工作或沟通带来障碍。所以，每次的批评都应尽量在友好的气氛中结束，这样才能彻底解决问题。

七、赞美他人的技巧

现实社会中，人都是喜欢被肯定的，都喜欢听赞美之词，懂得赞美别人的人往往是最受欢迎的。美国成功学家卡耐基曾说，在人际交往中，“用赞美的方式开始，就好像牙科医生用麻醉剂一样，病人仍然要受钻牙之苦，但麻醉剂却能消除这种痛苦”。因此，在赞美别人时，我们应该注意以下几个方面：

（1）情真意切，发自内心。只有真诚的发自内心的赞美，才能让人感到你是在发现对方的优点，而不是随口敷衍、曲意奉承，以一种功利性手段去分享他的利益。

（2）因人而异，突出个性。每个人都有与众不同的地方，都有自己的闪光点，所以我们要善于发现他的特点，因人而赞。切忌套用格式化的赞美辞令，让人感觉言不由衷、谄媚虚伪。

（3）翔实具体，可信度大。赞美不同于阿谀奉承，不是为了走过场，必须具有较强的针对性，才能让人信服，收到效果。赞美不被别人注意到的优点，往往更能表示你对对方的尊重和关注。因为只有用心，才会发现那些不引人注意的品质。所以，这样的赞美，自然会更容易给对方留下良好的印象，为自己的人际交往打下良好的基础。

（4）合乎时宜，适可而止。古人云：“过犹不及。”赞美时要把握好一个度，千万不可过分夸大、一味吹捧，否则只会收到适得其反的效果。

八、交谈的注意事项

（1）不接打电话。交谈过程中，如无急事，不打电话或接电话。如果能当着对方的面将手机关机，那表示特别尊重对方或此次会谈特别重要。

（2）注意态势语言。谈话时切忌左顾右盼、注意力不集中、摇头晃脑、手舞足蹈、不停地抖腿、转动手中的笔、两手紧握弄得关节嘎嘎作响。谈话前忌吃洋葱、大蒜等有气味的食品。

（3）注意语言礼貌。忌在公共场合旁若无人地高声谈笑，或我行我素地高谈阔论，应顾及周围人的谈话和思考；忌不分场合地把绯闻、“荤段子”挂在口边。

（4）注意话题的选择。当你初次与他人交谈时，首先要解决好的问题便是尽快熟悉对方，消除陌生感。你可以设法在短时间里，通过敏锐的观察初步地了解他。例如，他的发型、他的服饰，他的领带，他的打火机，他随身带的提包，他说话时的声调及他的眼神等。避开疾病、死亡、灾祸以及其他不愉快的话题，以免影响情绪和气氛。

（5）不恶语伤人。不在背后说同事、领导、同行、朋友的坏话；不传播小道新闻或者不好的消息；忌意气用事、发牢骚或指桑骂槐，很容易伤害人、得罪人。

（6）注意双向沟通。交谈讲究的是双向沟通，不要只顾自己说，不给他人说话的机会。忌谈论对方一无所知且毫不感兴趣的事情；交谈过程中如果总是挑剔别人的毛病，会让对方心情不好，不利于交谈的进一步发展。应该从积极的角度思考，正确理解对方的想法和心情。不论交谈的主题与自己是否有关、自己是否感兴趣，都应热情投入，积极合作。不要插嘴打断他人说话。即使要发表个人意见或进行补充，也要等对方把话讲完，或征得对方同意后再说。

（7）不要拖太久时间。良好的交谈应该注意见好就收，适可而止。普通场合的谈话，最好在30分钟以内结束，最长不能超过1小时。

知识拓展 搜索

社交场合不易谈及的问题

在社交场合中，尤其是涉外交往中，有哪些问题是不宜被谈及的？

在正式的社交场合中，尤其是涉外交往中，年龄、收入、婚否、健康、个人经历五类私人问题是不宜谈及的，人们习惯上称之为“私人问题五不问”。不同国家有着不同的文化背景，人们对隐私的看法有所不同。欧洲人尤其是英国人隐私范围很广，在交谈中要特别注意；美国人隐私面较窄，谈话中只要不涉及收入、工资、家庭财产等问题，其他都可交谈；东方人隐私观念淡薄，尤其是韩国人，几乎无话不谈，收入、工资等情况都在交谈之列。

——资料来源：邸卫民．旅游服务礼仪［M］．北京：化学工业出版社，2007.

课堂思考

在正式交谈中，有哪些注意事项？

复习与思考

一、简答题

1. 语言的特点和要求有哪些？

2. 语言运用的基本要求技巧有哪些？

3. 常用的礼貌用语种类有哪些？

二、判断题

请用学过的知识来做判断。在括号中画上“√”或“×”。

1. 握手时目光注视对方眼鼻三角区。（　）

2. 与人交流时手势过分夸张。（　）

3. 回答问题时经常整理头发。（　）

4. 交谈中经常用食指指点他人。（　）

5. 超越区域文化界限的手势易闹笑话。（　）

三、选择题

1. 在人际交往中，社交距离的范围在（　　）米。

A. 1.2~2.1　　B. 0.5~1.2　　C. 2.1~3.5

2. 称呼的种类包括性别称呼、姓名称呼、（　　）等。

A. 代词称呼　　B. 绰号称呼　　C. 职务称呼

四、案例分析题

帮助张红解决问题

张红是某旅游集团的行政助理。某天，总经理交代她，外地的孙先生准备来公司洽谈项目合作事宜，“我先去会客室，在那里准备准备，你去一楼接他，他来了就要他直接过来。”张红去了一楼。她认识孙先生，张红因业务关系和孙先生打过交道，彼此都不算陌生。

看孙先生下了车，张红迎了上去，却突然紧张得找不到合适的词，一着急，把总经理的原话搬了出来："王总他现在在会客室，他要你直接过去。"

"要我过去？"

孙先生看了看张红，一点也没有开玩笑的意思，"那要他来我住的宾馆谈吧"。

张红听出来了，孙先生的"要"字咬得特别重，显得很不耐烦。

——资料来源：作者收集整理.

案例分析：

你能不能帮张红分析一下，与客人沟通时应怎么说？

五、推荐阅读

1. 夏林根.旅游服务语言艺术［M］.太原：山西教育出版社，2003.

2. 黄文清.服务语言艺术（饭店服务与管理专业旅游服务与管理专业）/中等职业教育国家规划教材配套［M］.北京：高等教育出版社，2003.

第五章

公共场合礼仪

公共场合是指处在人群经常聚集、供公众使用或服务于人民大众的活动场所。公共场合最显著的特点是公用性和共享性。它为全体社会成员服务，是全体社会成员进行社会活动的处所。在这种情况下，与他人共处，彼此礼让、包容、理解、互助，也是做人的根本。公共场合礼仪，具体讲指的就是人们置身于公共场合时，所应遵守的礼仪规范。它是社交礼仪的重要组成部分之一，也是人们在交际应酬之中所应具备的基本素养。

本章阐述了公共场合礼仪的概念和基本内容，介绍了中餐宴会礼仪、西餐宴会礼仪、出行礼仪、办公场合礼仪和特殊场合礼仪。通过学习本章内容，可以使旅游从业人员掌握在公共场合与他人共处时和睦相处、礼让包容的有关行为规范。

学习目标

知识目标

1 了解公共场合的概念和意义。

2 了解中、西餐宴会礼仪的基本要求。

3 了解出行礼仪的要求。

4 了解不同场合下公共礼仪的要求。

素质与能力目标

1 能够掌握中、西餐宴会的基本形式和礼仪规矩。

2 能够掌握并遵守出行礼仪，体现自身修养。

3 能够掌握办公场合礼仪。

4 能够掌握特殊公共场合礼仪。

案 例

客人埋单

李辉的好朋友从很远的地方来看望他，李辉很隆重地将朋友领到一家很高档的酒店吃饭，又招呼了几个同事作陪。为了显示尊重，他执意让朋友坐在面对大门的最里面的座位上。朋友连忙推辞，不过盛情难却，也只好坐在了那里。

饭快吃完时，朋友去了趟洗手间，李辉也没有多想。吃过饭，李辉准备结账时，服务员说他的朋友已经把账结了。李辉有点不高兴，责备他的朋友不该抢着结账，他的朋友说："你让我坐在这个位置上，我怎么能不结账呢？"李辉不知道说什么才好。

——资料来源：http：//www.sina.com.cn.

案例分析

请问李辉忽略了什么问题？

第一节　中餐宴会礼仪

中华饮食，源远流长。在这自古为礼仪之邦，讲究民以食为天的国度里，饮食礼仪自然成为饮食文化的一个重要部分。中国的饮宴礼仪号称始于周公，历经千百年的演进，最终形成了大家普遍接受的一套饮食进餐礼仪。本节就中餐需要注意的礼仪详细地加以介绍。

一、中餐宴会的类别

根据规格，宴会分为国宴、正式宴会、便宴、家宴。根据举行时间，宴会可分早餐、午宴、晚宴，一般在晚上举行的宴会更为隆重。根据礼仪，宴会可分为欢迎宴会和答谢宴会。

（一）国宴

国宴是国家元首或政府首脑为国家庆典或为外国元首、政府首脑来访而举行的正式宴会，国宴是各类宴请中规格最高、最为隆重的一种形式。宴会厅内悬挂国旗，设乐队奏国歌及席间乐，席间有致辞或祝酒，菜单和座席卡上均印有国徽。出席者的身份规格高，代表性强，宾主均按身份排位就座，礼仪严格。

国宴严格按对方提供的礼宾顺序名单排列席位，并事先通知出席者；精心制作座席卡，座席卡用两种文字写成，方便客人入座；座席卡上的名字中文在上，外文在下；如外宾姓名过长，中文只写姓氏和职务，外文则写其全名和尊称。

国宴采用分餐制，一人一份。中华人民共和国成立初期，国宴就实行分餐制，不过，那时是菜端上桌后，由服务员给每位宾客分，剩下来的，就搁在桌子的中间，谁吃谁取。1987 年后，都是由厨师按宴会人数把菜分盘，再端上去。

（二）正式宴会

正式宴会通常是政府和团体等有关部门为欢迎应邀来访的宾客，或来访的宾客为答谢主人而举行的宴会。正式宴会除不挂国旗、不奏国歌以及出席规格不同外，其余安排大体与国宴相同。宾主同样按身份就座。礼仪要求也比较严格，席间一般都有致辞或祝酒，有时也安排乐队演奏席间乐。

（三）便宴

便宴又称非正式宴会，多用于招待熟识的宾朋好友。这种宴会形式简便、亲切，用餐标准可高可低，宜用于日常友好交往。常见的便宴形式有午宴、晚宴，有时也有早宴。席间可不安排座位，菜肴可根据宴会人员安排高低丰简。席上礼仪，是举止风度的一部分，因此不容忽视。

（四）家宴

家宴主要是自己一个大家庭，包括直系亲属聚在一起举行的宴会，也可以有朋友、同事等参加。很多时候家宴是在饭馆进行，但现在的人渐渐喜欢上回家做菜的感觉，认为在家宴请宾客是最高的接待标准，也有许多朋友将自己被邀请到家聚餐视为荣幸。讲究饮食品质，讲究宴请感觉，讲究私密聚餐，成了更多人新的选择。

家宴一般都事先安排好座次，以方便宴会参加者各得其所，入席时井然有序，同时也是对客人的尊重礼貌。家宴以及非正式的小型宴会，在安排座次时要注意以下几点要求：

1. 以主人为中心

如有女主人参加时，则以男主人和女主人为基准，以靠近者为上，依次排序。

2. 将尊贵的位置安排给要客

通常做法，以右为上，即主人的右手边是最主要的位置。其余主客人员，按礼宾次序依次就座。

3. 需方便交谈

在遵照礼宾次序的前提下，尽可能使相邻就座者以便于交谈。例如，在身份大体相同时，把使用同一种语言的客人安排相邻就座。

4. 座次安排应尽可能照顾到每位客人

主人方面的陪客，应尽可能地安排在客人之间坐，以便同客人接触交谈，避免自己人坐一起，尽可能照顾到每一位来客。

5. 夫妇一般不相邻而坐

按照西方习惯，女主人可坐在男主人的对面，男女依次相间而坐。女主人面向上菜的门。我国和其他一些国家不受此限。

另外，随着人们对于群体就餐卫生认识的不断加深，使用公筷或一次性碗筷更受欢迎。尽管家宴应是自在、自由或是舒服的，但是，在家宴中使用公筷或一次性筷子，可以体现主人对家人、友人的尊重，也为了亲人、朋友的健康。

二、中餐宴会的桌次排列礼仪

中餐宴会一般采用圆桌，视参加人数多少设为一桌或多桌。团体宴请应先确认主桌，主桌排定之后，其余桌次的高低以离主桌的远近而定，近者为高，远者为低；平行者以右桌为高，左桌为低。桌数较多时，要摆桌次牌。这样既方便宾、主，又利于管理。宴会厅内安排桌次的主要原则包括：

（1）以右为上。各桌横向并列时，以面对宴会厅正门时为准，右侧的餐桌高于左桌的餐桌。

（2）以远为上。各桌纵向排列时，以距离宴会厅正门的远近为准，距其越远，餐桌的桌次越高。

（3）居中为上。各桌围绕在一起时，居于正中内的那张餐桌应为主桌。

（4）临台为上。宴会厅内若有专用的讲台时，应当背靠讲台的餐桌为主桌。若宴会厅内没有专用讲台，有时也可以背临主要画幅的那张餐桌为主台。

一桌以上的宴会，桌子之间的距离要适当，各个座位之间也要距离相等。团体宴请中，餐桌排列一般以最前面的居中桌子为主桌，如图 5-1 所示。只有两桌的小型宴会，可根据餐厅具体情况横排或竖排，如图 5-2 所示。

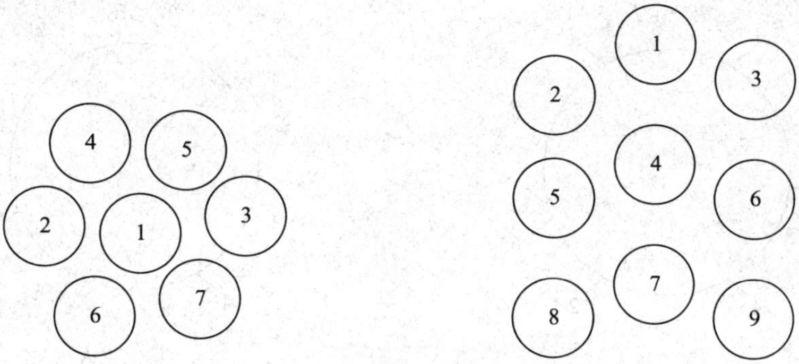

图5-1　团体宴请桌次安排

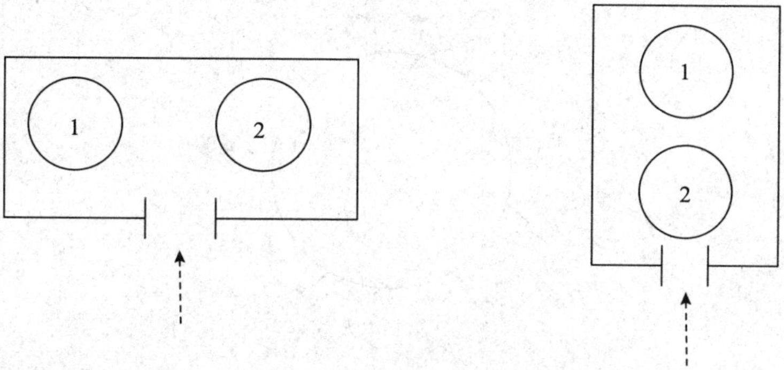

图5-2　小型宴会桌次安排

三、宴会的位次排列礼仪

凡正式宴会，一般均应安排座位，也可以只排部分客人的座位，其他人只排桌次或自由入座。无论采用哪种坐法，都要在入席前通知到每一个出席者，使大家心中有数，现场还要有人引导。大型宴会最好先安排座位，以免混乱。席位高低以离主人的座位远近而定。礼宾次序是安排席位的主要依据。这方面既有国外的习惯，也有我国的习惯。

（1）按国外习惯，主桌上男女穿插安排，以女主人为准，主宾在女主人右上方，主宾夫人在男主人的右上方。

（2）在我国，习惯按职务排列，以便交谈。两桌以上的宴会，其他各桌第一主人的位置一般与主人桌上的位置相同，如图 5-3、图 5-4、图 5-5、图 5-6 所示。

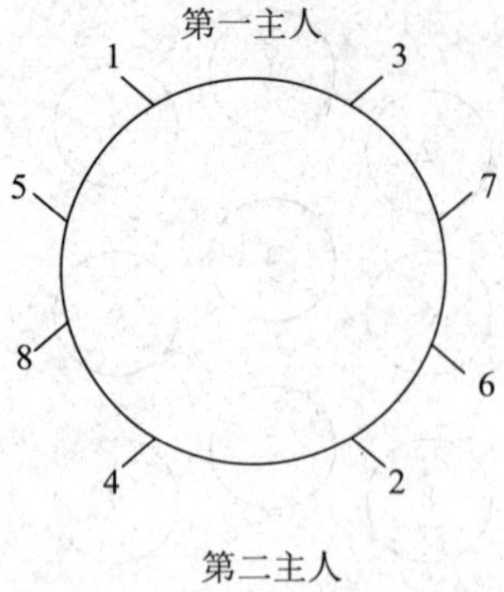

图5-3　正式宴会座位安排（1）

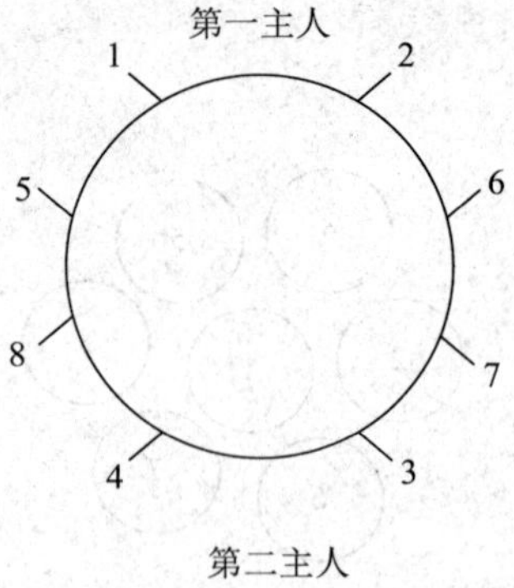

图5-4　正式宴会座位安排（2）

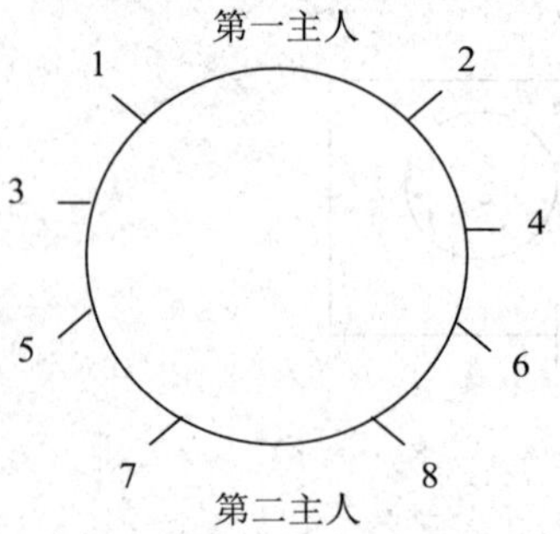

图5-5　正式宴会座位安排（3）

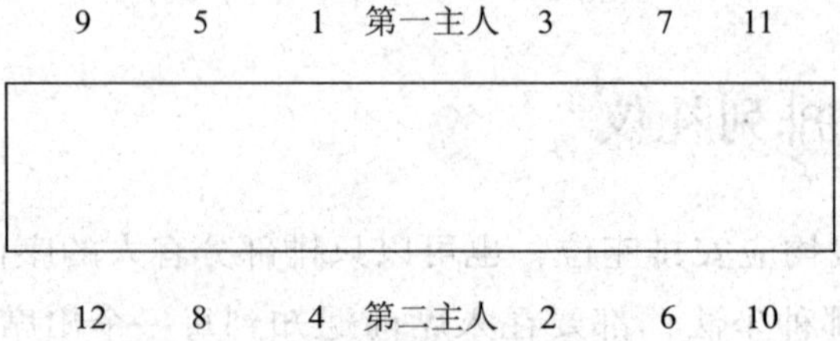

注：此种摆法谈话集中，但一般不能把客人排在末端，而是由陪同人员坐在末端。

图5-6　正式宴会座位安排（4）

四、中餐餐具的摆盘及使用礼仪

现代中餐宴会的餐具摆盘总体原则是遵循几何原则，餐具之间的距离要相等，餐具的摆放要让客人易拿易放，如图 5-7 所示。

（一）湿巾

湿巾通常摆放在骨碟左侧。餐前湿巾只可擦手，之后第二次上的湿巾可以擦嘴，但不要用来擦脸。

（二）汤具

汤碗置于骨碟左上方，汤勺与水平线平行，勺把向左。食用勺子里的东西时，尽量不要把勺子完全放入口中，或反复吮吸它。

（三）公筷与公勺

每位客人的公筷与公勺一般横向放置在骨碟上方。有时也在上菜时配上公筷或公勺。

（四）骨碟与食碟

骨碟上面摆放的餐巾通常在客人入座后上菜前撤走，然后换上稍小一些的食碟。骨碟是供客人放置用餐过程中产生的垃圾，如鱼刺，螃蟹壳等。食碟一般是用来暂放从公用菜盘里取来享用的菜肴。用食碟时，一次不要取过多的菜肴，不要把多种菜肴放在一起，以防串味。不吃的残渣、骨、刺应放在食盘的前端，放的时候不能直接从嘴里吐在食碟上，要用筷子加放到碟子旁边。

图5-7　中餐餐具的摆盘

（五）杯子

杯子是由高到低排列的，中间的杯子与筷子架对齐，由低向高成 45° 角排列，从左至右依次为：红酒杯、白酒杯、水杯。水杯主要用来盛放清水、汽水、果汁、可乐等饮料，一般不用它来盛酒，也不要倒扣水杯。另外，喝进嘴里的东西不要再吐回水杯。

（六）筷子、长柄汤匙

筷子、长柄汤匙的摆放是与骨碟对齐的。筷子是中餐最重要的餐具，用餐前筷子一定要整齐地放在饭碗的右侧，用餐后一定要整齐地竖向放在饭碗的正中。不论筷子上是否残留着食物，都不要去舔；和人交谈时，要暂时放下筷子；不要把筷子竖直插放在食物上面；不能用筷子剔牙、挠痒或用来夹取食物以外的东西。用汤匙取食物时勿过满，免得溢出来弄脏餐桌或自己的衣服。

（七）茶杯

与桌子边缘距离四指，茶把向右，与水平方向呈 45° 角，方便拿握。

五、参加宴请的礼仪

（一）抵达

出席宴请活动，要准时抵达，早到不礼貌，迟到更失礼。抵达宴请地点后，要先到衣帽间脱下大衣和帽子，然后前往主人迎宾处，主动向主人问好。如果是参加节庆活动，应向主人表示祝贺。可按当地的习惯，赠送花束或花篮。参加家宴，可酌情给女主人赠少量鲜花。

（二）入座

应邀出席宴请活动，应听从主人安排，端庄就座。如宴会桌次较多，应在进入宴会厅前，先了解自己的桌次。入座时看清桌上的座位卡和自己的名字，不要随意乱坐。如邻座是长者或妇女，应主动协助他们坐下。

（三）进餐

入座后，在主人的招呼下开始进餐。要注意以下礼仪：等主人在主座就位后，按长幼、身份入座；不先于主人动筷；前三巡酒是主人尽东道之谊的时间，前三巡酒后他人可礼貌敬酒；席间行为举止要文雅，要讲究吃相，不乱翻菜，不乱夹菜；不馋酒及没完没了地劝酒，尤其是上了主食以后；宴席结束后，主宾先离席，他人后再依次离开。

另外，现代生活离不开手机，但不在餐桌上频繁玩手机、发微信也是就餐礼仪的一部分，时不时盯着手机看不仅冷落了身边的朋友、亲人，也破坏了进餐的氛围。

（四）交谈

主人、客人或陪客，都应主动与同桌人交谈，特别是左右邻座。不要只同几个熟人或一两个人说话。邻座如不相识，可先自我介绍。谈话时应避免高声失态。在别人讲话时，插话是很不礼貌的行为。一般来说，宴会上的愉快交谈可以说是最佳的社交谈话。讨论的话题广泛，既可以深奥严肃，也可以轻松愉快。

（五）祝酒

祝酒又称敬酒，在正式的宴会上，一般都有祝酒的习惯。

1. 祝酒时间

祝酒应该在特定的时间进行，并以不影响来宾用餐为首要考虑。祝酒分为正式祝酒和普通祝酒。正式祝酒，一般是在宾主入席后、用餐前开始就可以敬，一般都是主人来敬，同时还要说规范的祝酒词。而普通祝酒，只要是在正式祝酒之后就可以开始了。但要注意是在对方方便的时候，如他当时没有和其他人敬酒，嘴里不在咀嚼食物，认为对方可能愿意接受你的敬酒。而且，如果向同一个人敬酒，应该等身份比自己高的人敬过之后再敬。

2. 中、西餐祝酒的区别

（1）中餐祝酒。第一，干杯前，可以象征性地和对方碰一下酒杯；碰杯的时候，应该让自己的酒杯低于对方的酒杯，表示对对方的尊敬。用酒杯杯底轻碰桌面，也可以表示和对方碰杯（当你离对方比较远时，完全可以用这种方式）。第二，一般情况下，祝酒应以年龄大小、职位高低、宾主身份为先后顺序，一定要充分考虑好敬酒的顺序，分明主次。即使和不熟悉的人在一起喝酒，也要先打听一下身份或是留意别人对他的称号，避免出现尴尬或伤感情。第三，如果因为生活习惯或健康等原因不适合饮酒，也可以委托亲友、部下、晚辈代喝或者以饮料、茶水代替。作为敬酒人，应充分体谅对方，在对方请人代酒或用饮料代替时，不要非让对方喝酒不可，也不应该好奇地“打破砂锅问到底”。

（2）西餐祝酒。第一，西餐祝酒干杯只用香槟酒，并且不能越过身边的人而和其他人祝酒干杯。第二，宴会上相互敬酒表示友好，也可以活跃气氛。但切忌饮酒过量，饮酒过量容易失言失态，必须控制自己的酒量。当有人为你斟酒或提议碰杯时，不要随意拒绝，即使不能喝，也应有所表示，以示敬意。

（六）宽衣

在社交场合，无论气温多高，也不能当众解开纽扣，敞开外衣。在小型便宴上，如主人请客人宽衣，男宾可脱下外衣，搭在椅背上。

（七）吃水果

一般宴会，水果都已去核削皮切成小块，可用叉或牙签取食，吃一块取一块。连取多块同吃是不礼貌的行为。

（八）告辞

宴会结束后，男主人务必将客人送至大门口，客人则应对主人的盛情款待表示感谢。

（九）致谢

在出席私人宴请活动之后，往往致以便函或名片表示感谢。致谢信最好在第二天即发出。一般致谢信写给女主人。但若男女主人都是你的挚友，则致谢信应写给他们两人。如果男女主人收到一封以夫妇名义合写的致谢信，很可能会把这看作一种特别的礼貌表示而铭记在心。在通信越来越方便的今天，也常用发邮件、发微信的方式致谢，回赠礼物的方式也是礼貌之举。无论采用什么方式道谢，都要发自内心地表达真诚，即便关系再熟悉、亲密，也不能省略道谢的环节，这是应有的回应礼貌。

（十）遇到特殊情况

宴会进行中，由于不慎发生意外，应沉着，不必慌乱。如餐具碰出声音，可轻轻向邻座（或主人）婉言道歉；如餐具摔落，可由服务员另配一副。如酒水打翻溅到邻座身上，应表示歉意，协助擦干；如对方是女士，只要将干净餐巾或手帕递上，由她自己擦干即可。

知识拓展 搜索

点菜的注意事项

1. 在点菜时要注意，尽量避免重复的配料、口味、烹调方法等。

2. 重点菜和口味菜询问一下是否喜欢，尤其注意不要为了适合自己口味而点太辣或者太油腻的菜。

3. 点菜要上档次，只需点一到两个有特色、上档次的菜，不需要每个菜都很贵。

4. 要注意客人是否有忌口——是否有民族或者信仰忌讳，是否吃辣、是否有孕、是否服药、是否海鲜过敏等；如有老人、小孩注意点几个对牙要求不高的菜。

5. 点菜时不应该问服务员菜肴的价格，或是讨价还价。

——资料来源：中华礼仪培训网 http：//business.liyipeixun.org.

课堂思考

中餐为何有“让菜”的礼仪习惯？

第二节 西餐宴会礼仪

一、西餐座次礼仪

（一）西餐座次安排的总体原则

1. 恭敬主宾

在西餐中，主宾极受尊重。即使用餐的来宾中有人在地位、身份、年纪方面高于主宾，但主宾仍是主人关注的中心。在排定位次时，应请男、女主宾分别紧靠着女主人和男主人就座，以方便照顾。

2. 女士优先

在西餐礼仪里，女士处处备受尊重。在排定用餐位次时，主位一般应请女主人就座，而男主人则须退居第二主位。

3. 以右为尊

在排定位次时，应以右为尊。就某一特定位置而言，其右位高于其左位。例如，应安排男主宾坐在女主人右侧，应安排女主宾坐在男主人右侧。

4. 面门为上

有时又叫迎门为上。它所指的是，面对餐厅正门的位子，通常在序列上要高于背对餐厅正门的位子。

5. 距离定位

一般来说，西餐桌上位次的尊卑，往往与其距离主位的远近密切相关。在通常情况下，离主位近的位子高于距主位远的位子。

6. 交叉排列

用中餐时，用餐者经常有可能与熟人，尤其是与其恋人、配偶在一起就座，但在用西餐时，这种情景便不复存在了。商界人士所出席的正式的西餐宴会，在排列位次时，要遵守交叉排列的原则。依照这一原则，男女应当交叉排列，生人与熟人也应当交叉排列。因此，一个用餐者的对面和两侧，往往是异性，还有可能与其不熟悉。这样做，据说最大的好处是可以广交朋友。不过，这也要求用餐者最好是双数，并且男女人数各半。

（二）西餐座次礼仪

在西餐用餐时，人们所用的餐桌有长桌、方桌和圆桌。有时，还会以之拼成其他各种桌形。不过，最常见、最正规的西餐桌当属长桌。下面，就来介绍一下西餐排位的种种具体情况。

1. 长桌排位

以长桌排位，一般有两种办法。一是男女主人在长桌中央对面而坐，餐桌两端可以坐人，也可以不坐人，如图 5-8 所示；二是男女主人分别就座于长桌两端，如图 5-9 所示。

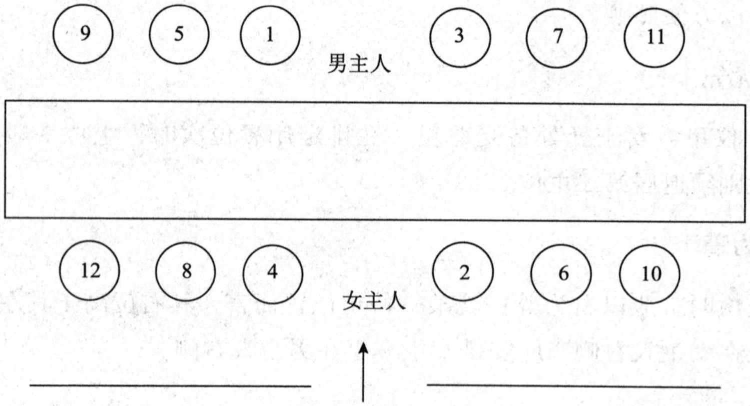

图5-8　西餐长桌座次排列（1）

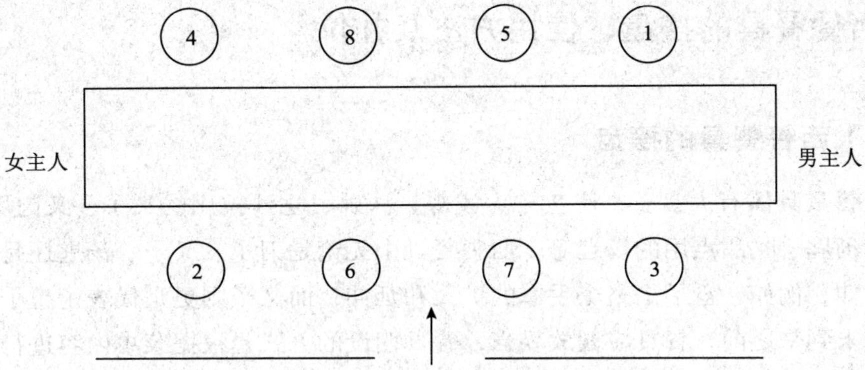

图5-9 西餐长桌座次排列（2）

2. 方桌排位

以方桌排列位次时，就座于餐桌四面的人数应相等。在一般情况下，一桌共坐8人，每侧各坐两人的情况比较多见。在进行排列时，应使男、女主人与男、女主宾对面而坐，所有人均各自与自己的恋人或配偶坐成斜对角，如图5-10所示。

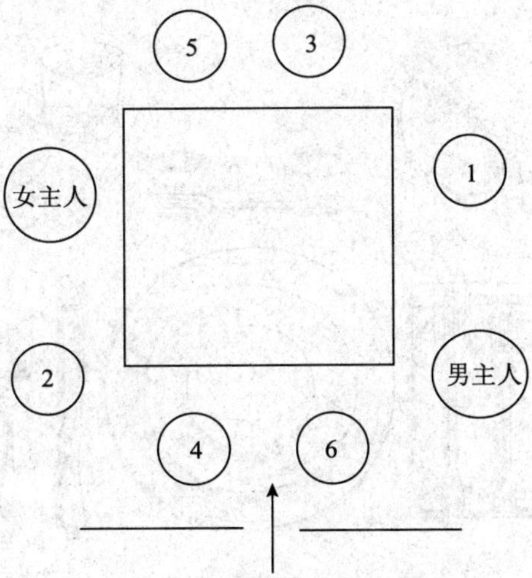

图5-10 西餐方桌座次排列

3. 圆桌排位

在西餐里，使用圆桌排位的情况并不多见。在隆重而正式的宴会里，则尤为罕见。其具体排列，基本上是各项规则的综合运用。

二、西餐餐具的摆盘、使用方法及礼仪

（一）西餐餐具的摆盘

西餐餐具具体有大盘子、小盘子、浅碟、深碟、吃沙拉用的叉子、叉肉用的叉子、喝汤用的汤匙、吃甜点用的汤匙等。西餐餐具中无论是刀子、叉子、汤匙还是盘子，都是手的延伸，例如，盘子是整个手掌的扩大和延伸；而叉子则更是代表了整个手上的手指。客人未到来之前，餐具应摆放妥当，餐具摆设的方式是根据菜单内容进行选择。西餐餐具的摆放说明如下（见图 5-11）：

底盘在正餐采用时，预先放置在客座的中央位置，盘沿距桌边不超过 1/4 英寸；餐刀一只，置于底盘的右侧，刀口面得朝向底盘；汤匙一只，置于餐刀的右外侧，匙心向上；餐叉二只，底盘的左内侧是生菜叉一只，紧接着左外侧是餐叉一只，叉齿向上；点心叉及匙各一只，摆置在底盘的前上端；事实上，餐桌上并非一定要摆上点心叉与匙，它们可在供应点心前或同时带去摆上餐桌；面包牛油碟置于餐叉的左前方，碟上置牛油小刀一只。

图5-11　西餐餐具的摆盘

（二）西餐餐具中刀、叉、勺的使用方法及礼仪

1. 刀

（1）使用方法。请记住用右手拿刀，刀是用来切割食物的。如果用餐时，有三种不同规格的刀同时出现，一般正确的用法是：带小小锯齿的那一把用来切肉制食品；中等大小的那一把用来将大片的蔬菜切成小片；而那种小巧的，刀尖是圆头的、顶部有些上

翘的小刀，则用来切开小面包，然后用它挑些果酱、奶油涂在面包上面。刀的使用方法是右手持刀，将刀柄的顶端置于手掌之中，以拇指抵住刀柄的一侧，食指按在刀柄背上，其余三指则顺势弯曲，握住刀柄，如图 5-12 所示。

（2）使用礼仪。谈话时可以拿着刀叉，但若需要做手势时，就应放下刀叉，千万不可手执刀叉在空中挥舞摇晃，也不要一手拿刀或叉，而另一只手拿餐巾擦嘴，也不可一手拿酒杯，另一只手拿叉取菜。

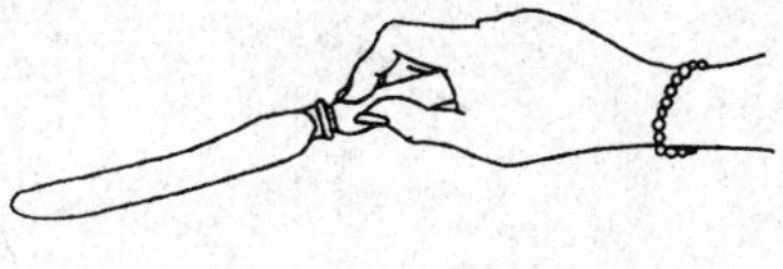

图5-12　正确拿刀

2. 叉

（1）使用方法。进餐时应用左手拿叉，如图 5-13 所示。叉也可以单独用于进食或取食。叉如果不是与刀并用，则右手持叉，叉齿应该向上，如图 5-14 所示。刀叉并用时，叉齿应该向下，如图 5-15 所示。

（2）使用礼仪。叉是用来叉起食物往嘴里送的，动作要轻，捡起适量食物一次性放入口中，不要拖拖拉拉一大块，咬一口再放下，这样很不雅。叉子捡起食物入嘴时，牙齿只碰到食物，不要咬叉，也不要让刀叉在齿上或盘中发出声响。

图5-13　正确拿叉

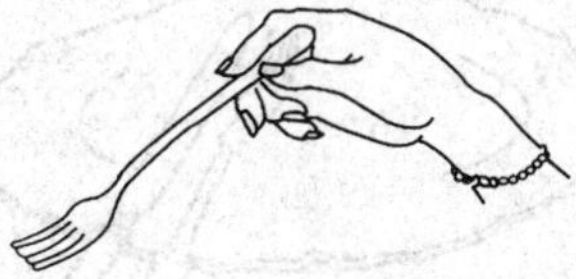

图5-14　单独拿叉

图5-15　刀叉并用

3. 勺子

（1）使用方法。在正式场合下，勺有多种，小的是用于喝咖啡和吃甜点心的；扁平的用于涂黄油和分食蛋糕；比较大的，用来喝汤或盛碎小食物；最大的是公用于分食汤的，常见于自助餐。切莫用错。持匙用右手，持法与叉相同。但手指务必持在匙柄上端。叉匙并用取食时，叉的指法和刀叉并用时相同，叉齿向下，如图 5-16 所示。另外，西餐里用汤匙一勺一勺盛汤喝时，应由里往外舀，这和中餐里用匙喝汤的方法是相反的。

（2）使用礼仪。如汤菜过热，可待稍凉后再吃，最好不要用嘴吹。喝汤时，用汤勺从里向外舀，汤盘中的汤快喝完时，用左手将汤盘的外侧稍稍翘起，用汤勺舀净即可。

吃完汤菜时，将汤勺留在汤盘（碗）中，匙把指向自己。

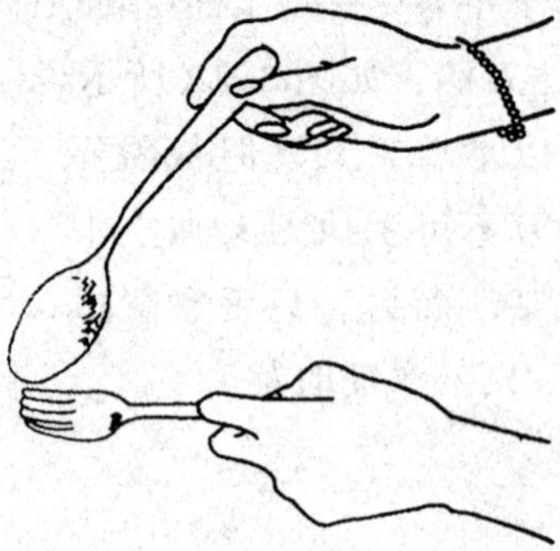

图5-16　叉匙并用的正确姿势

（三）西餐餐具的摆放意义

每道菜吃完后，应将刀叉并拢平排放盘内，以示吃完，如图 5-17 所示。如未吃完，则摆成八字或交叉置于盘上，刀口应向内，叉齿应朝下，如图 5-18 所示。

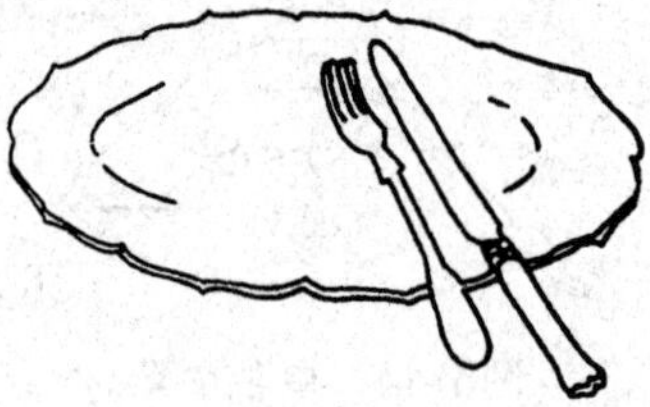

图5-17　吃完的刀叉放法

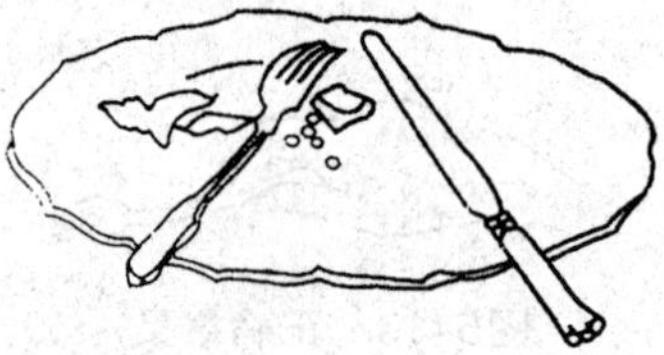

图5-18　未吃完的刀叉放法

三、参加宴请的礼仪

（一）着装讲究

吃西餐时，西方人非常特别讲究穿着打扮。用餐规模、档次不同，用餐时衣着也不尽相同。正式西餐宴会应穿礼服，参加普通宴会可穿正装，参加一般宴会可穿便装。

（二）进食噤声

用餐时，不论是有意还是无意，无论是吃东西还是喝东西，尽量不要发出声音，也不要使杯子盘子叮当作响。西方人认为，唯有缺乏教养的人才会在进食时发出声音。

（三）禁止异响

用餐时，体内的任何声音都不要发出，如咳嗽、打喷嚏、打嗝、放屁等。如遇身体不适出现打喷嚏、打嗝等异响时，要说“不好意思”“抱歉”以示歉意。

（四）正襟危坐

就座时应从左边入座，并使上身与餐桌保持两拳左右的距离。上身挺直，不可东倒西歪，双手不可支在桌上，双腿切勿乱伸。

（五）吃相文雅

用餐时，应注重形象，保持自身的文雅，不可大口吃喝，不可吃得到处都是食物，时刻注意自己的形象。

四、西餐的菜品

（一）开胃菜

西餐的第一道菜是头盘，也称为开胃菜。开胃菜就是由蔬菜、水果、海鲜、肉食所组成拼盘，通常以多种调味汁凉拌而成。其色彩悦目、口味宜人。因为是要开胃，所以开胃菜一般都具有特色风味，味道以咸和酸为主，而且数量较少，质量较高。

（二）面包

在西餐正餐里吃的面包，一般都是切片面包，有时也是刚刚烤出来的小面包。在食用面包时，可根据自己的口味，抹上各种果酱、黄油或奶酪。

（三）汤

西餐里的汤，大都口感浓郁芬芳，具有很好的开胃作用。按照西餐里的传统，只有开始喝汤时，才算正式开始吃西餐。西餐的汤大致可分为清汤、奶油汤、蔬菜汤和冷汤4类。品种有牛尾清汤、各式奶油汤、海鲜汤、美式蛤蜊周打汤、意式蔬菜汤、俄式罗宋汤、法式焗葱头汤。冷汤的品种较少，有德式冷汤、俄式冷汤等。

（四）副菜

鱼类菜肴一般作为西餐的副菜。品种包括各种淡、海水鱼类、贝类及软体动物类。通常水产类菜肴与蛋类、面包类、酥盒菜肴品均称为副菜。因为鱼类等菜肴的肉质鲜嫩，比较容易消化，所以放在肉类菜肴的前面，叫法上也和肉类菜肴主菜有区别。西餐吃鱼类菜肴讲究使用专用的调味汁，品种有鞑靼汁、荷兰汁、酒店汁、白奶油汁、大主教汁、美国汁和水手鱼汁等。

（五）主菜

肉、禽类是西餐里的主菜。肉类菜肴的原料取自牛、羊、猪、小牛仔等各个部位的肉，其中最有代表性的是牛肉或牛排。牛排按其部位又可分为沙朗牛排（也称西冷牛排）、菲利牛排、“T”骨型牛排、薄牛排等。其烹调方法常用烤、煎、铁扒等。肉类菜肴配用的调味汁主要有西班牙汁、浓烧汁、蘑菇汁、白尼斯汁等。食类菜肴的原料取自鸡、鸭、鹅，通常将兔肉和鹿肉等野味也归入禽类菜肴。禽类菜肴品种最多的是鸡，有山鸡、火鸡、竹鸡、可煮、可炸、可烤、可焖，主要的调味汁有黄焖汁、咖喱汁、奶油汁等。

（六）配菜

蔬菜类菜肴可以安排在肉类菜肴之后，也可以与肉类菜肴同时上桌，所以可以算为一道菜，或称之为一种配菜。蔬菜类菜肴在西餐中称为沙拉。与主菜同时取用的沙拉，称为生蔬菜沙拉，一般用生菜、西红柿、黄瓜、芦笋等制作。沙拉的主要调味汁有油醋汁、法国汁、千岛汁、奶酪沙拉汁等。沙拉除了蔬菜之外，还有一类是用鱼、肉、蛋类制作的，这类沙拉一般不加味汁，在进餐顺序上可以作为头盘食用。还有一些蔬菜是熟食的，如花椰菜、煮菠菜、炸土豆条。熟食的蔬菜通常与主菜的肉食类菜肴一同摆放在餐盘中上桌，称为配菜。

（七）甜品

西餐的甜品是主菜后食用的。从真正意义上讲，它包括所有主菜后的食物，如蛋糕、布丁、煎饼、冰激凌、奶酪、水果等。

（八）果品

常用的果品有干果类和鲜果类两类。干果类主要有核桃、榛子、腰果、杏仁、开心果等；常用的鲜果类主要有草莓、菠萝、苹果、香蕉、橙子等。

（九）热饮

用餐结束之前，应提供热饮。最正规的热饮是红茶或咖啡，二者只能选其一，而不能同时享用。其作用主要是帮助消化。可以在餐桌上喝，也可以换个地方喝，如休息室、客厅。

知识拓展 搜索

西餐餐巾的用途

1. 餐巾的铺放。西餐餐巾通常会叠成一定的图案，放置在就餐者的杯子里，有时直接平放于就餐者的右侧桌面上或就餐者面前的垫盘上。形状有长方形和正方形之分。餐巾应平铺在自己并拢的大腿上，如果是正方形的餐巾，应将它折成等腰三角形，直角朝向膝盖方向；如果是长方形餐巾，应将其对折，然后折口向外平铺在腿上。餐巾的打开、折放应在桌下悄然进行，不要影响他人。

2. 餐巾的用途。餐巾对服装有保洁作用，防止菜肴、汁汤落下来弄脏衣服；也可以用来揩拭口部，通常用其内侧，但不能用其擦脸、擦汗、擦餐具；还可以用来遮掩口部，在非要剔牙或吐出嘴中的东西不可时，可用餐巾遮掩，以免失态。

3. 餐巾有暗示作用。西餐以女主人为第一主人。当女主人铺开餐巾时，暗示用餐开始，当女主人把餐巾放到桌上时，暗示用餐结束。就餐者如果中途离开，一会还要回来继续用餐，可将餐巾放在本人所坐的椅面上；如果放在桌面上，则暗示：我不再吃了，可以撤掉。

——资料来源：https：//wenda.so.com/q/1464160061729504.

课堂思考

1. 与中餐相比，西餐具有哪些特点？

2. 在西餐服务中，当客人把刀叉并拢平排放于餐盘上，服务员可征求客人意见为客人撤下餐具。这种说法正确吗？为什么？

第三节 出行礼仪

一、走路的礼仪

从礼仪上讲，行路时应遵守以下规范：在行路时，首先要遵守交通规则。横过马路时，要切记“红灯停，绿灯行”，并且一定要走人行横道，不要横跨围栏，横越草坪。在行进中，不宜连奔带跑，引发误会，也不要走得太慢，阻挡他人。与他人同行时，应记住位次上的尊卑。并排行走时，以右为尊；一前一后行走时，以前为尊。不要忽略这一点。在狭窄之处行走时，若无急事，最好将外侧让出，以便有事者迅速通过，此刻不宜多人并行或停下来交谈。其次，在走路时，不要与人拉拉扯扯，勾肩搭背；也不要边走边吃喝，或者吸烟，不要乱扔废物；别人问路，应给予帮助。不要对路人指指点点；不要围观起哄。

二、乘坐交通工具礼仪

（一）乘坐飞机的礼仪要求

（1）按时登机，对号入座。进入机舱后保持安静。

（2）不将超大行李和有异味的物品带上飞机。尽快放好随身行李，保持通道畅通。

（3）登机后主动关闭手机等电子设备，或将手机调至飞行模式。

（4）不乱动飞机上的安全用品及设施。需要找乘务员时，可以按呼唤铃，不宜大声喊叫。接受乘务员服务应致谢。

（5）在飞机上进餐时，主动将座椅椅背调至正常位置，以免影响后排乘客进餐。

（6）保持舱内整洁卫生，因晕机呕吐时，应使用机上专用呕吐袋。飞行过程中尽量不要脱下鞋子以免影响他人；如果是长途飞行，脱下鞋后应在外面罩上护袜。

（7）机上读物阅读后整齐放入面前插袋。

（8）飞机未停稳时不抢先打开行李舱取行李，以免行李摔落伤人。

（9）上下飞机时，应对空中乘务员的迎送问候有所回应。

（10）为乘机人送行时，可说“一路平安”等祝语，不宜说“一路顺风”（飞机需逆风起飞）。飞机上救生衣是飞机遇险，在海上迫降时供乘客逃生使用的，切勿随意打开或带下飞机。

（二）乘坐高铁的礼仪要求

（1）放置行李应相互礼让，与人方便。

（2）主动帮助老、幼、病、残、孕等特殊旅客。

（3）在车厢里，自觉维护车内环境卫生，垃圾投入垃圾箱内；不随意脱下鞋子，更不可把脚跷放到对面座位上；车厢内禁止吸烟；不可长时间占用卫生间和盥洗间。在车厢内不应大声喧哗，以免影响其他旅客。

（三）乘坐邮轮的礼仪要求

（1）上下船舶、参加活动、进出电梯切勿一拥而上。

（2）乘客按照规定按时、亲自参加救生演习。

（3）观赏演出表演时，不宜帮人占位。

（4）自助餐厅遵守轮流取食，耐心排队等候，并注意循序渐进，多次少取。

（5）保持客舱卫生清洁；房间内勿高声喧哗，影响邻居安宁。

（6）乘坐邮轮应注意衣饰穿着大方得体，以展现泱泱大国的风范。无论何时何处，均不宜穿着“睡衣”“拖鞋”“热裤”甚至赤膊出入公共场所。

（7）乘客请勿擅自闯入船员专区等场所，以免打扰船员的作息。

（8）遵守邮轮上拍照规定，严禁摄影机或相机拍摄演出。不随便拍摄工作中的船员。

（9）船上任何区域都不要大声讲话，追逐跑闹。

（10）应以真诚的微笑和得体的语言回应船员的问候，及时感谢他们的服务。

（四）乘坐公共汽车、地铁的礼仪要求

（1）排队候车，先下后上，礼让妇女、老人和孩子先上车。

（2）听从司乘的引导。

（3）主动给老人、病人、残疾人、孕妇和带小孩的乘客让座。

（4）保持车厢和站点的环境卫生；雨雪天，妥善放置所携雨具，以免影响他人。

（5）后下车的乘客应主动给先下车的乘客让道。

（6）乘坐地铁时，不能在车厢吃东西，不能喝饮料，以免影响车厢卫生。

（五）乘坐出租车的礼仪要求

（1）路边招停，以不影响公共交通为宜。

（2）上车时，年长者或女士先上；下车时，年轻者或男士先下。

（3）保持车内卫生，不往车外吐痰、扔杂物，应将痰吐在纸巾里，下车时随其他杂物随身带走。

（4）在没有禁止吸烟的车上，如要吸烟，应征得司机同意，不可将烟灰弹落车内，不可将烟蒂扔到窗外。

（六）骑电动车和自行车的礼仪要求

在生活压力增大、生活节奏的加快的今天，很多人的出行方式有了新变化。电动车和自行车越来越多地出现在城市的道路上。共享单车也非常受上班族欢迎，呼吸更通畅，也能帮助人体消耗热量，关键还低碳环保。但在拥挤的道路上骑车，要随时关注周围的情况。骑车时应注意以下事项：

（1）自觉遵守道路交通安全法规、交通信号和交通标志。

（2）礼让行人，红灯不越线，黄灯不抢行。

（3）不随意穿梭在街道上，不逆行。

（4）进出有人值守的大门，下车推行或减速，以示尊重。

（5）拐弯前先做手势示意。

（6）文明使用共享单车，不破坏、违规用车。

（7）电动车不得行驶在机动车道上。

（8）不乱停放，不对城市空间管理和空间美化产生不利影响。

三、入住酒店礼仪

（一）登记入住

进入酒店大堂后，首先应该到前台登记，如果你带了大量的行李，可以请门童帮自己搬运行李，并在礼貌地谢过之后再去登记入住。大厅和走廊是酒店生活中的主要公共场合，因此一定要记住，不要表现得像在自己家中一样。甚至穿着睡衣或浴衣转来转去。此外，还应该注意一定不要大声说话和吵闹，也不要乱跑乱跳。

（二）客房的礼仪

虽然打扫客房是服务员的工作，但是也不能因为有人代劳就不注重保持清洁卫生，废弃物要扔到垃圾筐里。在洗手间，不要把水弄得到处都是。如果连续住几天，可以留一张纸条给客房服务员，告诉他们床单和牙刷不必每天都换，这样的客人一定会受到饭店的尊重和欢迎。在房间用餐完毕，要用餐巾纸将碗、碟擦干净，放在客房外的过道上方便服务人员收拾。发膏、牙刷、肥皂、信封、信纸之类的小用品可以带走，但要注意有些物品是有偿使用的。他乡遇故知一定很棒，与朋友欢喜相聚也应该注意有节制，会客时间太长是不适宜的，一般不要超过 23 点。

（三）离店的礼仪

不要想当然地认为可以从酒店拿走毛巾、睡衣或其他物品，酒店对物品的管理非常严格，这会导致令自己尴尬的局面，而且到最后要为此付款。如果想要些纪念品的话，可以到酒店的商店里看看。如果不小心弄坏了酒店的物品，不要隐瞒抵赖，要勇于承担责任加以赔偿。

四、游览观光礼仪

1. 爱护景区的一切设施

山川名胜和历史古迹是不可再生的宝贵的自然和文化遗产，应倍加珍惜。不要触摸珍贵的文物展品，不能戏弄浏览点的动物，在山林中还应注意防火。不要随地吐痰、乱扔烟头。不要采折花卉、践踏草地，不要在树木、建筑物上乱刻、乱画。不用树木为承重载体做各种运动，在照相时不要拉扯树木的花枝。

2. 维护环境整洁

在旅游观光时应维护环境整洁的责任与义务。在需要静谧观赏的地方，勿随意大声喧哗、嬉笑打闹，在外野餐之后，一定要将垃圾收拾干净，集中丢弃在垃圾箱或垃圾点，不可随手丢弃，更不要随地便溺。不污染景区内的水资源，尽量保持水域的环境卫生。

3. 以礼相待，主动谦让

旅游途中，如走在狭窄的曲径、小桥、山洞时，要主动给老幼妇孺让道，不争先抢行。如果不小心冒犯了他人，应及时致歉，不要与之发生纠纷。如果跟随团队旅游，一定要听从导游的安排，在征得导游同意后方可离队。在自由游览时，不可玩得忘乎所以误了归队时间。

4. 遵守公共秩序

不要独自前往禁行之处“探险”。遇到购票或观看某些景的人较多时，要自觉排队，不要前拥后挤，制造混乱。

5. 注意个人形象

游山玩水时服饰可舒适自然，运动装、休闲装皆可，但不要赤身露体，有碍观瞻；不要围观、尾随陌生人；年轻情侣、新婚夫妇结伴游玩，应避免过于亲昵的举动。所到之处要入乡随俗，尊重当地的风俗习惯和一些宗教戒规，否则可能会因小事而酿成大错。

知识拓展　搜索

邮轮小费礼仪

邮轮小费即邮轮服务费，是在邮轮行驶过程中，客人为了表示感谢工作人员的贴心服务而表现出的一种感谢行为。通常和陆地上给予小费的概念不同，其属硬性规定，即不管坐任何邮轮，都应该支付相应的费用。如果是邮轮统一收取，最后将作为工作报酬支付给船上的服务人员（包括舱房服务员、餐厅服务员等）；另外一种则属于你对工作人员的服务特别满意，从而自行给予相应的小费。

当房卡和国际信用卡绑定之后，必要的服务费直接从信用卡里扣除，并且会显示在消费账单中。如果没有绑定，则需要使用美元，在船方指定的地点一并支付。一般情况下，到达码头之后会有行李员帮你把行李送到舱房，你只需办理登船手续即可，此时是需要支付小费的，普通标准是一件行李 1 美元。如果不需要，则不必支付。而大部分邮轮公司的收费标准是每人每天 12~25 美元，不论是成人还是儿童，都是一个标准。其他的例如品酒或者坐 SPA 时候需另外支付 15%~18% 的小费。

——资料来源：搜狐网 http：//www.sohu.com/a/274057851_100098747.

课堂思考

1. 乘坐交通工具可以带宠物吗？注意事项是什么？
2. 有些客人喜欢敞着房门大声说话，这种做法为何让其他住客特别难以接受？

第四节　办公场所礼仪

案　例

办公室里的小事情

快到午餐时间，刘萌点了份外卖在办公室吃。她点的咖喱饭味道有点大，且将吃过以后的垃圾随手扔进办公室的垃圾筐里，其气味弥散了办公室，大家心情都不是很好，有人提出了意见。刘萌很尴尬，感觉很不好意思。

——资料来源：作者搜集整理．

案例分析

请问刘萌哪里做得不合适？

办公场所属于办公与交往的公共空间，遵守办公场所的礼仪不仅是对同事的尊重和对单位文化的认同，更重要的是体现了个人为人处事，礼貌待人。办公场所礼仪涵盖的范围其实不少，接打电话、接待、会议、网络、公务、公关、沟通等都有各式各样的礼仪。遵循办公室礼仪规范，了解、掌握并恰当地应用办公室礼仪会使促进我们的事业蒸蒸日上。

一、办公场所仪表礼仪

办公场所着装不仅反映着一名员工的精神面貌、审美水平，甚至还反映了其文化修养。办公场所作为单位的窗口，工作人员的着装代表着单位的形象。上班时的穿着，一定要符合单位的规定，符合具体岗位的要求。如果单位需统一着装，那么无论男女，上班时间应尽量穿着工作服。如果没有统一着装的要求，在办公场所宜选较为保守的服装，男士以西装为主，女士着装要美观大方，不可我行我素太过出挑。整洁是办公期间着装的基本要求，即干净齐整、清爽大方。避免穿着过肥过紧或过于休闲的衣服，应巧妙利用不同服饰的特点弥补体型的缺陷，同时展示出专业的形象。

二、办公场所用语礼仪

（1）互相问候，下班互相道别。

（2）使用文明用语接电话。

（3）打电话时尽量放低声音，如果是私人电话，应尽量减少通话时间。

（4）寻求帮助时表达谢意，打扰到别人要说对不起。

（5）不议论任何人的隐私，不在办公室场所制造流言蜚语或传播小道消息。

三、办公场所举止礼仪

（1）进出电梯时为需要帮助的人按住电梯门。

（2）在同事需要帮助的时候伸出援助之手。

（3）在开会或同事聚集的场合，不对任何不同意见做出轻蔑的举止。

（4）与来访者握手时做到大方得体，彬彬有礼。

（5）与他人交换名片，双手送出以示恭敬。

（6）不在办公室场所脱鞋或者将脚伸到桌上。

（7）不翻动其他同事桌上的文件资料，甚至电脑、传真机上与自己无关的任何资料。

（8）保持办公桌整洁、不乱丢废纸。

（9）男士尽量不在办公室抽烟，以免污染环境。

（10）女士尽量不在办公场所化妆、涂指甲。

（11）除了收发电子邮件和查阅资料以外，不要在网上聊天、网上购物。

（12）讲求效率，不干私事。

（13）爱惜办公室的公共用品，不随便将其拿回家，不浪费公用物品。

第五节　特殊场合礼仪

案例一

来电吵醒邻床病友

刘先生到医院探访病人，公司的同事来电话，铃声让另一床上正闭目养神的病人睁开了眼。刘先生接起电话就谈上了工作。尽管电话时间不长，但那位被吵着了的病人一直脸色不悦。

——资料来源：http：//www.docin.com.

案例分析

探病者应该如何在病房接听电话？

案例二

鞋子带来的尴尬

杨阳是一家企业的员工。一天，杨阳下班直奔图书馆，但一进入图书阅览室，杨阳就感觉很尴尬。杨阳当时穿着高跟鞋，走起路来嗒嗒嗒作响，在安静的图书馆里显得特别吵。周围的人都在看她。她心里想着以后再去图书馆，先要检查自己的穿着是否合适。

——资料来源：作者收集整理 .

案例分析

图书馆里应注意哪些细节？

一、医院探病礼仪

（1）提前与患者或其家人打招呼，询问是否方便探视，不随意打搅病患睡眠。

（2）进病房应轻轻敲一下门，因为有些病人需要穿衣或盖被。

（3）遵守医院的规章制度，脚步放轻，不大声喧哗。

（4）应像平常一样亲切问候患者或握手致意，切莫大惊小怪。

（5）可适当赠送鲜花、水果以及有利于病人健康的食品。

（6）掌握好探病时间，不要妨碍病人及邻床病患的休息。

二、图书馆礼仪

图书馆是人类智慧的宝库，也是学习和交流知识、获取信息的场所。因此，要求读者在获取知识的同时，也应遵守图书馆的规章制度。

1. 仪表得体

读者去图书馆学习应衣着整洁，进图书馆前应自觉关手机，不能穿背心、拖鞋、钉铁跟的皮鞋进图书馆。

2. 自觉遵守图书馆的规章制度

爱护图书馆的设施，保持环境安静和清洁卫生，严禁吸烟。读者在图书馆学习要讲文明，讲礼貌，不要抢占座位，为自己或为他人划地盘。图书馆是公共学习场所，有空位人皆可坐，但欲坐在别人旁边的空位时，应有礼貌地询问其旁边是否有人。借还图书、进行微机检索、课题查询、复印，或在语音室听录音，在影像室看录像等，要按顺序排队。注意走路要轻，入座和起座要轻，翻书也要轻。与他人交谈时，应轻声细语，若需长时间讨论，应到室外交谈。

3. 自觉爱惜图书

在图书馆学习和阅览图书、报刊时，应自觉爱护图书馆的公共设施和图书、报刊。阅览时不应在图书、报刊上涂画。查阅资料时，若遇到自己解决不了的问题，可以有礼貌地向图书馆咨询人员请教。

三、博物馆礼仪

博物馆是人们享受终身教育的第二课堂，也是高雅的文化殿堂。高雅的学习和参观环境需要参观的观众具备文明、科学的参观素质和习惯。因此，观众参观博物馆过程中应注意言行，时刻保持文明、有序参观，与博物馆共创优质参观环境。

（一）参观博物馆形象礼仪

博物馆、展览馆是一个环境相对特殊的场所，馆内展出的都是具有很高纪念价值的文物和艺术品，因此，博物馆和展览馆对馆内环境的要求非常高，对参观者也有一定的要求。在参观博物馆时，观众一定要穿比较干净、整齐、正式的服装。这样才能和博物馆的环境相协调。

（二）参观博物馆礼仪细节

1. 不可大声谈笑

博物馆同图书馆一样，需要保持安静，这样才能使参观者能静下心来感受艺术品带来的艺术美感。因此，参观者在馆内应该始终保持安静，尽量不要高谈阔论，更不能大声喧哗。

2. 不可乱摸展品

博物馆里展出的艺术品都是十分珍贵的，有的展品甚至在世界上都是独一无二的，具有极高的价值。但少数参观者在参观时总是觉得不过瘾，一定要亲手摸摸展品，这种做法对展出的艺术品是一种极大的伤害，甚至会起到破坏作用。很多博物馆有不要触摸展品的规定，对于那些价值极高的文物，博物馆也采取了设玻璃罩、隔离线等保护措施。在参观时，观众应注意查看展品旁的说明，这样做既可以了解展品的基本情况，也会对其价值作出判断。

3. 不要随意拍照

很多人看到稀奇的东西都喜欢拍照留念。我们在参观博物馆的时候也经常听到工作人员讲“请不要用闪光灯拍照”或“这件展品不能拍照”，这是因为博物馆里的东西都是珍贵的文物，涉及版权保护，且闪光灯拍照会损害文物。木质建筑物、字画、丝绸制品、壁画等文物，应禁止使用闪光灯拍照。并不是所有的文物都怕闪光灯，但观众很难区分清楚。所以，对博物馆来说，干脆就规定不允许使用任何闪光灯拍照。

四、影剧院礼仪

很多人喜欢到电影院看电影，感受与在家看电视不一样的视听觉享受；也有许多人喜欢去剧院看演出，欣赏高雅的艺术。在影剧院观赏电影或演出应该注意以下事项：

（1）着装整洁，依序入场，自觉接受安全检查，听从公安及现场工作人员指挥。

（2）严禁携带易燃、易爆物品和管制刀具等危险品，勿将大包及软硬包装饮料、荧光棒、一次性打火机带入场内。

（3）对号入座。迟到的观众勿妨碍他人观看演出，勿在通道滞留。

（4）场馆内严禁吸烟，禁止踩踏桌椅，勿翻越隔离设施。

（5）现场禁止拍照、录音、录像。

（6）观看电影或演出期间勿大声喧哗，并将手机置于静音状态。

（7）演出（电影）结束后，依序退场，不要拥挤，不要在场内滞留。

五、观看体育比赛礼仪

（一）比赛开始前

尽量提前或准时入场，在入口处，主动出示票证请工作人员检验；若带包入场，必须接受安检。进出场时，不要拥挤，遇到老弱病残孕者应主动礼让，进场后对号入座。进入比赛场地后，应关闭随身携带的手机。

（二）比赛中

（1）如果比赛开场，应就地入座，比赛中不能随意走动。

（2）在比赛中，举行升旗仪式时，观众应当面向国旗肃立致敬，不能嬉笑打闹或随意走动。对于其他国家的国旗、国徽，也应当本着相互平等、相互尊重的原则，给予应有的尊重和礼遇。

（3）观看体育比赛时，要注意自己的言行举止。言行举止不仅是个人涵养的问题，也关系到社会风气。精彩的体育比赛振奋人心，欢呼和呐喊是很自然的事情。可以为自己所喜欢的一方叫好，但不应该辱骂另一方。如果是精彩的场面，不管是主队的还是客队的，都应该鼓掌加油，表现出公道和友好。

（4）在比赛中起哄、乱叫、向场内扔东西、鼓倒掌、喝倒彩的行为，是违背体育精神的，更是没有教养的表现。在比赛的紧要关头，尽量不要因一时激动而从座位上跳起来，挡住后面的观众。关键的时刻，大家的心情是一样激动的。

（5）体育场内一般不许吸烟。实在忍不住，可以到休息厅或允许吸烟的地方去吸烟。如果喜欢吃零食的话，不要把果皮纸屑随地乱扔。最好别吃产生较大噪声的零食，以避免影响身边其他观众的情绪。

（6）比赛过程中照相不能使用闪光灯；应遵守禁止照相的规定。

（7）看比赛的时候，尽量不要带年龄太小的孩子去。小孩往往只有三分钟热度，很快就会对比赛没兴趣，继而来回跑甚至哭闹。这样的话，很影响周围的观众。

（8）观看体育比赛时的穿着，可以随气候、场所和个人爱好而定。但也要注意公共场所礼节。即便再热，不能只穿一件小背心，更不能光着膀子观看比赛，这样是不雅观的。

（9）在比赛中如果觉得比赛结果有问题，要按照程序向有关人员提出。谩骂、起哄甚至围攻裁判的行为都是不对的。

（三）比赛结束时

比赛结束时，要向双方运动员鼓掌致意；待比赛完全结束再有秩序地退场，不随便中途退场。

六、舞会礼仪

舞会，一般是指以参加者自愿相邀共舞为主要内容的一种文娱性社交聚会。在优美的乐曲、美妙的灯光、高雅的舞姿的相互衬托下，人们不仅可以从容自在地获得自我放松，还可以联络老朋友，结识新朋友，进一步扩大自己的社交圈。舞会的所有参与者，在舞场之上均需注意个人的行为举止，时时处处遵守舞会的礼仪规范。对一般人而言，约束自己在舞场上的表现，主要是要注意修饰、邀人、拒绝、舞姿、交际五个方面的基本问题。

（一）修饰

参加舞会之际，依礼必须预先进行必要的、合乎惯例的个人形象修饰。其中，修饰的重点主要有以下三方面。

1. 仪容

在仪容方面，舞会的参加者均应沐浴，并梳理适当的发型。男士务必剃须，女士在穿短袖或无袖装时须剃去腋毛。特别需要强调的有两点：其一，务必注意个人口腔卫生，认真清除口臭，并禁食气味刺激的食物。其二，外伤患者、感冒患者以及其他传染病患者，应自觉地不要参加舞会，否则不仅有可能传染别人，还会影响大家的情绪。

2. 化妆

参加舞会前应进行适度的化妆。男士化妆的重点通常是美发、护肤和去味。女士化妆的重点则主要是美容和美发。与家居妆、上班妆相比，因舞会大都举行于晚间，舞者肯定要受灯光的照耀，故舞会妆允许化得相对浓一些。但若非参加化装舞会，化舞会妆时仍须讲究美观、自然，切勿搞得怪诞神秘，令人咋舌。

3. 服装

在正常情况下，舞会的着装必须干净、整齐、美观、大方。有条件的话，可以穿格调高雅的礼服、时装、民族服装。若举办者对此有特殊要求的话，则需认真遵循。在舞会上，通常不允许戴帽子、墨镜，或者穿拖鞋、凉鞋、旅游鞋。在较为正式的民间舞会上，一般不允许穿外套、军装、警服、工作服。如果穿的服装过露、过透、过短、过小、过紧，就有可能令自己“春光外泄”，既不庄重，也不合适。

（二）邀人

在舞会上，邀请他人与自己共舞一曲，是其参加者必做之事。舞会礼仪规定，在邀人共舞时，特别要关注常规、方法、选择、顺序等几个要点。

1. 常规

在舞会上，邀请舞伴的下述基本规范，是人人必须严格遵守的。不然的话，就会失敬于人，或是令人见笑。第一，请舞伴时，最好是邀请异性。通常讲究由男士去邀请女士，不过女士可以拒绝。此外，女士亦可邀请男士，然而男士却不能拒绝。第二，在较为正式的舞会上，尤其是在涉外舞会上，同性之人切勿相邀共舞。两位男士一同跳舞，会给人以关系异乎寻常之感。而两位女士一起跳舞，则等于是在宣言“没有男士相邀”，所以迫不得已以此举吁请男士们“见义勇为”。第三，根据惯例，在舞会上一对舞伴只宜共舞一支曲子。接下来，需要通过交换舞伴去扩大自己的交际面。舞会上的第一支舞曲，男士一般要去邀请与自己一同前来的女士共舞。如有必要，他们二人还可以在演奏舞会的结束曲时再同跳一次。

2. 方法

邀请他人跳舞，应当力求文明、大方、自然，并且注意讲究礼貌。千万不要勉强对方，尤其是不要出言不逊，或是与其他人争抢舞伴。一般来说，邀请舞伴时，有两种具体的办法可行。其一，直接法。即自己主动上前邀请舞伴。可先向被邀请者的同伴含笑致意，然后再彬彬有礼地询问被邀请者：“能否有幸请您跳一支舞？”其二，间接法。即如果感觉不方便直接邀请，或者把握不是很大时，可以托请与彼此双方相熟的人士代为引见介绍，牵线搭桥。

不论采取何种方法请人，若自己来到被邀请者面前，已有他人捷足先登时，则须保持风度，遵守先来后到的顺序，礼让对方，等下一次再去进行邀请。

3. 选择

在舞会自行选择舞伴时，也有规范可循。有可能的话，不要急于行事，而是最好先适应一下四周的气氛，细心观察。一般说起来，以下8类对象是自选舞伴之时最理智的选择。（1）年龄相仿之人。年龄相似的话，一般是容易进行合作的。（2）身高相当之人。如果双方身高差距过大，未免会令人感到尴尬难堪。（3）气质相同之人。邀气质、秉性相近的人一同共舞，往往容易各对各眼，互相因产生好感，从而和睦相处。（4）舞技相近之人。在舞场，"舞艺"相近者"棋逢对手"，相得益彰，有助于更好地发挥技艺，产生快感和满足。（5）无人邀请之人。邀请较少有人邀请之人，既是对其表示的一种重视，也不易遭到回绝。（6）未带舞伴之人。邀请未带舞伴的人共舞，成功的机会往往是较大的。（7）希望结识之人。想结识某人的话，不妨找机会邀对方或是其同伴共舞一曲，以舞为"桥"，接近对方。（8）打算联络之人。在舞会上碰上久未谋面的旧交，最好请其或其同伴跳一支曲子，以便有所联络。除以上几种情况之外，在舞会上倘若发现有人遇上异性的纠缠骚扰，最得体的做法是，应当挺身而出，主动邀请被纠缠者跳一支曲子，以便"救人于水火之中"。

4. 顺序

在较为正式的舞会上，根据舞会礼仪的规定，人们除了要与自己一起来的同伴同跳开始曲、结束曲，或是可以酌情自择舞伴之外，还须按照某些既定的顺序去邀请其他的舞伴。以下就简介一下男士邀请舞伴的合礼顺序。就主人方面而言，自舞会上的第二支舞曲开始，男主人应当前去邀请男主宾的女伴跳舞，而男主宾则应回请女主人共舞。接下来，男主人还需依次邀请在礼宾序列上排位第二、第三的男士的女伴，礼宾序列上排位第二、第三的男士则应同时回请女主人共舞。就来宾方面而言，有下列一些女士，是男宾应当以礼相邀，共舞一曲的。她们主要包括：一是舞会的女主人，二是被介绍相识的女士，三是自己旧交的女伴，四是坐在自己身旁的女士。以上女士若被男宾相邀后，与其同来的男伴最好回请该男宾的女伴跳上一曲。

案 例

邀舞缘何被拒绝

小张是一位很帅气的小伙子，穿着很讲时髦。一次，他买了一件很漂亮的大衣，正好周末单位举行舞会，他穿着新大衣来到会场。小张兴致很浓，欲邀请一位在座位里休息的女士跳舞，不料那位女士很礼貌地拒绝了他。接着小张又邀请了两位女士跳舞，结果均被拒绝。这时，一位朋友来到小张身边，拍拍他说："小张，不能穿着大衣邀请女士跳舞，这是不礼貌的。"小张这才明白刚才为什么被拒绝。

——资料来源：http：//www.docin.com.

案例分析

小张的舞会着装有什么问题吗？

（三）拒绝

1. 态度

态度要友好、自然、表现要彬彬有礼。口头拒绝时，最好起身相告具体原因，并且勿忘向对方致歉，对其说上一声“实在对不起”或“抱歉之至”。

2. 托词

例如：（1）非常抱歉，已经有人邀请我了。（2）非常抱歉，我想单独休息一会儿。（3）非常抱歉，我不会跳这种舞。（4）非常抱歉，我不喜欢跳这种舞。（5）抱歉，我不熟悉这首曲子。（6）非常抱歉，我不喜欢这首曲子。

（四）舞姿

（1）步入舞池时，要尊重女伴，女在前，男在后，由女士选择具体位置；跳舞时，一般男士领舞引导在先，女士配合在后。一曲终了，应立于原处，面向乐队或主持人鼓掌表示感谢，男士再将女伴送回原处。

（2）跳舞时舞姿要端正大方，身体不要晃动。双方面带微笑，不可大声谈笑。

（3）跳舞时男士不要强拉硬拽，女士不可挂、扑、靠、扭。

（4）双方身体应保持一定的距离。

（5）跳舞时若冲撞了别人，应礼貌地向人道歉。

（6）不可目不转睛地凝视着舞伴，即便是热恋中的情侣，在舞会上也不应过分亲昵。

（7）在双方共舞过程中，无论舞步有多么不合，都应坚持到底，一般不应中途离去。双方都礼貌地下场是允许的。

（8）要按逆时针方向进行，不要旁若无人、横冲直撞。

（五）交际

1. 叙旧

在舞会上遇到老朋友、老关系，除了争取邀请对方或其舞伴共舞一曲之外，还要尽量抽出时间找对方叙一叙，致以必要的问候，并且传递适当的信息。

2. 交友

例如：（1）主动把自己介绍给对方；（2）请他人代为介绍；（3）通过邀请舞伴的方式认识对方。

知识拓展 搜索

公共场合中使用手机的礼仪

1. 公共场合打电话，不宜旁若无人地大声通话。信号不良时，可改换通话位置或改用其他通信方式，勿大声喊叫。

2. 在医院、会场、音乐厅、图书馆、展览馆等需要保持安静的公共场所，应主动关机或置于振动、静音状态；如接到来电，应到不妨碍他人的地方接听。

3. 电影院内，调低手机亮度，关掉闪光灯。

4. 人群中使用自拍杆，请避免妨碍他人。

5. 公共场合使用耳机也要注意音量，不要漏音。

6. 不在驾驶汽车过程中使用手机，不在加油站使用手机。

7. 勿用社交媒体骚扰或恐吓他人。

——资料来源：搜狐新闻.

课堂思考

高校是大学生接受知识以及平日生活的场所。校园内除了学生宿舍以外，几乎都属于公共场所的范围，请问大学生应该遵守哪些校园礼仪？

复习与思考

一、名词解释

公共场合礼仪　宴请　座次礼仪

二、选择题

1. 下面关于中餐宴请的礼仪哪一项是正确的？（　）

A. 宴会时，离主桌远的右边桌次比离主桌近的左边桌次要高。

B. 排位次时，如果夫人出席，应该安排与主宾夫人坐在主宾旁边。

C. 对于年龄较高、体质较差的客人不宜安排太多海味。

D. 轴心型桌次应这样排：③ ⑤

①

② ④

2. 参加宴会时下面哪种情况是错误的？（　）

A. 使用汤匙时应同时将筷子交换到左手拿住。

B. 需要处理骨、刺时，应用筷子取出放到桌上。

C. 在进餐过程中，不可只品尝自己喜欢的菜肴，不宜议论菜肴的优劣。

D. 不宜当众剔牙，更不可用指甲剔牙。

3. 怎样做符合使用移动通信工具的礼仪？（　）

A. 在要求“保持安静”的音乐厅可以小声接听电话。

B. 在医院就诊室里等候医生接诊时可以使用移动通信工具。

C. 在餐厅就餐时尽量不要主动打电话与人谈笑闲聊。

D. 交通不拥挤的情况下驾驶汽车时可以接听电话。

4. 下面对参加舞会的要求，哪项是错误的？（　）

A. 如果请柬上没有对服装做特别要求，可以穿运动鞋参加。

B. 男士最好穿晚礼服或西服，颜色以深色调为主。

C. 跳舞时不可以吸烟。

D. 如身体不适，可以跟主人讲明原因，谢绝参加。

三、简答题

1. 宴会的类别有哪些？

2. 西餐餐具里面的刀叉的使用礼仪是什么？

3. 舞会的着装礼仪是什么？

四、案例分析题

案例 1：巴黎餐馆里的中国人

一天傍晚，巴黎的一家餐馆来了一行中国人，老板安排了一位中国侍者为他们服务。交谈中得知他们是东北某县的一个考察团。点完菜，他们开始四处拍照，竞相和服务人员合影，甚至跑到门外一辆凯迪拉克汽车前面频频留影。用餐时杯盘刀叉的撞击声不断。坐在他们附近用餐的一位先生向店方提出不满，要求换座位。侍者把客人的不满转述给他们，他们立刻安静了，非常尴尬。

——资料来源：作者收集整理．

根据以上案例，回答如下问题：

这个考察团成员的行为有哪些不得体的地方？

案例 2：被破坏的单车

自共享单车问世以来，其便捷、绿色、经济、高效的出行特点得到了人们的喜爱和追捧。可是，这么好的一个利民单车项目，却屡屡遭到无良人的破坏，有些共享单车的车座被拔掉、有的车脚镫子被损坏、有的车轮被毁坏；有的共享单车则躺在地上，十分影响城市形象。

——资料来源：作者收集整理．

案例分析：

请问你遇到过这种人为破坏公共自行车的行为吗？你会为宣传文明用车礼仪贡献一分力量吗？

五、推荐阅读

1. 雷晶．旅游礼仪［M］．武汉：武汉理工大学出版社，2010．

2. 江彩，路小静，徐红梅．礼仪规范教程（第 2 版）［M］. 北京：人民邮电出版社，2013．

3. 李少聪．饭桌上的礼仪［M］．北京：中国华侨出版社，2012．

4. 渡边忠司．用餐的礼仪与优雅［M］．北京：化学工业出版社，2012．

5. 金正昆．公关礼仪［M］．北京：北京联合出版社，2013．

6. 王丽华，吕欣．旅游接待礼仪［M］．北京：中国旅游出版社，2009．

7. 孟庆强．应酬礼仪学［M］．北京：中国纺织出版社，2009．

8. 市民文明礼仪读本——交通礼仪．http：//www.cnliyi.net.

9. 社交晚宴上的礼仪．http：//www.cnida.com.

10. 参观博物馆礼仪．http：//ww w.lypx.com.cn.

第六章

旅游行业服务礼仪

旅游行业服务礼仪是指旅游服务人员在自己的工作岗位上所应当严格遵守的行为规范，即在特定场合之内进行活动时的标准、正确的做法。在当前国际化大时代的背景下，旅游业已成为全球经济发展势头最强劲和规模最宏大的产业之一，有礼仪修养的人给人以有教养、有风度、有魅力的感觉，备受欢迎和尊敬，并能获得更多的理解和支持。因此，做好旅游接待服务工作是目前旅游业各岗位、各部门的核心工作，也是衡量旅游从业人员道德素养、实现优质服务、面向世界与国际接轨的大势所趋。

本章主要介绍了旅游服务人员在各岗位服务交往过程中对客服务礼仪；重点阐述了酒店前厅、客房、餐饮等部门及其各岗位的工作规范和基本技巧，导游活动中的素质和礼仪要求。学习完本章，学生可以对酒店、导游服务礼仪有一个全方位的认识，以实现对学生综合素质全方位立体的培养。

学习目标

知识目标

1. 明确并牢记旅游酒店服务人员的基本素质及岗位礼仪规范。
2. 熟悉前厅、客房餐饮等部门员工的工作流程和服务礼仪。
3. 了解导游员服务的基本礼仪要求并掌握导游员迎送和协调讲解礼仪。

素质与能力目标

1. 能够理解良好的服务礼仪是衡量服务质量的前提。
2. 真正熟悉酒店各岗位及礼仪要求。
3. 全面认识良好的礼仪修养是体现旅游业优质服务、文明程度的重要标志。

案　例

记住客人的姓名

一位常住的外国客人再次来到酒店，走到前台办理入住手续。还没有等他开口，服务人员就主动微笑地把钥匙递上，并轻声称呼他的名字，这位客人大为吃惊，由于酒店对他留有印象，使他产生一种强烈的亲切感，感觉就像回到家一样。

还有一位客人在前台繁忙时进店，前台服务人员突然准确地叫出："×× 先生，服务台有您一个电话。"这位客人又惊又喜，感到自己受到了重视，受到了特殊的待遇，不禁添了一份自豪感。

另外一位外国客人第一次前往该酒店住店，前台接待员从登记卡上看到客人的名字，迅速称呼他的名字并表示欢迎，客人先是一惊，而后作客他乡的陌生感顿时消失，显出非常高兴的样子。一个称呼就轻而易举地缩短了彼此间的距离。

此外，一位 VIP（非常重要的客人—贵宾）随带陪同人员来到前台登记，服务人员通过接机人员的暗示，得悉其身份，马上称呼客人的名字，并递上打印好的登记卡请他签字。由于受到超凡的尊重，客人感到格外开心。

——资料来源：http：//www.doc88.com/p–0754733143474.html.

案例分析

1. 上述案例中前台工作人员如何体现出对客人的尊重？

2. 你认为记住他人的姓名在酒店或其他服务业岗位将有何价值与意义？

第一节　酒店服务礼仪

旅游酒店是一个综合性接待服务企业，优质服务是旅游酒店的生命，也是酒店服务职能部门的核心工作。一个优秀的酒店服务人员除具备一定的专业知识能力之外，还应能够提供文明礼貌的优质服务。因此，旅游服务人员要努力掌握服务的各项要求和礼仪规范，最大限度地满足宾客的需求，提供优质的服务。

一、前厅服务礼仪

前厅服务是酒店服务的第一站，也是酒店品牌形象的“窗口”。前厅部通常包括接待、订房、行李、总机等职能部门，是酒店组织客源、销售客房商品、沟通和协调各部门的对客服务，并为客人提供前厅系列服务的综合性部门。所以，前厅各岗位服务人员务必认真履行职责，做到文明服务。其主要服务礼仪如下：

（一）迎宾员迎送服务礼仪

（1）迎宾员着制服上岗，按站立服务规范要求立于门厅两侧，仪表整洁、仪容端庄大方，面带微笑，全神贯注观察来往车辆和进出客人，恭候宾客的光临（见图 6-1）。

（2）见到宾客光临，应主动上前彬彬有礼地问候并表示热烈欢迎。载客汽车到站，负责车道的门卫迎送员应迅速走向汽车，主动、热情、面带微笑地为客人开启右车门，用礼貌用语向客人表示欢迎；如遇老人、儿童、残疾客人，则要主动搀扶，热情照顾，之后引导车辆停妥。此时，要注意以下几点：

图6-1　恭迎宾客

①当宾客较集中到达时，要尽可能让每一位宾客都能看到热情的笑容和听到亲切的问候声。

②凡来店的车辆停在正门时，必须趋前开启车门，迎接客人下车。一般先开启右车门，用右手挡住车门的上方，提醒客人不要碰头。佛教客人不愿意让他人护顶，以免遮住“佛光”。对老弱病残及女客人应予以帮助，并注意门口台阶。要及时为客人开店门（见图 6-2）。

图6-2　开启车门

③车上若装有行李，应立即招呼门口的行李员为客人搬运行李，协助行李员装卸行李，并注意有无遗漏的行李物品。如暂时没有行李员，应主动帮助客人将行李卸下车，并携行李引导客人至接待处办理登记手续，行李放好后即向客人交接及解释，并迅速到行李领班处报告后返回岗位。

（3）门卫要牢记常来本店客人的车辆号码和颜色，以便提供快捷、周到的服务。

（4）如遇没有雨篷的雨天，要撑伞迎接，以防客人被雨淋湿。

（5）客人离店时，负责离店的门卫应主动上前向客人打招呼并开店门。若代客人叫车，须待车停稳后，替客人打开车门，请客人上车；如客人有行李应主动帮客人将行李放上车并与客人核实行李件数。待客人坐好后，为客人关上车门，但不可用力过猛，不可夹住客人手脚。车辆即将开动，门卫躬身立正，站在车的斜前方一米远的位置，上身前倾 15°，双眼注视客人，举手致意，微笑道别，说“再见”“一路平安”“一路顺风”“欢迎您再来”“祝您旅途愉快！”等道别语。在送别团体客人和重要客人时，还要负责引导车辆和整顿门口的交通秩序。

（二）行李部服务礼仪

行李服务总称为“luggage service”，主要负责客人的行李接待工作。行李服务人员应着装整洁，仪表端庄，精神饱满，礼貌值岗。其服务礼仪规程如下：

1. 为到店或离店的客人运送行李

（1）首先向抵店的客人微笑点头，表示欢迎（见图 6–3），然后帮卸行李，请客人一起清点行李件数并检查行李有无破损，并记下客人乘坐到店的车号、所属单位及特征，然后引导客人到登记处办理入住手续。

图6–3　行李员

（2）以正确的姿势站立于客人身后，替客人看管行李并随时听从客人吩咐和总台服务员的提示。

（3）待客人办妥手续后，应主动上前向客人或总台服务员取房间钥匙，护送客人到房间。迎领客人时，要走在离客人两三步远的前方，步子应稳，遇有拐弯时，应回头微笑向客人示意。对于客人的各种行李物品要轻拿轻放，对易碎的和贵重的物品尤其要加以爱护。

（4）进房间前，先按门铃，再敲门，房内无反应，再用钥匙开门。

（5）开门后，先开总开关（此时房间大部分灯即亮），立即退出，将钥匙交回客人，请客人先进入房间。

（6）待客人进入房间后，将行李放在行李架上或按客人吩咐将行李放好。

（7）询问客人是否还有吩咐，在客人无其他要求时，即向客人告别，并加以祝福的话语，例如，“再见”“若您有什么需要，请召唤楼层的服务员或打电话到总台”“祝您有一个愉快的旅程”等，迅速离开（面对客人后退）将房门轻拉上。

（8）服务员帮客人送行房，西方客人都会给小费。服务员接受小费后，要向客人道谢，不要当着客人的面数小费，小费无论多少，都是客人的心意。绝对不能向客人伸手索取小费，这是非常失礼的行为，有损酒店的形象。

（9）如是团队行李，应按客人入房时的分房名单，核对每个房间各人的行李件数，装车后应核对行李数量，并在团体行李进出店登记簿上签名备查。

注意：当进出客人较多时，切勿搞错行李。行李排放应有间隔，并及时挂上行李牌。如果客人行李物品上有“易破”“小心轻放”等字样，应特别小心。

2. 寄存行李服务

前厅服务员除了在客人入住、离店及退房时为客人运送行李以外，还要负责客人行李的寄存服务。行李寄存分为长时间寄存和临时寄存两种。

（1）首先向客人了解寄存物品的情况，如果发现有易碎或不予保管物品，应礼貌地向客人做解释并提议客人与有关部门（保安部，财务部）联系。在收存行李前应向客人报明行李件数，并对行李做简要检查，如发现有破损，立即向客人说明。

（2）在行李卡上填上以下内容：日期、经手人、行李件数、“提示牌”编号、提取时间、记下客人的房间号码等。将行李卡下联撕下交给客人保管，告知客人届时凭行李卡下联提取行李。如客人寄存行李的提取时间超过一天，则请客人在行李卡上联签名。

（3）对寄存的易碎物品应挂上“小心轻放”的标志，把行李卡上联和“提示牌”挂在寄存的行李上，并挂在显眼的位置上。

（4）对集中堆放的寄存行李，要用绳子绑好。

（5）凡进入行李房的行李，均要在“存放行李登记本”上登记。

3. 提取行李服务

（1）当客人持行李卡提取行李时，应问明客人原住房间号、行李特征、行李件数等相关问题。进入行李房后，迅速寻找行李卡下联所记的“提示牌”编号，再核对行李卡的上下联号码，行李件数，房间号码是否一致无误，如无差错则把行李上的行李牌、提示牌摘下，连同所取的行李一起送到前台。

（2）如有他人代寄存者提取行李时，应将两份寄存单核实准确，再将代取者的姓名、住址、单位、证件号填写清楚，请代取者签名。如代取者无另一寄存单，客人又无来电吩咐，不要将行李转交他人。

（3）非当天存取的行李卡下联丢失，则要求客人说出姓名、房间号码、行李件数和行李特征，如与所要取的行李及行李卡上联的记录无误时，先要客人拿出能证明身份和签名的证件，如护照、信用卡（上有客人签名）等，连同行李卡上联复印在一起，要求客人在复印本上写下收条并签名，然后才把行李交回客人核对，随后由经手人签名、写上日期等，与行李牌上联一起钉在收条右上角，收入“无卡提物登记本”存档。

（三）梯口接待员服务礼仪

现代酒店均使用自动电梯，一般不需要专人看管，电梯内的服务工作已由行李员承担，梯口接待员是酒店为了显示对宾客高规格的礼遇而设置的，其职责是在电梯口迎接宾客。梯口迎接员在服务中应做到以下几点：

（1）迎接员在岗位上应做到仪表整洁、仪容端庄、面带微笑，精神饱满、站姿正确在电梯厅的中央，思想集中，随时恭候宾客的光临（见图 6–4）。

（2）见到宾客到来，要主动热情地问候，并按动电梯控制钮，等候电梯的到来。电梯门开启后，用手挡住梯门，并向客人微笑示意："请！"请客人步入电梯。在电梯门缓缓关闭前，站在规定的位置上微微躬身致意。

图6–4　梯口迎宾

（3）当到达相应楼层时，待电梯门自动开启，礼让客人先出电梯门。出电梯后继续引导客人到所要去的地方。如是电梯专职服务人员，待客人步出电梯时说："再见，请慢走。"且面带微笑目送客人出电梯。

（4）密切注意客人的安全。要关心最后入梯客人的安全，防止碰痛其手脚。对老、弱、病、残、幼的客人，要主动搀扶其入梯，带其站稳后方可启动电梯。万一电梯运行时发生故障，应立即与总机联系，通知工程维修部门马上派人来抢修。

（5）电梯门行将关闭时，若有急于搭乘的宾客赶到，要尽量照顾关心。电梯若已满载，应及时示意，并用礼貌用语表示歉意："对不起，已满员，请稍后等下一班，好吗？"

二、总台服务礼仪

酒店总台，也称总服务台，可谓酒店的"神经中枢"，也是客人进店和离店的必经之地。能否给客人来时有"宾至如归"之感，离别时有"宾去思归"之念，很大程度上取决于总服务台的服务质量。因此，总台各岗位的接待人员应认真负责、业务熟练，讲究效率、快捷有序，对客服务时应做到以下几点：

（一）入住登记接待服务礼仪

（1）着装整齐，仪容端庄，礼貌站立，思想集中，精神饱满地恭候宾客的光临。

（2）客人来到总台，应面带微笑、口齿清楚，声音轻柔、礼貌热情地问候招呼："小姐（先生），您好！欢迎光临""请问您有预订吗？""我能为您做些什么？"

（3）有较多客人抵达而工作繁忙时，要按先后顺序办理住宿手续，做到办理一个，接待一个，招呼后一个。以使客人不感到受冷落。

（4）敬请客人填写住宿登记表后，应尽可能按客人要求（楼层、朝向等）安排好房间，提供满意服务。

（5）查看、核对客人的证件与登记单要注意礼貌，正确无误后，要迅速交还证件，并表示感谢："×× 小姐（先生），让您久等了，谢谢！"当知道客人姓氏后，要尽早称呼为好，这是尊重客人的一种表现。

（6）把房间钥匙或房卡交给客人时，应有礼貌地说："×× 小姐（先生），我们为您准备一间朝南房间，安静舒适，房号是 ×××。这是房间的钥匙（或房卡）。这位服务员马上陪您去，祝您愉快！"或说"请慢走！"

（7）如客房已客满，要委婉地向客人耐心解释、致歉，并且要设身处地地替客人着想，尽量帮助联系其他酒店，如"很遗憾，今天客房已满，我帮你联系附近的其他酒店好吗？"

（8）重要客人进房后，要及时用电话询问："×× 小姐（先生），您对这个房间满意吗？"或"有事请您吩咐，我们随时为您服务！"以体现对客人的尊重。

（9）对来总台投诉的客人，也要面带微笑、凝视倾听，绝不与客人争辩；要以真挚的歉意，妥善处理。

（10）及时做好客人资料的存档工作，以便在下次接待时，能有针对性地提供服务。

（二）预订服务礼仪

（1）客人到柜台预订时，接待人员要热情接待，主动询问需求及细节，并及时予以答复。若有客人要求的房间，要主动介绍设施、价格，并帮助客人填写订房单；若没有客人要求的房间，应表示歉意，并推荐其他房间；若因客满无法接受预订，应表示歉意，并热心为客人介绍其他酒店。

（2）客人电话预订时，要及时礼貌接听，主动询问客人需求，帮助落实订房。订房的内容必须认真记录，并向客人复述一遍，以免差错。因各种原因无法接受预订时，应表示歉意，并热心为客人介绍其他酒店。

（3）受理预订时应做到报价准确、记录清楚、手续完善、处理快速、信息资料准确。

（4）接受预订后应信守订房承诺，切实做好客人来店前的核对工作和接待安排，以免出差错。

（三）问讯服务礼仪

为了体现"客人至上、便利客人"的服务宗旨，一些较大规模的酒店专门设有问讯处，为客人提供咨询服务。其服务人员应注意以下几点：

（1）着装整齐，仪容端庄，礼貌站立，思想集中，精神饱满地恭候宾客的光临。

（2）客人前来问讯时，应面带微笑，注视客人，主动亲切地问候："您好！""我能为您做什么？""有何需要可以帮您？"

（3）宾客询问时，切莫随意打断客人的叙述，应认真聆听，做好记录，耐心回答；以“嗯”“我明白”“对”等话语表示了解客人的意思，不要心不在焉，反应迟钝。如没有听清，应说：“对不起，请您再说一遍好吗？”或“对不起，能否请您说慢一点？”“很对不起，我没听清，请重复一遍好吗？”

（4）要有问必答，百问不厌。回答问询简洁明了，用词准确，口齿清晰。除对本酒店、商场的各部门位置、服务时间、各种设施了如指掌外，还要熟悉本地其他服务性行业的有关情况，如旅游景点、往返路线、交通工具、购物场所等有关信息，以便随时为宾客提供服务，服务中不能推托、怠慢、不理睬客人或简单地回答“不行”“不知道”。遇到自己不清楚的问题，应请客人稍候，请教有关部门或人员后再回答，忌用“也许”“大概”“可能”等模糊语言应付客人。常用语如：“对不起，我对这里不是十分了解，请让我询问一下有关人员。”“我会尽快给你满意的答复。”如宾客的问题经努力仍无法解答，应向宾客解释、致歉，求得谅解，但应尽量避免这种情况发生。

（5）回答问题时要自动停下手中的其他工作，语调柔和，音量适中。如有众多宾客同时问询，应从容不迫逐一回答，做到忙而不乱、井然有序，使不同的客人都能得到适当的接待和满意的答复。

（6）当宾客感谢您的良好服务时，应微笑致谢：“谢谢您的夸奖，这是我应该做的”“非常高兴为您服务”“请别客气”。

（7）接受客人的留言、信件、电报、邮件时，要记录好留言内容或请客人填写留言条，认真负责，按时按要求将留言转交给接收人；递送时要微笑招呼、敬语当先。对离店客人的信件要及时按客人留下的新地址批转或退回原地，时时处处体现对客人认真负责的精神。

（8）在听电话时，看到客人到来，要点头示意，请客人稍候，并尽快结束通话，以免让客人久等。放下听筒后，应向客人表示歉意。

（四）外币兑换礼仪

外币兑换员在服务中应做到以下几点：

（1）客人到来，礼貌问候，主动招呼，并提供迅速、准确、周到的服务。当客人兑换外币时，请其当场填写兑换单，经过认真复核后，兑换员必须当面点清外币数目，并唱收唱付，给客人一种服务态度认真负责的信任感。

（2）对兑换的外币如有疑点，应由识别机鉴别。切忌武断处置或与客人争吵，应立即与主管或同事商讨，妥善解决。

（3）坚持原则。执行外汇政策，讲究职业道德，不得与客人私下交易，暗中套汇牟利，做出有损人格、国格的事来。

（4）客人离去，热情告别。

（五）结账服务礼仪

（1）客人来总台付款结账时，应微笑问候。为客人提供高效、快捷而准确的服务。切忌漫不经心，造成客人久等的难堪局面。

（2）确认客人的姓名和房号，当场核对住店日期和收款项目，以免客人有被酒店多收费的猜疑。

（3）递送账单给客人时，应将账单文字正对着客人；若客人签单，应把笔套打开，笔尖对着自己，右手递单，左手送笔。

（4）当客人提出酒店无法满足的要求时，不要生硬拒绝，应委婉予以解释。

（5）如结账客人较多时，要礼貌示意客人排队等候，依次进行。避免因客人一拥而上，造成收银处混乱，引起结算的差错并造成不良影响。

（6）结账完毕，要向客人礼貌致谢，并欢迎客人再次光临。

知识拓展　搜索

有这么多消费吗?

某日，一位客人就餐后来到收银台结账，当他看到账单上的总金额时顿时火冒三丈，他说："你们真是乱收费，我不可能有这么多的消费！"收银员面带微笑地回答说："对不起，先生，我们一起核对账单好吗？"客人没有表示异议，于是客人与收银员一起就账单上的项目一一核对，其间，那位收银员对几笔大的金额，如五粮液、海天大鲍翅等做了口头提醒。等账单核对完毕，收银员很有礼貌地说："先生，还有不清楚的地方吗？"此时，客人知道自己错了，便一边掏钱一边笑着说道："小姐，埋单！"

——资料来源：摘自 http：//cook.fjccc.com/html/jiudianguanli/jiudiananlifenxi/20090228/33501.html.

（六）电话总机服务礼仪

（1）坚守岗位，集中精神，在接待服务中坚持使用礼貌用语，避免使用"喂""我不知道""我现在很忙""什么"等语句。

（2）接听电话动作要迅速，不让电话铃响超过三声；主动问候对方"您好"，自报店名和岗位，热诚提供帮助。如果业务繁忙，在铃响三声后接听，应向顾客致以歉意：

“对不起，让您久等了！”

（3）用电话沟通时，宜保持嘴唇与话筒约30厘米的距离，若靠得太近，声音效果不好；使用左手接听电话，以方便右手做必要的记录。

（4）要面带微笑，使语言热忱亲切、甜美友善，语调不宜太高，语速不宜太快，用词要简练得当。

（5）熟悉常用号码，按客人的要求迅速准确地转接电话。若转接的电话无人接听，忌用“不在”打发客人，应主动询问是否需要留言。

（6）随时在电话旁准备好便条纸和笔，当客人留言时，要认真倾听和记录，留言要重复一遍确认，并跟进、履行对客人的承诺，做到热心、耐心和细心。

（7）为客人接转电话和查找资料时，不能让对方等候电话超过15秒。要求对方等候电话，应向其表示歉意:“对不起，请您稍候。”如果一时未能查清，应及时向对方说:“正在查找，请您再稍等一会儿。”

（8）讲究职业道德，尊重他人隐私，不偷听他人电话。

（9）通话结束后，应热情道谢告别，待对方挂断电话后，方可放下电话。

（七）大堂副理服务礼仪

（1）接待客人要积极热忱，精力集中，以谦和、富有同情心的态度认真倾听，让客人把话讲完。

（2）对于客人投诉所反映的问题，要详细询问，并当面记录，以示郑重。

（3）能够设身处地为客人考虑，以积极负责的态度处理客人的问题和投诉。在不违反规章制度的前提下，尽可能满足客人的要求。

（4）当客人发脾气时，要保持冷静，待客人平静后再做婉言解释与道歉，要宽容、忍耐，绝对不能与客人发生争执。

（5）尽量维护客人的自尊，同时也要维护好酒店的形象和声誉，原则问题不能放弃立场，应机智灵活地处理。

（6）对客人的任何意见和投诉，均应给予明确合理的交代，力争在客人离开酒店前解决，并向客人表示感谢。

（八）其他服务礼仪

（1）如果有客人的邮件，特别是快件，应立即想办法送交客人，不得无故拖延。如果确定客人外出不在，应把邮件妥善放置，等客人回来时及时送交。收发邮件，一定要迅速、准确。

（2）在承揽了为客人代购各种机票、船票、车票的业务时，应尽力按客人的需求去办。

（3）在为客人代办事项时，应问清代办事项的品名、数量、规格尺寸、颜色、形状及时间要求，并向客人预收款项。

三、客房服务礼仪

酒店的客房是客人的临时之家，是客人逗留时间最长的地方，也是客人主要的休息场所。客房服务工作人员应保持仪表整洁自然，举止端庄大方，礼貌周到，尊重宾客，精神饱满地为客人提供优质服务的同时，营造一个温馨、舒适、幽静、安全的居住氛围。

（一）楼层接待服务礼仪

（1）在客人抵达前，要整理好房间，检查设备用品是否完好、充足，调节好房间的温度和湿度，为客人提供清洁、整洁、卫生、舒适、安全的客房。

（2）楼层服务员接到来客通知，要在电梯口迎接，主动问候客人："先生（小姐）您好，一路辛苦了，欢迎光临！"如果是常客，要称呼客人的姓氏。

（3）引导客人出电梯，主动帮助客人，征得同意后帮助提携行李。

（4）引领客人到客房，到达房间门口时先开门、开灯，侧身一旁，敬请客人进房，然后放置好客人的行李物品。

（5）客人进房后，根据人数和要求，灵活递送香巾和茶水，递送时必须使用托盘和毛巾夹，做到送物不离盘。

（6）根据客人的实际情况，礼貌介绍房间设备及其使用方法，简要介绍酒店内的主要服务设施及其位置、主要服务项目及服务时间，帮助客人熟悉环境。对房内需要收费的饮料食品和其他物品，要婉转地说明。

（7）接待服务要以客人的需要为准，体现为客人着想的宗旨。若客人不想被打扰，需要安静的休息时，服务人员应随机应变，简化某些服务环节（见图 6–5）。

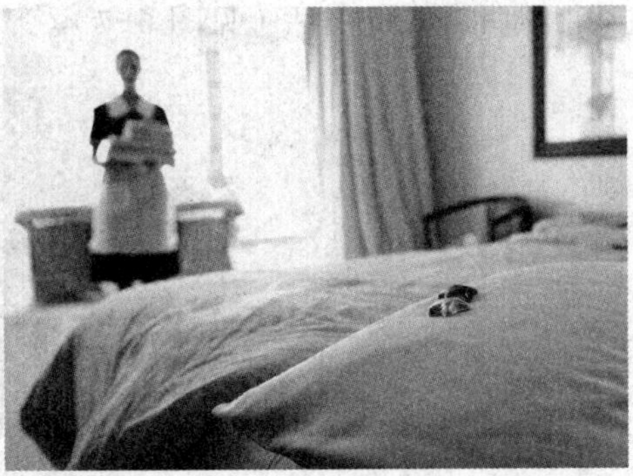

图6–5　开夜床服务

（8）在问清客人没有其他需求后，应向客人告别，立即离开。可说"请好好休息，有事尽管吩咐，请打电话到服务台"，并祝客人住宿愉快。退出房间后，轻声将门关上。

（二）日常服务礼仪

宾客住店期间的日常服务范围广、项目多，劳动强度大、服务繁重琐碎，需要工作人员有良好的身体素质、较强的责任感和动手能力，工作要细致耐心。

1. 客房清洁服务礼仪

客人一旦入住，客房即成为其私人空间，服务人员不能随意进出该房间。整理房间应尽量避免打扰客人的休息与工作，最好在客人外出时进行；动用客房内的任何一样东西，都应事先征得客人同意。

（1）有事需要进入客房时，必须讲究礼貌。先按门铃两下，未见动静，再用中指关节有节奏地轻敲房门，每次为三下，一般为两次，同时自报“Housekeeping”，在听到客人肯定的答复或确信房间内无人后方可进入。进入客房，无论客人是否在房间，都应将房门敞开（见图 6-6）。

图6-6　客房服务

（2）敲门时，房间内无人答应，进房后发现客人在房间或在卫生间，若客人穿戴整齐，要立即向客人问好，并征询客人意见，是否可以开始工作；若客人衣冠不整，应马上道歉，退出房间并把门关好。

（3）打扫客房时，不得擅自翻阅客人的文件物品，打扫完后物品应放在原处，不能随意扔掉客人的东西，如便签、纸条等；不可在客人房间看电视、听音乐；不可用客人的卫生间洗澡；不可取食客人的食品；不得接听客人的电话（见图 6-7）。

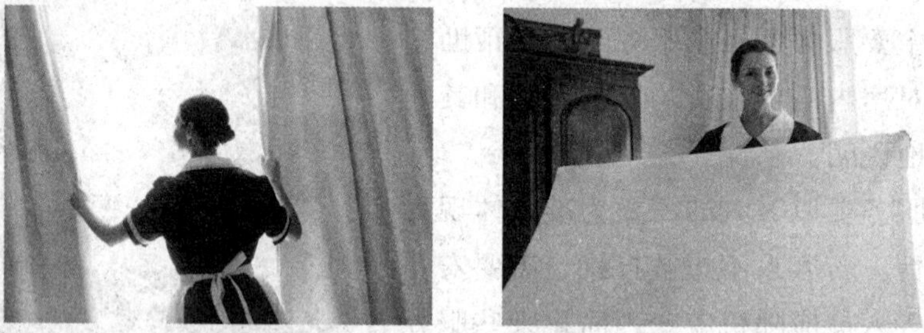

图6-7　整理客房

（4）清扫时，如宾客在交谈，不要插话，更不能趋近旁听，不向客人打听私事；如客人挡道，应礼貌打招呼，请求协助。

（5）客房清洁过程中，遇到客人回来，服务员要礼貌地请客人出示房间钥匙或房卡，确定是该房间的客人，并询问客人是否可继续整理。如果客人需要整理，应尽快完成，以便客人休息。

（6）打扫完毕，不要在客房逗留。如客人在房间，离开时应轻声说："对不起，打扰了，谢谢！"然后礼貌地后退一步，再转身走出房间，轻轻关上门。

（7）清扫时，遇到宾客外出或回房间，都要点头微笑问候，切勿视而不见，不予理睬。在楼道中遇到客人，在离客人3米远处开始注视客人，放慢脚步，1米远时向客人致以问候，楼道狭窄时要侧身礼让客人。

（8）工作时，不能与他人闲聊或大声说话，做到说话轻、走路轻、操作轻。在过道内行走，不要并行，不得超越同方向行走的客人。遇事不要奔跑，以免造成紧张气氛，如有急事需要超越客人应表示歉意。

2. 访客接待礼仪

（1）尽量记住住宿客人的姓名、特征等，并注意保守客人的秘密，不将客人的房号、携带物品及活动规律等告诉无关人员，不要给客人引见不认识的人员。

（2）访客来访时，应礼貌问好，询问拜访哪位客人，核对被访者姓名、房号是否一致。在征得客人同意后，请访客办理登记手续，才能指引访客到客人房间。未经客人允许，不要将来访者带入客人房间。

（3）访客不愿意办理来访登记手续，应礼貌耐心地解释，并注意说话技巧，打消来访者的顾虑，求得对方配合；如访客执意不登记，应根据来访者与被访者的身份、来访目的与时间，酌情处理。

（4）若住客不愿见访客时，要礼貌委婉说明住客不方便接待客人，不要将责任推给住客，同时不能让访客在楼层停留等待，应请访客到大堂问询处，为其提供留言服务。

（5）住客不在，若有访客带有客房钥匙要进房取物时，服务人员要礼貌了解访客对住客资料的掌握程度及与住客的关系；若有访客带有住客签名的便条但无客房钥匙时，服务员应将便条拿到总台核对签名。确认无误后办理访客登记手续，然后陪访客到客房取物品。住客回店后，服务员应向住客说明。

（6）客人外出，交代来访者可以在房内等待，服务员应仔细询问来访者的姓名及特征，经过辨别确认后，请来访者办理访客登记。如访客要带物品外出，服务员应及时询问，并做好记录。

（7）宾客接待来访者时，要按客人的要求，备足茶杯、供应茶水。

（8）服务员在岗时要保持相应警觉，对可疑来访者应上前有礼貌地询问清楚，坚持原则、刚柔相济，杜绝不良人员制造事端。

3. 其他服务礼仪

（1）客人需要送洗衣物时，应认真核对件数、质料、送洗项目和时间，检查口袋里有无物件、纽扣有无脱落、衣物有无破损或严重污点等（见图6-8）。

（2）客人委托代订、代购和代修的事项要询问清楚，详细登记并重复确认，及时为客人服务。客人合理的随机服务要求，要快捷高效完成，不可无故拖延。

（3）服务员不得先伸手与客人握手，不抱客人的孩子，不与客人过分亲热；与客人接触，应注意文明礼貌，有礼有节，不卑不亢。

图6-8 洗涤服务

（三）离店服务礼仪

（1）得知客人离店的日期后，服务员要热情关照客人，仔细检查客人委托代办的项目是否已经办妥，主动询问是否需要提供用餐、叫醒、出租车等服务，主动询问客人意见，认真记录，并衷心感谢，但不要强求或过多耽误客人时间。

（2）客人离房时，服务员要将其要送至电梯口，礼貌道别，并欢迎客人下次光临。对重要客人和老弱病残者要送至前厅，并给予特别照顾。

（3）客人离房后，服务员要迅速检查房间，查看有无遗忘遗留物品，房间内的各种配备用品有无损坏或缺失，各种需要收费的饮料食品和物品有无消耗。如果发现遗留物品应尽可能归还原主，如果客人已走，则按酒店的遗留物品处理规定保管和处理。如果发现物品缺失或损坏，应立即打电话与总台联系，机智灵活处理，不可伤害客人的感情和自尊心。

（四）特殊情况服务礼仪

（1）宾客在住宿期间生病，服务员应主动询问是否需要到医院就诊，并给予热情关照，切不可自行给客人用药或代客买药。若客人患突发性疾病，应立即报告上司与大堂副理，联系急救站或附近医院，不可拖延时间。

（2）宾客住店期间，若发生酗酒现象，服务员应理智、机警地处理，尽量安置酗酒客人回房休息，并注意房内动静，必要时应采取措施。对醉酒吵闹的客人，要留意其动静，避免出现损坏客房设备、卧床吸烟而引起火灾、扰乱其他住客或自伤等事件，必要时通知上司和保安部人员。对醉酒酣睡的客人，服务员要同保安人员一起扶其进房，同时报告上司。切不可单独搀扶客人进房或为客人解衣就寝，以防客人醒后产生不必要的误会。

（3）客人称钥匙遗忘在客房，要求服务员为其开房门时，应请客人出示住房卡，核对日期、房号、姓名等无误后，方可为其开门。若客人没有住房卡，应请客人到总台核对身份无误后，方可为其开门。

（4）客人在客房内丢失财物，服务员应安慰并帮助客人回忆财物丢失的过程，同时向上司和保安部报告，协助有关人员进行调查，不能隐情不报。

四、餐饮（厅）服务礼仪

随着现代社会餐饮服务业日益发展，人们对餐饮服务水平的要求也越来越高，餐厅是客人用膳的主要场所，它具有直接对客人提供面对面服务、面广量大、时间长、需求多的服务特点。餐饮业的服务礼仪是服务质量、服务态度的直接表现，所以餐厅服务水准更是餐饮业服务水平的缩影。讲究餐饮服务礼仪对于提高酒店声誉、促进社会文明具有重要意义。

案　例

超值服务——背后的鞠躬

日本人讲礼貌，行鞠躬礼是司空见惯的，可是我国某留学生在日本期间看到的一次日本人鞠躬礼却在脑海中留下了深深的印象。

一天，这位留学生来到了日航大阪饭店的前厅。那时，正是日本国内旅游旺季，大厅里宾客进进出处，络绎不绝。一位手提皮箱的客人走进大厅，行李员立即微笑地迎上前去，鞠躬问候，并跟在客人身后问客人是否需要帮助提皮箱。这位客人也许有急事吧，嘴里说了声：“不用，谢谢。”头也没回径直朝电梯走去，那位行李员朝着那匆匆离去的背影深深地鞠了一躬，嘴里还不断地说：“欢迎，欢迎！”这位留学生看到这情景困惑不解，便问身旁的日本经理：“当面给客人鞠躬是为了礼貌服务，可那位行李员朝客人的后背深鞠躬又是为什么呢？”“既是为了这位客人，也是为了其他客人。”经理说，“如果此时那位客人突然回头，他会对我们的热情欢迎留下印象。同时，这也是给大堂里的其他客人看的，他们会想，当我转过身去，饭店的员工肯定对我一样礼貌。”

——资料来源：百度百科．

案例分析

在对客服务中，应如何及时捕捉客人的需求信息，增强热情主动的为客服务意识，提供超出顾客期望值的服务？

餐厅的服务礼仪主要由领台、值台、账台、走菜、厨台等服务礼仪构成。

（一）领台服务人员礼仪

领台服务人员包括：迎宾服务人员和引位服务人员。

1. 迎宾服务礼仪

（1）领台服务人员上岗时应做好个人卫生工作。着装整洁挺括，仪容端庄，站姿优美。开餐前恭候在餐厅大门两侧，做好拉门迎宾的准备。

（2）神情专注，反应灵敏。注视过往客人，当客人走近餐厅约 3 米时，应面带微笑注视客人；约 1.5 米时，热情问候客人，对熟悉的客人宜用姓氏打招呼。如是男女客人一起进来，按先女后男礼仪规范问候。客人离开餐厅时，应礼貌地道别："小姐（先生），请慢走，欢迎下次光临！"

（3）迎宾服务人员在接待中要积极主动，答问热情适度，耐心周到，虚心听取客人意见，遇事要冷静、沉着、表情要含蓄大方；保持良好的心态，从而给客人留下良好的第一印象。

2. 引位服务礼仪

（1）客人进门后，立即迎候并面带微笑礼貌地问候："您好！"或"晚上好！""请问有预订吗？请问一共几位？"

（2）引位时应说："请跟我来""这边请""里边请"，并用手示意，把客人引领到适当的位置入座或进入包房。不同的客人引领到不同的位置。例如，重要客人可引领到餐厅最好的靠窗的位置，以示恭敬；夫妇或情侣到来，可引领到一角安静的餐桌就座，便于其小声交谈；年老、小孩、弱者的客人，尽可能安排在离入口较近的位置便于他们出入；等等。

（3）当客人要求指定位置，应尽量满足其要求，如其他客人已占用时，应抱歉地说明："小姐（先生），很抱歉！因今天就餐客人太多，委屈您了，下次光临时一定为您安排个好座位！还请您多多包涵！"

（二）值台服务礼仪

值台人员服务礼仪主要包括开菜、点菜、斟酒、派菜，以及其他服务礼仪。

1. 迎宾开菜

（1）当客人走近餐桌时，值台服务人员要微笑问候，按先主宾后主人，先女宾后男宾的顺序拉椅让座。

（2）主动协助客人脱衣摘帽，并按顺序挂好。注意不要将衣服倒提，以防衣袋内的物品掉落。贵重衣服要用衣架挂好，以防衣服褶皱走样。

（3）递送菜单，端茶送巾（见图 6-9）。客人坐下后，应不失时机地将菜单递上；在客人看菜单的同时，按顺时针方向递送香巾。递送香巾要用毛巾夹，并招呼客人“请用香巾。”为客人上茶时，须注意将茶杯放在托盘里，轻轻放置在餐桌上。放茶杯时，切忌以手指接触茶杯杯口。需要续茶时，应右手握壶把，左手按茶壶，将茶水徐徐倒入杯内，注意不要将水倒得太满，以免外溢，约占水杯的 3/4 即可。

图6-9　送香巾服务

2. 恭请点菜

（1）当客人点菜时，应面带微笑地站在客人侧面（见图 6-10），上身稍向前倾，认真、准确地记录下客人所点的每一道菜并伺机向客人介绍、推销菜点。如点的菜已暂时售完，应立即向客人表示歉意，并婉转地向客人建议其他类似的菜肴。如有些烹制时间较长，应向客人说明原因。服务员要做到神情专注，有问必答，百问不烦，主动推销。

（2）当客人点的菜在菜单上没有列出来，应尽量设法满足，不可一口回绝“没有”，可以说“对不起，这道菜菜单上没有，请稍等，我马上和厨师商量一下，尽量满足您的要求”。

（3）当客人点完菜后，还应主动征询客人需要什么酒水饮料。全部记好后，要将记录下的菜点、酒水复述核对一遍，经客人确认后，将菜单一联送到厨房备餐，一联送收款员结账。

3. 斟酒服务

（1）斟倒前，左手拿一条干净的餐巾将瓶口擦干净，右手握住酒瓶下半部，将酒瓶上的商标朝外显示给客人确认。

（2）开拉酒水饮料瓶盖时，应在客人的侧后方朝外拉开，倒香槟酒或其他冰镇酒时，要用餐巾包好酒瓶再倒，以免酒水喷洒或滴落在客人身上。

（3）站在客人右边按先宾后主再按顺时针方向斟倒的次序，不能站在一个位置为左右两位宾客斟酒（见图 6-11、图 6-12）。中餐以八成满为准。斟酒时，酒标朝向客人，瓶口与杯口距 2 厘米，不滴酒，不溢出。

图6-10　点菜服务礼仪

图6-11　斟酒服务礼仪

（4）斟酒完毕，将瓶口稍稍抬高，顺时针 45° 旋转，提瓶，再用左手的餐巾将残留在瓶口的酒液拭去（见图 6-12）。

图6-12　斟酒服务流程礼仪

4. 派菜服务

（1）派菜服务员上前向客人报菜名并展示菜品。

（2）派菜服务员左手垫上餐巾将菜盘托起，右手拿派菜用的筷、匙，腰部稍弯，稳站在客人左侧进行分派。

（3）边派菜边向客人介绍菜品的特色和风味。注意讲话时头部不要距离客人太近，呼吸要均匀。

（4）派菜时要掌握好分量，做到分配均匀。

（5）派菜时要做到一勺准，不可将一勺菜分给两位客人，更不允许从宾客盘中向外拔菜。

5. 其他服务

（1）宾客不慎将餐具掉到地上，服务员应迅速上前取走，马上为其更换干净餐具，绝不可抱怨客人不当心，或当众提出赔偿问题。

（2）如果有电话找用餐的客人，服务员应走到客人身边，轻声告诉客人，不可在餐厅内高声呼唤，以免引得其他客人的注目。如有客人对某道菜特别喜爱，想再买一份带走，应尽量满足其要求，并主动为其打包菜品。客人用餐没有结束，即使营业时间已过，也不可催促客人，也不可有忙于收盘、打扫等逐客的行为。整个餐厅的清扫，应在所有客人离开后进行。

（3）客人撤席，应为离座客人拉开座椅，提醒他们别忘带自己的物品，且送客人到餐厅门口，礼貌道别，欢迎下次光临。

案　例

客人为什么会勃然大怒

一天，餐厅里来了三位衣着讲究的客人，服务员引至餐厅坐定，其中一位客人便开了口：“我要点 ×× 菜，你们一定要将味调得浓些，样子摆得漂亮一些。”同时转身对同伴说：“这道菜很好吃，今天你们一定要尝尝。”菜点完后，服务员拿菜单去了厨房。再次回来时，便礼貌地对客人说：“先生，很抱歉，今天没有这道菜，给您换一道菜可以吗？”

客人一听勃然大怒，并高声说：“你为何不事先告诉我？让我们无故等了这么久，早说就去另一家餐厅了。”发了脾气，客人仍觉得在朋友面前丢了面子，于是，拂袖而去。

——资料来源：百度百科.

案例分析

1. 这位服务员工作中犯了什么错误？
2. 服务员言语表达的不当之处在哪儿？

（三）走菜服务人员礼仪

走菜主要指端菜、上菜、撤换餐具。

1. 上菜服务

（1）上菜位置在陪同（或副主人）右边，上菜应灵活掌握，以不打扰客人为宜，但严禁从主人和主宾之间上菜。每上一道新菜，须将前一道菜移至副主人一侧，将新菜放在主宾、主人面前，以示尊重。

（2）上菜应按照顺序进行，冷菜→例汤→热菜→汤→面点→水果（要先冷后热，先高档后一般，先咸后甜）。宴会在开餐前 8 分钟上齐冷盘，上冷盘的要求：荤素搭配，盘与盘之间间距相等，颜色搭配巧妙；所有冷菜的点缀花垂直冲向转盘边缘。入座 10 分钟后开始上热菜，并要控制好出菜和上菜的快慢。

（3）上菜要报菜名，必要时简要介绍所上菜肴的特色、风味特点等。菜上齐后要告诉客人："菜已上齐，请慢用"。上菜时要核对，注意认真把关。

（4）注意菜肴台面摆放格局。摆菜的基本要求是：讲究造型艺术，注意礼貌，尊敬主宾，方便食用。冷菜摆放时要注意荤素、色彩、口味的搭配。

（5）鸡、鸭、鹅、鱼等带头尾的菜，应根据当地的上菜习惯摆放。例如，鸡不献头，鸭不献掌，鱼不献脊。

（6）上配有佐料，小料的热菜时，要一次上齐，切勿遗漏。

（7）上需手拨的菜品时，如虾、蟹类，要先上洗手盅后上菜。

2. 端菜服务

端菜一定要用托盘，不可用手直接端拿，更不允许大拇指按住盘边或插入盘内。端菜的姿态是既稳又美，具体要求是用五指和手掌托起，托盘不过耳，托盘不能太低，托盘边太靠近于耳及头发是不雅的，菜品较重时可用另一只手扶着托盘。

3. 撤菜服务

及时撤下不用的和用过的餐具。撤换餐具时要先征得客人同意。撤换时一定要小心，不可弄倒其他新上的菜、汤。撤换的餐具要从一般客人的右侧平端出去。如果菜汤不小心撒在同性客人的身上，可亲自为其擦净，如撒在异性客人身上，则只可递上毛巾，并表示歉意。

（四）账台服务人员礼仪

当客人示意结账时，服务员迅速到收款台领取客人账单。核对主账单和各分单所开项目与价格是否相符。将账单放入账夹内，并准备结账用笔。从客人右侧躬身礼貌地将账夹打开递给客人，并说明是该客人用餐账单。客人如愿意去账台结账，应指明账台位置。

（1）如客人以现金结账，用账夹把从收款台找回的零钱及账单红联送还客人，唱收唱付并致谢。注意假币。

（2）如客人以信用卡结账，须礼貌请客人出示身份证并在账单上签名，将信用卡、账单及身份证交收款员处理后，再把信用卡签付单及笔递交客人签名，如客人签字与信用卡一致，则将所有证件、签付单存联及发票交还给客人并致谢。

（3）如客人以签单结账，须将账单及笔递给客人，礼貌地要求客人出示开房欢迎卡并在账单上签名，写上房号，然后将房卡及账单交收款员处理，核对无误后再将房卡递还给客人并致谢。

（五）厨台服务人员礼仪

上岗前首先要整理工作环境卫生和个人卫生。厨台卫生主要包括厨台、砧板、刀、地面和墙壁卫生。

厨台要清洁、整齐、美观。服务员要彻底洗手，梳理头发，整理面容，戴上工作帽，穿上白上衣，系上围裙，工作服一定清洁。在操作时，一定要养成良好的卫生习惯。例如，不用袖子擦脸、擦汗，不能在工作现场打喷嚏等，也不允许边操作边吸烟等。

知识拓展　搜索

客人提出食物变质了怎么办?

宴会中，客人提出食物变质，要求取消时怎么办?

1. 应耐心聆听客人的意见，并向客人致歉。

2. 把食物立即撤回厨房，由厨师长或餐厅经理检验食物是否真的变质。

3. 若食物确已变质，立即给客人免费赠送类似的菜肴。

4. 若食物并未变质，应由餐厅经理出面向客人解释该食品的原料、配料、制作过程和口味特征等。

——资料来源：郝向荣，贾红文．旅游服务礼仪［M］．北京：北京交通大学出版社，2006.

第二节 旅行社服务礼仪

旅行社是旅游业的一大支柱，是旅游活动的组织者、安排者和联系者，在整个旅游活动中处于核心地位，起着沟通旅游者和旅游酒店、旅游交通部门级旅游景点之间关系的媒介和桥梁作用。旅行社接待服务与沟通效果的好坏，将直接影响到旅行社的生存与发展。

一、导游迎送服务礼仪

导游服务时导游人员代表旅行社，接待或陪同旅游者旅行、游览，按照组团合同或约定的内容和标准向其提供的旅游接待服务。由于导游服务贯穿于旅游活动的全过程，因此导游服务在旅游服务礼仪中占有十分重要的地位。

（一）导游迎客礼仪

导游的迎接对象就团队而言，可分为一般旅游团队和重要旅游团队（VIP）两种。由于对不同类别的客人具有不同的接待规格，因此在迎接时存在不同的礼仪要求。

1. 对一般旅游团队的迎接礼仪

（1）了解基本情况。包括旅游团名称、领队情况、旅游团人数，团员姓名、性别、年龄、职业、国籍、民族、饮食习惯、宗教信仰及受教育程度等。

（2）了解接待标准。包括该团的费用标准和住房情况。

（3）掌握团队的游览日程和行程计划。包括抵、离旅游线路各站的时间以及交通工具类型和航班车次、接站地点等。

（4）熟悉景点介绍。熟悉旅游团途经的各城市和旅游点的情况，包括历史、地理、人口、风俗、民情等。了解客人所在国家或地区的历史、地理、文化、政治、经济及近期重要新闻等。

（5）接站要准时。导游员应按规定着装，佩戴导游胸卡、打社旗和持接站牌提前至少30分钟到达机场、车站或码头。

（6）接待要热情。客人抵达后，导游员要主动持接站牌上前迎接，先自我介绍，再确认对方身份，寒暄问候，核对团号、实际抵达人数、名单及特殊要求等。

（7）细心安排入住。客人抵达后，导游要向客人介绍所住酒店的基本情况，包括酒店的历史、等级、建筑面积、客房数量、地理位置、各项设施及服务项目等有关情况。

2. 对 VIP 旅游团队的迎接礼仪

VIP 指的是重要客人，VIP 团队即指有重要客人组成的旅游团队。对旅行社而言，VIP 主要指四种人：一是对本旅行社经营和管理有极大帮助者；二是各国部长级以上的领导人；三是社会知名人士；四是旅游行业和旅游企事业单位的各级经理和高级官员。

对 VIP 旅游团队的迎接应注意以下几个方面：

（1）接待贵宾时。迎接贵宾时，旅行社的总经理及相关人员一般应亲自率领导游人员到机场（车站、码头）迎接客人；并应事前在机场（车站、码头）安排贵宾休息室并准备好饮料和接待人员。

（2）如有条件，在客人到达之前可将酒店的客房号码及所乘车辆的牌号通知客人。

（3）派专人协助办理出入的相关手续。

（4）客人抵达前，应派专人配合酒店对客人准备入住的客房卫生和布置进行检查，并通知酒店在客人准备入住的房间摆放鲜花、水果等。

（5）注意陪同车辆的礼仪。客人上车时，旅行社的迎宾人员或导游人员要主动帮助打开车门，立于车门一侧，恭请客人上车，并要注意护顶；上车的顺序要遵循“尊者优先”原则；应先宾后主，先女宾后男宾，先首长后随员。无论乘坐何种轿车，都应请客人坐尊位。到达酒店时，陪同人员要先下车，打开车门，做好护顶手势照顾好下车的客人。

（6）客人抵达住所后，一般不宜马上安排活动，导游人员不宜在房间久留，以便客人休息或更衣。

（二）带客游览服务礼仪

1. 出发前服务

（1）导游员应提前到达集合地点，并督促司机做好出发前的各项准备工作。

（2）核对、商定活动安排。在带客游览之前，导游员应与领队商定本地活动安排并及时通知客人。

（3）出发前，导游员应在客人就餐时向客人表示问候，向客人报告当天天气情况，并了解客人的身体状况，重申出发时间，乘车或集合地点，提醒客人加带衣服、换鞋，带好必备用品如手提包、摄像机、照相机及贵重物品等。

（4）客人上车后，导游员应及时清点人数，若发现有人未到，应向领队或其他团员问清原因，并将不参加活动的客人人数、姓名、原因及房号通知旅行社；若有有病不能参加活动的客人，需交代清楚是否需要医生治疗等；若出发时间已过，又不知未到者在何处，则应征求领队意见决定是否继续等候，若决定不等，导游员必须将情况通知旅行社内勤处理。

2. 乘车服务

（1）出发乘车时，导游员应站在车门口照顾好客人上车，要主动帮助客人提拿物品，并轻轻放在车上。对客人中的老幼弱残者，要特别细心地予以照顾，上下车时，应主动照顾搀一把或扶一程。客人中有男有女时，应照顾女士先上车。

（2）引导客人乘车，要注意位次。若乘小轿车，应安排年长或位尊者坐在车后排右边位置，导游员坐在后排左手位置或司机旁边。乘面包车，其座位以司机之后车门开启处第一排座位为尊，后排次之，司机座位前排座位为小；中型或大型巴士，以司机座后第一排，即前排为尊，后排依次为小。其座位的尊卑大小，依每排右侧往左侧递减。

3. 途中服务

（1）在去旅游点的路上，导游员切忌沉默不语，要向客人介绍本地的风土人情、自然景观，特别是沿途的景象，回答客人提出的问题。

（2）抵达景点前，应向客人简要介绍景点的概况，尤其是景点的历史、价值和特色。还可根据客人的特点、兴趣、要求穿插一些历史典故、社会风貌等，以增加客人的游兴。

（3）到达景点时，应告诉客人该景点停留的时间、集合的时间和地点以及有关注意事项，如卫生间位置、旅游车车号以及保管好钱物等。

4. 游览服务

（1）带客游览过程中，导游员要认真组织好客人活动。应保证在计划的时间与费用内让客人充分地游览、观赏，做到讲解与引导游览相结合、适当集中与分散相结合、劳逸适度，并特别照顾老、弱、病、残的客人。导游过程中要照顾全体客人，不可只和一两个人说话而冷落了其他人。

（2）游览过程中，导游员的讲解要力求准确，应包括该景点的历史背景、特色、地位、价值等方面的内容，做到条理清楚、繁简适度。语言要生动形象，富于表现力。

（3）导游讲解时，表情要自然大方，声音大小要适中，使用话筒音量、距离要适当，讲解时可适当做些手势，但动作幅度不宜过大，不得手舞足蹈、指手画脚。

（4）游览途中，导游员要特别注意客人的安全，要自始至终与客人在一起并随时清点人数，以防客人走失。要提醒客人看管好所带财物，防止发生丢失、被盗现象。对于行走困难的地方，要陪伴照顾好年老体弱者，以防发生意外，客人提出要求需要帮助时，应尽可能使客人满意。

（5）与客人交谈时，一般不要涉及疾病、死亡等不愉快的话题；不谈荒诞离奇、耸人听闻、黄色淫秽的事情；对方不愿回答的问题，不要追问；遇到客人反感或回避的话题，应表示歉意，立即转移话题；与外宾交谈，一般不议论对方国家的内政；不批评、议论团内任何人；不随便议论宗教问题；与女宾交谈要谨慎，不要开玩笑；不要询问客人的收入、婚姻状况、年龄、家庭、个人履历等私人问题。

5. 返回途中服务

（1）全天活动结束后，返回途中，导游员要向客人宣布第二天的活动日程，早餐的时间与地点以及出发时间、地点等。

（2）抵达酒店后，导游员要主动向领队征求意见，了解客人对当天活动安排的反应，对当天遇到的问题要与领队和客人共同协商解决。

（3）与客人告别时，要表达良好的祝愿。

（4）向酒店前台确认叫早服务时间。

（三）带客购物服务礼仪

（1）根据旅游团客人的要求，合理安排客人购物。如无此要求，不得强加于人。

（2）去购物途中，要向客人介绍本地商品的特色，教客人鉴别商品的知识，当好客人的购物顾问。下车前，要交代清楚停留时间及有关购物的注意事项。

（3）注意前后态度要一致，不能介绍景点时简单、敷衍，讲到购物就热情高涨，这样会引起客人的猜疑和不信任。

（4）导游员应严格遵守导购职业道德，应将客人带到商品质量好、价格公平合理的商店，而不应该唯利是图，为了一点好处费，昧着良心违背职业道德，与不法经营者相互勾结，从而损害旅游者的利益。

（5）如遇小贩强拉强卖，导游员有责任提醒客人不要上当受骗，导游本人不得向客人直接销售商品，不能要求客人为自己选购商品。

（四）送客礼仪

在旅游接待工作中，合乎礼仪的迎接与送客同等重要，只有这样，一次成功的旅游接待才算画上完美句号。

（1）旅游团离开本地之前，导游员应根据客人离去的时间，提前预订好下一站旅游或返回的机（车、船）票；客人乘坐的车厢、船舱尽量集中安排，以利于团队活动的统一协调。

（2）送客前安排好结算、赠送礼品、摄影留念、欢送宴会等事宜。赠送礼品应方便携带，突出地方特色，具有保存价值。

（3）协助办好行李交接。离开酒店前，导游员应提醒客人整理好自己的物品，打好托运的行李。

（4）出发前，要提醒客人不要遗忘自己的物品，不要带走房卡。上车后，仔细清点客人人数。要将客人的各种证件、护照等，亲手交给客人或领队。

（5）致欢送词，应使对方感受到自己的热情、诚恳、有礼貌和有教养，祝大家旅途愉快。

（6）按导游工作程序规定的时间要求到达机场（车站、码头）：送国内航班，应提前 1.5 小时到达机场；送国际航班，应提前 2 小时抵达机场；送火车或轮船应提前 1 小时到达车站或码头。

（7）火车、轮船开动或飞机起飞后，应向客人挥手致意，祝客人旅途一路顺风，然后再离开。若客人乘坐的车、船、飞机晚点，应主动关心客人，必要时须留下与领队共同处理有关事宜。

二、导游语言的运用礼仪

1. 导游语言的基本礼仪要求

（1）语音、语调要适度、优美。在讲解过程中，导游员的声音要适度，不高不低，以使在场的客人听清为宜。

（2）要正确掌握语言节奏。导游语言的节奏涉及说话的快慢、语句的停顿及声调的高低，节奏运用得当，不但使旅游者听得清楚明了，而且可以使他们心领神会，情随意转，从而收到良好的信息传递效果。

（3）合理运用修辞手法和格言典故。导游员在导游讲解中运用比喻、拟人、夸张、排比等修辞手法，并恰当地使用旅游者所熟悉的谚语、俗语、歇后语、格言、典故等。

（4）善于察言观色，注意把握时机。导游员在与旅游者谈话时，要能听话听音，随机应变，就地取材引出新的话题。

2. 导游语言的运用礼仪

（1）准确。导游语言应当准确，这是导游员在导游讲解时必须遵守的基本原则。

（2）清楚。导游语言的清楚性原则要求导游员在讲解和交谈时，口齿清楚，简洁明了，确切达意，措辞恰当，组合相宜，层次分明，逻辑性强。

（3）生动。旅游者在旅途中追求的是轻松愉快，在游览中向往的是导游员活泼风趣的讲解。

（4）灵活。导游讲解的灵活性原则要求导游员根据不同的对象和时空条件进行讲解，注意因人而异，因时制宜，因地制宜。

3. 欢迎词礼仪

（1）向团队客人问候，并代表旅行社表示热烈欢迎。

（2）自我介绍，包括自己的姓名和职务，司机的姓名和所驾车的牌号以及其他参加接待人员的姓名和职务。

（3）简要介绍当地风土人情和游览目的地的基本情况以及接团后的大致安排，使旅游者心中有底。

（4）表明自己的工作态度，即愿竭尽全力为客人搞好导游服务。

（5）祝愿客人旅行愉快，并希望得到客人的合作与谅解。

（6）欢迎词的常用模式：风趣式、闲谈式、感慨式、朗诵式、猜谜式、讲故事式等。

4. 欢送词礼仪

欢送词是旅行游览过程结束后，导游员为表示惜别、感谢合作、征求意见、期待重逢所做的口头演说。欢送词主要包括如下几个方面的内容：

（1）表示惜别之情。不少游客在短短数天的游览中，已成了导游员的朋友，分别时依依不舍。

（2）对游客的配合与支持表示感谢。一次成功的旅游活动是旅游者与导游员双方共同合作、共同努力的结果。

（3）欢迎批评。在旅游接待过程中，难免在服务中有欠缺和言行不当的地方，通过欢送词也可向旅游者表示歉意，以求得他们的谅解。同时，也应表示出“欢迎批评”的意思，征求意见、欢迎批评往往会给游客留下非常好的印象。

（4）期待下一次重逢。可引用些名言、谚语等有文采的语言，表达一种“愿意再见”的情感，这是欢送辞的另一重要因素。

作为一名出色的导游员，无论在何时、何地、何种情况下都应该本着“以客为尊”“顾客是上帝”的服务宗旨，掌握各方面的能力和技巧，以礼相待，当好正当服务业的礼仪使者。

第三节　景区服务礼仪

景区服务意识与服务礼仪不仅仅是在职场中个人素养、气质的体现，更是所在景区形象和文化的具体呈现。一个态度热情、工作主动积极、面带微笑的人，表现出的不仅仅是个人的职业化程度，更是所在景区良好氛围和优秀企业文化的表现，这种表现不仅能够增强企业社会影响力，更能给游客以信心。

一、景区工作人员职业化形象塑造

在景区服务工作中，服务礼仪与我们的切身利益相关，符合礼仪职业化形象能为我们创造很多价值，而缺乏职业化形象却会给我们带来很多损失。对于景区服务人员来说，做好服务礼仪工作，不仅需要职业技能，更需要懂得服务礼仪规范，需要做好每一个细节。

（一）职业化形象中的 55387 定律

首轮效应：首轮效应由美国心理学家洛钦斯首先提出的，也叫首次效应、优先效应或第一印象效应，指交往双方形成的第一次印象对今后交往关系的影响，也即是“先入为主”带来的效果。虽然这些第一印象并非总是正确的，但却是最鲜明、最牢固的，并且决定着以后双方交往的进程。如果一个人在初次见面时给人留下良好的印象，那么人们就愿意和他接近，彼此也能较快地取得相互了解，并会影响人们对他以后一系列行为和表现的解释；反之，对于一个初次见面就引起对方反感的人，即使由于各种原因难以避免与之接触，人们也会对之很冷淡，在极端的情况下，甚至会在心理上和实际行为中与之产生对抗状态。

55387 定律：商业心理学 55387 法则是指形象沟通的“55387”定律。其具体是：决定一个人的第一印象中 55% 体现在外表、穿着、打扮；38% 体现在肢体语言及语气；谈话内容只占到 7%。

可见他人的判断与认识有超过一半的比例是从穿着的外表来的。穿着是十分有力的证据，在所有的言行中最能揭示信息，服饰是向他人表明身份的重要方式。

（二）何为景区职业化形象

景区职业形象是指景区从业人员的职业形象，具体包括外在形象、品德修养、专业能力和知识结构这四大方面，是通过着装打扮、言谈举止反映出的专业态度、技术和技能。

景区职业形象需要严格恪守一定的职业原则。其中最为关键的就是景区职业形象要尊重区域文化的要求，不同文化背景的公司肯定对个人的职业形象有不同的要求，绝对不能我行我素破坏文化的制约，否则受损的将是景区整体形象。

（三）职业化形象的作用

（1）会给游客留下良好的第一印象。

（2）代表着景区的整体服务形象。

（3）能够与游客有效地沟通。

（4）能够提升景区服务技能。

二、景区工作人员规范职业形象礼仪

（一）仪表礼仪

（1）发型和发饰要求：按统一标准盘起，用配发的发套和发夹固定在脑后，保持发饰整洁，不凌乱，不得染发。

（2）面容要求：按统一标准化妆上岗。要求：粉底（涂抹均匀）、眼线、眼影、眉毛、腮红、口红（在岗期间时刻保持），补妆时需要回避。

（3）服饰：按统一标准，着工作服上岗，保持干净整洁，熨烫平整，无褶皱，无污垢，不得污损。

（4）饰品的佩戴及要求：不得佩戴过于明显的外露饰品上岗。

（5）气味：在岗期间确保口气清新；不得使用香味过浓的香水和化妆品，3 米以内不让对方闻到。

（6）体声：工作场合禁止打哈欠，如需打哈欠需用手遮掩，且不可发出声音。

（7）手部卫生：保持手部的清洁卫生，指甲长度不能超出指腹 0.1 厘米，指甲边缘不得藏污垢，除可适当涂无色指甲油外，其他明艳颜色一律不允许涂。

（二）仪态礼仪

1. 微笑服务

在人的各种各样的表情中，微笑是最为神奇、最有魅力的要素。微笑，不单是种表情，更是一种感情，是拉近人们之间距离的法宝，是融洽人际关系的催化剂。微笑是无声的问候，它是心灵相通的阳光，传递着亲切与尊重的信息，为深入沟通与交往创造温馨和谐的氛围。

2. 站姿要求

（1）抬头挺胸，面朝正前方，双眼平视，下颌微收，颈部挺直。

（2）双肩自然放松、端平且收腹，双臂自然下垂置于身体两侧，将双手自然叠放于小腹前，右手叠加在左手上。

（3）两腿并拢，膝盖夹紧，两脚呈“V”形或丁字形站立。

3. 走姿要求

（1）方向明确，步态柔和，步幅适中，步速均匀。

（2）双臂自然摆动，挺胸抬头，目视前方。

4. 引领

（1）若双方并排行进时，服务人员应居于客人左侧（客居内测）。

（2）若双方单行行进时，服务人员应居于左前方约 1 米的位置。

（3）经过拐角或上、下楼梯、台阶之处时，应适当提醒关照游客注意安全，提醒时，语言应与手势相结合，上身微微前倾。

5. 手势

（1）切忌用手指人。

（2）无论何种手势（直臂式、屈臂式、横摆式）示意，都应五指并拢，手掌撑开，掌心稍稍向上，与地面略成 45° 角，目光配合看向手势示意的方向。

（3）迎客时，需双手举起、前后摆动指引客人车辆到达指定位置检票或检录，送客时，右手左右摆动目送客人离开。

（三）语言礼仪

（1）欢迎语：您好，欢迎来到 ××× 景区。

（2）问候语：您好 / 早上好 / 下午好 / 晚上好。

（3）祝愿语：祝您旅途愉快 / 一路平安。

（4）道别语：再见 / 欢迎再次光临。

（5）征询语：请问有什么可以帮您的吗 / 我的讲解您还满意吗？

（6）应答语：好的 / 很高兴为您服务。

（7）致歉语：对不起 / 很抱歉 / 请您谅解 / 请包涵 / 不好意思 / 我们会尽快改正，谢谢您的宝贵意见。

（8）答谢语：谢谢您的建议 / 谢谢您的配合。

（9）引领语：请您往这边走。

（10）提示语：请小心台阶 / 请注意安全 / 请小心地面有水，湿滑。

（四）景区工作人员服务流程礼仪

（1）迎接游客时，应采用“V”形步一位手站姿，目光平视前方，面带微笑。

（2）当游客走到距自己 1 米时，应用亲切的目光和灿烂的笑容道出欢迎语：“您好，一路辛苦了，欢迎来到 ××× 景区”。

（3）检票开始前，应用屈臂式示意：“请在这边检票。”

（4）提醒游客说：“您好，先生 / 女士，请出示您的门票。”此时注意应双手接票。

（5）检票时应不时用目光注意游客，点头致意，并用“请往前走”“请有序入园”“请稍等”等语言表达。

（6）待检票工作完成之后，双手将门票递还于游客手中，并说：“您的门票，请收好，祝您玩得开心。”

课堂思考

在当今社会下，景区应该如何运用信息化产品来提升游客的服务体验？

案　例

“你就是少给了一件雨披”

在某景区的激流勇进项目中，很多游客正在排队等候体验从半空中飘下的感觉，服务员小王是该项目附近小卖部的营业员，他正在有序地为游客服务，这个小卖部除出售一些景区纪念品和游客必需品外还为激流勇进的旅客提供一次性的雨披。

此时有一个 15 人的旅游团队也来排队体验，他们中的一位中年女游客来到小王面前，告诉小王说：“我们要买 15 件一次性雨披”，小王说：“好的。”小王当着女游客的面数了 15 件雨披，在得到女游客的确认后，收了 15 件雨披的钱，然后将雨披交给了女游客。

可是过了一会儿，女游客急匆匆地赶回来说：“服务员，你怎么少给了我一件雨披？”

小王很意外，说：“不会的，我点了 15 件，当时你也看到了。”游客着急说：“但是我拿回去发一人一件，最后还缺一个人没有，肯定是你少给了我一件。”此时越来越多的游客来买雨披，小王急不可待地解释，“可是我清点的时候你也看到了，是 15 件，您拿走了之后现在又来说少了，我也没有办法。”

女游客说：“那我们一共 15 个人来，一人一件发下去了，差一个人没有，肯定是少了一件大家可以做证的。”

“那你掉了也是有可能的。”小王一边忙着应付别的游客一边回答，“怎么会呢？这么近的距离怎么会掉呢？再说即使掉了也可以看到的，肯定是你少给了我一件，你应该再补给我一件。”此时，该游客的同伴过来喊她说游戏马上就要轮到他们了，要她赶紧回去。

“给你一件可以的，但是得另外付钱。”小王的态度已经开始冷冰冰。

“你少给了我一件，现在又让我付钱，凭什么？”游客毫不妥协。

"那对不起，没有。"

"你这是什么态度啊？"

"就这个态度。"小王依旧不依不饶。

"明明是少给我一件，还这种态度，你们就这样为游客服务的吗？我要去投诉你。"女游客愤怒地说。

"我是当着你的面点好后你拿走的，现在又说少一件，我没有错，你要投诉尽管投诉好了。"

"你再说一遍。"游客怒气冲冲地喊道。

"你去投诉好了，一直往前走，然后左转就到了。"小王说着摆出一副无所谓的样子。

"就你这服务态度，还做服务员。"女游客一副誓不罢休的样子，向小王指的方向走去。

——资料来源：段国强．旅游投诉案例与分析［M］．北京：中国旅游出版社，2003.

案例分析

请结合上述案例，思考如下问题：

1. 小王的行为有问题吗？哪里做得欠妥？

2. 如果你是小王，你会怎么做？

第四节　会展服务礼仪

随着世界经济的复苏和迅猛发展，尤其是全球化浪潮的推动，国内外的交流日益频繁，国际性社会活动日益增多，在各类会议规模和国际展会的不断扩大、频率不断加快的情况下，逐渐形成庞大的会展市场，会展接待活动越来越频繁，因此需要更多专业的会展服务人员了解更多的会展礼仪服务工作。

案　例

会展服务礼仪——印象深刻的 VIP

在 10 年的会议服务工作生涯中，让马丽印象最深的就是 APEC 期间她为江主席提供的 VIP 贵宾休息厅服务。那时在酒店一楼的 VIP 贵宾休息室，APEC 大型晚宴结束后各国领导人都在七楼观看焰火表演，江主席因临时有事提前到一楼贵宾休息厅跟其他几位领导谈工作。

见到江主席，马丽心情很激动，能为江主席服务对马丽来说既兴奋又紧张，由于事前她主动跟江主席的警卫员沟通过，于是她端上江主席爱喝的茶，并送上毛巾。这时她注意到一个细节，就是江主席坐下后会时不时扶一下自己的腰，她马上意识到大概是江主席坐的时间太长而导致不适。她马上拿来靠垫放在江主席背后，江主席会心一笑，还用上海话对她说了句"谢谢依”。虽然只是一次短暂的个性化服务，但却让江主席感受到会议服务的细致与周到。

——资料来源：彭蝶飞．酒店服务礼仪［M］．上海：上海交通大学出版社，2011.

案例分析

1. 江主席会心一笑的含义是什么？

2. 一名优秀的会展服务人员应具备怎样的素质？

一、会展服务礼仪的概念

会展服务礼仪：在参加和组织会展活动时用于维护企业与个人形象，对交往对象表示尊重友好的行文规范和准则，它包括会展组织经营者、参展商、公众之间的礼仪礼貌礼节，以及在一定场合中的礼仪程序。

会展服务礼仪与礼仪有着密切的关系。礼仪是会展服务礼仪的基础和内容。会展服务礼仪是礼仪在服务过程中的具体运用，是礼仪的一种特殊形式，是体现会展服务的具体过程和手段，使无形的服务有形化、规范化、系统化。会展服务礼仪的实际内涵是主办方或承办方在会展前的策划和准备、会展期间的实施以及会展后续服务过程中展现出的一种行为规范。一个会展人员所要提供的礼仪服务，就是会前的准备，会中的接待服务，会后的整理。例如，展会开始时，开幕式的举行，参展商的接待，记者媒体的接待等都需要会展人员的礼仪服务。

二、会展礼仪行为准则

（一）安排有序

每个工作人员在活动过程中承担什么角色，要做什么样的工作都要事先确定好，不能出现手忙脚乱、不知所措的现象。

（二）行为规范

所有参加礼仪接待服务的工作人员应按标准的商业行为规范来引导和服务客人，统一的服饰、统一的礼貌用语、统一的行走站立姿势、统一的商业礼仪训练，使客人感受到所有的人员都训练有素，是一支专业的服务队伍。

（三）态度真诚

可人的微笑，亲切的问候，细声的叮咛，耐心的解说……这些都是礼仪接待人员良好素质的表现，也是人们对礼仪接待服务的基本要求。同时礼仪接待人员应具备一定的应变能力和解说能力，能灵活应对客人提出的各种问题。

（四）富有个性

根据展会活动的形式和内容，礼仪接待服务的形式也可以设计得富有个性和特色，通过礼仪接待服务来凸显展会活动的特色和主题。

三、会展活动中礼仪接待的策划安排

（一）明确会展活动的内容主题

不同性质的会展活动在表现形式上是不同的，因此在接待服务的表现形式上也就有所差异。如会议活动和展览活动，展览活动和大型节庆活动的礼仪接待服务的表现形式不同，有些活动需要热闹，有些活动需要安静；同样是展览活动，不同的主题和内容，其礼仪接待服务的要求也不同。例如，汽车展的礼仪接待服务可以比较活泼欢快，具有现代感；化妆品展的礼仪接待服务则可以时尚前卫。

（二）做好会展活动的程序安排及人员安排

了解会展活动的程序安排是进行礼仪接待人员配备的重要信息输入。如果会展活动的开幕式有重要嘉宾参加，还伴随有不同规模和场次的会议或讲座，会展活动参与人员的数量较多，这时就需要场馆管理者确定在什么时候、在哪些地方、安排多少名礼仪服务人员，他们的主要工作任务是什么，在完成开幕式后，他们还须安排到哪里去服务。在安排礼仪接待服务时要考虑如何提高服务效率。

（三）严格规范接待人员礼仪要求

策划礼仪接待服务时要考虑到服务的客人的类型和特点。如有较多国外嘉宾参加的展会活动，则安排的礼仪接待人员应有良好的文化修养和外语水平。如果是专业性较强的学术会议，还可以考虑安排该专业的大学生负责礼仪接待工作，既便于与会议代表沟通，又能使该专业的学生获得学习的机会。如果展会活动正式庄重，则需要安排庄重典雅的礼仪接待人员。

（四）事先列出活动过程中需要的礼仪用品

礼仪接待服务过程中不能忘记准备展会活动中所需的礼仪用品，如剪彩活动时所需的金色剪刀、绸布球、托盘、礼花等；签字活动中的文件及文件簿、签字笔、葡萄酒等；舞狮表演时所需的点睛毛笔和墨水；颁奖仪式时所需的奖状、奖杯、奖牌、证书、锦旗、奖金信封、鲜花、吉祥物等；捐赠仪式所需的支票模型、捐献证书、鲜花等。这些礼仪用品什么时候使用，使用的顺序如何，都要事先与礼仪接待人员交代清楚，以防出错。

（五）挑选礼仪接待人员服装类型

在人们的脑海中，礼仪接待人员就是身材高挑，穿着红色长旗袍的礼仪小姐和迎宾小姐。其实，礼仪接待人员的着装形式可以是多样的，通过着装应反映出会展活动的特色。如汽车嘉年华的礼仪小姐可以穿具有现代感和运动感的运动装；啤酒节的礼仪小姐则可以穿戴时髦、前卫、性感的超短裙，以彰显个性；商务谈判会议的礼仪小姐可以穿较为传统的职业套装，以显示庄重和谨慎。在服装的色泽上也要考虑活动的主题色调，尽可能与现场的色调相协调。

四、会展服务礼仪的内容

（一）会展服务人员形象礼仪

在整体形象、待人礼貌、解说技巧三个主要方面，参展单位尤其要予以特别的重视。

1. 会展人员形象礼仪

在一般情况下，要求在展位上工作的人员应当统一着装。在大型的展览会上，参展单位若安排专人迎送宾客时，则最好请其自穿色彩鲜艳的单色旗袍，并胸披写有参展单位或其主打展品名称的大红色绶带。全体工作人员皆应在左胸佩戴写明本人单位、职务、姓名的胸卡，礼仪小姐可例外。按照惯例，工作人员不应佩戴首饰，男士应当剃须，女士则最好化淡妆。

2. 会展人员待人礼仪

参展单位的工作人员必须真正地意识到观众是自己的上帝，为其热情而竭诚地服务则是自己的天职。展览一旦正式开始，全体参展单位的工作人员即应各就各位，站立迎宾。不允许迟到、早退，无故脱岗、东游西逛，更不允许在观众到来之时坐、卧不起，怠慢对方。

当观众走近自己的展位时，不管对方是否向自己打了招呼，工作人员都要面含微笑，主动向对方说："您好！欢迎光临！"随后，还应面向对方，稍许欠身，伸出右手，掌心向上，指尖直指展台，并告知对方："请您参观。"当观众离去时，工作人员应当真诚地向对方欠身施礼，并道以"谢谢光临"，或是"再见！"

3. 要善于运用解说技巧

在实事求是的前提下，要注意对其扬长避短，强调"人无我有"之处。在必要时，还可邀请观众亲自动手操作，或由工作人员为其进行现场示范。不过，争抢、尾随观众兜售展品，弄虚作假或是强行向观众推介展品则不可取。

（二）会展迎接礼仪

（1）对前来访问、洽谈业务、参加会议的外国、外地客人，应首先了解对方到达的车次、航班，安排与客人身份、职务相当的人员前去迎接。若因某种原因，相应身份的主人不能前往，前去迎接的主人应向客人做出礼貌的解释。

（2）主人到车站、机场去迎接客人，应提前到达，恭候客人的到来，决不能迟到让客人久等。客人看到有人来迎接，内心必定感到非常高兴，若迎接来迟，必定会给客人心里留下阴影，事后无论怎样解释，都无法消除这种失职和不守信誉的印象。

（3）接到客人后，应首先问候"一路辛苦了""欢迎您来到我们这个美丽的城市""欢迎您来到我们公司"等。然后向对方作自我介绍，如果有名片，可送予对方。

（4）迎接客人到展场去看产品时应提前为客人准备好交通工具，不要等到客人到了才匆匆忙忙准备交通工具，那样会因让客人久等而误事。

（5）如果是重要的客人，主人应提前为客人安排好住宿，帮客人办理好一切手续并将客人领进房间，同时向客人介绍住处的服务、设施，将活动的计划、日程安排交给客人，并把准备好的地图或旅游图、名胜古迹等介绍材料送给客人。

（6）将客人送到住地后，主人不要立即离去，应陪客人稍做停留，热情交谈，谈话内容要让客人感到满意，比如客人参与活动的背景材料、当地风土人情、有特点的自然景观、特产、物价等。考虑到客人一路旅途劳累，主人不宜久留，让客人早些休息。分手时将下次联系的时间、地点、方式等告诉客人。如果是客人从公司的工厂看完产品要回展会的话，不宜太晚离开。

（三）会展接待礼仪

（1）客人要找的负责人不在时，要明确告诉对方负责人到何处去了，以及何时回本单位。请客人留下电话、地址，明确是由客人再次来单位，还是我方负责人到对方单位去。

（2）客人到来时，我方负责人由于种种原因不能马上接见，要向客人说明等待理由与等待时间，若客人愿意等待，应该向客人提供饮料、杂志，如果可能，应该时常为客人换饮料。

（3）接待人员带领客人到达目的地，应该有正确的引导方法和引导姿势。

①在走廊的引导方法。接待人员在客人两三步之前，配合步调，让客人走在内侧。

②在楼梯的引导方法。当引导客人上楼时，应该让客人走在前面，接待人员走在后面，若是下楼时，应该由接待人员走在前面，客人走在后面，上下楼梯时，接待人员应该注意客人的安全。

③在电梯的引导方法。引导客人乘坐电梯时，接待人员先进入电梯，等客人进入后关闭电梯门，到达时，接待人员按“开”的钮，让客人先走出电梯。

④客厅里的引导方法。当客人走入客厅，接待人员用手指示，请客人坐下，看到客人坐下后，才能行点头礼后离开。如客人错坐下座，应请客人改坐上座（一般靠近门的一方为下座）。

⑤诚心诚意地奉茶。我国人民习惯以茶水招待客人，在招待尊贵客人时，茶具要特别讲究，倒茶有许多规矩，递茶也有许多讲究。

（四）乘车礼仪

1. 轿车

（1）小轿车的座位，如有司机驾驶时，以后排右侧为首位，左侧次之，中间座位再次之。

（2）如果由主人亲自驾驶，以驾驶座右侧为首位，后排右侧次之，左侧再次之，而后排中间座为末席。

（3）主人夫妇驾车时，主人夫妇坐前座，客人夫妇坐后座，男士要服务于自己的夫人，宜开车门让夫人先上车，然后自己再上车。

（4）如果主人夫妇搭载友人夫妇的车，则应邀友人坐前座，友人之妇坐后座，或让友人夫妇都坐前座。

（5）主人亲自驾车，坐客只有一人，应坐在主人旁边。若同坐多人，中途坐前座的客人下车后，在后面坐的客人应改坐前座，此项礼节最易疏忽。

（6）女士上车不要一只脚先踏入车内，也不要爬进车里。需先站在座位边上，把身体降低，让臀部坐到位子上，再将双腿一起收进车里，双膝一定保持合并的姿势。

2. 旅行车

我们在接待团体客人时，多采用旅行车接送客人。旅行车以司机座后第一排即前排为尊，后排依次为小。其座位的尊卑，依每排右侧往左侧递减。

课堂思考

一名优秀的会展礼仪服务人员应具备怎样的素质？

复习与思考

一、简答题

1. 前厅接待有哪些礼仪？
2. 客房接待有哪些礼仪？
3. 餐饮服务接待有哪些礼仪？
4. 门卫如何迎宾？
5. 餐饮服务人员如何为客人提供点菜服务？
6. 简述导游员应具备的素质。
7. 模拟现场导游员为宾客讲解时应注意的礼仪规范。

二、服务礼仪礼貌自检题

1. 每天到岗前照镜子吗？
2. 你每天到岗前化淡妆了吗？
3 你注意修剪指甲了吗？
4. 你的头发梳理整齐了吗？
5. 你的制服有破损、开绽的地方吗？
6. 你的制服清洁挺括吗？
7. 你的衬衫领子和袖口干净吗？
8. 你的扣子齐全吗？
9. 你按规定系领带、领结、领花吗？
10. 你按规定佩戴工牌了吗？

11. 你穿的鞋子、袜子干净吗?

12. 你会不经意间依然穿着脱丝的袜子上班吗?

13. 你遇到客人微笑吗?

14. 你经常说“请”“您好”“谢谢”等文明用语吗?

15. 你经常说“请问我能为您做些什么吗?”

16. 当客人提问你时，不懂时你会说“不知道”吗?

17. 当班期间你的走姿正确且轻快吗?

18. 你能记住经常来店客人的名字并直接称呼“某某先生（小姐）吗?”

19. 繁忙的时候，你会对客人不耐烦吗?

20. 遇到暴躁的客人，你会争执或不予理睬吗?

21. 你在客人面前有打哈欠、伸懒腰的情况吗?

三、实训题

在老师的具体指导下，全班分为若干小组，结合酒店各工作岗位的实际，进行礼貌服务接待的模拟训练，具体内容如下：

1. 模拟酒店前厅服务接待。

2. 模拟餐厅服务员礼貌待客。

3. 模拟客房服务接待流程。

4. 模拟导游员迎接礼仪。

四、案例分析题

泰国文华东方酒店成功的秘诀

泰国清迈的文华东方酒店堪称亚洲酒店之最，是亚洲最受欢迎的奢华度假村之一，几乎天天客满，不提前一个月预定是很难有入住机会的，而且客人大多来自西方发达国家，同时又有世界上独有的人妖表演，是不是他们在这方面下了功夫？错了，他们靠的是真功夫，是非同寻常的客户服务，也就是现在经常提到的客户关系管理。他们的客户服务到底好到什么程度呢？让我们通过一个实例来感受一下。

一位朋友因公务经常到泰国出差，并下榻在文华东方酒店，第一次入住时良好的酒店环境和服务就给他留下了深刻的印象。当他第二次入住时，几个细节更使他对酒店的好感迅速升级。那天早上，在他走出房门准备去餐厅时，楼层服务生恭敬地问道：“于先生是要用早餐吗？”于先生很奇怪，反问：“你怎么知道我姓于？”服务生说：“我们酒店规定，晚上要背熟所有客人的姓名。”这令于先生大吃一惊，因为他频繁往返于世界各地，入住过无数高级酒店，但这种情况还是第一次碰到。于先生高兴地乘电梯到餐厅所在的楼层，刚刚走出电梯门，餐厅的服务生说：“于先生，里边请。”于先生更加疑惑，因为服务生并没有看到他的房卡，就问："你知道我姓于？"服务生答："上面工作人员刚刚打电话过来，说您已经下楼了。"如此高的效率让于先生再次大吃一惊。

于先生刚进餐厅，服务小姐微笑着说："于先生还要老位置吗？"于先生的惊讶再次升级，心想"尽管我不是第一次在这里吃饭，但最近的一次也有一年多了，难道这里的服务小姐的记忆力那么好？"看到于先生惊讶的目光，服务小姐主动解释说："我刚刚查过电脑记录资料，您去年的8月8日在靠近第二个窗口的位子用过早餐。"于先生听后兴奋地说："老位置，老位置！"小姐接着问："老菜单，一个三明治，一杯咖啡，一只鸡蛋？"现在于先生已经不再惊讶了，"老菜单，就要老菜单！"于先生已经兴奋到了极点。上餐时餐厅赠送了于先生一碟小菜，由于这种小菜于先生是第一次看到，就问道："这是什么？"服务生后退两步说："这是我们特有的某某小菜。"服务生为什么要先后退两步呢？他是怕自己说话时口水不小心落在客人的食品上，这种细致的服务于先生之前从没见过，这一次早餐给于先生留下了终生难忘的印象。

后来，由于业务调整的原因，于先生有3年的时间没有再到泰国去。在于先生生日时，酒店寄来贺卡，里面还附了一封短信，内容是：亲爱的于先生，您已经有3年的时间没有来过我们这里了，我们全体人员都非常想念您，希望能再次见到您。今天是您的生日，祝您生日快乐。于先生当时激动得热泪盈眶，发誓如果再去泰国，绝对不会到任何其他的酒店，一定要住在东方酒店，而且要说服所有朋友也像他一样选择，于先生看了一下信封，上面贴着一枚6元的邮票。6元钱就这样买到了一颗心，这就是客户关系管理的魔力。

由于东方酒店非常重视培养忠实的客户，并且建立了一套完善的客户关系管理体系，使客户入住后可以得到无微不至的人性化服务。迄今为止，世界各国的20多万人曾经入住过那里，用他们的话说，只要每天有1/10的老顾客光顾，酒店就会永远客满。这就是东方酒店的成功秘诀。

——资料来源：http：//bbs.meadin.com/thread-137763-1-1.html.

根据上述案例，回答如下问题：

通过案例请表述泰国文华东方酒店是如何管理客户关系的，其成功的秘诀在于什么？

五、推荐阅读

1. 宾馆服务礼仪 . http：//www.canyin168.com/Print.aspx？ id=9569.

2. 餐饮服务礼仪 . http：//www.canyin168.com/glyy/yg/ygpx/fwly/200708/7670.html.

3. 仪容仪表规范要求 . http：//www.canyin168.com/glyy/yg/ygpx/fwly/201105/31054.html.

4. 餐饮服务礼貌用语 . http：//www.canyin168.com/glyy/yg/ygpx/fwly/200908/17081.html.

第七章 国际礼仪

伴随着国际交往活动越来越普遍，每个人参与涉外活动的机会也日益增多。了解国际交往中应当遵循的国际惯例，熟知国际礼仪，从而避免因为文化、习俗的差异而产生的交往中的不便与矛盾，是非常重要的。

本章介绍了涉外国际礼仪的起源、特征和国际交往中的基本通则；明确了涉外接待活动的基本礼仪规范和具体做法。通过学习了解这些涉外礼仪知识，从而在涉外活动中表现出与世界各国朋友相互尊重、平等相待的友好礼仪风范。

学习目标

知识目标

1. 了解国际礼仪的起源。
2. 了解国际礼仪的特征。
3. 了解国际礼仪的基本通则。
4. 明确涉外接待活动的基本礼仪规范。

素质与能力目标

1. 能够理解国际礼仪是一种国际惯例。
2. 掌握基本的国际交往礼仪，学会尊重其他国家和民族的文化。
3. 能够以包容的心态和开放的胸襟与其他民族和国家的人民友好交往。

案 例

谦虚也有错的时候

一位英国老妇人到中国游览观光，对接待她的导游小姐评价颇高，认为她服务态度好，语言水平也很高，便夸奖导游小姐说："你的英语讲得好极了！"小姐马上回应说："我的英语讲得不好。"英国老妇一听生气了，"英语是我的母语，难道我不知道英语该怎么说？"老妇生气的原因无疑是导游小姐忽视东西方礼仪的差异所至。西方人讲究一是一，二是二，而东方人讲究的是谦虚，凡事不张扬。

——资料来源：牟红，杨梅．旅游礼仪实务［M］．北京：清华大学出版社，2007.

案例分析

1. 这位英国老妇人生气说明了什么？
2. 我们在与英国等西方国家的人士交流时应该注意什么？

第一节　国际礼仪概述

国际礼仪就是人们在国际交往中必须共同采用并且遵守的礼仪规范，也可以称为人际交往中的国际惯例。它是在国与国的交往中产生，是大家约定俗成并且共同遵守的。遵循国际礼仪可以有效地避免因为各自文化、历史、习俗差异而产生的误会。

一、国际礼仪的起源

国际礼仪的出现是以国家的存在和不同国家之间频繁交往为前提的。无论在东方，还是在西方，国际的交往已有很长的历史。在长期国际交往的过程中，既有和平相处、友好往来、合作共荣，也有矛盾、争斗和战争，这都需要进行沟通和交流，需要有共同遵守的规范与准则，于是就逐渐形成了许多国家间通行的国际礼仪。国际礼仪可以分为两类：一类是国际社会上约定俗成并且为大家所遵守的礼仪；另一类是各国各民族固有并且一直传承延续的风俗习惯，外宾到此必须遵守。

随着近代工业的迅速兴起，商品经济的大规模发展，人际交往日趋频繁，人们更需要用礼仪来调节和增进彼此之间的关系。交际礼仪成了人们社会生活中不可或缺的东西。讲究礼节、注意礼貌、遵守一定的礼仪规范，已成为现代文明社会生活的一项重要标志。现代的国际关系，伴随人类交往的不断增长，已有了巨大的发展变化。首先是国交往的规模。20 世纪初叶，世界上只有大约 50 个独立国家；到第二次世界大战前，增加到大约 75 个；而现在联合国的会员国已有 190 多个了。其次是现代生活频率加快，各国之间的交往已越来越频繁。最后是国际交往的方面不断增加，国际交往的内容丰富多样，参加国际活动的人员范围广、数量多，而且全球共同关注的问题也越来越广泛，如环保、核安全、反恐怖等。

礼仪习惯的演变，加上国际关系迅速、广泛发展，必然使国际过去通用的礼仪规则也发生相应的变化，从而形成适应时代发展需要的现代国际礼仪。

从现代国际礼仪发展的趋势来看，随着全球化和区域经济、政治一体化的迅猛发展，世界各国之间的联系和交往更加密切，作为国际交往活动行为规范的国际礼仪必然会推广和普及世界的每一个角落，是否懂得和遵守国际礼仪将成为衡量一个国家、民族文明进步程度的重要标准。

二、国际礼仪的特征

国际礼仪作为世界各国普遍认同和遵守的行为规范和处事准则，和其他礼仪相比，既有共同性，又有其独特性。正确了解这些特征，对于我们进一步认识和运用国际礼仪有很大帮助。

（1）普遍性。国际礼仪以国际惯例为基本内容，是国际交往中约定俗成的习惯性做法，也就是国际惯例。在某一个国家或者某一个地区通行的礼仪，只要没有在世界范围内通用就不是真正意义上的国际礼仪。相反地，在世界范围内通用的礼仪，尽管没有被少数国家或地区所接受，却不影响其国际礼仪的性质。世界上不同的国家、不同的民族的风俗习惯千差万别，正因为这样，在国际交往中一定要有遵循国际惯例的意识。在进行国际交往与合作的时候，我们需要了解必须遵守哪些国际惯例。只有遵守了这些国际惯例，才能避免误解，实现积极有效的交流，更好地使双方互生敬意。

（2）包容性。国际礼仪是世界各国各民族在长期交往中逐步形成的行为规范和处事准则，它是以国际范围为适用范围的，吸纳了世界不同国家和不同民族的礼仪形式和内容，并非某一个国家、某一个民族所创造。国际礼仪主要起源于西方国家，受西方文化影响较深，但是不能认为国际礼仪就是欧美礼仪。现在通行的国际礼仪，不仅有欧洲、美国的礼仪，也包括世界其他国际利益的精华部分。因此，国际礼仪与世界各国、各民族本身所具有的礼仪文化是相互依存、相互补充和相互包容的关系。随着国际礼仪的不断演变，它将越来越多地借鉴吸收世界各国礼仪中的优秀成分，从而发展成为更加具有包容性和丰富性的礼仪规范体系。

（3）时效性。国际礼仪活动更加讲求实效，活动的形式更加多样化。礼仪植根于不同国家、不同民族的习俗。中国的礼仪是中华民族的文化结晶，欧美的礼仪是欧美文化的结晶，那么国际礼仪就是国际大家庭文化的结晶，但这个礼俗的结晶是以不同时代为背景的。社会的发展、历史的进步会出现很多新问题、新特点，同时，随着世界经济国际化日益明显，各个国家、各个地区、各个民族之间的交往日益密切，他们之间的礼仪也就不断地相互影响、相互渗透、相互取长补短，不断地增加新的内容。这就要求国际礼仪与时代同步变化、发展，以适应新形势的新要求。

三、国际礼仪的通则

国际礼仪作为国际社会成员所遵守的行为规范和处事准则，必然存在一些具有普遍意义的和指导性的基本原则。在国际交往中，可能会出现各种各样、错综复杂的情况与问题，熟悉和了解国际礼仪的基本原则对于我们解决处理这类问题具有重要意义。同时，掌握国际礼仪的基本原则可以使自己的言行举止更加符合国际礼仪的规范要求，有利于充分发挥礼仪在国际关系中的积极作用。

（1）忠于祖国。对于世界上任何一个国家的公民，在从事涉外活动时，忠于自己的祖国都应该是放在第一位的，是最基本的要求。在涉外活动的具体实践中，遵守忠于祖国的基本原则，主要表现在要热爱祖国、热爱人民、拥护政府等方面。同时，在国际交往中，严守纪律，不随意谈论我国内部未公开发布的信息，不泄露国家机密也是忠于祖国的具体表现。

（2）遵时守信。遵时守信作为国际礼仪通则的基本原则之一，事关信誉和形象。遵时是指约会必须要信守时间约定，参加任何外事活动，都应该按照约定的时间准时到达。特别是在发达国家，如果因不遵守时间打乱了工作秩序和安排是为人所不齿的。守信是指在一切国际交往中应该慎重承诺，量力而行；必须严格地遵守承诺，做出承诺就一定要兑现。在现代社会，信誉就是效率、信誉就是形象、信誉就是生命。在国际交往中，信守时间，遵守承诺，是取信于人的基本要求。言必信，行必果，是社交成功的保障。要做到信守时约，应该注意在时间和承诺上一定要谨慎和明确，切不可含混不清，模棱两可；任何事情一经约定，就必须认真遵守，而不可随意变动或取消。对于双方约定的时间唯有准时最为得体，早到可能使主人措手不及，晚到是非常失礼的；由于难以预料的因素导致失约或迟到，要向对方及早通报，解释缘由并表示歉意。

知识拓展　搜索

“凡交，近则必相靡以信，远则必忠之以言”。中国坚持按照亲、诚、惠、容的理念，深化同周边国家的互利合作，努力使自身发展更好惠及周边国家。

——习近平主席在和平共处五项原则发表60周年纪念大会上的重要讲话.

（3）入乡随俗。入乡随俗是指了解交往对象所在国家和地区的特有习俗，予以尊重并遵从。入乡随俗包括对交往对象所在国家、地区的宗教、风俗、习惯、语言等方面的尊重，了解其与本国、本民族文化的不同和禁忌，在言谈举止上引起重视，在理解的基础上予以尊重。世界各国、各民族在其发展的历史过程中，创造了光辉灿烂的文化，形成了各种风俗习惯，很多民族非常重视自己的文化和习俗，若无意中出现行为不恭或触犯了禁忌，就会引起不愉快，造成不良影响，甚至发生纠纷。所以说"入乡随俗"，有益于增进国际交往中彼此之间的理解与沟通，有助于恰如其分地向交往对象表达我方的亲善友好。另外，在涉外交往中作为客人时，应当"客随主便"，这也是"入乡随俗"的一种具体表现。

案　例

不受欢迎的礼物

国内某家专门接待外国游客的旅行社，有一次准备在接待来华的意大利游客时送了每人一件小礼品。于是，该旅行社订购制作了一批纯丝手帕，是在杭州制作的，还是名厂名产，每个手帕上绣着花草图案，十分美观大方。手帕装在特制的纸盒内，盒上又有旅行社社徽，显得是很像样的小礼品。中国丝织品闻名于世，料想会受到客人的喜欢。旅游接待人员带着盒装的纯丝手帕，到机场迎接来自意大利的游客。欢迎词热情、得体，在车上他代表旅行社赠送给每位游客两盒包装甚好的手帕，作为礼品。

没想到车上一片哗然，议论纷纷，游客显出很不高兴的样子。特别是一位夫人，大声叫喊，表现极为气愤，还有些伤感。旅游接待人员心慌了，好心好意送人家礼物，不但得不到感谢，还出现这般景象。

——资料来源：http：//internation.liyipeixun.org/guojishejiaoliyi/shewaifuwu.html.

案例分析

中国人总以为礼多人不怪，这些外国游客为什么怪起来了？

（4）不卑不亢。在涉外活动中，每一个人都必须意识到自己代表着自己的国家，在交往中，既不能自卑畏惧、低三下四，也不能趾高气扬、傲慢无礼，妄自菲薄和狂妄自大都是无知的表现，更不符合国际礼仪通则。正确的态度应是不卑不亢、热情有度，用规范、得体的方式塑造、维护自己的个人形象。在涉外交往中，不卑不亢是事关国格、人格的大是大非问题，“外交无小事”，外事人员的一言一行都代表着国家与民族的形象，在涉外交往待人不仅仅要热情友好，更重要的是要把握好分寸。

（5）求同存异。世界各国的礼仪和习俗都存在着一定程度的差异，不同文化背景的人的礼仪传统和习俗有着各自的特点，许多民族的习惯与国际上通行的礼仪行为方式有所不同甚至大相径庭。对于这些差异性应首先予以承认，“求同存异”就是承认这些差异性的具体做法。“求同”，就是要遵守有关礼仪的国际惯例，要重视礼仪的“共性”。“存异”则是要求对他国的礼俗予以尊重，不可忽略礼仪的“个性”，并在必要的时候采用双方共同接受的礼仪，保留不同点。

（6）以右为尊。在国际交往中，无论是在政务活动、商务往来、文化交流还是社交应酬、私人交往等场合，只要涉及位置排列次序时，原则上都讲究右尊左卑、右高左低，这就是国际礼仪通则中的“以右为尊”的原则。“以右为尊”的具体做法是：在涉外交往活动中，为了表示对客人的尊重，主人应主动居左，请客人居右。由于我国的传统做法是“以左为尊”，在国际交往中，要特别注意“内外有别”，坚持“以右为尊”的国际通则，以表示对交往对象的尊重。

（7）女士优先。“女士优先”是国际社会公认的一条重要的礼仪原则，其含义是在一切社交场合，每一名成年男子都有义务尊重、照顾、关心、保护女士并且想方设法、竭尽所能地为女士排忧解难。强调“女士优先”不是因为女性是弱者，值得同情、怜悯，而是因为西方人认为女性是人类的母亲，对女性给予优待是对母亲的尊重和感恩。值得注意的是，“女士优先”主要适用于社交场合。另外，在阿拉伯国家、东南亚地区以及日本、韩国等东方国家，“男尊女卑”的意识依然比较深重。

案 例

“女士优先”应如何体现

一次，英国一访华观光旅游团下榻北京国际会议中心大厦。一天，翻译小姐陪同客人外出参观，在上电梯的时候，一位英国客人请这位翻译小姐先上，可是这位小姐谦让了半天，执意要让客人先行。事后这些客人抱怨说，他们在中国显示不出绅士风度来，原因是接待他们的女士们都坚持不让他们显示。比如，上下汽车或进餐厅时，接待他们的女士们坚持让他们先走，弄得他们很不习惯，甚至觉得受了委屈。虽然我方人员解释，中国是“礼仪之邦”，遵循“客人第一”的原则，对此解释他们也表示赞赏，但对自己不能显示绅士风度仍然表示遗憾。

——资料来源：http：//www.doc88.com/p-281364703581.html.

案例分析

如何才能避免客人不能显示绅士风度的遗憾?

（8）尊重隐私。个人隐私指的就是一个人出于个人尊严和其他某些方面的考虑，不愿意公开、不希望别人了解或是打听的个人秘密或者私人事宜。在国际交往中，人们普遍讲究尊重个人隐私，认为尊重个人隐私与否是一个人在待人接物方面有没有教养、能不能尊重交往对象的重要标志之一。在许多国家它还受到法律的保护。因此，在与外国友人打交道时，一定要充分地尊重对方的个人隐私权，在言谈中，凡涉及对方个人隐私的一切问题，都应该自觉地、有意识地予以回避，在发现对方不想回答时，要适可而止。在国际交往中，收入支出、年龄大小、恋爱婚姻、健康状况、家庭住址、个人经历、信仰政见等都属于个人隐私问题。

案　例

关心过度

王丽在上海一家五星级酒店做楼面值台服务员，因为她亲切热情，服务周到，在她所负责的楼层入住的客人对她的印象都不错。直到有一天，一对到上海来谈生意的德国夫妇外出回店。由于这对夫妇入住已有好几天，王丽和他们比较熟，所以在问候他们以后，王丽如同对待老朋友那样，随口便问："你们去哪里玩了？"两夫妇开始还比较耐心地回答："我们去南京路了。"小王接着又问："你们逛了什么商店？"对方被迫答道："上海华联。"小王一时兴起，越问越多："上海华联挺不错的，你们都买了些什么呀？"这回德国夫妇没有作答，说了声再见后转身离去。之后，德国夫妇向酒店提出要换楼层。

——资料来源：https：//www.wendangwang.com/doc/6b12947793ee729b2daa59c0/11.

案例分析

德国夫妇为什么提出要换楼层？王丽的做法哪里不得当？

第二节　外交迎送礼仪

迎接和欢送是国际交往中最常见的礼节。做任何工作都应该善始善终，外交接待活动更是如此。对外宾的迎送活动，关系到其对被访国家的第一印象和最后印象。为了做好接待工作，需要事先了解对方的来访目的与要求、抵离的具体时间与地点，以及来访人员的姓名、身份、性别、年龄、生活习惯、宗教信仰、饮食爱好与禁忌等，根据有关资料制定具体详尽的接待方案，确定接待规格和主要活动的安排日程。

一、迎送规格

俗话说，“没有规矩，不成方圆”。在外交接待活动中，首先需要确定迎送人员的规格，以免出现不相称的人员接待。接待规格的高低，通常是根据来访者的身份、愿望、两国关系等因素来决定的。

（1）官方迎送。接待准备工作主要由外事部门负责，根据有关资料制定具体详尽的接待方案，确定接待规格。对外宾的迎送规格，一般应按常规办事，主要是依据来访者的身份和访问目的，考虑到两国关系的现状及发展趋势加以确定。通常，主要的迎送人员要与来访者的身份相称，有时当事人不在当地或临时身体不适，可由职位相当的人士或副职出面迎送，但要注意向对方做好解释。总之，主人的身份不能与客人相差太大，并尽可能与来访者对口、对等。

比如，外国国家元首、政府首脑正式访问的，其迎送仪式一般由身份相当的领导人和一定数目的高级官员出席，有的还通知各国（或部分国家）驻该国使节参加；长期在本国工作的外国人士和外国使节、专家等到任、离任时，本国有关方面也安排相应人员迎送。

（2）民间迎送。迎送民间团体时，不举行官方正式仪式，但需根据客人的身份、地位，安排对口部门、对等身份的人员前往接待。一定要精心选择迎接来宾的迎宾人员，数量上要加以限制，身份上要大致相仿，职责上要划分明确。

二、礼宾次序

礼宾次序是指国际交往中对出席活动的国家、团体、各国人士的位次按某些规定和惯例进行排列的先后次序。一般来说，礼宾次序体现了东道国给予各国来宾的礼遇，在某些国际性的集会上则表示各国主权地位的平等。礼宾次序的排列虽然在国际上已有一定惯例，但各国做法不尽相同。常用的排列方法有以下三种：

（1）按身份与职位高低排列。这是礼宾次序排列的主要根据。在官方活动中，通常是按身份与职务的高低安排礼宾次序。如按国家元首、副元首、政府首相、部长、副部长等顺序排列。各国提出的正式名单或正式通知是确定职务高低的依据，由于各国的国家体制不同，部门之间的职务高低也不同，所以要根据各国的规定，按相应的级别和官衔进行安排。在多边活动中有时按其他方法排列。无论按何种方法排列，都应考虑身份和职务高低的问题。

（2）按国家名字的字母顺序排列。在多边活动中的礼宾次序也常采用按参加国国名字母顺序排列，一般以英文字母排列居多，如国际会议、体育比赛等。对于第一个字母相同的国家则按第二个字母排列，以此类推。联合国大会的席位次序也按英文字母排列。但是，为了避免一些国家总是占据前排席位，每年抽签一次，决定本年度大会席位以哪一个字母打头，以便让各国都有排在前列的机会。在国际体育比赛中，体育代表团（队）名称的排列和开幕式出场的顺序一般也按国名字母排列，东道国一般排在最后。体育代表团观礼或召开理事会、委员会等，则按出席代表团团长的身份高低排列。

（3）按通知代表团组成的日期先后排列。在一些国家举行的多边活动中，按通知代表团组成的日期先后排列礼宾次序，也是国际上经常采用的一种方法。东道国对同等身份的外国代表团，按派遣国通知代表团组成的日期排列，或按代表团抵达活动地点的时间先后排列，或按派遣国决定应邀派遣代表团参加该活动的答复时间先后排列。究竟采用何种方法，东道国在致各国的邀请书中都应加以说明。

在实际工作中，礼宾次序的排列常常不能按一种方法进行，而是几种方法交叉使用，并考虑其他因素，包括国家间的关系、地区所在地、活动的性质与内容或对于活动的贡献大小以及参加活动者在国际事务中的威望、资历等。例如，通常把同一国家集团的、同一地区的、同一宗教信仰的或关系特殊的国家的代表团排在前面或排在一起。对同一级别的人员，常把威望高、资历深、年龄大者排在前面。有时还考虑业务性质、相互关系、语言交流等因素。例如，在观礼、观看演出或比赛，特别是在大型宴请时，除考虑身份、职务之外，还应将业务性质对口的，语言相通、宗教信仰一致的、风俗习惯相近的安排在一起。总之，在礼宾次序安排工作中，要全面、周到、细致、耐心、慎重地考虑，设想多种方案，以避免因礼宾次序方面的问题引起不必要的外交误解或麻烦。

案 例

重要的礼宾次序

1995 年 3 月，在丹麦哥本哈根召开了联合国社会发展世界首脑会议，出席会议的有近百位国家元首和政府首脑。3 月 11 日，与会的各国元首与政府首脑合影。照常规，应该按礼宾次序名单安排好每位元首、政府首脑所站的位置。首先，这个名单怎么排，究竟根据什么原则排列？哪位元首、政府首脑排在最前？哪位元首、政府首脑排在最后？这项工作实际上很难做。丹麦和联合国的礼宾官员只好把丹麦首脑（东道国主人）、联合国秘书长、法国总统以及中国、德国总理等安排在第一排，而对其他国家领导人，就任其自便了。好事者事后向联合国礼宾官员“请教”，答道：“这是丹麦礼宾官员安排的。”向丹麦礼宾官员核对，回答说：“根据丹麦、联合国双方协议，该项活动由联合国礼宾官员负责。”

——资料来源：马保奉．外交礼仪浅谈［M］．北京：中国铁道出版社，1996.

案例分析

丹麦和联合国的礼宾人员是如何灵活应用礼宾次序的？

课堂思考

重视礼宾次序的意义是什么？

三、迎送程序

（1）掌握时间。对于时间问题，要预先由双方约定清楚。负责接待的人员要在来宾启程前后再次予以确认。如果外宾乘坐的飞机等交通工具的抵、离时间发生变化，要及早通知全体迎送人员和有关单位。根据实际需要，迎送人员应该提前到达迎宾、送行地点，绝不能出现让客人等候的情况。

（2）地点及迎送人员的安排。场地的安排是根据来访对象的不同而选择不同的场地和规格进行接待，如外国国家元首、政府首脑正式访问的，其迎送仪式一般在机场或车站举行，也有的在特定的场所举行，如总统府、议会大厦、国宾馆等地方。举行仪式的场所悬挂宾主双方国旗（宾方挂在右面，主方挂在左面）。迎送人员一般是安排身份相当的领导人和一定数量的高级官员出席，人数不宜过多，所有的迎送人员应提前到达指定地点，并可在迎送过程中安排主要人物或主要部门负责人与来宾握手。

（3）献花。在国际交往的迎送程序中还有一项重要的仪式就是给来宾献花。献花一般由儿童或青年女性在主人与客人握手后献上鲜花。献花需用鲜花或鲜花扎成花束，且要求鲜艳、整洁。献花要特别注意各国的鲜花礼仪，注意各国的鲜花避讳。一般忌用菊花和黄色花朵（各国对花的品种及颜色的不同忌讳）。接待信仰伊斯兰教人士时，不能由女性献花。

（4）介绍。宾主见面后，应互相介绍。通常首先由礼宾人员，或者由欢迎人员中身份最高者先将前来迎接的人员按照职位从高到低的顺序介绍给外宾。然后，来宾中的主要负责人再将他方人员介绍给我方人员。如果双方早就相识，则不必介绍，直接上前握手，互致问候即可。与外宾见面时表示友好的方式有多种，如握手礼、合十礼、拥抱礼、鞠躬礼、点头或脱帽致意礼等。

（5）欢迎仪式。涉外接待的欢迎仪式一般从简，主要是要做好各项接待准备、安排工作。如果是国宾级的接待，需先奏客方国歌，全体人员行肃穆礼，军人行军礼，鸣放礼炮，礼炮最高规格为 21 响，在国家元首来访时燃放；一般政府首脑来访时鸣放 19 响；副总理一级来访时鸣放 17 响。随后，来访国宾在主人的陪同下检阅三军仪仗队。

（6）陪车。涉外活动中，对外宾抵达后的迎接和访问结束后的送行，一般都应该由东道主安排人员陪同乘车，有时安排主人陪车，也有时安排其他人员陪车。如果主人陪车，应该坐在客人的左侧；如果乘坐的是两排座位的轿车，翻译等随员应坐在司机旁边；如果是三排座位的轿车或商务车，随员就应坐在主人前面的加座上；上车时，接待服务人员应主动打开车门，请来宾从右侧门先上，主人从左侧门上车；如果客人先上车，坐到了主人的位置上，则不必请客人挪动位置，车门应由接待服务人员关好。

（7）送别。外宾的行程全部结束即将离开本地时，东道主应该做好送行工作。一般来宾不举行送行仪式，如果是重要客人，东道主一方应安排送行活动。送行人员要提前到达送行地点，来宾抵达后，主人与主宾相见，随后在主人的陪同下，主宾与主方的送别人员一一握手告别；然后主人在主宾的陪同下，与来宾一方其他人员一一握手告别，并可预祝外宾旅途愉快。最后，来宾在主人的陪同下，正式登上乘坐的交通工具，宾主双方再次握手道别。

课堂思考

在外事接待过程中，要关注哪些方面对我方迎送活动的反应？

知识拓展 搜索

中国迎送国宾仪式惯例

外国国家元首或政府首脑抵达北京首都国际机场或车站时，由国家指定的陪同团团长或外交部的部级领导人及级别相当的官员赴机场或车站迎接，并陪同来访国宾乘车前往宾馆下榻。

国宾抵达北京的当日或次日，在人民大会堂东门外广场举行隆重的欢迎仪式。如天气不适于举行此项仪式，则在人民大会堂东门内的中央大客厅举行。

欢迎仪式为双边活动，不邀请各国驻华使节出席，中方出席相当的国家领导人和有关部门负责人等。

广场悬挂两国国旗，组织首都少年儿童列队欢迎，少年儿童代表献花，奏两国国歌，检阅三军仪仗队，鸣放礼炮。

国宾离京返国或到外地访问时，我方出面接待的国家领导人到宾馆话别，由陪同团团长或外交部部级领导人陪同客人前往机场、车站送行或陪同赴外地访问。

国宾到外地访问时，由省长或市长迎送，如省长、市长不在时，则由副省长或副市长代表。外国议长率领的议会代表团到地方访问时，应由省、市人大常委会主任迎送，如主任不在，则由副主任代表。另外，有些外宾虽无明确职务，但其身份特殊，如有些是王室要员（相当于政府首脑）来访，也应参照上述原则安排。

——资料来源：百度百科．

第三节　外交活动礼仪

在国际交往中，无论是官方的或者民间的，许多外事（涉外）活动，往往是通过各种交际礼宾活动进行的。礼宾接待工作大致可分为迎送、会见和会谈、签字仪式、开幕式、庆典活动、馈赠礼品等内容。无论是哪一项内容，都应该符合宾主双方的习惯为出发点，以宾主双方满意为落脚点。

一、会见、会谈礼仪

会见是国际交往中常采用的礼宾活动形式，一般也称接见或拜会。凡身份高的人士会见身份低的，或主人会见客人，一般称为接见或召见。凡身份低的人士会见身份高的，或客人会见主人，一般称为拜会或拜见。拜见君主，又称谒见、觐见。我国一般不作上述区分，统称会见。接见或拜会后的回访，称回拜。会见就其内容来说，有礼节性、政治性和事务性三种。礼节性的会见，时间较短，话题较为广泛。政治性会见一般涉及双边关系、国际局势等重大问题。事务性会见则指一般外交事务安排、业务商谈等等，外交交涉一般称为召见。会见形式根据对象不同又分个别约见和大型接见。个别约见是指国家领导人或某部门负责人就某一方面的外交事务或业务问题，与个别人士或使馆人员进行会面商谈的一种礼宾活动。大型接见是指国家领导人会见一国或几国群众团体或国际会议代表。

会谈是指正式访问或专业访问中，双方或多方就某些比较重大的政治、经济、文化和军事等共同关心的问题交换意见，或就具体业务进行谈判的活动。参加会谈的双方或多方主要领导人的级别、身份原则上是对等的，所负责的事务和业务也是对口的。如国外由总统、总理率领的代表团参加会谈，我方则由国家主席、总理出面；如外方是外交部部长出席，则我方也是外交部部长出席。一般来说，会谈的政治性和业务性都较强，要特别注意保密。代表团身份和规格很高的国事会谈还要悬挂双方国旗。

会见和会谈都应该遵循一定的礼仪规范，主要包括以下几方面：

（一）国旗的悬挂礼仪

国旗是一个国家的象征和标志。人们往往通过悬挂国旗，表示对祖国的热爱或对他国的尊重，在国际交往中，已形成了各国所公认的国旗悬挂礼仪。

（1）按国际关系准则，一国元首、政府首脑在他国访问期间，在其下榻处及乘坐的交通工具上悬挂国旗（或元首旗），是一种外交特权。东道国接待来访的外国元首或政府首脑时，在隆重的场合下，于贵宾下榻的宾馆和乘坐的汽车上悬挂对方（或双方）的国旗（或元首旗），是一种礼遇。此外，国际上还公认，一个国家的外交代表在接受国境内有权在其办公处或官邸以及交通工具上悬挂本国国旗。

（2）在国际会议上，除了会场悬挂与会国国旗以外，各国政府代表团团长也可以按会议组织者的有关规定在一些场所或车辆上悬挂本国国旗（也有不挂国旗的）。有些体育比赛、展览会等国际性活动，也往往悬挂有关国家的国旗。

（3）在建筑物上或室外悬挂国旗，一般都应日出升旗，日落降旗。如需降旗致哀，则先将旗升至杆顶，再下降，下降幅度约为杆长的 1/3；日落降旗时，需先将旗升至杆顶，然后再下降。国际上有些国家致哀时不降半旗，而是在国旗上方挂黑纱表示。不能使用破损或污损的国旗。平时升国旗一定要升至杆顶。

（4）按国际惯例，悬挂双方国旗，以右为上，以左为下。两国国旗并挂，以旗本身面向为准，客方国旗在右，本国国旗在左；汽车上挂旗，则以汽车行进方向为准，驾驶员右手为客方，左手为主方。所谓主客，不以活动举行所在国为依据，而是以举办活动的主人为依据。例如，外国代表团来访，东道国举行的欢迎宴会上，东道国为主人；答谢宴会上，来访者是主人。

（5）国旗不能倒挂。一些国家的国旗由于图案和文字的关系，不能竖挂和反挂。有的国家明确规定，竖挂需另制旗，将图案和文字转正。正式场合悬挂国旗要把正面向观众，即以旗套的右边为准。如把国旗挂在墙壁上，应避免交叉挂法和竖挂法，而应用并列挂法。

（6）各国国旗的图案、式样、颜色、比例、均由本国宪法规定。不同国家的国旗，由于比例不同，两面旗帜悬挂在一起，就会显得大小不一。因此，并列悬挂不同比例的国旗，应将其中一面适当放大或缩小，以使旗的面积大致相同。常用的几种挂旗法如图 7-1、图 7-2、图 7-3、图 7-4、图 7-5、图 7-6 所示。

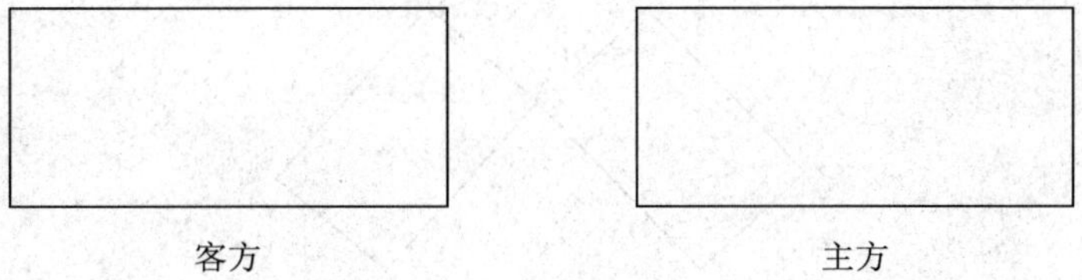

图7-1　两国国旗并挂

多面国旗并挂，主方在最后。如系国际会议，无主客之分，则按会议规定之礼宾顺序排列。

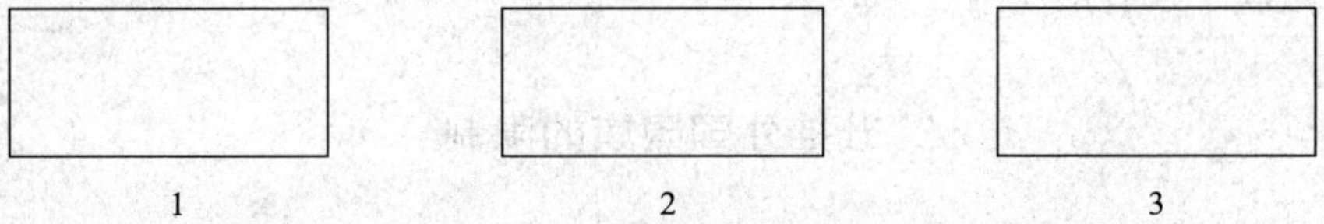

图7-2　三面以上国旗并挂

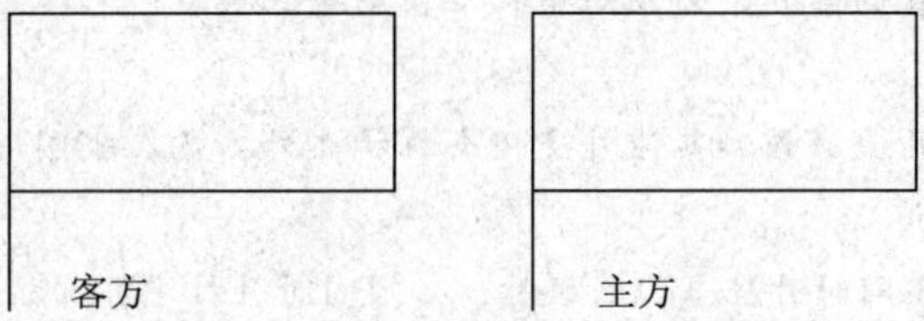

图7-3　并列悬挂

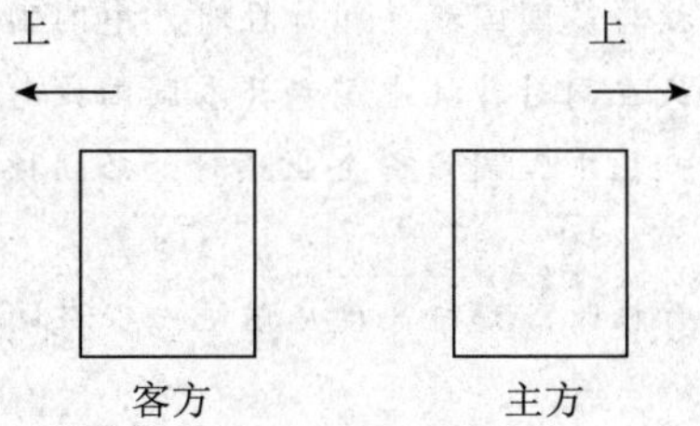

图7-4　竖挂

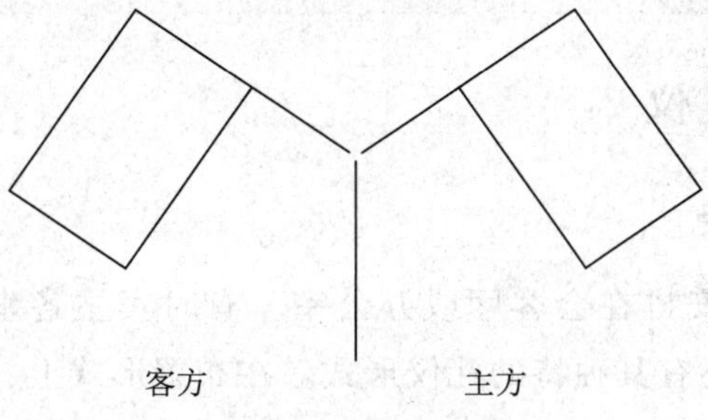

图7-5　交叉悬挂

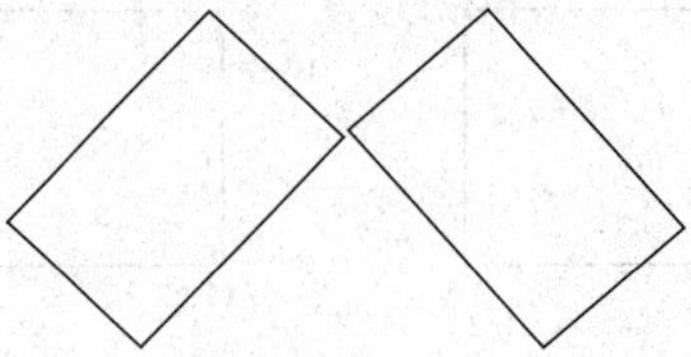

图7-6　交叉法

知识拓展　搜索

升挂外国国旗的限制

为维护我国的国家主权，外国国旗即使在我国境内合法升挂，也应受到一定的限制，具体包括：

（1）在我国升挂的外国国旗，必须规格标准、图案正确、色彩鲜艳、完好无损，为正确而合法的外国国旗。

（2）除了外国驻华的使领馆和其他外交代表机构之外，凡在我国境内升挂外国国旗时，一律应同时升挂中国国旗。

（3）在中国境内，凡同时升挂多国国旗时，必须同时升挂中国国旗。

（4）外国公民在中国境内平日不得在室外和公共场所升挂其国籍国国旗。唯有其国籍国国庆日可以例外，但届时必须同时升挂中国国旗。

（5）在中国境内，中国国旗与多国国旗并列升挂时，中国国旗应处于荣誉地位。外国驻华机构、外商投资企业、外国国民在同时升挂中国和其本国国旗时，必须将中国国旗置于上首或中心位置。外商投资企业同时升挂中国国旗和企业旗时，必须把中国国旗置于中心，较高或者突出的位置。

（6）多个国家的国旗并列升挂时，旗杆高度应该统一。在同一旗杆上不能升挂两个国家的国旗。

——资料来源：百度百科 .

（二）座次安排礼仪

1. 会见的座次安排

会见在国际上通常安排在会客厅或办公室。有时宾主各坐一边，有时穿插坐在一起。某些国家元首会见还有其独特的礼仪形式。在布置形式上，各国也不一样。

外国领导人来我国访问，会见安排比较简单，无特殊仪式。会见地点安排在人民大会堂或中南海。会见时的座位安排一般为客人坐在主人的右边（个别情况例外），译员、记录员安排在主人和主宾的后面。其他客人按礼宾顺序在主宾一侧就座，主方陪见人在主人一侧就座，座位不够可在后排加座，如图 7–7 所示。

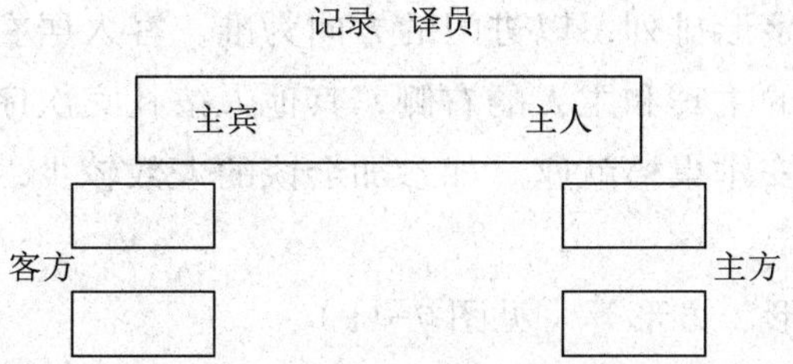

图7–7　会见座次安排示意图

座位多采用单人沙发、扶手椅进行布置，人数在十几至几十人之间的会见，里圈用沙发，外圈用扶手椅或靠背椅围置，如图 7–8 所示。

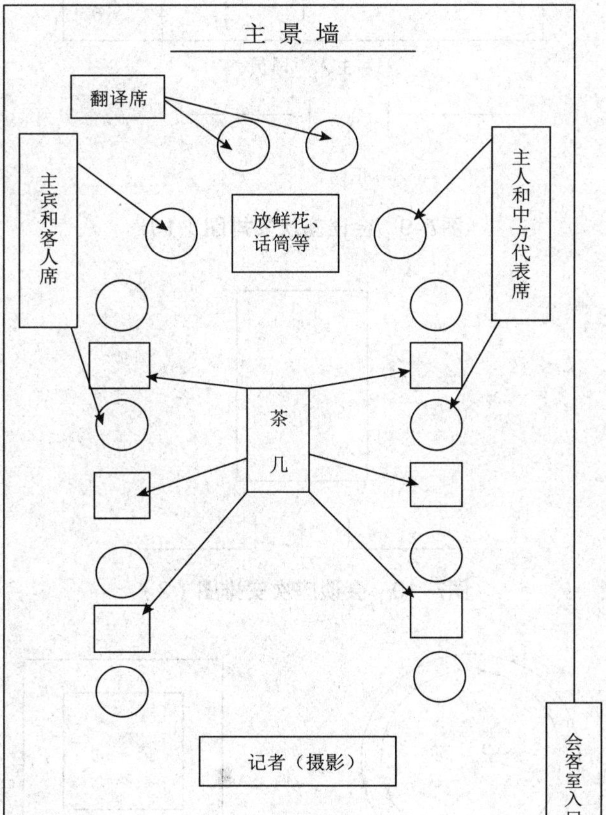

图7–8　会见室布置图

2. 会谈的座次安排

（1）双边会谈通常用长方形、椭圆形或圆形桌子，宾主相对而坐，以正门为准，主人在背门一侧，客人面向正门，主谈人居中（见图 7-9）。

（2）如会谈桌呈一字形排列，以进门的方向为准，客人居右方，主人居左方。译员的座位安排在主持会议的主宾和主人的右侧，其他人按礼宾次序左右排列。记录员一般是在会谈桌的后侧另行安排桌椅就座。如参加会谈的人数较少，也可安排在会谈桌边侧就座（见图 7-10）。

多边会谈可摆成圆形、方形等（见图 7-11）。

（3）小范围的会谈，一般不用会谈桌，只设沙发，双方座位按会见座位安排。

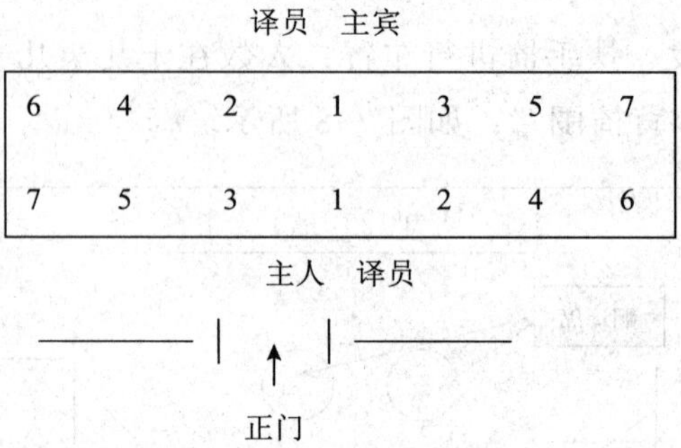

图7-9　会谈座次安排图（1）

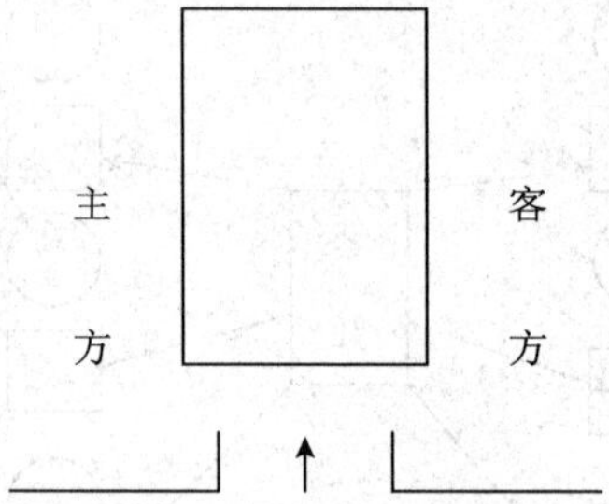

图7-10　会谈座次安排图（2）

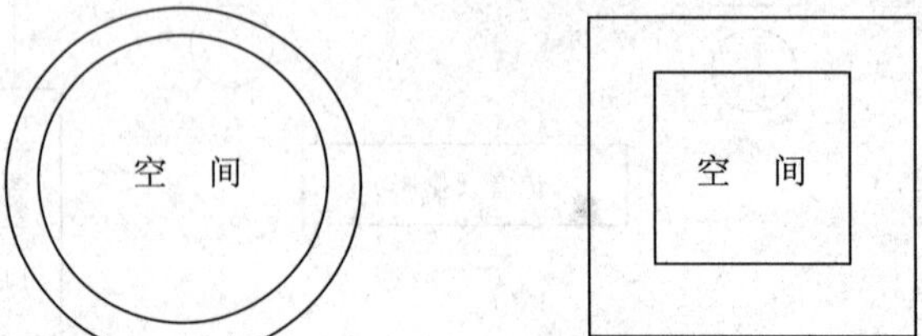

图7-11　多边会谈座次安排图

（三）注意细节

（1）提出会谈会见要求的一方，应该把要求会见人的姓名、职务以及目的首先告知对方，同时，将自己一方参加会见的人员名单，包括姓名、性别和职务等较详细的情况提交对方。被要求会见的一方在得到通知后要及时做出安排，并尽快通知对方会见的时间、地点、会见人员和注意事项等。同时安排会见当中的一些具体事项（如接送人员、车辆，场地、茶点、座位卡等等的安排）。如因故不能接待，也应及时通知对方并予以解释。

（2）会见或会谈场所应备足座位，并根据参加人员数量的多少和场所面积的大小，决定是否安装扩音设备，会谈如用长桌，应事先安排好座位图，现场放置中外文座位卡。

（3）如果准备合影，应事先排好合影人员位置图，安排好礼宾次序。一般是主人居中，以主人右手为上，主客双方间隔排列，两端则由主方人员把边，同时还要考虑场地的大小，能否把所有的人员都摄入镜头等。合影的时间一般安排在主客双方见面之后，有时也可安排在会见、会谈之后。

（4）主人应在门口迎接客人的到达，位置可在楼正门，也可在会客厅门口，如果主人不到楼门口迎接，则应安排工作人员在楼门口迎接，并将宾客引入会宾厅。会见结束后，主人应送客到车门口道别，目送客人离去后再离开。

二、涉外仪式礼仪

在涉外活动中，无论是政府之间，还是企业之间交往都需要举行各种仪式，这是涉外活动的重要内容。在举行仪式时，应遵循相应的仪式礼仪。

（一）签字仪式

1. 签字仪式和文本准备

国与国之间通过谈判就政治、军事、经济、科技、文化等某一领域达成协议、缔结条约、协定和公约时，双方互签互换文本举行的仪式，成为签字仪式。安排签字仪式时，事先应做好文本的准备，同时准备好签字仪式上所需的文具、国旗等物品，安排好场地、时间，双方助签人员应商定相关细节。出席签字仪式者基本上是双方参加会谈的全体人员。

我国同其他国家签订的议定书，一般是中外两种文字的文本，一式两份，具有同等效力。签字后由双方各保存一份备考。出席签字的人一般视文件的性质由缔约各方确定，双方签字人的身份大体相当。

2. 签字仪式的规程

我国举行的签字仪式，一般在签字厅内举行。签字厅内设置长方桌一张，作为签字桌。桌面上覆盖着深色台呢，桌后放两把椅子为双方签字人员的座位，主左客右。桌上摆的是各自保存的文本，上端分别放置签字文具，中间摆放一旗架，悬挂签字双方的国旗。

宾主双方到达签字大厅时，服务员要主动上前为签字人员拉椅让座，签字人员入座后，其他人员分宾主各方，按身份顺序排列于各签字人员之后。前台服务员站在签字桌两头等候，准备签字后撤椅子。双方助签人员分别站立于各自签字人员的外侧，协助翻文本，指明签字处，具体情形如图 7-12 所示。

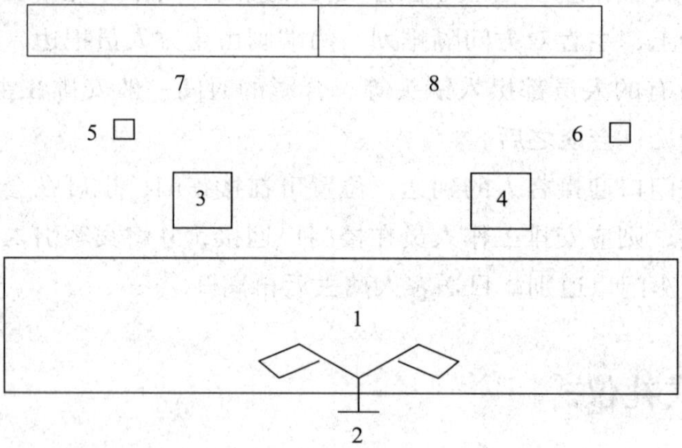

1 签字桌　　2 双方国旗

3 客方签字人　　4 东道国签字人

5 客方助签人　　6 东道国助签人

7 客方参加签字仪式人员　　8 东道国参加签字仪式人员

图7-12　签字仪式的座次安排（1）

涉外签字一般有两种文本，当签字人员在本国保存的文本上签毕后，由助签人员互传文本，再在对方保存的文本上签字，当交换的文本签完后，双方签字代表站起来正式交换文本，相互握手致意。此时由两名服务员上前迅速将签字椅撤除。

各国举行的签字仪式的安排不尽相同。有的国家设置两张方桌为签字桌，双方签字人员各坐一桌，双方的小国旗分别摆在各自的签字桌上，参加仪式的人员坐在签字桌的对面（见图 7-13）。有的国家安排一张长方桌为签字桌，但双方参加仪式的人员坐在签字桌前方两旁，双方国旗挂在签字桌的后面（见图 7-14）。

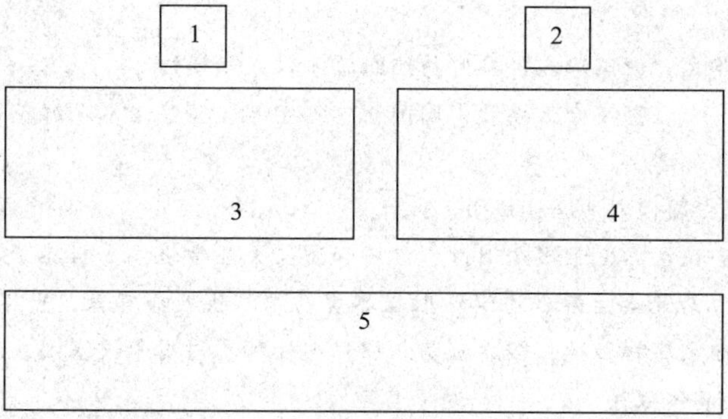

1 客方签字人席位　　2 东道国签字人席位　　3 客方国旗

4 东道国国旗　　5 参加签字仪式人员席位

图7-13　签字仪式的座次安排（2）

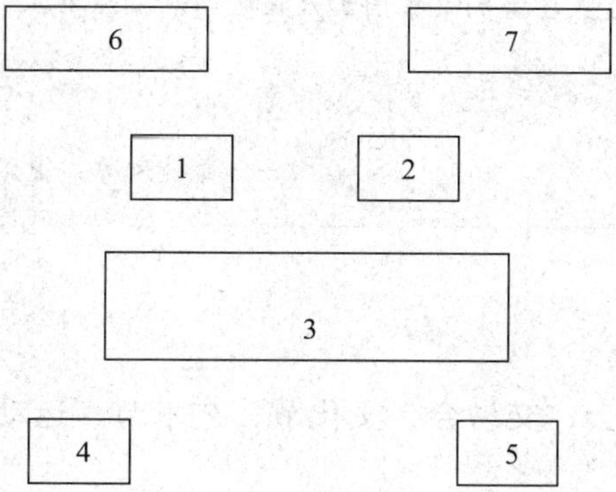

1 客方签字人席位　　2 东道国签字人席位　　3 签字桌

4、5 参加签字仪式人员席位　　6 客方国旗　　7 东道国国旗

图7-14　签字仪式的座次安排（3）

知识拓展　搜索

中国加入世贸组织议定书签字仪式程序

中新网多哈 11 月 10 日消息：中国加入世界贸易组织议定书的签字仪式程序已经确定。签字仪式前，中国代表团已向世界贸易组织秘书处提交了国务院总理授权石广生部长签署中国加入世贸组织议定书的全权证书。

（一）时间：2001 年 11 月 11 日 19：30—20：00（北京时间 12 日 00：30—01：00）

（二）地点：卡塔尔首都多哈喜来登饭店，ALMAJLIS 大厅

（三）会场情况

会场将悬挂中英文“中国加入世界贸易组织签字仪式”横幅。

会场中间设签字台。签字台上摆放中国国旗、签字笔、签字文本、鲜花等。

（四）出席人员

1. 中方 44 人：中国代表团全体成员。

2. 外方 7 人：会议主席、卡塔尔财政、经济和贸易大臣卡迈尔，世界贸易组织总干事穆尔，世界贸易组织现任总理事会主席、香港常驻世界贸易组织代表哈宾森，世界贸易组织副总干事拉维耶，中国工作组主席吉拉德，世界贸易组织秘书处加入司司长佼塞因，法律司司长凯普。

（五）签字仪式具体程序

1. 19：20，石广生部长、会议主席、世界贸易组织总干事入场。

2. 石广生在文本最后一页签名，签日期，并标注中文“须经批准”字样。

3. 石广生离席先做简短发言，后请总干事简短发言。

4. 中国加入世界贸易组织议定书签署后，石广生部长将约见世界贸易组织总干事穆尔，向其提交由中国国家主席江泽民签署的《中国加入世贸组织批准书》。30 天以后，中国将正式成为世贸组织成员。

——资料来源：中国新闻网，2001-11-11.

（二）开幕式

在国际交流中，展览会、交易会、文化节、艺术节、运动会等重大活动，都要举行隆重的开幕仪式。

（1）开幕式的参加人员。开幕式通常由主办单位的负责人主持，双方有关人员参加。可以邀请有关国家的代表团、各国驻当地的使节、外国记者等出席。如果是高规格的开幕式，东道国的国家领导人一般都往往出席。

（2）开幕式的准备工作。要选择宽敞的场地（室内、室外均可），会场正面要悬挂开幕式的横幅，隆重的开幕式需悬挂有关各方的国旗。会场周围可插上彩旗。一般准备三个话筒，供主持人、致辞人和翻译使用。准备好剪彩用的彩带（球）和剪刀，备好签名簿，请领导人和来宾题词或签名留念，出席仪式者对题词应事先有准备。

（3）开幕式的程序。双方出席开幕式的人员人场后，宾主双方面向外分左右两边排开，主持人宣布大会开始。首先请开幕式主办单位的主要负责人或代表团团长致辞，若是双方合作，一般请一方负责人致开幕词，请另一方致贺词，致辞后即开始剪彩，若是双方合作，可各推荐一位负责人担任剪彩人进行剪彩。剪彩结束后，主人陪同宾客参观，有时还举行执行会。

知识拓展 搜索

外交趣闻——国书递给谁?

位于欧洲南部的圣马力诺共和国是世界上最小的国家之一，这个国家有两位元首，其权力、责任都相同。1994年，我国驻意大利兼驻圣马力诺共和国的吴明廉大使曾奉命递交国书。事前，他向该国礼宾官员请教国书应该递给哪位元首，得到的回答是“递给谁都行”。吴大使再三考虑，最后站在两位元首前面的中间位置行鞠躬礼，同时递上国书，结果左侧的元首伸手接了过去，右面的一位同样笑容可掬。

——资料来源：杨金波 . 政务礼仪［M］. 北京：中华工商联合出版社，2012.

复习与思考

一、名词解释

会见　会谈　礼宾次序

二、简答题

1. 国际礼仪的基本通则有哪些?
2. 外交迎送工作有哪些注意事项?
3. 什么叫礼宾次序？礼宾次序排列方法有哪几种?
4. 会见、会谈的常用座次安排有哪些?
5. 对外宾赠送礼品应该注意什么?
6. 悬挂国旗应注意哪些有关事项?

三、单项选择题

1. 外国元首来访时，应鸣放礼炮（　）。

A. 21 响　B. 19 响　C. 17 响　D. 15 响

2. 会见外国客人时，按国际惯例，主宾应坐在主人的（　）。

A. 左侧　B. 右侧　C. 中间　D. 前面

3. 多面国旗并列悬挂时，主方（东道国）国旗应悬挂在（　）。

A. 最前面　B. 中间　C. 最后面　D. 最右端

四、训练内容

1. 模拟演示涉外迎送场景。

2. 模拟演示涉外会见场景。

3. 模拟演示涉外签字场景。

五、案例分析题

“左撇子”的尴尬

张女士是一名商务工作者，由于业务成绩出色，随团到中东地区某国家考察。抵达目的地后，受到东道主的热情接待，并举行宴会招待。席间，为表示敬意，主人向每位客人一一递上一杯当地特产饮料。轮到张女士接饮料时，一向习惯于“左撇子”的张女士不假思索。便伸出左手去接，主人见此情景脸色骤变，不但没有将饮料递到张女士的手中，而且非常生气地将饮料重重地放在餐桌上，并不再理睬张女士，这令张女士非常尴尬。

——资料来源：陆永庆，旅游交际礼仪［M］. 大连：东北财经大学出版社，2001.

根据以上案例思考：

1. 主人对张女士的态度发生变化，不再理睬的原因是什么？

2. 结合本案例，分析我们与外宾交往时应该注意什么？

六、推荐阅读

1. 金正昆 . 国际礼仪［M］. 北京：北京大学出版社，2005.

2. 李晶 . 现代国际礼仪［M］. 武汉：武汉大学出版社，2008.

3. 国际礼仪 .http：//www.wenming.cn/sjwm_pd/gjly/.

第八章 我国主要客源国礼仪习俗

礼仪习俗是人类社会发展中长期沿袭下来的各种习惯的总和。了解世界各民族的礼仪习俗，不仅能帮助我们开阔视野，增长知识，而且能使我们能透过礼仪习俗的表象，深化对世界的认识。由于各国地理位置、气候条件、历史沿革、社会制度的不同，因此有着各自独特的礼仪风俗习惯和生活特点。旅游工作者不仅在接待服务方面符合国际礼仪规范，而且还要熟知国外旅游者的礼俗文化，通过优质服务体现中国人民的文化素养和精神面貌。

本章较系统、清晰地介绍了亚洲地区、美洲和大洋洲地区、欧洲地区、非洲地区等主要客源国节庆习俗、礼貌礼节、宗教信仰、饮食习惯及禁忌。一个国家、一个民族各具独特的民族传统和礼仪习俗是经过长期的文化积淀而形成的。为了使旅游接待与交际达到更高的层次，了解这方面的知识，尊重接待对象的礼仪习俗和禁忌是非常必要的。

学习目标

知识目标

1. 了解我国主要客源国各自的历史与文化背景差异。
2. 了解我国主要客源国饮食习惯等方面存在的差异。
3. 了解我国主要客源国民族信仰。

素质与能力目标

1. 掌握我国主要客源国各自的节庆习俗。
2. 掌握我国主要客源国的礼貌礼节。
3. 掌握我国主要客源国禁忌。
4. 充分认识到主要客源国礼仪习俗在涉外交往中的重要作用。

第一节　亚洲主要客源国礼仪习俗

亚洲是“亚细亚洲”的简称。亚洲是世界文明古国中国、印度、巴比伦的所在地，是道教、佛教、伊斯兰教和基督教四大宗教发源地，对世界文化的发展有着重大的影响。亚洲位于东半球的东北部，矿产种类多，森林总面积约占世界可开发森林总面积的13%；可开发水力资源年可发电量达 26000 亿千瓦时，占世界可开发水力资源量的 27%；沿海渔场面积约占世界沿海渔场总面积的 40%。各国各地区工业发展水平和部门、地域结构差异显著，绝大多数国家工业基础薄弱，采矿业、农产品加工业及轻纺工业占主要地位。

课堂思考

“亚细亚洲”一词来源于哪里？亚细亚是什么意思？

一、新加坡

新加坡共和国（The Republic of Singapore），简称新加坡，是个集国家、首都、城市、岛屿于一体的城市型岛国，是世界第二大港口。新加坡位于东南亚马来半岛的南端，风景优美，气候宜人，是以“花园城市”享誉世界的国家。

新加坡一词来自梵文，是“狮子城”之意。华人占该国总人口的四分之三，其余为印度人、巴基斯坦人、斯里兰卡人和欧洲人。首都新加坡，国歌为《前进吧，新加坡》。国花为兰花。国旗为星月旗，国鸟是黄腰太阳鸟，国石为花岗岩，国兽为狮子。国树为雨树，国语为马来语，英语、汉语、泰米尔语为官方语言。货币名称为新加坡元，1990 年 10 月 3 日同中国建交。新加坡经济很发达，是亚洲“四小龙”之一。

课堂思考

1. 新加坡的国树有什么特点？
2. 请解释新加坡国旗的含义。

（一）节庆习俗

新加坡华裔很多，过春节时相当隆重。除夕有守岁、祭神祭祖等习惯。新年期间，人们爱吃炸糯米糕，男女老幼穿着盛装，带上礼品，走亲访友，长辈会给孩子压岁钱。

元宵节有迎神、看戏、赶庙会、赏灯会等活动。端午节，家家户户吃粽子，有的还参加赛龙舟。中秋节吃月饼等。信奉印度教的人过“屠龙节”。固定节日为食品节（4月17日），每当节日来临时，食品店准备许多精美食品，国人不分贫富，都要购买各种食品，合家团聚或邀请亲友，以示庆贺。新加坡人对吉祥字如“喜”“福”“鱼”非常喜欢，认为这些字预兆吉利。对“荷花”“苹果”“蝙蝠”等象征和平幸运的图案也非常喜欢。新加坡人酷爱花草，偏爱兰花（国花），喜爱鸟类，偏爱红色。新加坡人特别讲究卫生，在该国随地弃物者要受到法律的制裁。

（二）礼貌礼节

新加坡人非常讲究礼貌礼节，政府强调“不学礼，无以立”，而且专门编定了《礼貌手册》。该国旅游业得以迅速发展的一个重要原因就是服务质量高，礼貌服务做得好。由于文化多元化，新加坡的礼仪与习俗也呈现多样化，其风俗习惯因民族及宗教信仰而异。社交场合惯用握手礼，华人的传统习俗与我国相似，如两人见面时相互作揖，或鞠躬、握手等，行礼时都面带微笑。印度裔人仍保留着印度礼节和习俗，妇女额头上点着檀香红点，男人扎白色腰带，见面时合起双手放在胸前，表情虔诚安详。马来裔、巴基斯坦裔人则按伊斯兰教的礼节行事即“摸手礼”。现代青年人大多采用西方的握手礼。

课堂思考

如何行施“摸手礼”？

（三）饮食习惯

新加坡人的饮食习惯往往受广东、福建、海南和上海的影响。新加坡人口味喜清淡，偏甜。主食为米饭、包子，早点多用西餐，不爱吃馒头，下午常吃点心。副食品主要为鱼虾，如炒鱼片、炒虾仁、油炸鱼等。他们讲究合理用餐，注重营养成分，喜爱中国粤菜。信奉伊斯兰教的人喜欢吃咖喱牛肉，水果爱吃桃子、荔枝、梨等。作为新加坡最伟大的美食发明之一，辣椒螃蟹、海南鸡饭（国菜）、肉骨茶、口罗杂等是狮城之行不可错过的必尝菜品。其已经成了大多数来新加坡人抵达后首个想尝试的美食。

新加坡人大都喜欢喝茶，他们经常在清茶中放橄榄之后饮用，称之为“元宝茶”，认为喝这种茶可以令人财运亨通。新加坡人还喜欢喝鹿茸酒、人参酒等补酒。而马来西亚人忌食猪肉、狗肉、自死之物和动物的血，不吃贝壳类动物，不饮酒；印度人则不吃牛肉。在用餐时，不论马来人还是印度人都不用刀叉、筷子，而习惯于用右手直接抓取食物，忌用左手取食。

知识拓展 搜索

新加坡娘惹美食

新加坡饮食可以说是汇聚了欧洲、亚洲等国家的各种美食和饮食习惯，新加坡有中餐，喜欢喝茶，有印度和马来西亚美食，最有特色的是新加坡娘惹美食。娘惹指的是过去居住在新加坡、马六甲及槟榔屿的土生华人女性，由于她们是早期马来人与华人通婚的后代，因此娘惹食物融合了马来族与华人的烹调特色。从口味方面来说，娘惹食物是最特别、最精致的传统佳肴之一。一些娘惹面食，如汤汁混合椰浆的laksa（拉沙），以及掺以酸辣汤汁的meesiam（马来炒米粉），都是一般美食中心常见的小吃。

——资料来源：百度百科．

（四）禁忌

新加坡人忌说“恭喜发财”之类的话，他们认为“发财”两字会有“横财”之意，而“横财”就是不义之财，是对别人的侮辱与谩骂。新加坡人视紫色、黑色不吉利。黑、白、黄为禁忌色。和新加坡人谈话，忌谈宗教与政治方面的问题。在标志上，禁止使用宗教词句和象征性标志。数字禁忌4、7、8、13、37和69。新加坡人不喜欢乌龟。该国严禁燃放烟花爆竹。新加坡人特别讲究卫生，在该国随地吐痰、弃物者均要受到法律制裁。

课堂思考

1. 在新加坡随地吐痰要罚款多少新元？
2. 随地扔一个烟头要罚款多少新元？

知识拓展 搜索

新加坡商务礼仪

新加坡商人谦恭、诚实、文明和礼貌。他们在谈判桌上一般会表现三大特点：一是谨慎，不做没有把握的生意；二是守信用，只要签订合同，便会认真履约；三是重“面子”，特别是对老一代人，“面子”往往具有决定性的作用。

新加坡政府还做了一些规定。例如，店员礼貌：顾客临门，笑脸相迎；顾客选购，主动介绍，百挑不厌，顾客提问，留神听取，认真解答；顾客离去，热情欢送，礼貌道别。邻居见面要互相问候。逢年过节要邀请邻居做客。帮助邻居照看房屋。在公共场所要时时为别人着想，新加坡待人接物总是笑脸相迎，如用完公用电话，就会笑着对等候的人说："对不起，让您久等了。"甚至街头宣传文明礼貌的宣传画上面也都印着一个"笑容可掬"的人物像和一些口号，如"处世待人，讲究礼貌""人人讲礼貌，生活更美好""真诚微笑，处世之道"。

内阁部长和议员们也经常到人民群众中去演讲文明礼貌的重要性。就连警察对违反交通规则的人处以罚款时，也总是面带微笑。因此，新加坡人诙谐地说："就怕警察微笑"——他一笑就得掏腰包。因为到处都有笑脸，所以外国人到新加坡总有"宾至如归"之感。

——资料来源：百度百科．

二、马来西亚

马来西亚（Malaysia）位于亚洲的东南部，现已成为亚洲地区引人注目的新兴工业国家和世界新兴市场经济体。旅游业已成为马来西亚的第三大外汇收入来源，知识经济服务业亦在同步扩张。

在马来西亚，人们大多信奉伊斯兰教，印度教、佛教虽有，但为数不多。伊斯兰教为国教，国歌为《我的祖国》，国花为扶桑花（又称朱槿或大红花），马来西亚国旗为"辉煌条纹"旗。国鸟爱情鸟，国树为扶桑树，首都吉隆坡，货币名称为林吉特。

（一）节庆习俗

元旦新年每年公历（1 月 1 日），在吉隆坡的独立广场，所有的狂欢者都聚集在此，参与庆祝新年的活动。

农历新年（农历 1 月 1 日）也是华人的春节（Chinese New Year），节日的风俗和中国的春节大致相同。

圣纪节（每年伊斯兰教历 3 月 12 日）为先知穆罕默德诞辰，是伊斯兰教徒的节日。

国庆节（8 月 31 日）是马来西亚联邦独立的日子。每年的这一天，全国人民普天同庆，在首都会举行盛大的庆祝游行活动和文艺演出，学生们可以免费看电影。

课堂思考

马来西亚联邦独立是在哪一年？

（二）礼貌礼节

马来西亚人友好善良，注重讲究礼貌礼节，尊老爱幼，一般而言，男女可互相握手问好，信奉伊斯兰教的人行摸手礼，在宴会上如不认识邻座的女子，应主动请主人介绍。不要在公共场合亲热，如果是异性不可有身体接触。不能把脚底或鞋底对准其他人，那是不礼貌的表现。也不能用脚碰任何东西。不能摸别人的头，尤其是小孩的头。马来西亚人十分尊重和孝敬父母，在父母面前坐凳子不得叉开双腿。座席时应面向父母跪坐，不能盘腿。

（三）饮食习惯

以米饭、糯米、糕点等为主食。大多数马来西亚人受伊斯兰教的影响，喜食牛、羊肉，饮食口味清淡，怕油腻，爱吃的其他副食还有鱼、虾等海鲜和鸡、鸭等家禽以及新鲜蔬菜。马来西亚人爱吃椰子、椰子油和椰子汁，他们用椰子油烹调做菜，并用咖喱粉作调料。他们爱好用烤、炸、爆、炒、煎等烹调方式做菜，口味甜中带辣。最常用的是辣椒和咖喱。沙爹烤肉是马来西亚最有名的风味食品之一。马来西亚人喜欢中国的广东菜、四川菜。由于地处热带、盛产水果，马来西亚人喜欢餐餐吃各种水果。

（四）禁忌

马来西亚人忌谈及猪、狗的话题。忌食狗肉、猪肉，忌讳使用猪皮革制品，忌用漆筷（因漆筷制作的过程中用了猪血）。他们不能用左手为别人传递东西，也不能用左手吃东西，认为左手是不干净的。此外，在公共场合，无论男女，衣着都不得露出胳膊和腿部。忌用黄色，不穿黄色衣服。单独使用黑色被认为是消极的。忌讳的数字是 0、4、13。马来西亚禁赌、禁酒，因此在用餐时不用酒来招待客人。

课堂思考

在马来西亚赠送礼品时能否当面打开礼物？

三、泰国

泰王国（The Kingdom of Thailand）简称泰国，位于印支半岛中部，是亚洲产象最多的国家之一，尤以白象为珍贵，敬之如神，故泰国又有“白象国”之称。全国共有 30 多个民族。泰族为主要民族，泰族人口数占人口总数的 40%，其余为老挝族、马来族、高棉族等，泰语为国语。佛教为国教，泰国上至王公，下至土民 94% 以上居民信奉佛教。僧人身穿黄衣，故有“黄衣国”之称。另外，马来族信奉伊斯兰教，还有少数民众信仰基督教、天主教、印度教和锡克教。泰国的首都是曼谷，国歌有两首，一首为《泰王国歌》，另一首为《全泰之民》，国花为金链花，国旗为三色旗、国鸟为戴氏鹇、国石为红宝石、国兽为白象、国树为桂树，货币名称是铢。泰国于 1975 年 7 月 1 日同中国建交。

知识拓展 搜索

泰国国花的由来

泰国国花的确定前后历时 50 余年。1951 年，泰国将每年的 6 月 24 日定为植树节，当年就有人提议将金链花作为泰国国花。1987 年，为庆祝泰王 60 大寿，泰国共种植了 99999 棵金链花树。2001 年，泰国国家标识委员会提出将金链花作为泰国国花等 3 项提议，并最终通过，当然，金链花最终成为泰国的国花，有多种原因，如树龄长且适宜在全泰国种植、金链花树材质坚硬用途广泛、花开时满树都是金灿灿的花串、金黄色是佛教的象征，而且金链花图案是泰国公务员肩章的装饰图案。

——资料来源：百度百科.

（一）节庆习俗

元旦（1 月 1 日），又称佛历元旦，庆祝十分隆重。

“送干节”又称“泼水节”（4 月 13 日至 15 日），“送干”在泰语中是“向前迈进”的意思。

国庆日（国王诞辰，公历十二月五日）。

水灯节，又称佛光节（泰历 12 月 15 日），是泰国传统节日之一，它不仅是喜庆丰收、感谢河神的节日，也是青年男女追求爱情和祈求神佑的欢乐日子。

春耕礼（泰历五月）是由国王亲自主持的宫廷大典之一。

（二）礼貌礼节

泰国人在待人接物中，有许多约定俗成的规矩。朋友相见，双手合十，互致问候，晚辈向长辈合十行礼，双手要举到前额，长辈也要合十回礼，以表示接受对方的行礼。年纪大或地位高的人还礼时，手部不必高过前胸。行合十礼时双手掌举得越高，表示尊敬的程度越深。在特定场合下，平民、贵官直至总理拜见国王及其近亲时行跪拜礼。国王拜见高僧时也须下跪，儿子出家为僧，父母亦跪拜于地。

课堂思考

1. 在泰国 7 岁以上的男孩都能出家吗？

2. 如何行施泰国合十礼？

（三）饮食习惯

主食为大米，副食主要是鱼和蔬菜，佐以一两道泰式咖喱，一条鱼或一些肉，一份汤和一份沙拉。顺序没有什么讲究。喝汤，对泰国人来说是很重要的，著名的有泰国的柠檬虾汤（亦称冬阴功），汤味极辣。泰国人特别喜爱吃辣椒，还喜食鱼露，爱喝啤酒、白兰地和苏打水。喝咖啡、红茶时，爱吃小蛋糕和干点心。饭后有吃苹果、鸭梨的习惯。

（四）禁忌

泰国人非常重视头部，认为头颅是智慧所在，是神圣不可侵犯的。如果用手触摸泰国人的头部，会被认为是极大的侮辱。睡觉忌头部向西方，因日落西方象征死亡。忌用红笔签名，因人死后用红笔将其姓氏写在木棺材上，脚被认为是低下的，忌用脚踢门，否则会受到人们的指责。此外，泰国人就座时，最忌跷腿，把鞋底对着别人，被认为是把别人踩在脚底下，是一种侮辱性的举止，妇女就座时，双腿要靠拢，否则被认为缺乏教养。泰国人吃饭惯用右手，左手只能用来拿一些他们认为的不洁之物。在泰国禁忌勾肩搭背，从背后惊吓别人。女士进入皇宫时不可穿短裙和无袖装，男士必须穿有领子的上装，不得穿拖鞋。进入寺庙要脱鞋，服装应整齐、端庄，最好不要穿短裤。遇见僧侣要礼让；女性避免碰触僧侣，如奉献财物，可请男士代劳或直接放在桌上。打招呼时要双手合掌，不可以抬脚指人或物。公共场所中男女不可有太过亲密的举动，也不要当众发脾气。泰国禁赌，即使在酒店房间内也不可玩牌或打麻将。

课堂思考

在泰国，踏在门槛上的结果是怎样的？

四、菲律宾

菲律宾共和国（Republic of the Philippines）简称菲律宾，是东南亚一个群岛国家，土地富饶，林木葱茏，百花争艳，多良港、海峡和珊瑚礁，有“东方明珠”之称。菲律宾是一个多民族国家，主要民族是马来族，其人口数占总人口数的 85% 以上，少数民族和外国后裔有印度尼西亚人、华人、印度人、阿拉伯人、西班牙人和美国人，土著民族为内格里托。菲律宾的国民约84%信奉天主教，4.9%信奉伊斯兰教，少数人信奉独立教和基督教新教，华人多信奉佛教，原住民多信奉原始宗教。首都为马尼拉，国语为他加禄语，英语为官方语言。国歌为《菲律宾民族进行曲》，国花为茉莉花，国树为纳拉树，国石为珍珠，国鸟为菲律宾鹰，货币名称为比索。菲律宾于1975年6月9日同中国建交。

（一）节庆习俗

元旦（12月30日），菲律宾以民族英雄何赛·黎萨尔（国父）就义的日子——公历12月30日作为“元旦”。新年除夕与家人团聚是菲律宾的传统。元旦时人们用常青树在市面各处搭起彩色牌楼，组成乐队沿街游行，花枝招展的秧歌队在锣鼓声中翩翩起舞，鞭炮声不绝于耳，呈现出一派热闹欢腾的气氛，家家户户以茶点、果品、瓜子等奉客。各种节日活动要持续一周。

巴丹日（4月9日）为纪念“二战”阵亡战士而设立，独立节也叫国庆节（6月12日），纪念菲律宾在1898年6月12日脱离西班牙独立，结束长达300年的殖民统治。每年这一天，在马尼拉黎刹公园举行盛大的游行庆祝活动，来纪念菲律宾的独立。

国家英雄日（8月最后的星期天）。

万圣节也叫亡人节（11月1日），为纪念已逝去的亲人，全家到墓园去献花和燃烧蜡烛，并通宵守夜，这一天变成家庭团聚的日子。

课堂思考

“二战”后菲律宾重新沦为哪个国家的殖民地？又在哪一年彻底独立？

知识拓展　搜索

菲律宾的婚姻习俗

婚姻：菲律宾各个民族的传统婚姻习俗差异很大。一般菲律宾人多半是自由恋爱结婚。有抢婚一说，在广大农村则流行男青年弹吉他用歌声向他所倾心的姑娘求爱。在恋爱中，男子多赠女方以化妆品、水果、花束等，花的颜色则以白色和黑色为佳，茶色和红色乃属禁忌之色。结婚仪式均在教堂中举行。菲律宾穆斯林的婚姻由父母决定。男方须通过媒人向女方家庭提出求婚，并交付聘金。婚礼仪式由伊斯兰阿訇主持，并举行盛大宴会款待客人。菲律宾实行早婚制，少女十二三岁便被视为已达结婚年龄。

菲律宾土著人的婚俗多种多样。居住在北吕宋高山地区的伊戈罗特人的婚姻主要有两种方式，父母主婚或自由试婚。一般来说，较富裕的家庭，为了使自己家庭的财产、地位不致旁落，在儿女幼时即由双方父母做主订婚。到了十四五岁时，便正式成婚，如果婚后一方表示不满意，只要女方尚未受孕，便随时可以分开，男女另找对象。不能生育的，也随时可以分开。由于这些民族认为结婚的最大目的就是生儿育女，因此，在青年男女正式结婚前，接连试婚好几次的现象屡见不鲜。

另外在菲律宾的法律规定一个男子最多可以拥有四个妻子。

——资料来源：维基百科.

（二）礼貌礼节

菲律宾人在礼貌礼节和生活习俗上受西方国家影响很大，日常见面无论男女均以握手为礼。他们十分注重尊重老人和妇女。若有长辈和长者在场，不能将双脚分开或交叉翘起，若有女子在座，男子更要稳重规矩。

（三）饮食习俗

菲律宾人的主食是大米和玉米，有时也吃薯粉，副食主要是肉类、海鲜和蔬菜。口味特点受西班牙的影响，烹调中使用香辣调味者颇多，代表性的菲律宾名菜有咖喱鸡肉、虾子煮汤、肉类炖蒜、炭火烤小猪等。菲律宾人很喜欢喝啤酒。

农民在煮饭前才舂米。米饭是放在瓦缸或竹筒里煮，用手抓饭进食。菲律宾人最喜欢吃的是椰子汁煮木薯、椰子汁煮饭，然后用香蕉叶包饭。玉米作为食物，先是晒干，磨成粉，然后做成各种食品。

菲律宾穆斯林按照伊斯兰教教规，他们不吃猪肉，不喝烈性酒。他们和其他马来西亚人一样喜欢吃鱼。烹调很简单，喜欢使用刺激性的调味品。此外，咀嚼槟榔的习惯在菲律宾穆斯林中非常流行。

（四）禁忌

菲律宾人忌他人用手摸他们的头部和背部，认为摸头部是对他们的不尊敬，触摸背部会给人带来厄运。

一般不允许在车上、酒店房间内食用榴梿等气味浓重的水果，否则将被罚款。椰子也不可以带上车，以免果汁滴落，招引蚂蚁等昆虫。行车时不可以在车内吸烟。在菲律宾，招呼别人要伸直手臂，手掌朝下，摆动手指头。手掌向上被视为一种侮辱。要避免谈论菲律宾内政、天主教会和政治人物。菲律宾人禁忌茶色、红色。避免使用“13”这个数字。

五、日本

日本（Japan）是亚洲东部的一个岛国，由北海道、本州、四国、九州四个岛屿和南部的琉球群岛组成。面积约377800平方千米，人口约1.2727亿人，几乎全是大和民族，居民主要信奉神道教和佛教，少数信奉基督教新教和天主教。首都为东京、国歌为《君之代》、国花为樱花、国旗为日章旗、国鸟为绿雉、国石为小晶、日语为国语。货币名称为日元。

日本是工业发达的资本主义国家，工业生产能力和国民生产总值均居世界前列。中日两国一衣带水，古代友好交往，日本至今还保留着浓厚的我国唐代礼仪和风俗。日本于1972年9月29日同中国建交。

（一）节庆习俗

元旦（1月1日）：庆祝方式相当于中国的春节。除夕前人人都要洗澡。除夕晚上全家团聚吃过年面，半夜听钟声“守岁”，各寺庙钟声齐鸣，响108下，据说可以消除108个魔鬼。元旦早晨吃年糕汤，下午全家出动去亲友家拜年。

成人节（1月15日）：按日本法律规定，年满20周岁为成年。

儿童节有男孩子和女孩子之分，女孩子节（3月3日）又称“雏祭”，凡有女孩子的家庭要陈设穿着民族服装的玩具女娃娃。男孩子节（5月5日）旧称“端午节”，过去与我国端午节相似，门上挂菖蒲叶用来驱鬼。家家户户吃糕团或粽子。有所不同的是，节日里凡有儿子的家庭，家门外要挂上各色大小不一的鲤鱼旗，大的鲤鱼旗代表大男孩，小的鲤鱼旗代表小男孩，家里有几个男孩就挂几面鲤鱼旗。

樱花节（3月15日至4月15日），在此期间日本各地樱花盛开，男女老幼纷纷参加游园赏花活动，并饮酒跳舞，迎接春天的到来。

敬老节（9月15日），这一天人们都到退休的老人家中表示慰问，在整个社会上形成一种尊重老人的风尚。

文化节（11月3日），政府对知识分子的慰问和授勋活动一般在这天举行，以示对知识分子在发展国家文化方面的贡献。

（二）礼貌礼节

日本人总的特点是勤劳、守信、遵守时间、生活节奏快、工作效率高、民族自尊心强。日本是一个以注重礼仪闻名的国家。在日常生活中，人们非常讲究礼貌，注重礼节，还形成了某种礼仪规范。如凡对客人、长者和上级都要用敬语讲话，初次见面时要鞠躬交换名片，一般不握手，如果是老朋友或比较熟悉的人就主动握手，甚至拥抱。如遇女宾，女方主动伸手才可握手，但不要用力或久握。日本人一般不愿在走廊中拉着客人长谈，喜欢在休息室或房间谈。吸烟时应先征得主人的同意，以示尊重。

日本人比较注重仪表，在正式场合一般穿礼服。和服是日本传统的民族服装，在隆重的社交场合或节庆时他们会穿和服出席，在天气炎热时，主人未请客人宽衣时，不要随便脱衣。如需要宽衣，应先征得主人的同意。一般场合不允许穿背心或赤脚，否则，会被认为是不礼貌的行为。

另外，在日本不要在别人面前接吻、嚼口香糖。不要在公众场合大声说话、抽烟要在规定的地方抽（走路抽烟，在一些地方可能会被罚款）。站在自动扶梯的左边，排队要站在队伍的后面。到日本人家里做客，客人更要主动脱鞋，自觉地换上主人准备好的拖鞋，进大门、上厕所、进厨房和去阳台都要分换专用的拖鞋，但进入榻榻米房间时，就只能穿着袜子进去，所以记着穿干净、没有异味的袜子。

知识拓展 搜索

日本文化中的三大禁忌

1. 语言禁忌

日本人有不少语言忌讳，如“苦”和“死”，就连谐音的一些词语也在忌讳之列，如数词“4”的发音与死相同，“42”的发音是死的动词形，所以医院一般没有4和42的房间和病床。用户的电话也忌讳用“42”，监狱一般也没有4号囚室。“13”也是忌讳的数字，许多宾馆没有“13”楼层和“13”号房间，羽田机场也没有“13”号停机坪。

在婚礼等喜庆场合，忌说去、归、返、离、破、薄、冷、浅、灭及重复、再次、破损、断绝等不吉和凶兆的语言。商店开业和新店落成时，忌说烟火、倒闭、崩溃、倾斜、流失、衰败及与火相联系的语言。交谈中忌谈人的生理缺陷，不说如大个、矮子、胖墩、秃顶、麻子、瞎聋、哑巴等字眼，称残疾人为身体障碍者，称盲人为眼睛不自由者，称聋人为耳朵不自由者等。

2. 行为禁忌

日本有纪律社会之称，人们的行为举止受一定规范的制约。在正式社交场合，男女须穿西装、礼服，忌衣冠不整、举止失措和大声喧哗。饮食中的忌讳也很多：不吃羊肉和鸭子；招待客人忌讳将饭盛过满过多，也不可一勺就盛好一碗；忌讳客人吃饭一碗就够，只吃一碗认为是象征无缘；忌讳用餐过程中整理自己的衣服或用手抚摸、整理头发，因为这是不卫生和不礼貌的举止；日本人使用筷子时忌把筷子放在碗碟上面。

3. 社交禁忌

日本人送礼时，送成双成对的礼物，如两支笔、两瓶酒很受欢迎，但送新婚夫妇红包时，忌讳送2万日元和2的倍数，日本民间认为“2”这个数字容易导致夫妻感情破裂，一般送3万、5万或7万日元。礼品包装纸的颜色也有讲究，黑白色代表丧事，绿色为不祥，也不宜用红色包装纸，最好用花色纸包装礼品。

日本人接待客人不是在办公室，而是在会议室、接待室，他们不会轻易领人进入办公机要部门。日本不流行宴会，商界人士没有携带夫人出席宴会的习惯。商界的宴会是在大宾馆举行的鸡尾酒会。日本人没有互相敬烟的习惯，进入日本人的住宅时必须脱鞋。在日本，访问主人家时，窥视主人家的厨房是不礼貌的行为。在日本，没有请同事到家与全家人交往的习惯。日本人从来不把工作带到家里，妻子也以不参与丈夫的事业为美德。

——资料来源：百度百科.

（三）饮食习惯

日本人的饮食习惯与我国人民有许多相似之处。他们早餐喜欢吃稀饭，午餐和晚餐吃米饭，副食主要是蔬菜和鱼类。日本人爱吃鱼，如蒸鱼、烤鱼、炸鱼片、鱼片汤等，但都要把骨刺去掉。他们还有吃生鱼片的习惯，吃时一定要配辣根，以便解腥杀菌。日本人爱吃面酱、酱菜、紫菜、酸梅等。他们在吃冷菜时，喜欢在装好盘子后再在冷菜上撒一些芝麻菜末、生姜丝、白酱等。这主要是用来点缀和调味，同时也作为这盘菜没有动过的标志。

日本人喜欢吃清淡的菜，忌油腻，爱吃味鲜带甜的菜。还爱吃牛肉、鸡蛋、清水大蟹、海带、精猪肉、豆腐等，但不喜欢吃羊肉、肥肉和猪内脏。日本人喜欢喝酒，一般喝日本清酒、中国绍兴酒（喝时要温热）、英国威士忌、法国白兰地等。日本人吃水果偏食瓜类，如西瓜、哈密瓜、白兰瓜等。

在日本，开始用餐之前要说“我要开始用餐了”，在吃完后要说“谢谢您的款待”。跟朋友或同事去吃饭，别人没吃的时候，不要自己独自先吃东西，这样被视为失礼。

（四）禁忌

日本人忌荷花图案，认为是妖花；忌绿色，认为是不祥之兆；忌“9”“4”等数字，因“9”在日语中发音和“苦”相同。在日本赠送礼物是很平常的，只要到朋友家做客，或者出席朋友的宴请，总是随手带点礼物。礼物不需要昂贵，可带一些小饰物、钥匙扣、质量好的巧克力和小蛋糕等。也不要随便将梳子借给他人用，因为日文中的“梳子”的发音与“苦死”同音。不要赠送白色的花、百合花、茶花和荷花，因为这些白色的花都跟葬礼有关。最好也不要送盆栽植物，虽然有些盆景会接受。送礼时要送单数（除了 9 外），在收到礼物时不要马上当着客人的面打开，以免引起尴尬。“4”的发音和“死”相同，故在安排食宿时，要避开 4 层楼和 4 号房及 4 号餐桌等。日本商人还忌“二月”“八月”，因为这是营业的淡季。日本人在吃饭时有“忌八筷”之讲究，即不可舔筷、迷筷、移筷、插筷、掏筷、跨筷、扭筷、剔筷。

课堂思考

为什么在任何场合都不要将筷子垂直插在米饭中？只有在什么场合时才这么做？

六、韩国

大韩民国（Republic of Korea）简称韩国，位于东北亚朝鲜半岛南半部，与我国山东半岛隔海相望。全国为单一的民族朝鲜族，信奉佛教和基督教，通用韩语。首都为首尔，国歌为《爱国歌》，国花为无穷花（又名木槿花），国旗为太极旗，国树为松树，国鸟为喜鹊，国石为紫水晶，国兽为老虎。货币名称为韩元。1992 年 8 月 24 日同中国建交。经济发展水平较快，有“亚洲四小龙”之称。

课堂思考

为什么韩国选用太极八卦图作为国旗？

（一）节庆习俗

新年（1 月 1 日）是国家规定的公休日。

独立运动纪念日（3月1日），是为纪念1919年3月1日反抗日本殖民统治的独立运动。

植树节（4 月 5 日），这一天政府官员、教师、学生以及全国各地成千上万的韩国人按照政府的重新造林计划植树。

佛祖诞辰（农历四月初八），韩国佛教徒和其他国民都庆贺这个节日，纪念释迦牟尼诞生。

儿童节（5 月 5 日），这一天为儿童举行各种庆祝活动，让他们与父母一起尽情游玩。

显忠日（6 月 6 日），全国在这天纪念护国的英灵们，在首都首尔国立墓地举行纪念仪式。

制宪节（7 月 17 日），纪念 1948 年颁布韩国宪法。

光复节（8 月 15 日），纪念 1945 年从日本 35 年的殖民统治中解放出来，获得独立。

开天节（10 月 3 日），这一天是传说中檀君于公元前 2333 年建立古朝鲜的日子。

圣诞节（12 月 25 日）和西方一样，基督教徒和其他国民都庆贺这个节日，纪念耶稣诞生。春节、清明节、端午节和中秋节与我国的传统节日近似。

（二）礼貌礼节

韩国人民性格刚强、勤劳勇敢、民族自尊心强。韩国人待客热情，见面时，一般以咖啡、不含酒精的饮料或大麦茶招待客人，有时还加上适量的糖和淡奶，这些茶点客人必须接受。

韩国人初次见面时，常以交换名片相识。由于韩国与西方长期接触，有些商人养成通报姓氏习惯，并与“先生”等敬语称呼联用。若与长辈握手时，还要以左手轻置于其右手之上，躬身相握，以示恭敬，与长辈同坐，要保持自然姿势端正、挺胸、绝不敢懒散；若想抽烟，须征得在场的长辈的同意；用餐时，不可先于长者动筷等。男子见面，可打招呼，相互行鞠躬礼并握手。但女性与人见面通常不与他人握手，只行鞠躬礼。韩国人注重服饰，男子穿西服、系领带。

如果应邀去韩国人家里做客，按习惯要带一束鲜花或一份小礼物，用双手奉上。受赠者不应该当着赠送者的面把礼物打开。进入室内时，要将鞋子脱掉留在门口，这是最基本的礼仪。

（三）饮食习惯

韩国人早餐不吃稀饭。他们爱吃辣，以他们热气腾腾的辛辣食物而自豪。韩国人平时喜吃干香绿豆芽、肉丝炒蛋、肉末线粉、干烧鳜鱼、辣子鸡丁、四生火锅等菜肴。对他们来说，汤是每餐必不可少的。有时汤中要放猪肉、牛肉、狗肉、鸡肉烧煮。有时也简单地倒些酱油，加点豆芽即成。韩国人不喜欢吃带甜酸味的热炒菜肴。现在，韩国人的生活水平提高了，许多年轻人偏爱西餐。韩国人在用餐时很讲究礼节，用餐时不随便出声，不可边吃边谈，如不注意这一小节，往往会被人看不起，引起反感。

（四）禁忌

韩国人认为“4”是个不吉利的数字。因此，许多楼房的编号严忌出现“4”字，医院、军队绝对不用“4”字编号。韩国人在饮茶或饮酒时，主人总以 1，3，5，7 的数字编号来敬酒、布菜，不用双数。

课堂思考

在韩国，晚辈和长辈喝酒讲究哪些礼仪？

第二节　大洋洲主要客源国礼仪习俗

大洋洲是世界上第七大洲，也是世界上面积最小的一个洲。16 世纪前，这里人烟稀少，有土著人居住。后来随着英国和其他欧洲移民的迁居，大洋洲诸岛就成了英国等发达国家的殖民地。现在，这一地区大多数国家已摆脱殖民统治，获得独立，其中最先独立的是拥有世界珍稀动物袋鼠、鸵鸟、鸭嘴兽和黑天鹅的澳大利亚。大洋洲 70% 以上的居民是欧洲移民的后裔；当地居民约占总人口的 20%，此外还有混血种人、华裔、华侨以及日本人等。自然资源丰富，经济以农矿业为主。

课堂思考

新几内亚岛是世界第几大岛？

一、澳大利亚

澳大利亚联邦（The Commonwealth of Australia），简称澳大利亚（Australia），位于太平洋西南部和印度洋之间，四周环海，与南极洲隔海相望。95% 的居民是英国及其他欧洲国家移民的后裔，98% 的居民信奉基督教，其余信奉犹太教、佛教和伊斯兰教。首都为堪培拉，国歌为《澳大利亚，前进》，国旗为同英国类似的米字旗，国花为金合欢花，国鸟为琴鸟（也叫鹂鹋），国石为欧泊，国树为桉树，国兽为袋鼠。通用英语。货币名称为澳元。1972 年 12 月 21 日同中国建交。澳大利亚资源丰富，工业发达，人民生活水平较高。

课堂思考

澳大利亚国旗里为什么有英国国旗？

（一）节庆习俗

国庆日（1 月 2 日），纪念首批移民到澳大利亚定居。

新年（1 月 1 日），澳洲的每个主要城市都会举行除夕夜庆祝活动，其中通常会伴随着烟火和其他活动。

澳洲日（1 月 26 日），各个城镇都会举办公民入籍仪式，以欢迎取得澳洲公民身份的移民。总理也会颁发澳洲杰出人士奖，以表彰对国家和社区有杰出贡献的人士。

复活节（3—4 月），澳洲家庭通常会花几天的时间来享受秋高气爽的天气。

澳新军团日（4 月 25 日），是澳洲纪念在战时献身保卫国家的英勇人士的日子。

圣诞节（12 月 25 日），因澳大利亚是南半球的国家，正当西欧各国在寒风呼啸中欢度圣诞节时，澳大利亚却是仲夏时节。酷暑和严冬景象的强烈对比，使澳大利亚庆祝圣诞节活动别有一番情趣。

澳大利亚人酷爱体育活动。澳大利亚的墨尔本市，每年 1 月份的第一个星期日都要举行一次跑马大赛。届时，弗莱明顿跑马场，观众如潮。众多买不到票的人，则围在电视机或收音机旁，如醉如痴地收看或收听跑马大赛实况。

知识拓展　搜索

澳大利亚民俗风情

喜丧礼俗：在澳大利亚，男女婚前一般要先订婚，由女方家长宴请男方的家长及兄弟姐妹，婚礼后通常要举行宴会。澳大利亚人的葬礼，先在教堂内举行，由牧师主持追思礼，他们还保存着寡妇沉默的古俗。

商务礼俗：到澳大利亚进行商务活动的最佳月份是 3~11 月。澳大利亚是一个讲求平等的社会，不喜欢以命令的口气指使别人。他们把公和私分得很清楚，所以不要以为一起进过餐，生意就好做了。

旅游礼俗：澳大利亚不流行小费，但服务人员如果为你提供了额外的服务，可给适当的小费，数目不宜多。到商店里买东西不要讨价还价。坐车不系安全带是违法的，小孩也要系安全带。大部分旅馆的电话拨 0 是外线，拨 9 是旅馆总机。

——资料来源：圣才学习网.

（二）礼貌礼节

澳大利亚人办事认真爽快，喜欢直截了当，待人诚恳、热情，见面时喜欢握手，以名相称。乐于结交朋友，即使是陌生人，也一见如故。他们有崇尚友善精神，并有谦逊礼让习性，重视公共道德，组织纪律性强，赴约准时并爱惜时间。女性较保守，接触时要谨慎，做客时可送葡萄酒和鲜花。

（三）饮食习惯

澳大利亚人的饮食习惯和口味与英国人相似。其口味清淡，不喜油腻。澳大利亚的食品素以丰盛和量大而著称，尤其对动物蛋白质的需求量更大。他们爱喝牛奶，喜食牛肉、猪肉等。对咖啡很感兴趣，不吃辣。当地的名菜是野牛排。餐桌上调味品种类多，啤酒是最受欢迎的饮料，达尔文城的居民以喝啤酒闻名于世。

（四）禁忌

澳大利亚人对兔子特别忌讳，认为兔子是一种不吉利的动物，人们看到它都会感到倒霉。与他们交谈时，多谈旅行、体育运动以及到澳大利亚的见闻。与这里的男士相处，感情不能过于外露，大多数男人不喜欢紧紧拥抱或握住双肩之类的动作。在社交场合，忌讳打哈欠、伸懒腰等小动作。

二、新西兰

新西兰（New Zealand）位于太平洋西南部，是个多民族的国家。欧洲后裔占主导地位。首都为惠灵顿，通用语为英语。货币为新元，国歌为《上帝保佑新西兰》，国花为银蕨，国鸟为几维鸟，国树为四翅槐，国石为绿石。新西兰全境多山，山地面积占全国面积的1/2，经济以畜牧业为主，肉类、奶油、乳酪和羊毛制品的出口在对外贸易中占有重要地位。近年来，该国来华旅游者增多，与我国有良好的贸易往来。

课堂思考

新西兰和澳大利亚的国旗有什么区别？

（一）节庆习俗

国庆日（2月6日）。

圣诞节（12月25日），土著毛利人有他们自己独特的传统习俗。他们相信灵魂不灭，崇拜祖先和各种神灵、神圣的首领。

（二）礼貌礼节

同新结识的人见面或告别时，均行握手礼，对方若是女士，那就应等她先伸出手来为好。有的新西兰人对于同自己一样身份的人行鞠躬昂首礼。在称呼姓氏时应冠以“先生”“夫人”或“小姐”，但新西兰人见人两次面后即可直呼对方名字，这样更为亲切、诚恳。

新西兰人时间观念强，赴约守时。交谈话题大都涉及气候和体育运动（特别是橄榄球和板球），不愿谈及种族问题。新西兰人喜欢上司以友好的恳请语气要求下级执行任务的工作方式，并乐意出力。

毛利人善歌善舞，讲礼仪，当远方客人来访时，致以“碰鼻礼”，碰鼻时次数越多，时间越长，说明礼遇越高。

知识拓展 搜索

毛利人的礼貌礼节方式

毛利人的礼貌礼节方式与众不同，在世界上是独一无二的。当远方客人来访的时候，毛利人都有举行盛大的欢迎聚会。开始时会场一片肃静，人们列队两旁，突然，队伍中走出一位赤膊光脚的中年人，先是一声吆喝，然后引吭高歌。歌声刚落，姑娘们在委婉的低声伴唱中翩翩起舞。他们穿的是红黑相间，鲜艳夺目的民族服装，手工编织亚麻短裙随着舞步轻轻摇摆。男青年英姿勃发，边喊边跳。欢迎贵宾的仪式进入高潮，宾主同歌共舞，共叙友谊，沉浸在一片欢乐之中。到惠灵顿或者新西兰其他地方参观访问的人常常会碰到这种动人的场面。

——资料来源：圣才学习网 .

（三）饮食习惯

新西兰人的基本饮食习惯还是与其祖先英国移民一致，喜欢吃西餐，特别爱喝啤酒。新西兰人嗜好喝茶，一般每天喝7次茶（早茶、早餐茶、午餐茶、午后茶、下午茶、晚餐茶和晚茶）。很多机关、学校、工矿企业都有喝茶的专用时间，茶店和茶馆几乎遍及新西兰各地。由于盛产乳制品和牛羊肉，所以新西兰人的饮食中少不了这些食物。

（四）禁忌

新西兰人不干涉别人的事务，绝不说他人的坏话。新西兰人对朋友的政治立场、宗教信仰等，讨论较多的话题为运动，避免触及私人事务。新西兰人大多数信奉基督教新教和天主教。他们把“13”视为凶神，无论做什么事情，都要设法回避“13”。在国内忌讳男女同场活动。即使看戏或看电影，通常也分为男子专场和女子专场。他们视当众剔牙和咀嚼口香糖为不文明的举止。他们视当众闲聊，吃东西，喝水，抓头皮，紧裤带等为失礼的举止。新西兰人不愿谈论有关种族方面的问题。聚会厅是毛利人祭祀祖先、送葬死者以及喜庆日举行集会的神圣场所，平时不准外人进入。

第三节　北美洲主要客源国礼仪习俗

北美洲位于西半球北部。东滨大西洋，西临太平洋，北濒北冰洋，南以巴拿马运河为界与南美洲相分。北美洲主要包括美国、加拿大及墨西哥等国家和地区。这几个国家的地理位置优越，自然环境良好，工农业生产的专门化、机械化和商品化发展较早、起步快，经济发达。

一、美国

美利坚合众国（The United States of America），简称美国。通用语为英语。美国的主要居民是欧洲移民的后裔，其余的有墨西哥人、阿拉伯人、印第安人及华裔等，有“民族熔炉”之称。居民信奉基督教新教和天主教，其次为信奉犹太教和东正教。华裔信奉佛教。首都为华盛顿。国歌为《星条旗永不落》，国花为玫瑰花，国旗为星条旗，国鸟为白头海雕，国石为蓝宝石，国树为橡树。货币名称为美元。1979 年 1 月 1 日，同中国建交。

（一）节庆习俗

新年（1 月 1 日），美国人过新年，最热闹的是除夕晚上，午夜 12 点整，全国教堂钟声齐鸣。乐队高奏有名的怀旧歌曲《一路平安》。在音乐声中，激动的人们拥抱一起，甚至素不相识的人也可以互相亲吻。人们就这样怀着惜别的感伤和对新生活的向往共同迎来新的一年。

情人节（2 月 14 日），情人之间互赠卡片。

植树节（4 月 22 日），为美国农学家莫尔顿所创立。

母亲节（5 月的第二个星期日）和父亲节（6 月的第三个星期日），都是表示对双亲含辛茹苦养育的崇敬和感激，并经美国总统的批准，为全国重要的节日。

国庆节（7 月 4 日）。

感恩节又叫火鸡节（11 月的第四个星期四），是北美独有的节日，现已成为家人团圆、朋友相聚的全民性节日。

（二）礼貌礼节

美国人性格开朗、举止大方，即使素不相识，谈笑间也毫不拘束。美国人第一次同他人见面常直呼对方的名字，不一定必须行握手礼；有时只是笑一笑，说一声“嗨”或“哈罗”。这种不拘礼节的打招呼，跟其他国家的握手为礼意义相同，在分手时也不一定跟别人道别或握手，只是大家挥挥手，或者说声“明儿见”“回头见”“再见”等。

如有客人在夜间来访，不能身穿睡衣去迎客。当被邀去朋友家做客时，必须预备小礼物送给主人。美国人在接到礼物、参加宴会、得到朋友帮助时，都要写信致谢，赠送亲友礼品也要写信，或者在礼品上附卡片。美国人一般有晚睡晚起的习惯，因此，在外出参观时，需及时提醒他们。

（三）饮食习惯

美国人吃饭非常随便。早餐往往是果汁、鸡蛋、牛奶和面包，午餐多半在公司享用工作快餐，晚餐时人们最爱吃的是牛排与猪排等佳肴，并以点心、水果配餐。口味特点是咸中带甜，喜爱生、冷、清、淡。烹调方法注重煎，炸、炒。一般不在厨房用调料，而是把酱油、醋、盐、味精、胡椒面、辣椒粉等放在餐桌上自行调味。他们对带骨的肉类要尽量剔去骨头后才做菜。例如，鸡、鸭要去骨，鱼要斩头去尾，剔除骨刺，虾要剥壳，蟹要拆肉等。有些美国人还爱吃蚯蚓，包括用蚯蚓制作的饼干和罐头。美国人一般不爱喝茶，爱喝冰水和矿泉水、可口可乐、啤酒等。

（四）禁忌

美国人忌蝙蝠图案，认为它是凶神恶煞的象征。忌问个人收入和财产状况，忌问妇女婚否、年龄及衣饰价格等。忌食各种动物的内脏。

二、加拿大

加拿大（Canada）位于北美洲北半部。东临大西洋，西濒太平洋，北濒北冰洋。大部分是欧洲英法等国家移民的后裔。居民大部分信奉天主教和基督教新教。首都为渥太华。国歌为《啊，加拿大》，国花为枫叶，国旗为枫叶，国树为枫树，国鸟为黑雁，国石为斑彩宝石（又称斑菊石 / 麒麟石），国兽为河狸，官方语言为英语和法语，货币为加元。1970 年 10 月 13 日，同中国建交。

课堂思考

加拿大人为什么给英国女王庆贺生日？

（一）节庆习俗

元旦（1月1日），新年期间，人们将瑞雪作为吉祥的征兆，不但不去铲平积雪，而且将白雪堆积在住宅四周，筑成雪岭。据说，这样可以防止邪魔入侵，永保安宁。

维多利亚日（5月19日），这天庆祝的是英国历史上赫赫有名的维多利亚女王的生日。

国庆节（加拿大日）（7月1日），各大中城市组织上街游行狂欢，晚上燃放焰火，最重要的活动地点当数首都渥太华。

阵亡烈士纪念日（11月11日），在此纪念日期间，人们要举行各种纪念活动来缅怀那些为了保卫祖国而战死的军人。

圣诞节（12月25日），是加拿大一年之中最盛大、最重要的节日之一。

知识拓展 搜索

加拿大民间特色习俗

新年（1月1日）：加拿大人一直把纯洁的雪视为吉祥的象征，每逢新年到来之际，人们就把道路旁或院子中的积雪扫到自家住宅周围，筑起一道雪墙。他们相信，这样可以阻止邪魔入侵，为新的一年带来幸福。新年当天人们聚集到海边，跳入水中、集体冬泳。他们管这叫“北极熊跳”。

枫糖节：（3月底至4月初）是加拿大传统的民间节日。每年春天是采集枫汁、熬制枫液糖浆的季节。在春意犹浓之时，几千个生产枫糖的农场粉饰一新，披上节日的盛装，以吸引众多旅游者，一些农场为观光客表演制枫糖的工艺过程，有的还在周末向旅游者免费供应枫糖糕和“太妃糖”，任人品尝。当地居民还热情地为游客们表演各种民间歌舞。

冬季狂欢节：在魁北克市，每年2月从第一个周末开始，要举行为期10天的冬季狂欢节。冰雕比赛是节日的主要活动内容，在一条被称为“狂欢大街”的两旁，人们到处可以见到千姿百态、晶莹剔透的各种冰雕艺术品。

鲸鱼节：（3月中旬至下旬）在温哥华岛的托菲诺和尤居路利艾特举行，这段时期每年有近2万头的鲸鱼会游至近海，除了赏鲸活动以外，还有与鲸鱼相关的展示会、电影会等。

——资料来源：百度百科.

（二）礼貌礼节

加拿大人因受欧洲移民的影响，其礼貌礼节大多与英、法两国相似。居住在北极圈附近的土著居民也叫因纽特人，他们的审美观点和西方人不同，喜欢小鼻子。他们心目中的美女，就是鼻子最小的姑娘。青年男女表示爱慕的方法不是接吻，而是相互摩擦鼻子。

知识拓展　搜索

土著居民的禁忌

与加拿大土著居民（也叫因纽特人）进行交际时，不宜将其称为“印第安人”或“爱斯基摩人”。“印第安人”不是土著居民，而“爱斯基摩人”的本意则被认为是“食生肉者”，因而具有侮辱他人之意。

——资料来源：百度百科.

（三）饮食习惯

在饮食上，大多数与英、美、法相似。口味偏重甜酸，喜欢清淡的、不辣的食品，烹调中不用调料，上桌后由用餐者自由选择。爱吃炸鱼虾、煎牛排和羊排、鸡鸭、糖醋鱼等。早餐爱吃牛奶、土司、麦片粥。晚餐爱喝清汤。加拿大人喜欢喝下午茶，点心喜欢吃苹果派、香桃派等。由于天气寒冷的缘故，不少加拿大人嗜好饮酒。威士忌、红葡萄酒、樱桃白兰地、香槟酒等十分受欢迎。

（四）禁忌

加拿大人不喜欢别人把他们国家跟美国进行比较，因此谈话时忌谈政治。他们也忌讳谈及死亡、灾难、性等方面的问题，忌“13”“星期五”。忌送白色的百合花，因为加拿大人只有在葬礼上才使用这种花。加拿大人一般不喜欢黑色和紫色。忌说“老”字，年纪大的被认为是“高龄公民”，“养老院”被称为“保育院”。忌打碎玻璃，忌用餐时撒落盐；加拿大女性有美容化妆的习惯，因此她们不喜欢服务员送擦脸毛巾。忌食虾酱、鱼露、腐乳和臭豆腐等有怪味腥味的食物，也不爱吃辣味菜肴，忌食各种动物的内脏和脚爪，也不爱吃肥肉。

三、墨西哥

墨西哥合众国（The United Mexican States）简称墨西哥，位于北美洲西南部，北部与美国接壤，东临墨西哥湾，西临太平洋。墨西哥拥有现代化的工业与农业。印欧混血人和印第安人占总人口数的90%以上。西班牙语为官方语言，首都为墨西哥城，国歌为《墨西哥合众国国歌》，国花为仙人掌，国石为黑曜石，国鸟为凤头卡拉鹰，国树为墨西哥落羽杉，货币名称为比索。1972年2月14日，同中国建交。

课堂思考

墨西哥哪一年赢得独立？

（一）节庆习俗

元旦（1月1日），也被称为“新历年”，节日期间以各种方式互相祝福，贺年卡是其中主要形式。

宪法日（2月5日），1917年2月5日颁布《墨西哥合众国宪法》并执行至今。

国庆日（9月16日），1810年9月16日，伊达尔戈神父发动起义，开始独立战争。

纪念亡人节（11月2日），与我国清明节扫墓习俗相似。

知识拓展 搜索

墨西哥习俗

濯足节：在最后的晚餐之前，耶稣为他的门徒们洗脚，并且亲吻了他们的脚。为纪念这一事件，基督教定这一天为濯足节（也称濯足星期四），在教堂举行濯足仪式。在这一天，修道院长会帮修道士洗脚。还有古时的英国国王，为了表明自己是虔诚的信徒，每到这一天，都在大教堂为穷人洗脚，并跪下来亲吻他们的脚。这一习俗一直延续了几百年，直到17世纪才改变了形式。国王不再给穷人洗脚和吻脚，而是向到场穷人赠送一些新铸的钱币，以象征惜老怜贫之意。

圣船节：圣船节是拉美最古老的节日，也是墨西哥古老文化的象征之一。军士狂欢节（2月底），是为纪念墨西哥人民1826年反抗法国入侵者的民间传统节日，主要盛行于墨西哥普韦布拉州。

玉米粽子节：每当玉米收获季节来临，在米却肯州巴拉乔地区，以自然村为单位，由一位村民做召集人，邀请村民们将采摘的嫩玉米加工包成粽子，集中到召集人家中煮熟品尝，并举行盛大舞会来庆祝。

——资料来源：百度百科.

（二）礼貌礼节

墨西哥人爱好音乐，能歌善舞，热情好客，对老人和妇女十分尊重，平时见面大都以握手为礼，如遇熟人、好朋友还要拥抱接吻。在墨西哥，除上层官方人士外，一般不说英语，因此，如果与墨西哥人交往，能学会些西班牙语与之交流会被当作一种礼貌。交谈时，墨西哥人不喜欢听别人说他们受到美国的影响而取得进步，更不喜欢听到别人对他们依然存在的不平等和贫困的社会状况加以评论。因为他们只为依靠自力更生取得成绩而感到骄傲，而且正在做出巨大努力缩小迄今尚存在的贫富差别。

（三）饮食习惯

墨西哥人口味清淡，喜欢咸中带甜酸味。烹调以煎、炒、炸为主。大多数人吃西餐，也爱吃中国的粤菜。最喜欢的菜肴有：糖醋鱼、炸牛排、炸羊排、炸鸡鸭、炸鱼虾等。早餐也爱喝牛奶、各种水果汁和吃烤面包。他们爱喝冰水、矿泉水、可口可乐、啤酒、威士忌和白兰地。

课堂思考

墨西哥在几月份收获玉米?

（四）禁忌

忌菊花，认为是“妖花”，只有在人死后，才拿它放在灵前作祭奠之用。还忌送手帕和刀剪，因为手帕与眼泪联系在一起，刀剪是友谊破裂的象征。

第四节　欧洲主要客源国礼仪习俗

欧洲位于东半球的西北部，北临北冰洋，西濒大西洋，南滨大西洋的属海地中海和黑海。大陆东至极地乌拉尔山脉。其面积仅大于大洋洲。国家众多，人口相当密集，民族多，语言要用语系分类。文化古迹多，工业很发达，国民生活水平高，既吸引世界各地的游客去欧洲观光游览，同时每年大量的欧洲游客也涌向世界各地，它是世界上最大的旅游客源地区。

一、英国

大不列颠及北爱尔兰联合王国（The United Kingdom of Great Britain and Northern Ireland）简称英国，为实行君主立宪制的邦联制岛国，位于欧洲西部大西洋的不列颠群岛上。居民绝大部分信奉基督教新教，小部分信奉天主教。首都为伦敦。国歌为《上帝保佑女王》，国花为玫瑰，国旗为米字旗，国鸟为红胸鸽，国石为钻石，国树为英国栎，国兽为狮子，英语为国语，货币名称为英镑。1972 年 3 月 13 日，同我国升格为大使级外交关系。英国是工业发达最早的国家，是世界大贸易国之一。

知识拓展 搜索

英国国花——玫瑰花的由来

英格兰的国花是玫瑰。其起源于玫瑰战争(1455—1485 年)，又称蔷薇战争，是英王爱德华三世（1327—1377 年在位）的两支后裔：兰开斯特家族与约克家族的支持者为了争夺英格兰王位而发生的内战。当时代表兰开斯特皇室的是红玫瑰，代表约克皇室的是白玫瑰。约克郡人(Yorkist) 的政权于 1485 年 8 月 22 日李察三世被亨利七世在 Bosworth 击败后瓦解。当亨利七世与伊丽莎白结婚时，这两种玫瑰合而为一白蕊的红玫瑰。

为了纪念这次战争，英格兰以玫瑰（这里的玫瑰实为欧洲古老蔷薇）为国花，并把皇室徽章改为红白蔷薇。

——资料来源：百度知道 .

（一）节庆习俗

英国人除了宗教节日之外，在全国性的节日中，国庆和除夕之夜是最热闹的。除夕之夜全家围坐，举杯畅饮，为辞旧迎新，人人高唱“辞岁歌”。除夕夜必须瓶中有酒，盘中有肉，象征着来年富裕有余。苏格兰人则提着煤块去拜年，把煤块投入亲友家的炉子里，并说：“祝你家的煤长燃不熄”，以求吉利。

英国的国庆节是女王的“官方生日”。英国女王伊丽莎白二世的真正生日是 1926 年 4 月 21 日，但是她的“官方生日”则定在每年 6 月第二个星期六。由于伦敦 6 月中旬的天气总是特别好，所以这段时间前后，英国人一般都举行一些大型的花卉园艺展览，不仅规模大、设计新，而且漂亮壮观，国庆自然也增添了几分喜庆。这一天，英国皇家卫队的骑兵在伦敦骑士广场上接受女王的检阅，场面庄严盛大。另外，女王贺寿活动中有很重要的一项内容：为国内外名流封爵授勋。受嘉奖者名单分别由政府和王室拟定，并在女王的官方生日公布。

（二）礼貌礼节

英国人讲究文明礼貌，注重礼节和自我修养，注意衣着打扮，什么场合穿什么服饰都有一定惯例。见面时，对尊长、上级和不熟悉的人用尊称，并在对方姓名之前要冠以职称、衔称或先生、女士、夫人、小姐等称呼，亲友和熟人之间常用昵称。初次相识的人相互握手，微笑并说：“您好！”在大庭广众之下，人们一般不行拥抱礼，男女之间除了热恋者之外一般都不手拉手走路。

英国人时间观念很强，而且照章办事。若请英国人吃饭，必须提前邀请。到英国人家去赴宴，不能早到，以防主人还未准备好，导致失礼。与英国人谈话不要涉及政治、宗教和有关皇室的小道消息，也要避免使用English（英格兰人）这个词，而要用British（不列颠人），这样说大家都高兴。他们不喜欢被问及家事、私事、个人职业、收入、年龄、婚姻等。英国人尤其讲究“绅士”“淑女”风度，认为这种风度是他们的骄傲。他们感情内向，不轻易动感情或表态。特别是受过高等教育的英国人，更是谈吐幽默、高雅脱俗、谦虚谨慎。他们视夸夸其谈为缺乏教养，视自吹自擂为低级趣味。人们交往时常用“请”“对不起”“谢谢”等礼貌用语，即使家庭成员之间也是如此。用表示胜利的手势“V”时，对英国人一定注意手心对着对方，否则会招致不满。

（三）饮食习惯

英国人不爱辣味，喜欢口味清淡、鲜嫩。早餐丰盛，喜欢吃麦片、三明治、奶油、桔酱的点心、煮鸡蛋，喝果汁、牛奶、可可；午餐较简单，通常是冷肉和凉菜为主，喝茶但不饮酒，晚餐为一天正餐，往往饮酒，爱吃牛（羊）肉、鸡、鸭、野味、油炸鱼等。讲究一些的英国人通常还要把下午茶也算一餐，英国人做菜时很少用酒作调料，调味品大都放在餐桌上，由进餐者自由挑选。

英国人每餐要吃水果，午、晚餐喜欢喝咖啡。爱吃烤面包，夏天吃各种水果冻、冰激凌，冬天爱吃布丁、浓汤、火腿、新鲜蔬菜等。

英国人爱喝茶，早晨喜欢喝红茶，他们称之为“床茶”；上午10时左右再喝一次名为“早茶”，下午4时左右喝“下午茶”；晚饭后也要来一次晚饭茶。英国人喝茶的习惯不同于中国，倒茶前，要先往杯子里倒入冷牛奶或鲜柠檬，加点糖，再倒茶，制成奶茶或柠檬茶。如果先倒茶后倒牛奶会被认为缺乏教养。他们还喜欢喝威士忌、苏打水、葡萄酒和香槟酒，有时还喝啤酒和烈性酒。彼此间不劝酒。

（四）禁忌

英国人忌用人像、大象、孔雀作服饰图案和商品装潢。他们认为大象是愚笨的，孔雀是淫鸟、祸鸟，连孔雀开屏也被认为是自我吹嘘和炫耀。忌“13”这个数字。还忌“3”这个数字。与英国人坐着谈话忌两腿张得过宽，更不能跷起二郎腿。若站着谈话，不可把手插入衣袋。忌当着英国人的面耳语和拍打肩背。忌送百合花，他们认为百合花意味着死亡。

二、法国

法兰西共和国（The Republic of France）简称法国，位于欧洲大陆的西部，西北隔拉芒什海峡与英国相望。法国的国语为法语，首都为巴黎，国歌为《马赛区》，国花为鸢尾花，国旗为蓝白红三色旗，国鸟为公鸡，国石为珍珠，国树为白桦。1964 年 1 月 27 日同中国建交。

课堂思考

法国哪位国王在接受天主教洗礼时用鸢尾花？

（一）节庆习俗

法国的主要节日有：新年（1 月 1 日）、劳动节（5 月 1 日）、第二次世界大战胜利纪念日（5 月 8 日）、法国国庆节（7 月 14 日）、圣母升天节（8 月 15 日）、诸圣节（11 月 1 日）和纪念一战停战日（11 月 11 日）、圣诞节（12 月 25 日）。在这些节日里，政府民政机构、银行、商业机构、学校等大多放假不上班。

（二）礼貌礼节

法国人热情开朗，谈问题开门见山，但不急于做出结论，做出结论后都明确告知对方，法国人讲究服饰美，尤其是法国妇女衣着非常时髦，特别是使用化妆品，光口红就有早、中、晚之分，是世界上最爱打扮的妇女。

法国人喜欢行亲吻礼。据考证：法国是世界上最早公开行亲吻礼的国家，也是使用亲吻礼频率最高的国家。

与法国人约会必须事先约定时间，准时赴约是有礼貌的表示，但不要提前，送鲜花给法国人也是很好的礼品。法国人非常讲究公共卫生，同时在公共场所不能有懒散动作，也从不大声喧哗。

课堂思考

在法国一定的社会阶层中，吻手礼也颇为流行。施吻手礼时应注意哪些礼节？

（三）饮食习惯

法国人的烹调技术世界闻名，用料讲究，花色品种繁多，其口味特点是肥浓、鲜嫩味美，注重色、形和营养。

早餐一般爱吃面包、黄油，喝牛奶、浓咖啡等；午餐喜欢吃炖鸡、炖牛肉、炖火腿、炖鱼等；晚餐很讲究，多吃猪肉、牛（羊）肉、鱼、虾、海鲜、蜗牛、青蛙腿、家禽，忌食无鳞鱼。牛排和土豆是法国人的家常菜。他们还喜欢吃冷菜，对冷菜习惯自己切着吃，肉类菜不烧得太熟，如牛排三四分熟即可，有的肉最多七八分熟。法国人不吃辣的食品，喜欢酥皮点心和水果。爱喝啤酒、葡萄酒、苹果酒、牛奶、红茶、咖啡、清汤等。

（四）禁忌

法国人忌黄色的花，认为是不忠诚的表示。忌黑桃图案，认为不吉利，忌墨绿色，因二次世界大战期间德国纳粹军服是墨绿色；忌仙鹤图案，认为是蠢汉和淫妇的象征；忌送香水和化妆品给女士，因为它有过分亲热或图谋不轨之嫌。

三、德国

德意志联邦共和国（The Federal Republic of Germany）简称德国，位于中欧西部，绝大多数是德意志人。德国有 50% 的人信奉基督教新教，45% 的人信奉天主教，另有少数人信奉东正教和犹太教。德国的首都为柏林，国语为德语，国歌为《德意志之歌》，国花为矢车菊，国旗为黑、红、黄三色旗，国鸟为白鹳，国石为琥珀。货币名称为欧元。1972 年 10 月 11 日同我国建交。德国是发达的资本主义国家之一，人民生活水平颇高。

课堂思考

请说出德国国花矢车菊的由来。

（一）节庆习俗

慕尼黑啤酒节（每年 9 月最后一周到 10 月第一周），节日期间，人人举杯开怀畅饮，啤酒的消费量为世界第一，所以称慕尼黑为“啤酒之都”。

狂欢节，从每年 11 月 11 日 11 时 11 分开始，到次年 2 月复活节前夕结束。

狂欢节最后一个星期四称为妇女节，这一天妇女们不但可以坐市长的椅子，还可以拿着剪刀，在大街上剪下男子的领带。

元旦也是重大节日。

（二）礼貌礼节

德国人勤勉、矜持、有朝气、守纪律、好清洁、爱音乐。德国人颇为注重衣着打扮，外出时必须穿戴整齐、清洁；见面打招呼须称头衔，不要直呼其名；约会讲准时，时间观念强；待人热情、好客、态度诚实可靠。在宴席上，男子坐在妇女和地位高的人的左侧，女士离开和返回饭桌时，男子要站起来以示礼貌。请德国人进餐，事先必须安排好。与他们交谈最好谈原野风光，个人的业余爱好多为体育活动。接电话要首先告诉对方自己的姓名。

（三）饮食习惯

早餐简便，一般只吃面包、喝咖啡即可。午餐是主餐，主食是面包、蛋糕、面条、米饭。副食为土豆、瘦猪肉、鸡鸭、野味、鸡蛋，不大喜欢吃羊肉、鱼虾、海味。菜肴宜清淡、酸甜、不宜辣。晚餐一般吃冷餐，并喜欢以小蜡烛照明，在幽暗的烛光下，人们边喝边谈心。德国人喜欢喝啤酒、葡萄酒。此外，德国人在外聚餐在不讲明的情况下要 AA 付费制。

（四）禁忌

他们忌讳“13”和“星期五”。忌讳在公共场合窃窃私语。不喜欢他人过问自己的私事。德国人忌茶色、红色、深蓝色。服饰和其他商品包装上忌用纳粹标志或类似符号，忌食核桃，忌送玫瑰花。

四、意大利

意大利共和国（The Republic of Italy）90% 以上的居民信奉天主教。首都为罗马，国歌为《马梅利之歌》，国花为雏菊，国旗为绿、白、红三色。国鸟为红胸鸽，国石为珊瑚，国树为五针松，意大利语为官方语言。1970 年 11 月 6 日同我国建交。旅游资源丰富，旅游业十分发达。

课堂思考

罗马有哪三多？

（一）节庆习俗

意大利人过圣诞节、复活节、降灵节的盛况为世人瞩目。此外，意大利还有国庆节（6 月 2 日）、建城节（4 月 21 日）、狂欢节（每年 2 月中旬进行）、情人节（2 月 14 日）等。意大利过除夕之夜别具一格，人们燃放爆竹烟火，并在一起唱歌跳舞。午夜时分，家家户户将旧瓶、旧盆、旧坛、旧罐等全部扔出户外摔碎，这是意大利人过新年的传统方式。

知识拓展 搜索

插葡萄枝的习俗

在意大利的商店门口有插葡萄枝的习惯。意大利是盛产葡萄酒的国家，许多小城镇甚至乡村农户也会酿酒。过去，有些农民家里酿了许多酒，自给有余，便打算出售一些，他们将葡萄枝挂在自家门口，过路人一看便知这家有酒卖。一旦酒已售完，葡萄枝就被取下。此风俗一直延续至今，有些商店门口依然挂起葡萄枝。

——资料来源：作者收集整理.

（二）礼貌礼节

意大利人热情好客，亲友之间经常互相跳舞联欢，待人接物也颇多艺术情调，见面礼是握手或招手示意；对长辈、有地位和不太熟悉的人，须称呼其姓，并冠以“先生”“太太”“小姐”和荣誉职称；与意大利人谈话要注意分寸，一般谈论工作、新闻、足球皆可，但不要谈论政治。

（三）饮食习惯

意大利人喜欢吃面食，如通心粉、馄饨、葱卷等。爱吃牛（羊）肉、鸡、鸭、鱼、虾、海鲜等。菜肴特点是味浓，尤以原汁原味闻名。烹调以炒、煎、炸、焖著称。意大利人早晨有喝咖啡、吃烩水果、喝酸牛奶的习惯。酒是意大利人离不开的饮料（特别是葡萄酒），不论男女几乎每餐都要喝酒，甚至在喝咖啡时，也要掺上一些酒。每逢节日，更是开怀痛饮。

（四）禁忌

意大利人忌菊花，因菊花盛开的季节正是他们扫墓祭奠亡灵之时。意大利人忌数字“13”，凡住房号、剧院座位号等都不准有“13”的字样，赠送纪念品时，切忌送手帕，认为手帕是亲人离别时擦眼泪用的不祥之物，送花的花枝、花朵应为单数。不得穿短裤、短裙、无袖衬衫到教堂或天主教博物馆参观。

五、俄罗斯

俄罗斯联邦（The Russian Federation）位于欧洲东部和亚洲北部，80% 以上是俄罗斯人。主要宗教为东正教。首都为莫斯科，国歌为《俄罗斯联邦国歌》，国旗自上而下分别为白、蓝、红三色。国花为向日葵，国树为白桦树，国鸟为鹰，国石为变石，俄语为官方语言。货币名称为卢布。1949 年 10 月 3 日，中国与苏联建交，1991 年 12 月，苏联解体，俄罗斯联邦宣告独立。1991 年 12 月 27 日，中华人民共和国宣布承认俄罗斯联邦政府独立，并决定中华人民共和国驻苏联大使改任驻俄罗斯大使。俄罗斯是一个大国，有着悠久的历史和深厚的传统文化。近年来，随着中俄两国睦邻友好关系的发展，贸易尤其边境贸易俱增。

知识拓展 搜索

俄罗斯国石的由来

由于它具有在阳光下呈绿色，在烛光和白炽灯下呈红色的变色效应，许多诗人赞誉变石为“白昼里的祖母绿，黑夜里的红宝石”。据说 1830 年变石首次被发现于俄罗斯乌拉尔一个开采祖母绿的矿山上，矿工们将这种有变色效应的宝石献给了俄国皇太子亚历山大二世，在他 21 岁生日的时候，将这种新发现的奇异宝石镶在了自己的王冠上，并赐名为“亚历山大石”，意为变石。变石和猫眼一样，在矿物学中属于金绿宝石，只是由于具有不同的光学特点而成为两种不同的宝石。

——资料来源：百度百科.

（一）节庆习俗

俄罗斯人除重视宗教节日外，还把圣诞节的传统习俗与过新年结合起来，身穿皮袄的圣诞老人称冬老人，代表旧岁；体态轻盈的雪姑娘，代表新年，这一老一少在辞旧迎新的晚会上，给人们分发礼物，受到大家欢迎。大多数俄罗斯人喜欢在家乡过年，男子们痛饮伏特加，当电视广播里传出克里姆林宫的钟响了 12 下后，男女老少互祝新年快乐。女主人们往往按照习俗，要大家说一个新年的心愿。

（二）礼貌礼节

俄罗斯人性格开朗、豪放、集体观念强。主人给客人吃面包和盐，是最殷勤的表示。他们与人见面，大都行握手礼，熟人之间还行拥抱接吻礼。男人外出活动时，十分注重仪表仪容，一定要把胡子刮净；赴约准时，在社交场合，处处表现尊重女性。

（三）饮食习惯

俄罗斯人以面包为主食，肉、鱼、禽、蛋为副食。喜食牛、羊肉，爱吃带酸味的食品，口味较咸，油腻较大。喜吃焖、煮、烩、烂的菜，也吃烤、炸的菜。早餐简单，几片黑面包，一杯酸牛奶即可；午餐较讲究，爱吃红烧牛肉，十分喜爱烤羊肉。对黄瓜、西红柿、土豆、萝卜、洋葱等蔬菜和奶酪、水果特别爱吃。

俄罗斯人爱喝酒，酒量一般较大，对名酒诸如伏特加、中国的茅台、西风等烈性酒也颇感兴趣。不爱喝葡萄酒、绿茶，喜欢喝加糖的红茶。

（四）禁忌

与俄罗斯人说话，要坦诚相见，不能在背后议论第三者，更不能说他们小气。对妇女要十分尊重，忌问她们的年龄和衣饰价格等。

课堂思考

俄罗斯国花向日葵的由来。

第五节　非洲主要客源国礼仪习俗

非洲位于东半球的西南部，面积仅次于亚洲，是世界文明的发源地之一。非洲人勤劳、智慧，过去的几个世纪中由于长期受葡萄牙、西班牙、英国、法国、荷兰、比利时、德国以及意大利等殖民者的侵略、瓜分和奴役，非洲成了一个贫穷落后的地区。直至近二三十年中，大部分非洲国家先后独立，加入了第三世界发展中国家的行列。他们纷纷与我国建立了外交关系，并加强了友好往来。尽管目前从非洲来华的旅游观光者不多，但还是有必要对非洲人的基本习俗和礼节做个简要的介绍，以便热情友好地接待来自远方的朋友。这里主要介绍埃及与坦桑尼亚。

一、埃及

阿拉伯埃及共和国（The Arab Republic of Egypt）简称埃及，是世界四大文明古国之一，是亚洲和非洲人民交往的纽带。居民主要为阿拉伯人，约占 87%，多信奉伊斯兰教。首都开罗，阿拉伯语为官方语言，国歌为《祖国，祖国，祖国》，国旗自上而下红、白、黑三色，中央为黄色国徽旗，国花为莲花（也叫荷花）。国鸟为雄鹰，国石为橄榄石，货币名称为埃及镑。1956 年 5 月 30 日同中国建交。

课堂思考

埃及的国旗为什么是红、白、黑三色，中央为黄色国徽旗？

（一）节庆习俗

国庆节（7 月 23 日），1952 年的这一天，埃及的法鲁克王朝灭亡，穆罕默德在此时就位。

闻风节在 4 月下旬。

开斋节为伊斯兰教历 10 月 1 日。斋月是伊斯兰教的传统祭礼月。在斋月里，穆斯林从日出到日落，戒绝饮食。斋月一般为 30 天，但第 30 天见新月出现，则守斋 29 日，次日即为开斋日。节日期间，每家每户的大门白天都敞开着，恭候亲朋好友上门道贺。

古尔邦节（伊斯兰教十二历月十日）是伊斯兰教又一盛大节日。古尔邦在阿拉伯语中含有“牺牲”“献身”之意。节日里，根据经济能力宰羊、杀蛇或屠牛，分发给贫民，接待宾客，馈送亲友。

（二）礼貌礼节

埃及人正直、爽朗、宽容、好客，这一特殊的个性通称为“埃及风格”。埃及人在打招呼时，往往以“先生”“夫人”称呼对方。见面介绍行握手礼，有时见面也行亲吻礼。人们最广泛使用的问候是“祝你平安”。当斋月来临，人们常问候“斋月是慷慨的”，回答是“真主更慷慨”。埃及人都很和蔼，如果一方有什么差错，要说声“很抱歉”。交谈时，宗教是一个不讨好的话题，因此最好避而不谈。席间如果有人为了去祈祷而中途退席，客人要耐心等待，因为他们很快就会回来。进入清真寺，要脱鞋，接送东西要使用双手或右手。浪费食物，尤其浪费面饼，他们认为是对神的亵渎。

（三）饮食习惯

埃及人的主食为面饼，副食爱吃豌豆、洋葱、萝卜、茄子、西红柿、卷心菜、南瓜、土豆等蔬菜。忌食猪肉、海味、虾蟹和各种内脏（肝脏除外）以及奇形怪状的食物。埃及人喜欢吃甜食，喝红茶和咖啡，禁忌饮酒。埃及人有在咖啡摊上进午餐的习惯。他们买一杯咖啡和几块点心，边吃边喝，别有一番滋味。他们进餐时，如果没有必要，一般不与人交谈。

（四）禁忌

埃及人忌蓝色和黄色。认为蓝色是恶魔，黄色是不幸的象征，遇丧事都穿黄衣服。埃及人还忌针，因为针在埃及是贬义词，每日下午 3—5 时是严禁买针和卖针的时间，以避“贫苦”“灾祸”。

课堂思考

开罗的标志性建筑——开罗塔有多少米？

二、坦桑尼亚

坦桑尼亚联合共和国（The United Republic of Tanzania）位于非洲东部，居民绝大多数是非洲黑人。城镇居民多信奉天主教和基督教，内地农村居民多信奉拜物教，沿海地区居民多信奉伊斯兰教。首都为达累斯萨拉姆。斯瓦希里语为国语，国歌为《上帝保佑非洲》。国旗为绿、蓝、黑、黄四色旗，国花为丁香，国鸟为灰冠鹤，国石为坦桑石，货币名称先令。1964 年 4 月 26 日同中国建交。

（一）节庆习俗

国庆日（4 月 26 日）。

中秋节，又称为月圆节，一年一度在桑给巴尔举行，节日来临时，人们成群结队来到庭院广场上，围成一圈静坐着，一直等到月亮下沉之后，才能说笑、娱乐。坦桑尼亚部族众多，风俗习惯也各异。例如，马萨伊族的女子一律剃发，男子则留发梳辫子，还用牛血洗头染发，故这个族的男子都是黑脸、红头发。而且男男女女都戴耳环，穿着也很简单，男子只用一块又长又宽的布，从肩上裹围到腰，从腰部搭下来遮身。妇女们有用头顶来搬动东西的习惯。

知识拓展　搜索

坦桑尼亚人的婚俗

坦桑尼亚人的婚恋，别具一格，五花八门。马赛族至今仍流行“指腹为婚”的习俗。妇女一旦怀孕，许多生有男孩的母亲或亲属就要来提亲，以便为自己的孩子择妻。如果孕妇生下的是女孩，就将与男孩成为终身伴侣；如果生的是男孩，就要结为终生好友。

哈亚族盛行“摸脚完亲”。男方父母向女方父母提亲，当女方父母同意将女儿许配给男方时，男方父母要摸一下女方双亲的脚以示谢意，这就表示这桩婚事已然说定。如果“摸脚定亲”后，女方反悔，男方可上告祖灵，请求对女方加以惩罚。

——资料来源：作者收集整理 .

（二）礼貌礼节

坦桑尼亚官方相见行握手礼，但在民间与客人相见时，惯于先用手指自己的肚子，然后鼓掌，再相互握手。坦桑尼亚的妇女们遇见外宾时，握完手后便围着女外宾转圈，嘴里还发出阵阵尖叫声，她们认为这样做是对客人最亲热最友好的表示。坦桑尼亚人爱好音乐，能歌善舞，待人热情诚恳，注重礼貌。在坦桑尼亚，客人和主人之间互称“某某先生”，不要称呼他们为“黑人”，而应称“非洲人”，否则是对他们的蔑视。交谈时不宜谈论国内的政治，以免激怒坦桑尼亚人。他们生活在热带，衣、食、住都较简单，生活方式同其他地区有较大的差异。

（三）饮食习惯

坦桑尼亚人一般食量较大，大多数坦桑尼亚人以羊肉为主要副食品，爱吃大米饭、烤羊肉串、烤全羊、辣味鱼、咖喱鸡肉等，有的部族以牛（羊）肉为主食；有的以吃鱼、虾为主；有的则以香蕉当饭。由于坦桑尼亚原属英国殖民地，有的还带有英国人的某些生活习惯。

（四）禁忌

不喜欢谈论有关当地政府等敏感话题。坦桑尼亚人忌食猪肉、甲鱼、鱿鱼及动物内脏等奇形怪状的食物。

知识拓展 搜索

民族礼仪的共同特点

世界如此之大，要想了解所有国家和民族的礼仪习俗是十分困难的。因此，在掌握各国各民族的礼仪中，应把握以下几个特点：

1. 民族礼仪受宗教信仰的影响。不同民族、不同国家的宗教信仰如果相同，其习俗、礼仪就有许多相近或相同之处。

2. 民族礼仪受语言的影响。语言是传播民族礼仪的工具，使用同一语言的人，民族礼仪往往相似或一致。

3. 民族礼仪的同化现象。在不同民族混合居住的地区，人们在礼仪方面往往互相效仿，互相学习。随着民族间交往的加深，先进文明的礼仪被越来越多的人接受，也加快了民族礼仪的同化现象。

——资料来源：徐锐 . 现代社交礼仪必读［M］. 济南：济南出版社，2004.

复习与思考

一、简答题

1. 为什么旅游工作者要了解世界各民族的礼仪习俗?

2. 简述亚洲的概况。

3. 简述日本国名的由来。

4. 谁发明的木屐?

5. 荷兰的亲吻礼与荷兰的发展有何联系?

6. 简述韩国的传统节日。

7. 简述澳大利亚见面礼及称呼礼。

8. 为什么不宜将加拿大土著居民称为爱斯基摩人?

9. 简述欧洲概况。

10. 简述民族礼仪的共同特点。

二、单项选择题

1 新加坡的国花是________。

A. 兰花　　B. 莲花　　C. 玫瑰花　　D. 雏菊

2. 美国的国花是________。

A. 枫叶　　B. 茉莉花　　C. 仙人掌　　D. 玫瑰

3. 英国人忌“3”这个数字。还忌“________”这个数字。

A.13　　B. 4　　C. 9　　D. 16

4. 独立运动纪念日为________。

A.3 月 11 日　　B. 3 月 21 日　　C. 3 月 1 日　　D. 3 月 1 日

5. 意大利共和国国鸟为________。

A. 喜鹊　　B. 雄鹰　　C. 红胸鸽　　D. 灰冠鹤

6. 埃及国庆节为________。

A.7 月 3 日　B. 7 月 13 日　C. 7 月 23 日　D. 7 月 28 日

7. 泰国的国花是________。

A. 莲花　B. 玫瑰　C. 兰花　D. 金链花

8. 英国的国花是________。

A. 雏菊　B. 蔷薇花　C. 矢车菊　D. 鸢尾花

9. 英国的货币名称是________。

A. 马克　B. 美元　C. 欧元　D. 英镑

10. 坦桑尼亚联合共和国同中国建交时间为________。

A. 1964 年 4 月 23 日　B. 1964 年 4 月 23 日

C. 1964 年 4 月 25 日　D. 1964 年 4 月 26 日

三、多项选择题

1. 韩国的传统节日有________。

A. 春节　B. 元宵节　C. 清明节　D. 端午节

E. 中秋节

2. 菲律宾共和国人信奉________。

A. 天主教　B. 伊斯兰教　C. 独立教　D. 基督教新教

E. 佛教

3. 禁忌“4”的国家有________。

A. 中国　B. 日本　C. 韩国　D. 坦桑尼亚

E. 荷兰

4. 禁忌“3”“13”的国家有________。

A. 埃及　B. 日本　C. 美国　D. 坦桑尼亚

E. 英国

5. 国旗含有“米字旗”的国家有________。

A. 英国　B. 埃及　C. 澳大利亚　D. 坦桑尼亚

E. 新西兰

6. 坦桑尼亚人的婚俗包括________。

A. 指腹为婚　B. 父母包办　C. 抢婚　D. 自由恋爱

E. 摸脚完亲

四、推荐阅读

1. 钟敬文 . 中国礼仪全书［M］. 合肥：安徽科学技术出版社，2001.

2. 李晓阳 . 旅游礼仪［M］. 北京：旅游教育出版社，2011.

下篇　礼仪实操与训练

礼仪是一个国家社会文明程度、道德风尚和生活习惯的反映，也是一个人思想道德水平、文化修养、交际能力的外在体现。不懂礼仪的人就是一个文明的缺失者，不经意间会错失很多机会；那么懂得礼仪却不能规范应用的人，同样会给他人留下没有修养的印象。为此，礼仪需要规范化的训练，通过严谨标准的训练使礼仪意识真正地落实在行为举止中，才能达到礼仪的目的，体现出举止得体、态度热情、形象高雅的礼仪形象。

知识拓展 搜索

礼仪训练带来自信

徐星是班里的一名普通酒店专业的学生，在参加一次实习面试中，这组同学的形象都比他要好，他心里有些不太自信。通过调整心态，在整个面试过程中，他面带微笑，体态端庄，举止优雅，处处都流露出热情、自信与潇洒。最终他以出色表现被录用。考官对他的评价是，他具有酒店工作人员良好的气质与热情，具有旅游从业人员的职业素养。

这个实例告诉我们，礼仪训练能使每一个人展现你的人格魅力。

——资料来源：百度百科.

训练模块一

仪态规范训练

项目一　微笑训练

一、训练目的

通过训练，使微笑更加自然，能够充分表达出对他人的热情、真诚与友好，使对方感受到尊重与温暖。同时通过微笑训练使旅游工作人员能够习惯微笑，善于微笑，并且也是能够自觉控制不良情绪的有效方法，真正培养规范有礼的职业能力与职业素养。

二、规范要求

（1）口、眼结合，露出 6~8 颗牙齿，两嘴角上扬，目光柔和（见图 1-1）。

（2）微笑与神、情、气质相结合。微笑时要精神饱满，热情甜美，稳重大方。

（3）微笑与语言相结合。微笑时配合礼貌用语，语言甜美动听，起到声情并茂的作用。

（4）微笑与举止相结合。微笑时要保持端庄规

图1-1　微笑的标准

范的姿态，一举一动要体现彬彬有礼，不失稳重之感。

（5）微笑要发自内心。微笑要真诚，不可应付、虚假和生硬，从内心真正树立微笑的服务意识。

（6）微笑要始终如一。在服务他人时，要学会保持自然微笑，不要把不良情绪带到服务中去，从而影响对他人的尊重。

三、训练方法

每一项训练都可以在舒缓的轻音乐中进行，音乐能够营造出轻松自然、唯美陶醉的美好氛围。从而使微笑展示得更加自然、真诚和美好，使微笑训练达到最完美的效果。

图1-2　咬筷子训练

（1）咬筷子训练法。面对镜子，用门牙轻轻咬住筷子。两嘴角上扬，不要接触到筷子；下唇自然地和筷子接触；上唇不能接触到筷子，露出上面的牙齿 6~8 颗。切记不可用后面的大牙咬住筷子，那样就会形成两嘴角往外咧嘴的现象，是不符合礼仪的要求的。同时要做到心情轻松、美好，目光柔和，注视自己（见图 1-2）。

（2）想象力训练法。训练时，教师诱导学生内心想象最美好的画面、事情、人物等，使心情舒畅、放松和美好，从而达到外在的甜美和愉悦。

（3）自信力训练。训练时，教师提示学生在内心树立“我是最自信的”“我是最完美的”“我是最好的”，让学生克服不自信的心理障碍，培养学生不论自己的外在条件怎样，但我的内心是充满自信的能力。从而使学生敢于表现自己，才能把最美好的微笑展示出来。

图1-3　微笑训练

（4）借助字音口型训练。在训练中，让学生借助特殊的字音和口型，帮助学生形成微笑时的标准口型。例如，“一”“钱”“喜”“茄子”等，默念这些字时形成的口型正是微笑的最佳口型（见图 1-3）。

项目二　目光训练

一、训练的目的

通过训练，使目光热情、柔和，具有亲和力。“眼睛是心灵的窗户”，透过一个人的目光就能看到一个人内心里真实的情感和想法。无论是喜怒哀乐都能够从目光里投射出来。因此，从礼仪的角度必须使目光传递出一种发自内心的真诚与热情。

二、规范要求

（1）目光亲切，具有柔和之感。

（2）目光真诚，具有友好之感。

（3）目光自然，具有轻松之感。

三、训练方法

（1）个人训练说“您好”。面对镜子，注视自己的双眼，保持微笑，用眼睛说“您好”（见图 1-4）。

（2）两人训练“您好”。两人面对面站立，注视对方的面部，保持微笑，从心里问候“您好”，用眼睛传递给对方（见图 1-5）。

（3）模拟训练。设定动态场景，在行进中模拟用目光问候“您好”。使目光传递真诚、问候与友善。

图1-4　个人训练

图1-5　两人训练

项目三　站姿训练

一、训练目的

旅游服务人员必须经过严格的站姿训练。因为站姿是服务中最基本的服务仪态（见图 1-6）。通过训练，使学生掌握规范站姿要求，自觉养成挺拔优雅的姿态，树立旅游工作人员自身良好的形象、气质和风度，更是旅游行业良好形象和管理水平的体现。

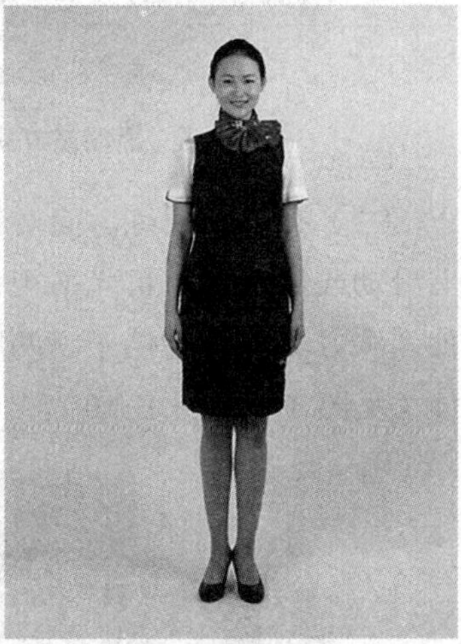

图1-6　规范站姿

二、规范要求

（1）脚跟并拢，两腿夹紧，脚尖外展 45°~60°。

（2）头部保持正直，双眼平视前方，表情自然放松。

（3）两肩要平且放松，手臂自然下垂放于体侧或相握放于体前。

（4）挺胸、收腹、立腰、夹臀。

三、训练方法

训练时，播放轻松愉快的轻音乐，在舒心的音乐氛围中，能使心情达到舒心畅意的美好感觉，使站姿更加自然。

（1）靠墙站立训练。背靠平面墙站立，要求脚后跟、小腿、双肩、后脑勺都要紧贴墙壁，即四点成一线。当离开墙面时同样保持住靠墙站的挺拔感觉，不要使身体松懈。同时做到心情放松，面带微笑，充分展示出从容自然、情绪饱满的精神面貌（见图 1-7）。

（2）两膝之间夹纸训练。面对镜子，在保持规范站姿要求的基础上，脚跟并拢，两腿夹紧，脚尖外展。两膝之间放一张纸，两腿夹紧不要让纸掉下来，目光平视，面带微笑。主要是训练腿部肌肉收紧和身体的挺拔感，使整个人体现出饱满的精神状态（见图 1-8）。

图1-7　靠墙站立训练

图1-8　两膝夹纸训练

（3）头顶书训练。面对镜子，保持站姿规范要求的基础上，把书放在头上，不要让书滑动或掉下来，目光平视，面带微笑，一定保持身体的稳定性，不可将身体放松。这种训练方法可与咬筷子、两膝夹纸、微笑训练法相结合，同时训练微笑和站姿，效果最佳（见图 1-9、图 1-10）。

图1-9　头顶书训练

图1-10　咬筷、顶书、夹纸训练

四、常用站姿训练

1. 女士站姿训练

（1）“V”形步握手式站姿。在标准站姿的基础上，两脚呈“V”形站立，右手握左手上贴于腹部或背手身后（见图 1-11、图 1-12）。

（2）“丁”字步握手式站姿。在标准站姿基础上，两脚呈“丁”字步站立，右手搭在左手上贴于腹部或背手身后（见图 1-13、图 1-14）。

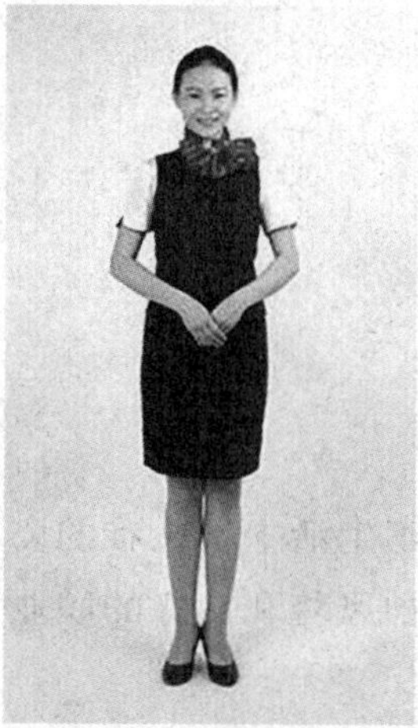
图1-11　“V”形步前握手式站姿

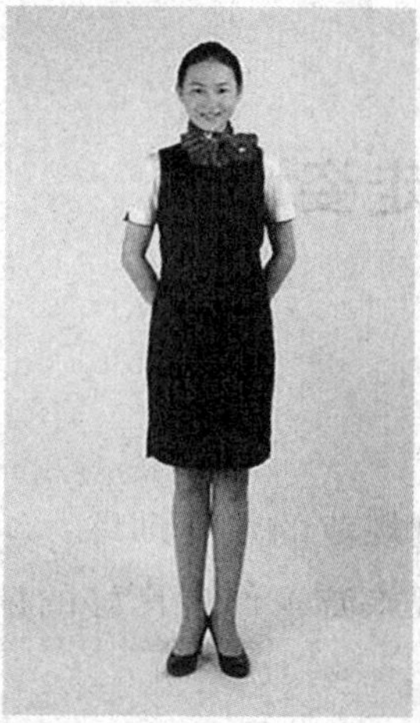
图1-12　“V”形步后背手式站姿

图1-13　“丁”字步前握手式站姿

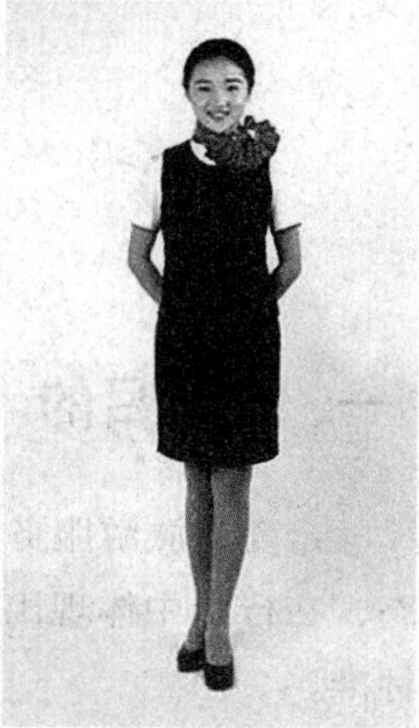
图1-14　“丁”字步后背手式站姿

2. 男士站姿训练

（1）握手并腿式站姿。在标准站姿的基础上，右手搭在左手上贴于腹部或背手身后，两腿自然并拢站立（见图 1-15、图 1-16）。

（2）背手开立式站姿。在标准站姿的基础上，右手搭在左手上贴于腹部或背手身后，两腿分开且不超过自己的肩宽站立（见图 1-17）。

图1-15　前握手并腿式站姿

图1-16　后背手并腿式站姿

图1-17　背手开立式站姿

项目四　走姿训练

一、训练目的

走姿是旅游服务中最常用的姿态，通过规范的走姿训练，纠正生活中不文雅的姿态，在行走中体现出自信优美的步态，展现旅游工作者良好的精神风貌和良好的职业标准。

二、规范要求

（1）在保持规范站姿的基础上，重心略微前倾。

（2）两臂自然前后摆动。摆动时以肩关节为轴，上臂带动前臂，手臂向前、向后自然摆动，摆幅以 30°~35° 为宜，肘关节略弯曲，前摆不要向上甩动（见图 1-18）。

（3）两只脚的内侧落地时，正确的行走线迹是一条直线。

（4）步频步幅要适中。一般来说男士的步频为每分钟 108~110 步，女士的步频为每分钟 118~120 步，男士步幅为 40 厘米，女士则为 30 厘米左右，不宜太大。

图1–18　规范走姿

三、训练方法

每一项训练都可以在与训练内容相应的音乐中进行，音乐能够营造出轻松自然、节奏鲜明的感觉，使训练达到最完美的效果。

（1）头顶书训练。在规范站姿的基础上，把书放在头上，面带微笑，目视前方，进行走姿平衡训练，这样能身体保持一定的稳定性，行走时体现出稳重大方，不失文雅之感（见图 1-19）。

图1–19　头顶书训练

（2）模特台步训练。在规范站姿基础上，采取模特台步的训练方法进行训练。主要是训练行走中停步亮相、停步转身时体态动作的美感，使在行走过程中的停步、转身、目光、微笑等每一个动作都能够展示出优美和自信。

（3）分组展示与个人展示。走姿训练是最能训练一个人的气质和风度，只有敢于表现自己才能体现出自信。因此，走姿训练环节中必须采取不同的训练方法，训练心理自信能力和表现能力，克服害羞、不大胆、不大方的走姿。

项目五　坐姿训练

一、训练目的

坐姿能展现一个人的文雅与含蓄。通过规范的坐姿训练，使旅游工作人员掌握坐姿标准，展示训练有素的礼仪水准，提升旅游行业服务形象。

二、规范要求

（1）入座时，从左侧走到座位前，右脚向后撤半步，上身保持正直轻稳地坐下。着裙装的女士，入座时将裙子下摆稍微收拢一下。

（2）坐下后，两腿并拢，两脚靠紧，小腿垂直于地面，大小腿折叠约 90°，两手相握放于大腿上。

（3）坐下后，上体应自然挺直，背部成一平面，身体重心垂直向下。

（4）座椅不要全部坐完，可根据座椅的大小而定，一般最多不超过座椅的 2/3，最少不少于座椅的或 1/3，不要将身体靠在椅背上。

（5）起立时，右脚向后收半步，自然站起，然后两腿并拢站好（见图 1–20）。

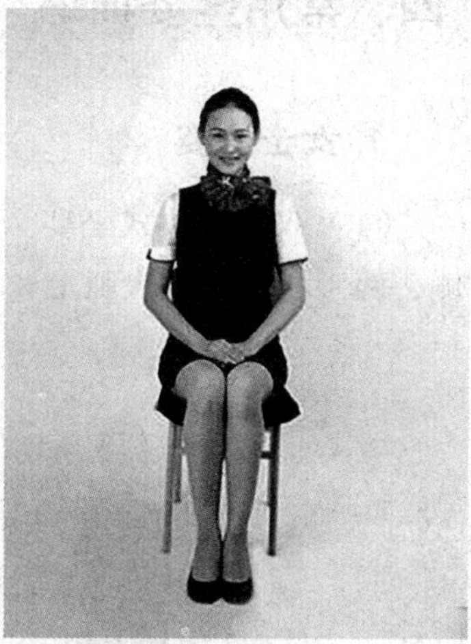

图1–20　规范坐姿

三、训练方法

（1）头顶书训练。为了保持体态的稳重与端庄，在规范站姿的基础上，把书放在头上，使上身保持挺拔向上坐下或站起。不能将上身前倾或低头，这样会显得坐姿非常松懈和懒散。因此，头顶书训练坐姿是一种非常好的训练方法（见图 1-21）。

（2）情景模拟训练。可以设定一定的接待场景，两人或三人一组，模拟请坐礼节。通过这种训练，能使在自然地与人交流中体现最真实的坐姿，也是鉴别坐姿是否规范的一种有效方法。这种训练方法能够纠正不规范的动作，从而形成良好的坐姿习惯（见图 1-22）。

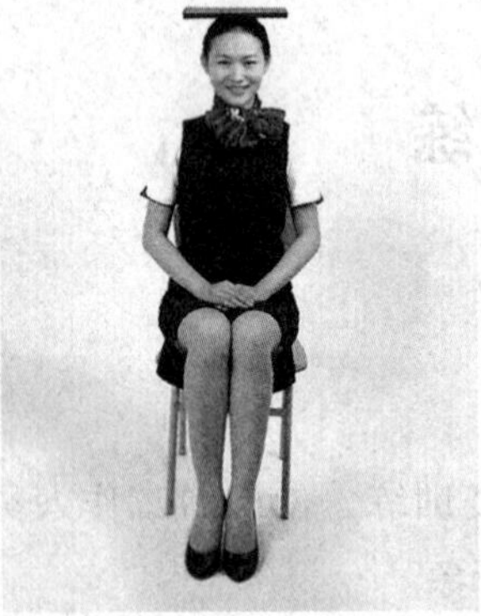

图1-21　头顶书坐姿训练

图1-22　坐姿训练

四、常用坐姿训练

1. 女士坐姿

（1）双腿斜放式坐姿。在规范坐姿的基础上，两腿并拢，将两脚同时放于左侧或右侧，两手相握放于大腿上（见图 1-23、图 1-24）。

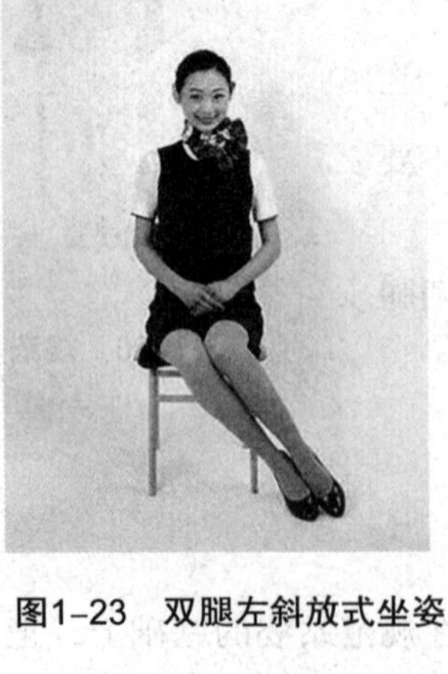

图1-23　双腿左斜放式坐姿

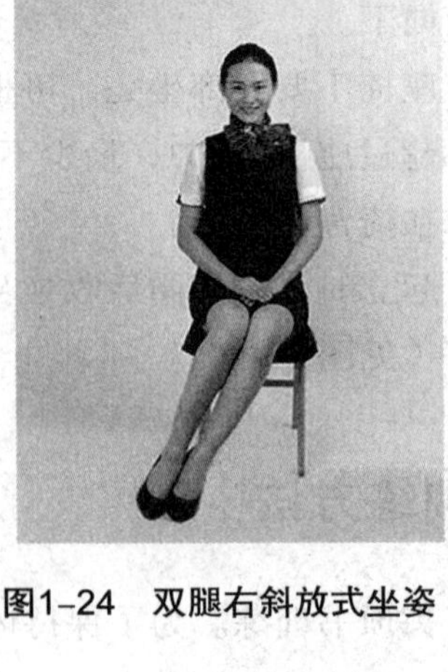

图1-24　双腿右斜放式坐姿

（2）脚踝盘住交叉式。在规范坐姿基础上，将两脚踝盘住交叉垂直于地面。注意膝盖并拢，两脚尖外展，两手相握放于大腿上（见图 1-25）。

（3）斜叠式坐姿。在规范坐姿的基础上，左（右）腿斜放，右（左）腿叠放于另一腿上，注意脚腕绷直，脚尖外展，两手相握放于大腿上（见图 1-26、图 1-27）。

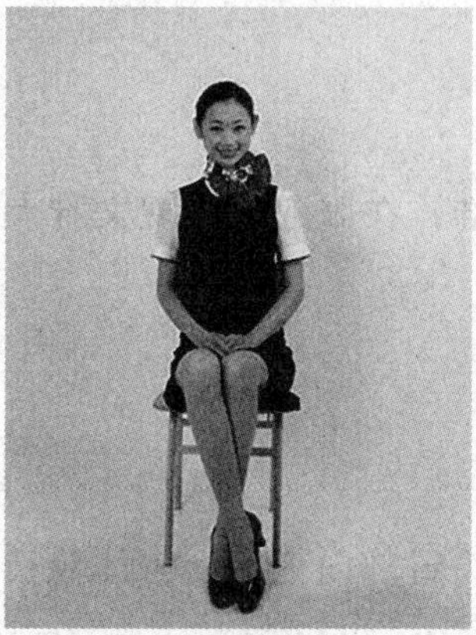
图1-25　脚踝盘住交叉式坐姿

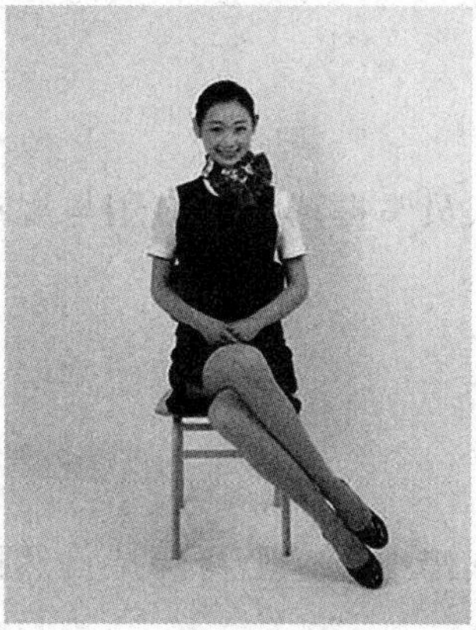
图1-26　左斜叠式坐姿

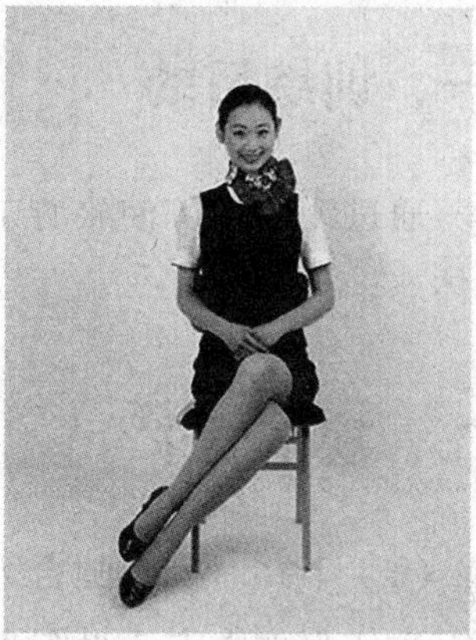
图1-27　右斜叠式坐姿

2. 男士坐姿

（1）开膝式坐姿。在规范坐姿的基础上，两腿分开不超过肩宽，上身挺直，两手自然放于大腿上（见图 1-28）。

（2）叠放式坐姿。在规范坐姿的基础上，左（右）腿垂直于地面，右（左）叠放于上面，两手相握放于大腿上（见图 1-29）。注意不要形成 4 字形坐姿。

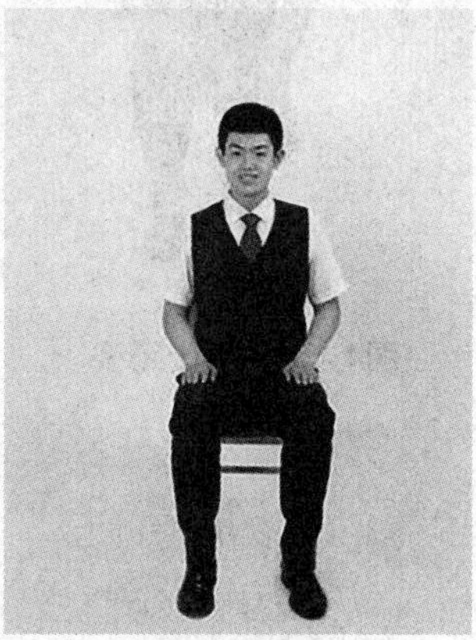
图1-28　开膝式坐姿

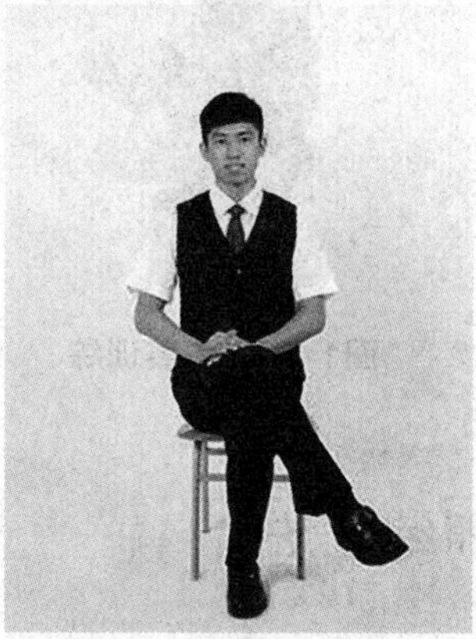
图1-29　叠放式坐姿

项目六　蹲姿训练

一、训练目的

通过蹲姿训练使旅游工作人员掌握蹲姿的应用与规范标准，在服务中体现文雅大方的体态。

二、规范要求

（1）下蹲时，双腿合力并支撑上身，上身保持自然挺直，臀部向下，使身体稳稳下沉，动作自然大方（见图 1-30）。

（2）男士下蹲时，可将双腿自然分开，宽度不要超过肩宽，自然蹲下（见图 1-31）。

（3）女士下蹲时，无论是哪一种蹲姿，双腿始终是并拢靠紧，不可双腿分开。

图1-30　蹲姿训练

图1-31　男士蹲姿

三、训练方法

（1）头顶书训练。在规范站姿基础上，头顶书站好，保持上身的笔直挺拔，屈腿下蹲或站起。这样可以训练身体的平衡性与稳定性。

（2）情景模拟训练。可以设定一定的场景，如从地面上捡起物品，或在贵宾室模拟往茶几上摆放果盘或者文件，记住不能用弯腰的动作，可用规范的蹲姿操作。通过这种训练，能在真实的环境中找到自然运用的感觉，从而养成注重形象的习惯，达到动作得体文雅，不失形象的目的（见图 1-32）。

图1-32　蹲姿训练

四、常用蹲姿训练

1. 高低式蹲姿

高低式蹲姿适用于男士和女士。男士下蹲时，可将双腿自然分开，将右（左）腿往后撤一步，上身保持垂直于地面，臀部向下自然蹲下，双手自然放于两大腿处（见图 1-33）。女士蹲下时，可将右（左）腿后撤一步，两腿紧靠一起，双手收拢一下衣服，上身保持垂直于地面自然蹲下，双手相握放于大腿处（见图 1-34）。

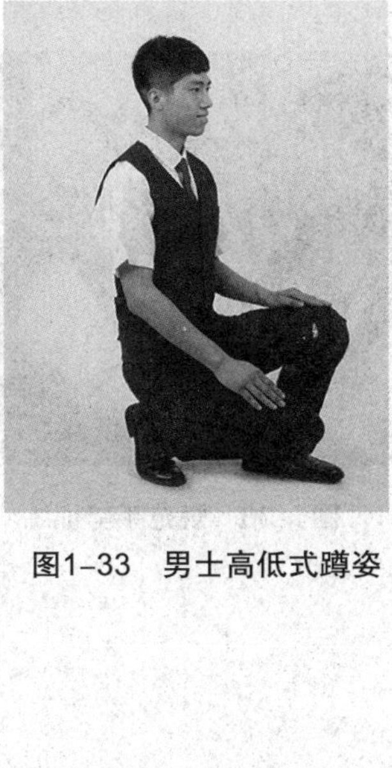

图1-33　男士高低式蹲姿

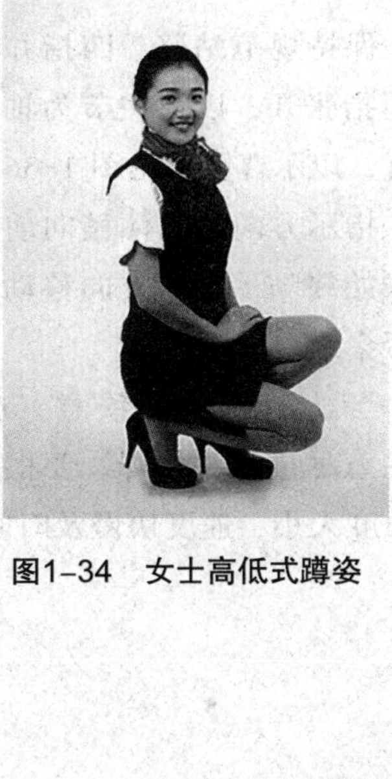

图1-34　女士高低式蹲姿

2. 交叉式蹲姿

交叉式蹲姿只适用于女士。分为前交叉式和后交叉式蹲姿（见图 1-35）。

（1）前交叉式蹲姿。蹲下时，将右腿或左腿，交叉至左前方或右前方，两膝关节交叉并靠紧蹲下，双手收拢一下衣服，上身保持垂直于地面自然蹲下，双手相握放于大腿处。

（2）后交叉式蹲姿。蹲下时，将右腿或左腿，交叉至左后方或右后方，两膝关节交叉并靠紧蹲下，双手收拢一下衣服，上身保持垂直于地面自然蹲下，双手相握放于大腿处。

图1-35　女士交叉式蹲姿

项目七　手势训练

一、训练目的

手势在旅游服务中或在生活中，是常用的动作。通过规范训练，展现手势运用灵活自如，更能体现自己的谦恭和对他人的尊重。

二、规范要求

（1）保持规范站姿，四指并拢，掌心向上，大拇指张开，以肘关节为轴、前臂自然上抬伸直，以示尊重（见图 1-36）。

（2）指示方向时上体稍向前倾，面带微笑，视线始终随手指的方向移动，并兼顾到对方是否会意到目标。

（3）与人打招呼、致意、欢呼、告别时，要注意尽量将手伸开，要根据场合控制手势的力度大小、速度快慢及时间的长短。

图1-36　规范手势训练

三、训练方法

（1）分解训练。面对镜子，身体略前倾完成动作。可将身体正对镜子、侧对镜子反复练习，从不同的角度训练体态和动作的规范性。

（2）情景模拟训练。可根据不同的手势应用，设定一定的模拟场景，如指示方向、请坐、引领等。通过这种训练，掌握不同手势应用时的标准，纠正不规范的姿态，灵活掌握各种手势真实应用。从而养成注重礼仪、注重形象的好习惯（见图 1–37）。

图1–37　手势礼仪模拟训练

四、常用手势礼仪训练

（1）迎宾引领手势。可采用“横摆式”手势。脚站成丁字步，左手下垂，目视来宾，面带微笑，礼貌问候，如“您好，欢迎光临”。引领时应配上“请随我来”或“您请走好”等礼貌用语以示尊重（见图 1–38）。

（2）指示方向手势。可采用“直臂式”手势，应注意身体要侧向宾客，眼睛要兼顾所指方向，直至宾客表示清楚了，再把手臂放下（见图 1–39）。

图1–38　迎宾引领手势

图1–39　指示方向手势

（3）示意地点手势。可采用“斜式”手势，引位员给客人拉椅这一动作即属此式，即双手扶椅背将椅子拉出，然后用一只手臂由前抬起，再以肘关节为轴，前臂上下摆动，使手臂向下成一斜线，表示请来宾入座（见图 1-40）。

（4）示意多人手势。业务繁忙时，一名接待服务人员往往要面对众多宾客，可采用“双臂横摆式”，即两手从下抬起，手心朝上，同时身体两侧摆动至身体的侧前方，上身稍前倾，微笑施礼，向来宾示意，然后退一旁（见图 1-41）。

（5）讲解手势。讲解员为有客人解时，可根据所讲解实物的位置，采用灵活多变的手势，但必须运用好规范的手势，准确示意所讲解的实物。如果滥用手势，即使讲解词再好，也会严重影响讲解员的专业能力和水平（见图 1-42）。

图1-40　示意地点手势

图1-41　示意多人手势

图1-42　讲解手势

五、训练时注意

训练时一定要严格控制手势的规范程度，应用场合的不同就应掌握手势不同的高度，高度能够表达对他人的尊重程度（见图 1-43）。

图1-43　手势的高度训练

礼节应用训练

项目一　问候礼仪训练

一、训练目的

通过问候礼仪的训练，让同学们了解问候的真正意义，掌握问候的方法，使问候成为同学们自身的一种自觉习惯，而不是程序化、规范化、机械化的一种行为，是发自内心的一种情感流露。

二、规范要求

问候时要保持规范的站姿，目光柔和，面带微笑，语言规范得体（见图 2-1）。

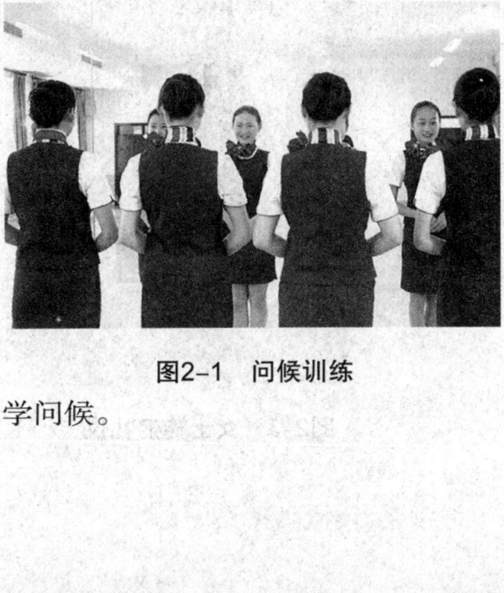

图2-1　问候训练

三、训练方法

（1）站成一排，面对镜子原地进行问候训练。

（2）站成两排，行进间进行问候训练（见图 2-2）。

（3）两排面对面站立，然后行走并且与对面同学问候。

图2-2　问候礼仪训练

项目二　鞠躬礼仪训练

一、训练目的

通过鞠躬礼仪的训练，使同学们了解鞠躬的应用场合，熟悉鞠躬的动作要求，掌握鞠躬的鞠躬角度。从而更好地体现出对宾客的尊者和重视。

二、规范要求

行鞠躬礼时要保持身体正直，女士两手相握放于体前，男士两手放于身体的两侧，脚跟并拢，脚尖外展 30°~45°，面带微笑，以腰为轴上体前倾，头、颈、背部成一平面，视线落在斜前方。鞠躬时欠身致意 15° 鞠躬礼，初次见面行 30° 鞠躬礼，告别行 45° 鞠躬礼（见图 2–3、图 2–4）。

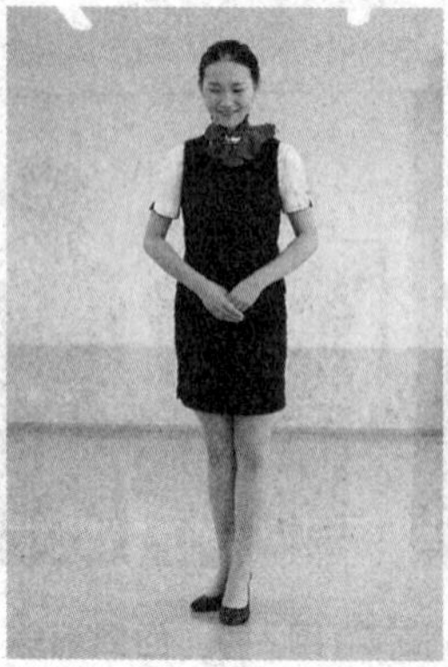

图2-3　女士鞠躬礼仪

图2-4　男士鞠躬礼仪

三、训练方法

（1）站成一排，面对镜子原地进行鞠躬训练。训练时注意语言的运用（见图 2-5）。

（2）两排面对面站立，一排同学行走到对面同学面前行鞠躬礼，另一排回鞠躬礼，注意表情要自然（见图 2-6）。

图2-5　鞠躬礼仪训练（1）

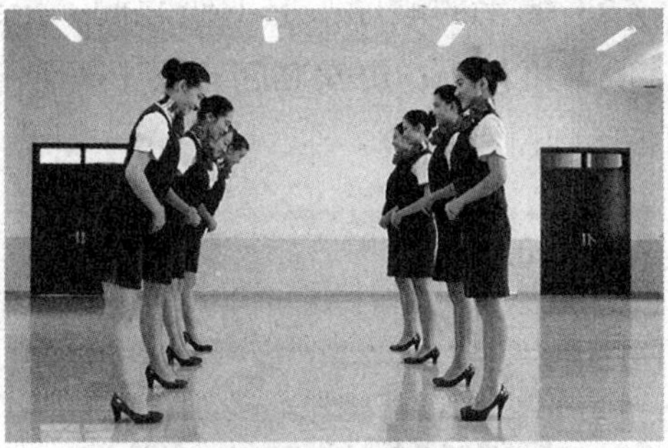

图2-6　鞠躬礼仪训练（2）

（3）两排面对面站立，然后同时行走并且与对面同学同时鞠躬问候。注意行礼时两个人之间的距离（见图 2-7）。

图2-7　鞠躬礼仪训练（3）

项目三　握手礼仪训练

一、训练目的

通过握手礼仪的训练，使同学们了解握手礼的应用场合，熟悉握手礼的伸手顺序，掌握握手礼的动作要求。

二、规范要求

（1）行握手礼时，两人相距一步的距离，将右手伸过去，四指并拢，拇指张开与对方互握。握手时目光要友好地注视对方，不可东张西望，左顾右盼，同时保持规范站姿，上体略微前倾（见图 2-8）。

（2）握手的顺序：上下级之间，上级先伸手，下级再伸手；长幼之间，长者先伸手，晚辈再伸手；男女之间，女士先伸手，男士再伸手；宾主之间，客人先伸手，主人再伸手（见图 2-9）。

图2-8　规范握手礼仪

图2-9　握手礼仪训练

三、训练方法

（1）分解训练。两人相对站立，一人先伸手，然后另一人将手迎上去与对方互握。注意握手的高度与力度（见图 2-10）。

（2）两排面对面站立，然后同时行走并且与对面同学行握手礼。注意行礼时两个人之间的距离（见图 2-11）。

（3）男女间的握手，注意女士先伸手，男士随后（见图 2-12）。

图2-10　握手礼动作标准

图2-11　握手礼仪训练（1）

图2-12　握手礼仪训练（2）

项目四　介绍礼仪训练

一、训练目的

通过介绍礼仪的学习，使同学们了解介绍礼的种类，熟悉各种介绍礼的基本内容，掌握介绍的动作要求。

二、规范要求

1. 自我介绍

自我介绍有三点注意事项：首先，先递名片，再做介绍，以加深职场中他人对自己的印象。其次，自我介绍的时间要简短，尽量控制在1分钟之内。最后，自我介绍的内容要规范，一般应介绍单位、部门、职务、姓名四个要素。

2. 他人介绍

他人介绍，又称第三者介绍，即由第三者为彼此不相识的双方引见、介绍的一种方式，自己则处在被介绍人位置。如果你是身份高者、年长者，应立即与对方热情握手；如果是身份低、年轻者，应根据对方的反应而做出反应（如对方伸手，应立即回握）。

3. 为他人做介绍

为他人介绍，通常是介绍不相识的人相互认识，或者把一个人引见给其他人的一种介绍方式。介绍时要注意以下礼节：

（1）介绍的姿势。介绍别人时，手势动作要文雅，无论介绍哪一方，都要五指并拢，掌心向上，指向被介绍一方。切记不要手指尖朝下，因为朝下是矮化对方的肢体语言。同时，不要以单指指人。

（2）介绍的顺序。一般是先将年轻的介绍给年长的、将职位低的介绍给职位高的，将主人介绍给客人，将男士介绍给女士，将晚到者介绍给早到者，将未婚的介绍给已婚的。简单地讲即为“尊者居后”的顺序。但在实际介绍中，还需要灵活掌握。尤其在政界、商界和军界的职场中，介绍不分男女老少，均以职位高低或受尊重程度为衡量标准进行介绍。

4. 集体介绍

如果被介绍的双方，其中一方是个人，一方是集体时，应根据具体情况采取不同的办法。

（1）将一个人介绍给大家。这种方法主要适用于在重大的活动中对于身份高者、年长者和特邀嘉宾的介绍。介绍后，可让所有的来宾自己去结识这位被介绍者。

（2）将大家介绍给一个人。这种方法适用于在非正式的社交活动中，使那些想结识更多的，自己所尊敬的人物的年轻者或身份低者满足自己交往的需要，由他人将那些身份高者、年长者介绍给自己；也适用于正式的社交场合，如领导者对劳动模范和有突出贡献的人进行接见；还适用于两个处于平等地位的交往集体的相互介绍；开大会时主席台就座人员的介绍。将大家介绍给一个人的基本顺序有两种：一是按照座次或队次介绍；二是按照身份的高低顺序进行介绍。千万不要随意介绍，以免使来者产生厚此薄彼的感觉，影响情绪。

三、训练方法

1. 自我介绍

（1）个人对镜子练习。

（2）在大家面前做自我介绍。

2. 他人介绍

三人一组，当介绍人为你们介绍时，如果你是位低者，要主动问候，根据对方的反应做反应；如果你是位高者，应主动伸手与对方握手（见图 2-13）。

图2-13　介绍礼仪训练

3. 为他人做介绍

三人一组，假设被介绍双方不同的身份进行介绍，注意介绍的顺序和介绍时的姿态。先原地练习，然后再模拟不同的场合进行练习。

4. 集体介绍

（1）将一个人介绍给大家。

（2）将大家介绍给个人，注意介绍的顺序。

项目五　引领礼仪训练

一、训练目的

通过引领礼仪的学习，使同学们熟悉引领的位置，掌握引领时的动作要求。

二、规范要求

引领对方时，通常可采用横摆式和斜式的手势动作。

（1）横摆式。手臂向前方抬起，距离上体约 75° 时以肘关节为轴，小臂向身体外侧横摆，大小臂角度约 90°，上体略微前倾 15°。目光友好地注视客人。

（2）斜式。手臂从体侧自然抬起与腰髋齐平，掌心与地面的角度约 45°，上体略微前倾 15°。目光友好地注视客人。

三、训练方法

（1）站成一排，面对镜子进行练习（见图 2-14）。

（2）一人站前，一人站后。后面的同学上前引领前面的同学，注意引领的位置（见

图 2-15）。

（3）两排面对面站立，两边同学同时行走，与对面同学行握手礼，其中一名同学对另外一名同学进行引领。

图2-14　引领礼仪训练（1）

图2-15　引领礼仪训练（2）

项目六　名片礼仪训练

一、训练目的

通过名片礼仪的学习，使同学们了解使用名片的注意事项，熟悉名片的保存方法，掌握名片的递接礼仪，从而使人际交往更加通畅。

二、规范要求

（1）递送名片时应以双手食指和拇指执名片的两角，以文字正对对方，一边自我介绍，一边递上名片。此时，眼睛要正视对方，面带微笑，并附有“这是我的名片，请多多关照或请多多指教”等寒暄语，切忌目光游离、漫不经心、一言不发。

（2）接受他人的名片时，应尽快起身或欠身，面带微笑，眼睛要友好地注视对方，并口称“谢谢”，使对方感受到你对他的尊重。接过名片后，应认真阅读一遍，最好将对方的姓名、职务轻声地念出来，以示敬重，看不明白的地方可以向对方请教。要将对方的名片郑重收藏于自己的名片夹或上衣口袋里，或者办公室显著的位置。

三、训练方法

（1）两位同学进行名片递接练习，注意动作规范和礼仪要求（见图 2-16）。

（2）模拟某一场景，两个人见面后握手寒暄，然后递接名片。

图2-16　递送名片礼仪训练

项目七　递接礼仪训练

一、训练目的

通过递接礼仪的学习，使同学们了解递接物品在日常交往中的重要性，熟悉递接物品时的礼仪要求，掌握递接物品的先后顺序。

二、规范要求

（1）双手为宜。双手递物于人最佳。不方便双手并用时，也要采用右手。

（2）递于手中。递给他人的物品，以直接交到对方手中为好。

（3）主动上前。若双方相距过远，递物者应当主动走近接物者。

（4）方便接拿。在递物于人时，应将带有文字的物品递交他人时，还需使之正面面对对方。

（5）如递有尖锐物品时要尖、刃内向，切勿以尖、刃直指对方。

（6）递接物品时，面带微笑，目光友好地注视对方。

三、训练方法

（1）两位同学进行物品递接练习，注意动作规范和礼仪要求（见图 2-17）。

（2）一人向多人递送物品。

（3）可采取递接水杯、文字资料、衣物等。

（4）注意递接时都应上身前倾 15°，体现出主动热情。

图2-17　递接物品礼仪

项目八　电话礼仪训练

一、训练目的

通过电话礼仪的学习，使同学们熟悉接打电话的礼仪规范，掌握接打电话的礼仪用语，了解接打电话的注意事项。

二、规范要求

1. 接听电话礼仪

（1）迅速接听。听到电话铃声，应迅速地拿起听筒，在三声之内接听。（2）电话接通以后，礼貌地问候并自报家门。常用“您好”，然后自报家门或自我介绍。如果是在单位接电话，要报出单位或部门的名称。（3）通话过程中多用礼貌用语。（4）认真聆听，弄清来电的目的、内容。（5）认真清楚地记录通话内容。接电话时最好是左手拿话筒，这样做是为了便于右手记录或查阅资料。（6）想要主动结束通话时，应征求对方同意后轻缓地挂上电话。

2. 拨打电话的礼仪

（1）选择恰当的时间打电话。如无特殊工作需要，不要在别人休息和用餐的时间段打电话。（2）做好打电话前的准备。例如，考虑好通话内容、准备好相关资料、记录本等。（3）电话接通时必须先问候、确定对方的身份或名称，再自报家门，然后再告知自己找的通话对象以及相关事宜。（4）通话内容表达要尽量简洁明了。通话时注意控制时间，一次电话的通话时间一般控制在三分钟为宜。（5）结束通话应由打电话的一方提出。结束通话，一般由打电话的一方提出，应客气地道别，说一声“谢谢，再见”。（6）拨号后如无人接听，应待电话声响六七声后再挂断。如果要找的通话对象不在要道谢，拨错电话要道歉。

三、训练方法

（1）练习接打电话时的动作规范和礼仪要求。

（2）两人一组，各自模拟不同的角色接打电话。

训练模块三

旅游行业服务模拟训练

项目一　酒店服务模拟训练

训练目的

通过训练，能够掌握酒店各个服务岗位中的服务标准，使酒店服务达到规范化、优质化、个人化和人性化的服务。培养学生扎实的服务技能和良好的职业素养。

一、前厅接待服务礼仪训练

实训准备

利用类似前厅的场地，设计前厅各岗位的模拟接待程序，准备各种道具。

训练操作规范

（一）大堂接待礼仪训练

1. 迎宾员礼仪训练

（1）仪表整洁，仪容端正，仪态大方，精神饱满，面带微笑，思想集中，使前厅处在自己的视线范围内。

（2）主动、亲切问候。做到客人问询时，应集中精力倾听、要尽力给予全面详细的答复，使对方感到可信满意；对确实不了解、没把握的，不要不懂装懂，更不能不负责任地给予回复，要婉转地向宾客说明。

（3）礼貌地答复客人或指明方向，对宾客所提出的问题做到百问不厌，不要无礼地对待客人。

2. 处理客人投诉时要做好书面记录训练

（1）虚心听取客人的意见，保持冷静，表示同情，如“我完全理解你的心情”“对不起，发生这类事情，我感到很遗憾”。给予关心，不转移目标，记录要点。对大声喧嚷、脾气火暴客人的投诉者，另择场所，单独接待。加强安抚，使之心态平稳，态度诚恳，语气温和。

（2）在听取宾客投诉时要迅速根据实际情况做必需的核查，不能主观臆断、轻率地表态，要妥善解决，以免饭店遭受不必要的名誉和经济损失。

（3）把将要采取的措施和所需要的时间告诉客人，果断地解决问题，并将结果告诉客人，征求客人的意见。

（4）大堂经理应时刻记住使用礼貌用语，态度诚恳，彬彬有礼，语气婉转，出言谨慎。在任何场合不与宾客争辩，做到得理也得让人。

（二）行李服务员接待礼仪训练

1. 按站立服务的规范要求，立于大门两侧

主动用敬语热情问候：“先生 / 小姐，早上 / 中午 / 晚上好，欢迎光临。”用手示意，请客人进入。若是常客，问候时宜以姓名招呼。

2. 迎接客人下车

开车门时用手挡住车门上方，提醒客人“小心碰头”。为宾客开启车门。一手将车门打开 70°，另一手指并拢伸直，置于车门框上沿，两脚稍分开站立，上体微微前倾，两眼余光注视车的上沿，轻声提醒客人小心以免碰头部。开车门原则是先女后男，先外后内，先左后右；难以明确以上情况，则先开朝大门一侧的后门，有必须再开前门，最后开另一侧的后门。如客人装束为明显的佛教界人士，行李员不能将手置于车门框上沿。

3. 团队接待

对于团队客人，车子停稳后，站立车门一侧维持秩序，应向走在前面的客人问好并

表示欢迎，对后面的客人点头致意。对行动不便的客人或行李较多的客人提供帮助。全部下车完毕，指挥司机将车开走。

4. 行李到达

行李到达时，卸下行李，问清行李件数，主动向客人要求搬运行李：“我能为您提这个箱子吗？”“请让我为您提这个箱子。”同时记下宾客所乘的车辆号码，如有问题可据此查找行李下落。客人办理入住手续时，在客人身后约 1.5 米处等候，替客人看好行李。

5. 引领客人

在客人左前方 1 米处引领，并不时侧身向后用语言或微笑保持接触。遇到拐弯处，要用语言及手势向客人示意。

6. 送行李到房间

对宾客物品要轻拿轻放，切忌不在乎地随地乱丢或叠起乱压。待客人办完手续后，按服务台接待员安排的房号将行李送进客房。先按门铃，再敲门。

7. 进入客人房间

随客入房后，要迅速把行李物品放在行李架上或按宾客的吩咐放好，随后可向客人介绍房间设施和使用方法。告别后随即退出，切勿逗留或索取小费。向客人道别，并加以祝福的话语：“再见”“若您有什么需要，请召唤楼层的报务员或打电话到总台”“祝您有一个愉快的旅程”。

8. 送客离店

送客离店时，应再次清点行李件数，用行李车送至大门，并负责装到车上，并提醒客人交回房间钥匙。

二、总台服务礼仪训练

实训准备

“总台接待服务操作流程”、各岗位场所及所需物品。

训练操作规范

（一）接待员服务礼仪训练

（1）仪表整洁，仪容端庄。

（2）敬请客人填写住宿登记单后，尽可能按客人要求安排房间。

（3）当宾客较多时，要按先后顺序依次办理入住手续，做到办理一个、接待另一个、招呼后一个，务必不使宾客感到受冷落。

（4）在不失礼的情况下，仔细验看、核对客人的证件与登记单。确认无误后即迅速交还并致谢。

（5）把住房钥匙交给宾客时应有礼貌。

（6）重要客人进房后，要及时用电话询问客人："这个房间您觉得满意吗？""您还有什么事情，请尽管吩咐，我们随时为您服务！"

（7）客人投诉时，要耐心倾听，绝不能与客人争辩或驳斥。

（8）如果饭店客房已满，无法安排客人入住，要迅速与相近饭店联系，尽快安排客人到其他饭店住。

（二）问讯员服务礼仪

（1）仪表整洁，仪容大方，站立端正，思想集中，随时接受宾客的问讯。

（2）对宾客应一视同仁，有问必答，百问不厌，用词得当，简单明了，不能说"也许""可以""大概"之类没有气氛或含混不清的话。

（3）自己能回答要随时回答，不推诿；对不清楚的事不要不懂装懂，不要轻率地说："我不知道"。确实无法回答时，应表示歉意。

（4）在回答宾客询问时，要当好客人的参谋，及时向他们提供游览景点、交通工具、购物和娱乐场院所、风味小吃等有关信息。

（5）要及时把信件，汇款等邮件交给住店宾客，不能随意拖延，交递时要微笑，招呼、敬语当先。

（6）无论是收取还是分发邮件，一定要准确无误。

（7）对离店客人的信件要及时按客人留下的新地址转寄或退回原地，体现对客人认真负责的精神。

（8）为宾客代办各种票务工作要按宾客的要求去办，如确有困难要耐心解释，求得客人谅解。

（9）接受来电查询，应热情帮助解决。

（10）在无法满足宾客要求时，不要随意编造理由，致歉态度要诚恳，以求对方谅解。

（11）在宾客因误解、不满而投诉时，要耐心听取宾客的意见，不得随意推托或置之不理。

（三）预订员服务礼仪训练

（1）仪表整洁，仪容端庄，精神饱满，注意讲究坐、立、行的姿态。

（2）热情接待宾客的来电和各种形式的预订，并及时给予答复。

（3）如有房间要及时登记，填写订房单，并对宾客表示感谢。如因客满，无法接受预订，应表示歉意。不能简单地说："对不起，客满了。"而应该说："请您稍等，我仔细给您查一下。"查证确实无房后再说："实在抱歉，已经客满了，谢谢您对我们店的厚爱，欢迎今后光临。"并热心为客人推荐同类饭店。

（4）如宾客用电话订房，要注意使用电话的礼貌，敬语当先，礼貌待客，及时记录宾客的要求，并向客人重复一遍，防止差错。

（5）如因某种原因出现订房纠纷，要冷静分析原因，妥善解决，不能当面与宾客争吵。凡属饭店的责任，要内部协调，主动承担，凡属宾客的责任，也要牢记"顾客就是上帝"的格言，设法安排。

（四）收银员服务礼仪训练

（1）服饰整洁，仪容端庄，微笑站立，恭候客人的到来。

（2）热情接待每一位宾客，笑脸相迎，动作迅速。

（3）客人办理退房时，向客人问好"您好！我能为您做什么？"不要说："您要退房吗？"

电话通知楼层服务员查房，并对客人说："请稍等。"住店日期要当场核对，不能有丝毫含糊。主动请求客人将款项核对，避免宾客对账目提出异议，客人前来兑换货币时，应认真回答客人问题，详细说明有关汇率等内容。

（4）账目结算后向客人报出准确的数目；若客人需要，应向客人解释账单具体内容。工作时要时时想到把方便让给客人，把困难留给自己。

（5）结账完毕，向宾客亲切致谢："谢谢，欢迎再次光临""祝您一路平安"等。

（6）收付货币均须双手，并唱收唱付，注意工作环境卫生和整洁。

（五）商务中心文员服务礼仪训练

（1）服饰整洁，仪态大方，坚守岗位，恭候来宾。

（2）主动热情地为宾客服务，微笑问候："女士（先生），您有什么事要我帮忙吗？"

（3）按照客人的要求，热情而负责地提供准确、细心、周到的打字、复印、电话、传真等业务，杜绝差错。

（4）客人对服务有不满时，态度要谦和，语气要婉转，不得与客人争辩。

（六）外币兑换员服务礼仪训练

（1）仪表整洁，仪容端庄，精神饱满，随时恭候来宾。

（2）宾客到来，礼貌问候，主动招呼，并提供迅速、准确、周到的服务。

（3）当客人兑换外币时，当场自填兑换单。

（4）收到款项要准确清点，及时核对，并唱收唱付。

（5）对兑换的外币如有疑问，应由识别机识别，不可自作主张，避免与宾客发生误会或争执。

（6）与宾客发生纠纷，要妥善处理，不要在柜台前与宾客争论不休。

（7）严格执行国家的外汇政策，讲究职业道德。不可以权谋私，不违反纪律，不做有损人格、国格的事情。

（8）兑换完毕，向宾客致谢，欢迎下次光临。

（七）话务员服务礼仪训练

（1）服饰整洁，仪态大方，集中精神，坚守岗位。

（2）按电话礼节接听电话，首先通报饭店中，英文名称，切忌一开口就“喂”。

（3）带着笑容应接，声音中更体现服务热情。

（4）为客人接线，动作要快而准，务必不出差错。

（5）发音准确、清晰，语速适中，态度和气，切忌粗暴无礼；要避免使用“我不知道”“我现在很忙”“什么”等不耐烦的语句。

（6）如果对方要接听电话的客人不在，应问对方是否留言，另外，要做记录，复述认可，以免差错。

（7）讲究职业道德，不偷听他人电话，若偶尔听到一些内容，应严格保守保秘密。

（8）通话结束，应热情道谢。

三、客房服务礼仪训练

实训准备

楼层和模拟客房现场。

训练操作规范

（1）仪表整洁，仪容端庄，精神饱满，恭候来宾。

（2）热情问候入住宾客："您好，欢迎光临！"逢节假日，要对宾客致特别的问候，如"节日好，欢迎光临""欢迎您的到来"，对新婚宾客要热情祝贺："欢迎下榻本店，衷心祝愿你们新婚愉快"，并行15°鞠躬礼。

（3）对于老、幼、弱、病、残的宾客，要及时适度地搀扶，给予关心和帮助。对客人手中的行李物品，可察言观色，主动提供帮助，但不得硬性坚持把宾客手中的东西拿过来，要尊重宾人的意愿。

（4）引领宾客时位于宾客侧前方两步处，按客人的步频向前引导。进客房工作之前要先敲三下门，说"Housekeeping"或"服务员"，确认无人或经客人允许后方可进入。

（5）开门后要侧身一旁，礼貌地敬请宾客先进入。

（6）客人进房后，针对不同客人的习惯和需要，灵活掌握是否递香巾、送茶水。

（7）对于不太了解如何使用房间设备的宾客，要及时、有礼貌地做些介绍。宾客还想了解诸如商场、美容等其他的服务应为其介绍。宾客身体如有不适，要主动关心，询问是否需要诊治。当宾客提出房内设备需要维修时，应立即与工程部联系，及时解决。

（8）要婉转地向宾客说明清楚客房内冰箱里饮料的收费方式。

（9）在确认宾客没有其他需求后，应立即离开，不得逗留。走时可说："有事请吩咐。"退出房间时，应先后退一步，再转身走出，同时把门轻轻拉上。

（10）如宾客需要在房内用餐，要及时按宾客的具体要求通知餐饮部，按时送入。

（11）打扫房间时，客人进入，应说："对不起，打扰了，很快就打扫完。"打扫房间时，如客人问话，应暂停手中工作，认真聆听并回答。在与客人交谈时，不要将个人私事、饭店内部矛盾等向客人申诉，不要随便打听客人的隐私等。

（12）在走廊与客人相遇，应礼貌地对客人说："对不起，请让过一下。"或将工作车推至一边说："请您先过。"服务员在楼层要轻声说话，不要高声喧哗，也不要在客人面前窃窃私语。

（13）客人离店时，将其送至电梯口，并道别："欢迎您下次光临。"并祝客人"旅途愉快"。

四、餐厅服务礼仪训练

实训准备

模拟餐厅，需餐桌、座椅、各种餐具

训练操作规范

（一）迎宾员服务礼仪训练

（1）着装得体、整洁、仪容端庄，站姿规范。

（2）迎宾员要提前5分钟在餐厅门旁恭候来宾。

（3）精神饱满，精力集中，注视过往宾客。当客人走近餐厅约1.5米处，应热情问候："小姐（先生），您好，欢迎光临！""女士（先生）晚上好，请！"迎宾要求主动、积极，答问要热情、亲切。

（4）客人离开餐厅时，礼貌道别："女士（先生），谢谢您的光临，请慢走。再见！"语调柔和、亲切，并致以鞠躬礼。

（5）如遇雨天，要主动收放客人的雨具，客人离去时及时递雨具。

（二）引位员服务礼仪训练

（1）着装规范，姿态优雅。

（2）宾客进入后，立即迎上，微笑问候："女士（先生），你好！""晚上好！""请问，预订过吗？""请问，一共几位？"客人同时到达，要先问候女宾，再问候男宾。

（3）问清后开始引位。应礼貌地说"请跟我来""这边请""里边请"，并用手示意，把客人引到适当的位置入座或进入包厢；将情侣或夫妇引到较安静的餐桌就座，便于小声交谈；服饰华丽、打扮时髦、容貌漂亮的女士，可引领至显眼的中心位置；举家或亲朋好友聚餐，引领到餐厅靠里的一侧，既使其安心进餐，又不影响其他人的用餐；年老、体弱的宾客，尽可能安排在离入口较近的位置，便于出入，并帮助他们就座；有明显生理缺陷的客人，要注意安排在适当的位置，能遮掩其生理缺陷，以示体贴；如客人需要到指定位置，要尽量给予满足；如其他宾客已占用时，应礼貌地说明；靠近厨房出入口处的位置是最不受客人欢迎的位置，应对被安排在这张餐桌上用餐的客人多说几句礼貌的话，如"女士（先生），十分抱歉。今天客人太多，委屈您了，下次光临一定为您安排个好座位"，以示关心与热情。

（4）客人就餐完毕结账时，应礼貌送客，主动话别："再见，欢迎下次光临！"

（三）值台员服务礼仪训练

1. 热情迎宾

（1）开餐前，提前 10 分钟站立在各自负责的餐台位置，做好迎客准备。

（2）当宾客走近餐桌时，要主动迎上，微笑问候，按先主宾后主人，先女宾后男宾的顺序拉椅助座。拉椅的动作要适度，用双手和右脚尖轻松快捷地将椅子向后撤，待客人屈膝入座时轻推椅，使客人坐好、坐稳。要注意顺应客人入座的节奏进行，做到平衡，自然，切勿操之过急，以免碰到客人。

（3）宾客需脱衣摘帽时，应给予协助，并按顺序挂好，但切将衣物倒提，以防衣袋内的物品掉落。厚衣服要用衣架挂好，以防衣服褶皱走样。

（4）客人就座后，应及时递香巾、茶水；递送时要从右到左依次进行并有招呼声，送茶时切忌使手指接触杯口，避免发出碰撞声。

（5）如有儿童，应该把儿童安排在单坐的高椅子上。

2. 恭请点菜

（1）注意力集中，随时观察客人点菜的示意，及时地用双手将菜单从左侧递上。

（2）当请客人点菜时，不要催促，让客人有充分的时间选择、决定，同时要保持适当的距离。

（3）接受客人点菜时，应始终面带微笑地站在客人左侧，上身稍向前倾，认真听取客人选定的菜肴，点心，并做好记录。

（4）当客人一时不能决定点什么菜时，应当好参谋，热情推荐本餐的名菜，特色菜，创新菜及时令菜。要讲究说话方式和语气，充分尊重客人的意愿。

（5）如客人点的菜已售完，应礼貌地致歉解释，求得谅解，并婉转地向客人建议点其他类菜。

（6）客人点的菜在菜单上没有列出的，应尽量设法满足，不可一口回绝“没有”，可以说：“请您稍等，我马上与厨师商量一下，尽量满足您的要求。”如确有困难，应向客人致意说明。

（7）当客人点完菜，还应主动征询客人需要什么酒类饮料。全部记好后，再礼貌地复述一遍，得到客人确认后，迅速将菜单送到厨房，尽量减少客人等候的时间。

3. 席间服务

（1）取出餐巾，礼貌地安放在客人腿部。

（2）斟酒，上菜要严格按操作规程进行，切忌手指触及杯子及菜肴；切忌站在同一个位置为两位客人同时斟酒；切忌越过客人头顶上菜。

（3）新上一道菜，应简要介绍菜名及其特色，并将菜肴的最佳部位对着主宾和主人。

（4）宴会上菜，应按主桌在前，陪桌在后的顺序进行。宴会的斟酒要按先主宾后主人，先女宾后男宾的次序进行，然后按顺时针方向依次斟酒。宾主祝酒时，要站立在适当的位置上，不随意走动，保持场面安静。

（5）开拉酒水饮料瓶盖时，应在客人的侧后方朝外拉开，倒香槟酒或其他冰镇酒要用餐巾包好酒瓶再倒，以防酒水喷洒或滴落在客人身上。

（6）要掌握上菜的时间和间隔，一般来说，客人点菜后10分钟内凉菜要摆上台，热菜不超过20分钟。也不能只管上菜，造成桌面上的杂乱现象；如桌面上无位时，应拿走剩菜最少的菜，但要征求客人意见以免引起客人的不满。

（7）有些菜肴烹饪时间较长，应向客人说明，以免客人因久等而不耐烦。

（8）如客人不慎将餐具等物品落在地上，要迅速上前取走和更换。

（9）菜上齐后，应告诉客人："菜已上齐了，请慢用。"

（10）如有来电找宾客，应走近客人身旁，轻声告知，不可在远处高声呼喊。

（11）当正在为一张餐桌上的客人服务时，还要兼顾其他各桌客人的需求，用眼睛、手势语言等示意，及时上前照应，或轻声告辞："请稍等，马上就来。"

（12）当客人对一道菜特别喜爱，想再买一份带走时，应主动为其提供食品袋，并妥为包装，方便客人带走。

（13）当客人问及菜肴的原料，品种时，要乐意介绍；有问必答，百问不厌，如一时回答不上来时，应说："实在抱歉，我不清楚，让我问清楚后再告诉您。"

（14）已有醉意的客人，当其还在继续喝酒又不听劝阻或发生粗鲁行为时，要尽量忍让，并请示餐厅经理来处理。

（四）走菜员服务礼仪训练

（1）配合值台员工作，及时取得联系并随时与厨房互通情况，搞好协作，适时上菜。

（2）要做到：冷菜先上，热菜要及时上，火候菜要随做随上，以保证色、香、味、形不走样。

（3）安放餐具及上菜等一律用托盘，不应用手直接端拿，以免手指触及碗碟、菜肴，影响食品卫生。

（4）走菜繁忙时，天热也不得挽袖卷裤。

（5）走菜途中，严禁私自品尝。

（6）走菜时，注意步姿的端正和自然，遇到客人要主动让道。

项目二　导游服务模拟训练

训练目的

通过训练，能够掌握导游人员在带团队中的服务标准和规范的礼仪，使导游人员充分展现出训练有素的专业能力，从而起到学而致用的效果，能够使专业知识和良好的人文素养很好地相结合，具有过硬的专业能力和较高的职业素养。

实训准备

较宽敞的场地、一辆旅游车及一些模拟导游的用具。

训练操作规范

一、迎接服务礼仪训练

（1）导游证挂在胸前、胸卡别在胸部左上方，表现饱满的精神，端庄的仪表。

（2）应提前半小时抵达机场或车站，站在明显位置举起社旗或接站牌，接站牌应醒目、易识别。

（3）向领队自我介绍，交换名片并做自我介绍，有礼貌地询问对方姓名。

（4）站在车旁协助客人上车。

（5）要提醒客人带好物品防止遗失，特别关照老人、小孩、女士上车，默默点数或上车后以车座数和空位相减记数，切记点人数时不可用手点数。

（6）代表旅行社和个人向旅游团致欢迎词，介绍自己和司机，表示愿意提供服务的真诚愿望，预祝旅途顺利愉快等。

（7）概括性地介绍本地的旅游资源，有重点地介绍沿途街景，注意观察客人的精神状况。

二、到达酒店礼仪训练

（1）协助领队办理住店登记手续，请领队分发房卡。协助客人登记入住，尽快安排客人休息。遵守时间，及时把每天行程的时间安排向每一位客人交代清楚。向全团宣布当天和第二天的活动安排、集合的地点和时间，确认每一位客人都已明白。

（2）要熟悉领队和团队的房号，将自己的房间号码和电话号码告知客人。对意外事件的发生，导游要冷静耐心、有礼貌地协调。

（3）导游要尊重所有客人，包括其宗教信仰、风俗习惯。并把客人的饮食习惯、禁忌等告诉餐厅的服务员。

三、游览服务礼仪训练

（1）导游员应提前 10 分钟左右到达出发点，要注意自己的仪表风度和言谈举止，做到称呼得体、举止文雅、谈吐大方、态度热情、办事稳重。

（2）出发前，导游应向客人表示问候，了解客人的身体情况，提醒客人带好必备用品。

（3）上车后，导游在车门口照顾好客人上车，清点人数，示意司机开车。

（4）向游客问候致谢，重申当天的游程和旅游须知。

（5）适时预告和解说沿途的重要景观。在车上作沿途讲解时，导游员站姿要到位，应面对游客，不能背对游客，表情亲切自然，与游客保持良好的"视觉交流"，目光应关照全体在场者，以示一视同仁。手持话筒，音量适当，规范讲解。手势力求到位，动作不宜过多，幅度不宜过大。

（6）到达目的地前，应提前将即将进行的活动安排、集合时间和地点等相关信息准确无误地向全体游客通告，并再次告知旅游车的车牌号码及司机姓名，以方便掉队者的寻找。

（7）到达景点，应引导游客到最适当的位置，然后开始对景点讲解。带团期间，导游员应自觉携带旅行社社旗，行进中，左手持旗，举过头顶，保持正直，以便队尾的团友及时跟进。将社旗拖于地面或扛于肩头都是不合乎规范的做法。

（8）导游员应随时提醒客人注意行路安全，凡遇难以行走或拐弯之处，应及早提醒客人多加注意，对年老体弱者更应及时提供必要的帮助。导游员的行走速度不宜过急、过快，以免游客掉队或走失。

（9）可根据景点特色和游客需求选择适当的讲解方式，要尽职尽责，讲解要深入浅出，生动形象。

（10）在旅游过程中，提醒客人注意人身安全，管理好所带财物，防止丢失、被盗，适时适度提醒客人不掉队、不走散，带团行走时，不应与人勾肩搭背；候车、等人时不宜蹲歇。

（11）在与外宾交谈时，不过分关心劝说，要注意说话技巧，可以说"天气较冷，大家要注意保暖"。

项目三　景区服务模拟训练

训练目的

通过景区实训模拟训练，了解景区工作人员在接待、服务、引导、讲解、投诉等过程中应遵循的礼仪规范与原则，充分将礼仪标准与职业素养相结合，从而在服务过程中，提高服务水准和服务质量，进而提高客户满意度，提升景区形象。

一、景区售票服务礼仪

实训准备

游客、售票员、窗口服务

训练操作规范

（1）景区服务人员应化职业淡妆，着正装，面带微笑。

（2）礼貌待客，热情周到，售票处应公示门票价格及优惠办法。

（3）热情、快捷地为持有效票入内的游客提供验票放行服务。

（4）景区服务人员应运用规范的礼貌用语耐心解答游客提问。

（5）应做到百忙不厌，杜绝与游客发生口角，并熟练使用标准普通话。

（6）景区服务人员应热情待客，微笑回答游客提问。

（7）游客出现冲动或失礼时，应保持克制态度，不能恶语相加。

（8）负责做好验票处的清洁卫生工作。

二、景区入口导入（验票）服务礼仪

实训准备

游客、检票员、站立服务、相关验票工具

训练操作规范

（1）微笑服务，衣着整洁，朴实大方，佩戴好工号牌。

（2）如工作区为坐式服务，工作人员应采取标准坐姿，不得倚靠座椅靠背。

（3）递接游客的门票时，应面带微笑双手接过，归还时应礼貌地说："您的门票，请收好。"

（4）景区验票岗位工作人员应保持良好的工作状态、精神面貌，面带微笑。

（5）使用规范礼貌用语"您好""欢迎光临""请出示您的门票"等。

（6）游客入景区时，应使用标准普通话及礼貌用语。

（7）景区服务人员对漏票、持无效证件的游客要礼貌、耐心地解释，不得使用不文明语言，说明无效原因，说服游客重新购票。

三、景区讲解员服务礼仪

实训准备

游客、讲解员、走动服务、相关道具

训练操作规范

（1）讲解员应在规定时间十分钟前到达指定地点，要时刻保持饱满的工作和服务热情，时刻处于良好的工作状态。

（2）景区讲解人员除了要注意自己的着装和仪容仪表之外，还要善于与游客沟通，面带微笑，使用礼貌用语。

（3）景区讲解员应尊重游客、礼貌待客、微笑服务，热情主动并耐心地倾听游客的意见，在合理且可能的情况下，尽量满足游客的要求。

（4）景区讲解员应随时提醒客人注意安全，行至上楼梯或拐弯之处，应及早提醒客人多加注意。

（5）对年老体弱者更应及时提供必要的帮助，讲解员行走速度不宜过急过快，以免游客掉队或走失。

（6）外国游客较多的景区，在与外宾交谈时，不要过分关心、劝说，要注意说话技巧，可以说与天气有关的话题。

（7）讲解员可根据景点特色和游客需求选择适当的讲解方式，要尽职尽责，讲解要深入浅出，通俗易懂。

四、景区投诉受理礼仪

实训准备

游客、接待员、相关道具

训练操作规范

（1）受理人员要着装整洁，举止大方文明、热情、耐心地接待投诉游客。

（2）景区服务人员受理投诉事件，应态度温和，做到理解游客的难处，能够现场解决的，应及时给予解决。

（3）若受理者不能解决的，也不应该与游客起争执，应及时上报景区负责人。

（4）将处理结果及时通知投诉者，并注意收集反馈意见，客观分析，以便及时改进，提高服务质量。

（5）提倡景区服务人员要以“换位思考”的方式去理解投诉游客的心情和处境，诚心诚意帮助客人解决问题，避免拒绝受理或发生与游客争吵的现象。

（6）景区服务人员接待游客投诉者时，要注意礼仪礼貌，时刻保持“实事求是”的原则。

（7）不能与客人争强好胜、与客人争辩，既要尊重游客的意见，又要维护景区的利益与形象。

项目四　会展服务仪态礼仪与训练

训练目的

会展场所服务人员的仪态体现的是厂家的风范，如何走，如何站，如何正确运用手势等都需要有所规范。以下是对会展服务人员仪态的规范与训练要领，通过学习可帮助提升会展服务质量。

实训准备

会展工作人员、客户、接待服务、语言沟通、相关道具

训练操作规范

一、体态训练

（1）会展人员行走体态保持挺拔、俊美，面部表情自然、热情，动作要求稳重、规范，语言应清晰、礼貌。

（2）上身挺直，走动中肩部不要摇晃。

（3）小腿挺直，脚后跟先着地，切忌膝部力量过松，造成身体上下颠动。

（4）两手轻握拳，两臂随步伐有节奏地在两侧轻轻摆动，下颌微微后收，视线平视，不东张西望。

（5）按照自己的步伐有节奏地前行。步度——前脚脚跟与后脚脚尖的距离是一至一个半的脚长。步位——两脚顺着一条直线前进。

二、站姿训练方法

（1）两脚跟相靠，脚尖分开 45°~60°。

（2）两腿并拢立直，身体重心放在两脚上。

（3）腰背挺拔。

（4）收腹挺胸、抬头、脖颈挺直。

（5）双目向前平视，微笑，微收下颌。

三、引导手势训练方法

（1）在领路和引领方向时要注意手指自然并拢。

（2）掌心向上，以肘关节为支点。

（3）指示目标，不能以食指来指指点点。

（4）领路时应与顾客保持 2~3 步的距离，领路员应在客人右前方 2~3 步，到拐角处稍做停留，等待客人。

四、目光表情训练方法

（1）目光：放松精神，把自己的目光放虚些，不要聚集在对方的某个部位，而是好像笼罩在对面的整个人。

（2）嘴：微笑不露牙齿，嘴角的两端略起，发自内心，自然坦诚，切不可假笑。

项目策划：段向民
责任编辑：张芸艳　李文静
责任印制：孙颖慧
封面设计：武爱听

图书在版编目（CIP）数据

旅游服务礼仪与实训 / 魏凯，李爱军主编. -- 3版.
-- 北京 ： 中国旅游出版社，2023.8
中国旅游院校五星联盟教材编写出版项目　中国骨干旅游高职院校教材编写出版项目
ISBN 978-7-5032-7140-3

Ⅰ. ①旅… Ⅱ. ①魏… ②李… Ⅲ. ①旅游服务－礼仪－高等职业教育－教材 Ⅳ. ①F590.63

中国国家版本馆CIP数据核字(2023)第110594号

书　　名：旅游服务礼仪与实训（第三版）

主　　编：魏　凯　李爱军
出版发行：中国旅游出版社
（北京静安东里 6 号　邮编：100028）
http://www.cttp.net.cn　E-mail:cttp@mct.gov.cn
营销中心电话：010-57377103，010-57377106
读者服务部电话：010-57377107
排　　版：北京旅教文化传播有限公司
经　　销：全国各地新华书店
印　　刷：北京明恒达印务有限公司
版　　次：2023 年 8 月第 3 版　2023 年 8 月第 1 次印刷
开　　本：787 毫米 ×1092 毫米　1/16
印　　张：21.5
字　　数：423 千
定　　价：49.80 元
I S B N　978-7-5032-7140-3